내부 감사 부서를
누가, 어떻게 평가하는가

내부감사품질관리

Internal Audit Quality

내부 감사 부서를
누가, 어떻게 평가하는가

내부감사품질관리

샐리-앤 피트 지음 | 노동래 옮김

Internal Audit Quality

IIA QAIP 해설

이 책의 목표는 최고 감사 책임자들과 내부 감사인들에게 전략계획과 운영계획에서부터 일상 업무에 이르는 내부 감사의 모든 요소들에 품질을 내면화하도록 도와주는 것이다

연암사

내부 감사 부서를
누가, 어떻게 평가하는가
내부 감사 품질 관리

초판 인쇄 2016년 11월 25일
초판 발행 2016년 12월 10일

지은이 샐리-앤 피트
옮긴이 노동래
발행인 권윤삼
발행처 도서출판 연암사

등록번호 제10-2339호
주소 121-826 서울시 마포구 월드컵로 165-4
전화 02-3142-7594
팩스 02-3142-9784

ISBN 979-11-5558-022-6 93320

값은 뒤표지에 있습니다. 잘못된 책은 바꿔드립니다.

연암사의 책은 독자가 만듭니다.
독자 여러분들의 소중한 의견을 기다립니다.
트위터 @yeonamsa
이메일 yeonamsa@gmail.com

이 도서의 국립중앙도서관 출판시도서목록(CIP)은
서지정보유통지원시스템 홈페이지(http://seoji.nl.go.kr)와
국가자료공동목록시스템(http://www.nl.go.kr/kolisnet)에서
이용하실 수 있습니다.
(CIP제어번호: CIP2016020136)

추천사

전 세계뿐만 아니라 우리나라에서도 기업이나 각종 기관의 비리 관련 뉴스가 세간의 이목을 집중시키고 있습니다. 기업과 기관의 비리 등 윤리문제를 접할 때마다 '내부 감사 기능이 제대로 작동했더라면 이런 일이 발생하지 않았을 텐데…' 라는 안타까운 마음과 함께 내부 감사의 전문성, 독립성, 객관성을 높이고, 더불어 감사활동을 보장하는 거버넌스 체계를 확립하는 것이 우리 사회의 절실한 과제임을 절감합니다.

한국감사협회는 우리나라 내부 감사의 품질을 높여서 건강하고 투명한 기업과 조직을 만드는 것을 목표로 삼고, 이를 실현하고자 오래 전부터 국제 내부 감사 기준의 보급과 공인 내부감사사 자격시험 소개 및 시행, 감사인의 전문성 재고를 위한 교육 및 정보 교환, 선진 감사 기법 소개 등 다양한 활동을 활발히 벌여 오고 있습니다. 이러한 노력들을 통해 적어도 내부 감사 부서가 어떤 위치에서, 어떤 기준에 따라 어떻게 업무를 수행해야 하는가에 대해서는 어느 정도 사회적 인식을 형성하는 데 의미 있는 진전을 이루었다고 자부합니다.

하지만, '내부 감사 부서가 제 역할을 수행하고 있는지를 어떻게 알 수 있는가', '내부 감사 부서가 일을 제대로 하고 있는지는 누가 평가할 것인가' 등의 문제로 옮겨 가면 우리나라의 실정은 여전히 자신 있게 답할 단계에 이르지는 못합니다. 물론 한국감사협회는 이 같은 문제들에 답하기 위하여 세계내부감사인협회의 내부 감사 품질 검증 및 개선 프로그램(Quality Assurance and Improvement Program)을 소개하고 이의 보급을 위해 노력을 기울여 왔습니다. 그러나 내부 감사 부서의 품질평가와 관련한 구체적 매뉴얼 또는 참고문헌이 부족하여 아쉽게 생각하던 차에 이 책이 출간되어 매우 기쁘게 생각합니다.

특별히 이 책을 번역한 노동래 소장은 국제공인 감사사(CIA) 시험을 전 세계 최고 수준의 점수로 통과한 분으로 그동안 거버넌스, 리스크관리, 컴플라이언스 등 내부 감사와 관련한 각종 저서들을 번역하여 국내에 소개해 온 선구자와 같은 분입니다. 이 책에서도 탁월한 역량을 발휘하여 원저의 취지를 독자들에게 고스란히 전달해 주고 있습니다.

세계내부감사인협회는 특정 감사 부서가 세계내부감사인협회의 기준에 따라 감사 업무를 수행한다고 주장하기 위해서는 동 협회의 기준 준수 여부에 대하여 정기적으로 내부 및 외부 평가를 하도록 요구합니다. 이 책은 세계내부감사인협회의 내부 감사 기준을 토대로, 내부 감사 부서가 따라야 할 기준과 절차를 제시한 뒤, 특정 조직 또는 기관의 내부 감사 부서가 어느 수준에 도달해 있는지를 스스로 진단할 수 있는 유용한 도구들을 제시합니다.

따라서 한층 강화된 내부 감사 부서를 원하는 조직은 이 책을 통하여 자신의 장단점을 파악하는 데 큰 도움을 얻을 수 있을 것입니다. 또한 내부 감사 부서의 업무 수행 적정성에 관하여 외부 평가를 받기 원하는 조직도 평가 수행 전에 자체 진단을 통해 미리 개선할 기회를 갖거나 외부 평가 기관과 소통하는 데에도 유용할 것입니다. 이 책이 우리나라 내부 감사 부서의 발전에 크게 기여하기를 충심으로 기원합니다.

(사)한국감사협회 회장

권영상

역자서문

전 직장에서 CRO(최고리스크관리책임자)로 근무할 때의 일이다. 매주 열리는 본부 후선부서 임원/팀장회의에서 감사팀장이(당시 시점으로) 최근에 발생한 고객 자금 유용 사고에 대해 언급하면서, "내 이럴 줄 알았다. 몇 개월 전에 지적한 사항을 아직까지 시정하지 않고 방치하고 있었으니 사고가 나지 않으면 오히려 이상한 거다"라는 취지의 말을 했다. 그 말을 듣고서, 회의주재자인 경영담당 부사장이 불같이 화를 냈다. 감사팀에서 지적했으면 해당사항이 시정될 때까지 사후관리를 했어야 했는데, 그것을 소홀히 해놓고서 태연히 그런 말을 할 수 있느냐는 거였다. 그러면서 내게 "도대체 감사팀이 일을 잘하고 있는지 누가 감사해야 하느냐? 감사팀을 감사할 다른 팀을 만들어야 하느냐?"라고 물어 보았다. 나는 "감독, 감시팀을 자꾸 만드는 것은 바른 접근법이 아니니, 우리 회사 감사팀이 우선 IIA의 감사기준과 원칙을 배워 감사의 전문성을 배양하고, IIA에서 권고하는 바에 따라 정기적으로 자체 평가와 외부 평가를 받게" 하는 것이 바람직하다고 대답했다.

이런 일도 있었다. 내가 해당 회사에 CRO로 부임했을 때 리스크 관리팀은 해체되었다가 재건된 이래로 한 번도 감사를 받지 않고 있었다. 감사팀이 리스크 업무를 몰라서 감사를 나오지 않고 있다는 게 사유였다. 나는 업무를 모르면 시급한 대로 인사팀에 요청하여 리스크 업무를 아는 다른 부서 직원을 파견 받아 검사를 실시하거나, 컨설팅 회사를 고용해서라도 검사를 시작하라고 하였다. 그리고 장기적으로는 자체 역량을 키워야 한다고 말했다.

이외에도 '이건 아니다' 싶은 행태들이 한두 가지가 아니었다. 예를 들어 팀의 연간 업무 계획에 "모든 팀, 모든 지점 검사 수행"이라는 항목이 있었는데, 나는 이걸 보고서 대경실색했다. 먼저 리스크 수준과 관리 실태를 파악한 뒤 리스크가 높은 영역에 감사 우선순위를 두고 리스크가 낮은 영역은 빈도와 강도를 낮추는 것이 리스크 기반 감사의 기본인데 사전 분석 없이 그저 모든 팀과 지점에 대한 검사 실시 사실 자체를 목표로 삼는단 말인가? 힘없는 말단 직원들에게는 엄하고, 고위직 임직원이나 회사에 돈을 많이 벌어주는 부서/직원에게는 한없이 약하거나 부드러운 태도도 역력했다.

그런데 나는 이런 태도들이 잘못된 것이라고 목소리를 높일 수 없었다. 감사팀에는 금융감독원 출신 감사가 있었고, 행정 관리적으로는 나보다 고위직인 본사 경영관리본부장이 통할했으며, 결정적으로 감사팀이 금융감독원 로비 역할을 하고 있었기 때문에 그들이 감사팀 본연의 업무를 제대로 하지 않고 있다고 말해 봐야 아무 소용도 없음을 깨달았기 때문이었다.

나는 이 얘기가 그 회사에만 해당한다고 생각하지 않는다. 감사 부서가 없거나 제대로 역할을 하지 못하는 것이 우리사회 곳곳에 만연한 부정부패에 일조하고 있다고 생각한다. 그래서 나는 감사 기능 바로 세우기를 위해 IIA의 기준을 우리나라에 보급하는 데 일조하여 내가 말하고 싶은 내용을 간접적으로 말하기로 결심했다. IIA 기준은 한국감사협회에서 수년 전부터 소개 및 교육 사업을 하고 있었다. 그래서 나는 내부 감사 관련 책을 번역해서 소개하기로 했다. "감사 업무를 어떻게 할 것인가?"에 대해 '조직의 목표 달성을 위협하는 리스크 요인을 분석해서 리스크 수준에 상응한 감사 활동을 수행하라' 고 얘기하는 책이 『내부 감사와 리스크 관리 프로세스』이다. 이번에 출간하는 책은 "누가 내부 감사 부서를 감사해야 하는가? 내부 감사 부서가 업무를 제대로 수행하고 있는지 어떻게 알 수 있는가?"에 답하는 책이다. 아무쪼록 이 두 책이 우리나라 조직들의 내부 감사 업무 개선에, 그리고 투명 사회 건설에 조금이나마 기여하기 바란다.

책은 여러 사람의 도움으로 만들어지기 때문에 지면을 빌어 그들에게 감사 인사를 전하려 한다. 우리나라 내부 감사 발전을 위해 늘 애쓰고 계시는 한국감사협회 권영상 회장님, 최영규 사무국장님과 직원들께 감사드린다. 회장님은 내가 번역한 다른 책들까지 읽어 보면서 이 책의 추천사를 써 주시는 과분한 친절을 베풀어 주셨다.

힘들 때마다 격려와 위로를 주시는 리스크 관리, 컴플라이언스, 내부 감사업계 선배/동료/후배들, 그리고 책을 구독해 주시고 격려를 아끼지 않으시는 독자들께도 깊이 감사드린다. 이분들이 계시기에 이 책이 나올 수 있었다. 또한 전문적인 내용을 늘 멋진 책으로 만들어 주는 연암사와 편집부에도 깊이 감사드린다.

사랑하는 아내(문미라)와 두 아들(희중, 희찬)에게도 감사드린다. 이들은 내가 작업에 몰두할 때마다 재미없는 남편, 재미없는 아빠와 사는 불이익을 감수해야 했지만, 인생은 재미로 사는 게 아니라 의미로 산다는 내 변명을 눈감아 주며 한결같은 사랑과 지지를 보내주고 있다. 늘 자녀들을 위해 노심초사하시며 기도와 사랑을 아끼지 않으시는 사랑하는 어머니 김수덕 여사, 장인 문효웅 옹, 장모 오순단 여사께 감사드린다. 나는 아직까지도 이들의 사랑에 힘입어 살고 있다.

끝으로 내가 거의 40년 동안 믿어오고 있는 내 하나님께 감사드린다. 번역 작업은 모두 내 하나님에 대한 사랑과 충성으로 이 사회를 사랑하겠다는 내 신앙 고백의 구현이다.

인천 송도에서

노동래

서문

최고 감사 책임자와 내부 감사인들이 품질 어슈어런스 및 개선 프로그램을 개발하고 그들의 내부 감사 기능의 품질을 강화하는 프로세스들을 구현하도록 도움을 주는 이 책은 품질을 구성하는 요소들과 품질의 동인들에 대한 이해가 어떻게 내부 감사 실무를 보다 더 가치 있게 만드는지에 대해서도 고찰한다.

대부분의 내부 감사인들은 품질과 성과를 이해하며, 좋은 내부 감사 관행은 조직의 부문들과 활동들을 보편적으로 인정된 기준에 비추어 비교한다. 따라서 이 책은 내부 감사 기능이 스스로에 대해 벤치마킹할 수 있는 유사한 기준을 제공한다.

각장의 구성 요소

각각의 장들은 아래와 같은 많은 요소들을 포함하고 있다.

- 그림들은 특정 모델 또는 그림들을 보여 주며 이 예들과 관련된 설명을 지원한다.
- IIA의 국제 내부 감사 직무 수행 기준 발췌문들은 내부 감사의 특정 요소들과 관련된 곳에 포함되어 있다.

- CAE 인용문들은 11개국의 경험이 많은 상위 내부 감사 전문가들로부터의 실제적 조언, 팁과 경고를 제공한다.
- 보다 나은 실무 관행들의 예들은 내부 감사인들에게 다른 내부 감사 기능에 비추어 자신을 비교할 수 있게 해준다.
- 보편적인 품질 이슈들은 내부 감사인들에게 남들의 실수로부터 배우고 동일한 실수를 반복하지 않게 해준다.
- QAIP 힌트들은 성숙 모델에서 사용될 수 있는 주요 프로세스 분야들과 균형 스코어카드 또는 기타 성과 측정 도구들에 사용될 수 있는 핵심 성과 지표들의 예를 제공한다. 이들은 최고 감사 책임자들과 내부 감사인들이 품질 어슈어런스 및 개선 프로그램을 개발하고 품질을 일상 활동에 구현하도록 도움을 줄 것이다.
- 품질 질문들은 최고 감사 책임자들과 내부 감사인들이 내부 평가를 수행하거나 품질 검토자들이 외부 품질 평가를 수행하기 위한 힌트를 제공할 것이다.

1장: 내부 감사의 다양한 측면들

1장은 내부 감사와 이 직군의 발전사에 초점을 맞춘다. 현대의 내부 감사를 역사적 맥락 안에 정렬시키고 내부 감사가 국가, 섹터, 그리고 조직들 사이의 특수한 어슈어런스 요건을 맞추기 위해 어떻게 발달했는지를 고려한다.

내부 감사의 전문화에 있어서 내부 감사협회(IIA; Instiute of Internal Auditors)의 중심 역할을 강조한다. 내부 감사의 무결성 확보에 있어서 직무 수행 기준의 중요성을 논의하고 국제 내부 감사 직무수행 기준(International Standards for the Professional Practice of Internal Auditing)을 개관한다.

2장: 품질, 성과와 가치

2장은 품질, 성과와 가치 사이의 상호 관계를 논의하며, 1950년대 이후 품질 모델과 품질 관리 시스템의 출현에 대한 개관을 제공한다.

특히 논리 모델, 성숙 모델, 그리고 균형 스코어카드에 중점을 두고서 성과 측정 프로세스를 조사한다.

3장: 품질 프레임워크 개발

3장은 최고 감사 책임자가 내부 감사 품질에 구조화된 접근법을 구현할 필요가 있다고 주장한다. 이는 대개 내부 평가와 외부 평가를 모두 포함하는 품질 어슈어런스 및 개선 프로그램의 형태를 띤다.

최고 감사 책임자는 양질의 감사 결과를 내기 위해 요구되는 입력 요소들을 잘 이해해야 한다. 이는 내부 감사 기능이 품질의 핵심 동인들에 초점을 맞추고 중요한 영역을 겨냥하는 성과 척도를 개발할 수 있게 해준다. 이 장은 최고 감사 책임자가 품질의 핵심 동인들을 식별하도록 도움을 줄 수 있는 논리 모델을 논의한다. 또한 성과 척도를 사용하여 품질을 내면화할 수 있는 방법을 살펴보고 균형 스코어카드 또는 기타 성과 프레임워크들 안으로 구현될 수 있는 적절한 척도들을 개발하기 위한 지침을 제공한다. 내부 감사 품질에 대한 책임을 개관하고 일차적 책임은 최고 감사 책임자에게 있음을 인정한다.

4장: 내부 품질 평가

4장은 내부적으로 감사 품질을 평가하기 위한 프로세스를 논의한다. 내부 감사가 조직에 가치를 부가하고 지속적으로 개선하기 위해서는 이 평가가 필수적이다. 최고 감사 책임자와 내부 감사인들에게 상시 또는 정기 평가를 수행하는 지침을 제공하고 있는 이 장은 내부 평가를 성숙 모델과 논리 모델들에 연결시키는 방법을 제시하는데, 이들은 품질 어슈어런스 및 개선 프로그램의 핵심 부분을 구성할 수 있다.

종종 건강검진이라 부르는 정기적인 내부 평가의 핵심 요소들에 관한 지침을 제공하며, 고객 만족도 수준 측정과 이에 대한 대응, 그리고 내부 감사 기능이 다른 조직의 내부 감사 기능에 비해 어느 수준인지 판단하기 위한 벤치마크의 사용 프로세스도 살펴본다.

5장: 외부 품질 평가

5장은 외부적으로 감사 품질을 평가하기 위한 프로세스를 논의한다. 외부 평가는 내부 감사 기능이 조직에 가치를 부가하며 전문가답게 운영되고 있다는 어슈어런스를 제공한다.

외부 평가를 품질 어슈어런스 및 개선 프로그램의 핵심 요소로 인식하며 완전한 외부 평가, 독립적 검증이 수반된 자체 평가, 그리고 동료 검토라는 3가지의 보편적인 외부 평가 형태를 소개하고 있는 이 장은 외부 평가 수행의 장점과 이로부터 얻을 수 있는 가치를 제시한다.

또한 품질 검토자 선정에 대한 구체적인 조언과 자체 평가 방법을 선택할 때의 고려사항도 제공한다.

6장: 내부 감사 전략과 계획 수립

6장은 내부 이해관계자들의 필요와 기대를 다루는 감사 전략 개발의 중요성을 설명한다. 전략에 대한 핵심 입력 요소로 내부 감사 비전과 가치 명제, 리스크 관리와 자원 계획 수립, 주요 책임들의 명시, 수행될 작업의 유형, 그리고 내부 감사 규정도 제시하고 있다.

이 장은 최고 감사 책임자와 내부 감사인들에게 서로 다른 이해관계자들의 필요와 기대를 이해하고 이를 내부 감사의 가치 명제에 연결시키도록 조언한다. 품질 어슈어런스 및 개선 프로그램이 가치 명제 달성에 가장 중요한 분야를 겨냥하게 하려면 위의 내용들을 잘 이해해야 한다. 또한 내부 감사가 감사위원회에 가치 있는 조력자가 되게 하고 내부 감사의 성공 가능성을 극대화하기 위해 적정한 계획을 수립하기 위한 구체적인 지침을 포함한다.

7장: 책임 영역과 작업의 성격

7장은 내부 감사가 어슈어런스를 제공할 책임이 있는 조직의 다양한 분야와 내부 감사에 의해 수행될 수 있는 감사 작업의 유형을 논의한다. 또한 어슈어런스와 컨설팅 활동의 차이를 살펴보고, 내부 감사인들에게 각각으로부터 얻을 수 있는 유익의 균형을 이루기 위한 조언을 제공한다.

조직에 중대한 가치를 부가할 수 있는 감사 작업을 살펴보고, 개별 감사 작업의 가치와 품질을 높일 수 있는 제안을 제공하고 있는 이 장은 거버넌스 감사, 성과/운영 감사, 그리고 리스크 관리 감사 등 다양한 감사 작업 유형의 구체적인 예도 제공한다.

8장: 내부 감사 규정

8장은 내부 감사 기능의 임무와 목적을 정의하는 규정의 필요를 논의한다. 규정에 포함되어야 할 핵심 요소들에 관한 조언과 내부 감사 기능이 가치를 부가하는 감사 작업을 수행할 수 있는 적절한 권한을 보유하기 위한 제안을 제공한다.

9장: 내부 감사 직원 배치

9장은 내부 감사 품질에 있어서 직원 배치의 중요성을 강조한다. 최고 감사 책임자가 다양한 직원 배치 모델을 고려하기 위한 지침을 제공하며, 자체 팀, 아웃소싱, 공동 수행(co-sourcing)의 장점을 살펴본다.

또한 최고 감사 책임자에게 내부 감사 작업 아웃소싱에 관한 구체적인 조언을 제공하며, 아웃소싱 구입 프로세스 수행을 위한 프로세스와 이 프로세스의 각각의 단계에서 고려되어야 할 리스크 식별에 관해 개관한다.

내부 감사 품질은 활용 가능한 인적 자원에 직접적으로 영향을 받는다. 이 장은 효과적인 감사 팀을 구성하기 위해 필요한 역량과 능력을 논의하며, 최고 감사 책임자에게 역량 계획 수립을 고려하도록 도움을 준다. 또한 유연한 작업 관행 사용을 포함하여 양질의 결과물을 지원하기 위한 직무 설계 방법을 권고하고 있는데 내부 감사 기능 내에서 최적의 기술, 경험과 성격의 조합을 이루기 위한 올바른 직원의 모집과 유지 전략을 포함한다.

10장: 직원의 성과 관리와 성과 측정

10장은 내부 감사 품질을 극대화하기 위한 직원의 성과 관리와 성과 측정에 관한 조언을 제공한다. 성과 관리에 대해 논의하고, 내부 감사인들에게 사용될 수 있는 프로세스의 예를 제공하며, 미흡한 성과를 보이는 직원을 관리하기 위한 프레임워크를 포함한다.

최고 감사 책임자가 효과적인 팀 개발 프로세스를 시행하기 위한 지침을 제공하며, 멘토링과 팀 회의의 중요성을 설명하고 있는 이 장은 또한 개인의 직무 능력 개발의 중요성과 내부 감사인들이 실무 기술과 대인 관계 기술을 배양할 필요가 있음을 논의한다.

11장: 내부 감사 실무

11장은 최고 감사 책임자와 내부 감사인들이 품질을 실무에 구현하기 위한 지침을 제공한다. 그렇게 하면 내부 감사 기능이 양질의 산출물을 생산하고 조직에 가치를 부가할 잠재력을 극대화한다. 또한 아무것도 없는 데에서부터 고품질의 실무 관행을 세우는 방법과 기존 내부 감사 팀에 재투자하는 방법을 살펴본다.

내부 감사인들이 일관성이 있고 전문가답게 운영하도록 안내함에 있어서 정책과 절차의 역할에 대해 논의하고 있는 이 장은 효과적인 내부 감사 기능에 요구될 수 있는 정책과 절차의 유형을 추천하고 전형적인 내부 감사 매뉴얼의 개요를 제공한다.

12장: 내부 감사 계획 수립

12장은 내부 감사 기능이 조직에 대한 가치를 극대화하기 위해 최고 감사 책임자가 감사 계획을 수립할 필요가 있음에 대해 설명한다. 조직의 목표와 이 목표들과 관련이 있는 리스크들을 다루는 방식으로 계획을 수립하기 위한 조언을 제공하며, 이러한 리스크들을 식별하고 등급을 부여하는 다양한 모델들을 포함한다.

연간 계획에 앞서 감사 유니버스를 개발하기 위한 지침을 제공하고 있는 이 장은 또한 연간 감사 계획 수립 시 어슈어런스 매핑의 가치에 대해 논의하며, 내부 감사에 배정된 예산이 내부 감사가 포괄적이고 양질의 작업을 수행할 수 있는 능력에 중대한 영향을 주리라는 점을 인정한다. 감사 유니버스, 어슈어런스 지도, 내부 감사 예산, 그리고 연간 계획을 위한 모델들을 포함한다.

13장: 감사 작업 계획 수립

13장은 고품질의 감사 결과에 개별 감사 작업 계획이 매우 중요함을 강조한다. 내부 감사인들에게 감사 작업 계획의 핵심 요소들에 관한 지침을 제공하며, 이들 요소들 각자의 품질을 향상시키기 위한 구체적인 권고와 예를 포함한다.

내부 감사 업무에서 분석적 절차와 데이터 분석이 실제 감사 작업 계획에 구현될 경우 감사 증거의 품질을 크게 향상 시킬 수 있음에도 불구하고 일부 내부 감사인들이 이러한 접근법에 익숙하지 않기 때문에, 이 장은 분석적 절차와 데이터 분석에 대해 폭넓은 논의를 제공한다.

감사 작업 수행과 관련된 리스크들을 식별하며, 이러한 리스크들이 계획 수립 단계에서 고려되도록 권고한다.

14장: 감사 작업 수행

14장은 내부 감사 작업의 현장 작업, 또는 수행 단계 그리고 최고 감사 책임자가 감사 품질을 확보하기 위해 시행할 수 있는 관련 프로세스들에 대해 논의한다.

현장 작업 도중에 내부 감사인들은 감사 발견 사항을 지지하는 충분하고 적절한 증거를 수집해야 하는데 이 장은 관련이 있고 신뢰할 수 있는 증거의 성격에 대해 묘사하며, 적절한 증거의 예를 포함한다.

대인 관계 기술이 효과적인 감사 작업에 매우 중요하다는 점을 인식하고서 인터뷰 기법에 대해서 논의하고 있는 이 장은 내부 감사인들이 불리한 사건들에서의 인과 요인을 결정하기 위해서는 감사 발견 사항의 진정한 중요성을 이해할 필요가 있다고 주장하며, 근본 원인을 파악하기 위한 모델을 포함한다. 또한 고품질의 감사 발견 사항을 구성하는 요소들과 이 발견 사항들을 감사 고객과 공유하는 방법들에 대해 논의한다.

15장: 소통과 영향

15장은 효과적인 소통을 현대 내부 감사에서 중요한 요소 중 하나라고 설명한다. 이 장은 서면, 구술, 그리고 비언어적 소통의 중요성을 인식하고, 조직 내에서 긍정적인 결과에 영향을 줌에 있어서 이러한 소통의 역할을 논의한다.

최고 감사 책임자와 내부 감사인들이 핵심 이해관계자들을 식별하고 그들의 필요를 이해하기 위한 방법을 고찰하고 있는 이 장은 내부 감사의 성격은 항상 갈등이 발생할 수 있음을 의미한다는 점을 인식하며, 갈등을 관리하기 위한 구체적인 도구들을 포함한다.

감사 보고서의 구조를 포함하고 있는 이 장은 각각의 섹션에 포함되어야 할 중요 요소들과 일련의 더 나은 실무 관행들이 언급되어 있다. 보고서 등급의 가치에 대해 논의하며, 이를 위한 다양한 모델들을 포함한다.

내부 감사인들은 목표를 달성하고, 감사 작업의 요건을 충족하며, 그들의 계획과 전략을 실행하기 위해 정규적으로 영향력을 행사한다. 효과적인 최고 감사 책임자는 감사위원회, 고위 경영진, 감사 고객, 다른 어슈어런스 제공자, 그리고 내부 감사 직원들에게 영향을 줄 수 있다. 이 장은 영향력을 사용하기 위한 도구와 기법들을 제공한다.

16장: 지식 관리와 마케팅

16장은 최고 감사 책임자와 내부 감사인들이 어떻게 지식 관리와 마케팅 프로세스를 활용하여 내부 감사 품질을 향상시킬 수 있는지에 대해 조언한다. 내부 감사 정책과 절차들 안에 반영될 수 있는 일련의 지식 관리 도구들과 마케팅 활동의 예들도 제공한다.

17장: 품질과 소규모 감사 조직

17장은 소규모 감사 조직과 관련된 품질상의 도전 과제를 언급하며, 이러한 도전 과제들을 다루기 위한 일련의 대안들을 추천한다.

부록 A: 국제 내부 감사 직무수행 기준

부록 A는 내부 감사협회에 의해 제정된 국제 내부 감사 직무 수행 기준의 발췌문을 담고 있다.

감사의 글

피트 그룹(Pitt Group)의 제 동료들, 특히 마이클 피트(Michael Pitt), 존 캠벨(John Cambell), 브루키 피트(Brooke Pitt)에게 깊이 감사드립니다. 그들이 없었더라면 이 책을 쓸 시간이나 영감을 얻지 못했을 것입니다.

제가 품질 관리 분야에 관여할 수 있도록 해준 크리스 맥로스티(Chris McRostie)에게 감사드리고, 품질 관련 업무에 관여하는 주디(Judy), 맥스(Max), 태크(Tak), 그리고 아치(Archie)에게 감사드립니다.

아래에 거명하는 분들은 이 책을 위해 인터뷰나 더 나은 실무 관행을 공유함으로써 그들의 시간과 전문성을 공유해 주었습니다. 내부 감사에 대한 그들의 헌신은 조직을 개선하기 위해 지칠 줄 모르고 애쓰는 수많은 내부 감사인들을 반영하는 것입니다. 칼멘 아벨라(Carmen Abela), 브래드 에미스(Brad Ames), 기비 암스트롱(Gibby Armstrong), 사라 블랙번 박사(Dr. Sarah Blackburn), 요르겐 복(J ø rgen Bock), 고분화(Goh Boon Hwa), 재키 카인(Jackie Cain), 카렌 치아(Karen Chia), 안지 친(Angie Chin), 렌 게인스포드 박사(Dr. Len Gainsford), 앨란 고크로거(Allan Gaukroger), 주디 그로블러(Judy Grobler), 맥스 헤게(Max Häge), 알리슨 힐(Allison Hill), 그렉 홀리먼(Greg Hollyman), 아나 피게이레두(Ana Figueiredo), 루네 요하네센(Rune Johannessen), 바네사 존슨(Vanessa Johnson), 그레이엄 조셀린(J. Graham Joscelyne), 마이크 린(Mike Lynn), 시저 마티네즈(Cesar L. Martinez), 봅 맥도널드(Bob McDonald), 빌 미들턴(Bill Middleton), 타쿠야 모리타(Takuya Morita), 콘스탄트 잉입 츄 고(Constance Ng-Yip Chew Ngoh), 친 우이(Chin Ooi), 탄 페크 렝(Tan Peck Leng), 타케시 시미쭈(Takeshi Shimizu), 트리그베 쇠를리에(Trygve S ø rlie), 테이스 스토카(Teis Stokka), 샤논 섬너(Shannon Sumner), 아일린 타이(Eileen Tay), 고 동(Goh Thong), 아치 토머스(Archie R. Thomas), 매트 톨리(Matt Tolley), 그리고 브루스 터너(Bruce Turner) 들에게 감사를 표합니다.

차례

PART 1

내부 감사와 품질

Internal Audit and Quality

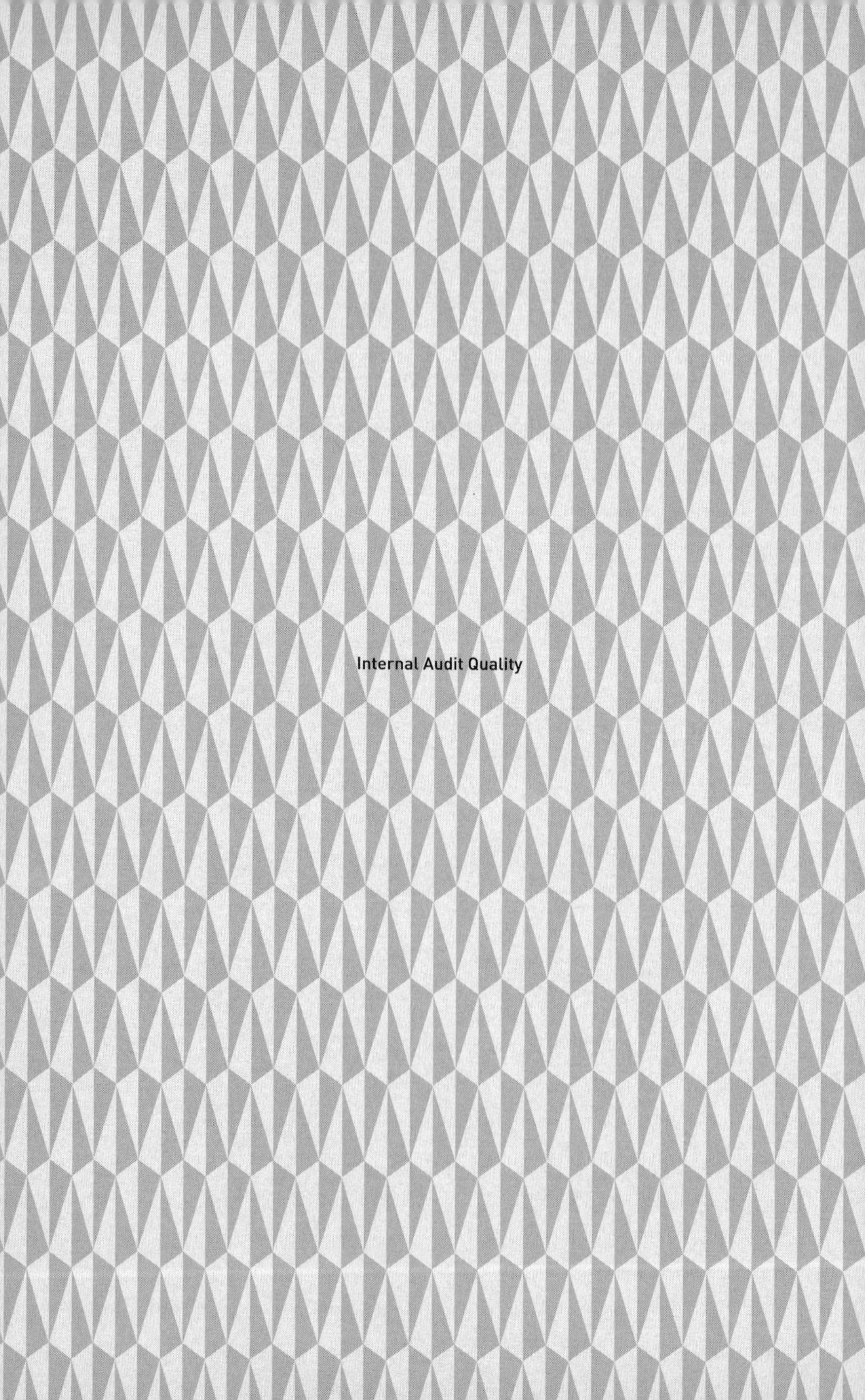
Internal Audit Quality

Chapter 1

내부 감사의 다양한 측면들

내부 감사는 가치를 부가하고 조직의 운영을 개선하기 위해 고안된 독립적이고, 객관적인 어슈어런스와 컨설팅 활동이다. 내부 감사는 리스크 관리, 통제와 거버넌스 프로세스의 효과성을 검토하고 이를 개선하기 위한 체계적이고 훈련된 접근법을 들여옴으로써 조직의 목표 달성에 도움을 준다.

– 내부 감사협회, 내부 감사의 정의(2013)

내부 감사는 거버넌스, 리스크 관리와 통제 프로세스 향상에 대한 공통적인 헌신에 의해 인도되는 국제적으로 인정되는 직무이다. 내부 감사의 성격은 국가와 조직마다 다를 수 있지만, 그 중심 목적은 경영진이 운영상의, 그리고 궁극적으로는 조직의 결과를 개선하도록 지원하려는 욕구이다.

내부 감사는 단 하나의 올바른 접근법만 있는 것은 아니기 때문에 각각의 조직마다 달라야 한다. 최상의 내부 감사 기능은 각각의 조직의 우선순위와 가치를 반영할 것이다. 조직의 고위 경영진과 감사위원회는 내부 감사 기능에 대한 각자의 기대를 가지고 있을 것이다. 최고 감사 책임자에게 주어진 도전 과제는 이러한 기대들을 이해하고 가능하면 이를 내부 감사 운영에 반영하는 것이다.

역사

내부 감사의 역사는 페르시아 제국에까지 거슬러 올라갈 수 있다. 머레이(Murray)(1976)는 내부 감사의 역사를 "BC 521년부터 425년까지 다스렸던" 다리우스(Darius) 황제에게 돌린다. 다리우스는 계절별로 제국의 여러 지역에 흩어진 페르세폴리스(Persepolis), 엑바타나(Ecbatana), 수사(Susa)와 크테시폰

(Ctesiphon)이라는 4개의 수도에서 통치권을 행사했다. 그의 제국은 20개의 성(province)으로 나누어졌는데, 각각의 성은 해당 성의 부(富)에 따라 제국에 세금을 납부한 총독(satrap)에 의해 관리되었다. 총독의 통치의 정직성을 확립하기 위해, 다리우스 황제는 제국의 모든 부분에 대리인(representative)을 파견했다. 대리인은 "황제의 눈과 귀"로 알려지게 되었는데, 이들이 최초의 내부 감사인들이었다고 할 수 있다.

내부 감사가 매우 일찍 시작되었음에도 불구하고, 이 직무는 산업혁명으로 프로세스가 대규모로 체계화되고 산출물의 품질과 일관성에 대해 강조하게 된 19세기가 되어서야 발전하게 되었다. 20세기에 경영 이론과 실무가 발전하고 회사 운영에 있어서 독특한 역할로서의 "매니저"가 등장함으로써 내부 감사의 성장은 계속되었다.

내부 감사 협회

내부 감사에 대한 최초의 중요한 책은 1941년에 빅터 브링크(Victor Brink)가 썼고, 비슷한 시기에 소규모의 전문가들이 내부 감사 협회를 설립하기 위한 방안을 모색하고 있었다.

내부 감사 협회(The Institute of Internal Auditors; IIA)는 1941년에 미국에서 24명의 회원으로 설립되었다. IIA는 1947년에 내부 감사 책임 선언문(Statement of Responsibilities of Internal Auditing)을 제정했다. 플레셔(Flesher)(1996)에 따르면, 이 선언문은 "내부 감사가 일차적으로 회계와 재무 관련 사안들을 다루되, 운영 측면의 사안들도 적절히 다룰 수 있도록 의도되었다. 즉, 회계와 재무 문제가 강조되었지만, 다른 활동들도 내부 감사인의 적절한 활동 무대였다."

그러나 내부 감사인의 역할은 매우 빠르게 발전했는데, 이르게는 1948년에 이러한 변화가 감지되었다. 버니(Byrne)는 내부 감사가 조직에 가치를 부가할 수 있는 잠재력을 인식하였다. 그는 이렇게 말했다. "경영진은 내부 감사인의 영역을 넓혔으며, 감사인은 역동적인 내부 감사 프로그램으로부터 얻을 수 있는 진정한 가치를 실현하기 위해 제시된 기회를 활용할 책임이 있다"(Byrne, 1948).

플레셔(Flesher)(1996)는 내부 감사인이 경영진에게 다음과 같은 서비스를 제공하도록 허용한 1957년의 개정 선언문 발표에 의해, 1947년 선언문에서 회계와 재무 관련 사안을 강조하던 데에 중대한 변화가 일어났음을 발견했다.

- 회계, 재무와 운영 통제의 건전성, 적정성, 그리고 적용의 검토와 평가
- 수립된 정책, 계획과 절차 준수 정도 확인
- 회사의 자산들이 모든 종류의 손실에 대해 어느 정도로 대비하고 있으며, 이에 대해 보호되고 있는지 확인
- 회계와 조직에서 생성된 기타 데이터의 신뢰성 확인
- 부여된 책임 수행에 있어서의 성과의 품질 평가

1978년에 IIA는 내부 감사 직무수행 기준을 발표했다. IIA는 1948년에 최초의 국제 지부를 설립했으며, 2012년 현재 190개 국가에 18만 명이 넘는 회원을 거느린 조직으로 성장하였다.

IIA의 웹사이트에 의하면 IIA의 사명은 국제적인 내부 감사 직무에 역동적인 리더십을 제공하는 것이다. IIA는 이 사명을 지원하는 활동으로 다음과 같은 활동을 꼽고 있다.

- 내부 감사 전문가들이 자신의 조직에 부가하는 가치의 옹호와 증진
- 종합적인 전문가 교육과 개발 기회, 기준과 기타 전문가 실무 지침, 자격증 프로그램 제공
- 실무자와 이해관계자들에게 내부 감사와 통제, 리스크 관리, 거버넌스에 있어서 내부 감사의 적절한 역할에 관한 지식의 연구, 배포와 증진

IIA는 연례 총회에서 선출되는 이사회에 의해 관리된다. 이사회 아래에 자원하는 회원들로 구성되는 다수의 위원회들이 있다. IIA는 운영상으로

미국에 있는 사무소에 의해 지원되는데, 이 사무소는 글로벌 협회들의 네트워킹을 지원할 뿐만 아니라, 북미의 회원들에게 직접적으로 서비스를 제공하는 이중 역할을 수행한다. 국제적으로 각국의 협회들은 흔히 자체 사무소에 의해 지원된다.

내부 감사 기능의 유형

국제적으로 내부 감사는 다수의 보편적인 요소들을 지니고 있는 직무로 인정되고 있는데, 이 요소들 중 가장 중요한 사항은 일련의 인정된 직무 수행 기준이다. 그러나 내부 감사의 성격은 조직에 따라 매우 다양하다.

내부 감사 기능들이 많은 특징들을 공유하기는 하지만, 효율적이고 효과적인 공적 자금 지출에 중점을 두는 공공 부문 조직들과 주주들에게 이익을 남겨주는 데 중점을 두는 회사들의 내부 감사의 성격은 다를 것이다.

내부 감사는 국가마다, 그리고 심지어 같은 국가 안에서도 주 또는 지역에 따라 다를 수 있다. 법률, 거버넌스 구조, 문화 언어, 교육 시스템에 따라 차이가 생겨나거나 커질 수 있다.

내부 감사는 수행되는 감사 업무의 성격에 따라 스타일과 접근법이 달라진다. 경영진이 합의된 프로세스에 따라 조직을 운영하리라고 믿을 수 없는 덜 성숙한 조직에서는 내부 감사 기능이 재무와 통제에 대한 어슈어런스 제공에 중점을 둘 수 있다. 그러나 조직이 성숙해가고 경영진을 점점 더 믿을 수 있게 되어 감에 따라, 내부 감사 기능은 컴플라이언스 집행자의 역할은 덜 하게 되고, 더 많은 부분을 전략적 조언의 원천으로 기능하게 될 것이다. 이처럼 다른 역할과 책임 영역의 유형에 대해서는 7장에서 보다 자세하게 논의한다.

다양한 섹터와 조직에서의 내부 감사

내부 감사는 국제적인 직무이지만 국가와 국가 내의 관할 지역마다 내부 감사의 성격과 운영에 영향을 주는 자체의 규제 환경 및 문화를 지니고 있다.

마찬가지로 공공 서비스 또는 대민 서비스로 불리는 공공 부문의 구성도 국가마다 다르며, 심지어는 국가 내에서도 다르다. 그러니 공공 부문 거버넌스 모델이 다양한 것도 이해할 만하다. 이는 내부 감사와 내부 감사 기능의 구성(configuration), 역할과 책임에 직접적인 영향을 준다. 내부 감사와 감사위원회를 의무적 요건으로 하는 국가가 있는 반면, 일부 국가들에서는 자발적으로 운영한다.

예 1.1에서 1.6은 관할지역에 따라 서로 다른 내부 감사에 대한 접근법을 보여 준다.

예 1.1 미국에서 사베인-옥슬리 법이 내부 감사에 미친 영향

사베인-옥슬리법(SOX)(2002)은 미국의 상장 회사들의 내부 감사의 역할과 성격에 큰 영향을 주었다.

이 법의 섹션 404는 외부 감사인에 의한 확인 외에, 경영진에게 재무 보고에 관한 내부 통제의 적정성에 관해 요구되는 진술을 하기 위한 절차와 통제를 개발하고 모니터링하도록 요구한다. 섹션 302는 경영진에게 재무 보고 통제뿐 아니라 공시 통제와 절차에 대해서도 분기마다 인증하도록 요구한다.

SOX를 준수하는 조직의 내부 감사의 역할은 최초의 프로젝트 디자인에 대한 조언에서부터 프로젝트 감독, 지속적인 감독, 그리고 핵심 통제들에 대한 문서와 테스팅에까지 미칠 수 있다.

예 1.2 내부 감사와 일본의 칸사야쿠(Kansayaku)

일본의 회사법은 상장 회사에 대한 칸사야쿠(kansayaku), 즉 법정 감사인(kabushiku gaisha)의 역할을 규정한다. 법정 감사인은 최고 감사 책임자와 이사회에 의해 임명되고 주주들에 의해 비준된다. 그들의 역할은 회계와 관련된 의무를 포함하여 이사들의 전반적인 의무 수행을 감사하는 것이다.

비록 소수이기는 하지만, 일부 일본 기업들은 칸사야쿠와 내부 감사 기능을 모두 두고 있다. 그러나 이 경우 이사회와 최고 감사 책임자의 성과 평가는 내부 감사인들이 아니라 칸사야쿠의 책임이다.

예 1.3 포르투갈 상장 회사

포르투갈은 미국의 SOX 제도와 비슷하게 운영된다. 상장회사에 대한 요건에는 내부 통제 및 리스크 관리 프레임워크 개발과 이 프레임워크의 효과성에 대한 연례 평가가 포함된다. 또한, 회사들은 감사위원회 또는 감독기구 및 내부 감사 기능을 설치하도록 요구된다. 그러나, 미국과는 달리 이러한 요건 위배에 대한 형사처벌은 없다.

다른 많은 국가들과 마찬가지로, 금융업에 대한 규제는 더 엄격하다. 이 경우, 별도의 내부 감사 및 리스크 관리 부서가 요구된다.

예 1.4 영국의 공공 부문 감사

영국은 주로(비록 이 방식으로만은 아니지만) 하나의 중앙 정부와 2층의 지방 정부라는 3층의 정부 모델로 운영된다. 정부 기능의 일부 측면들은 스코틀랜드와 웨일즈 정부 및 북 아일랜드 행정관들에게 위임된다.

영국 정부는 행정부(ministerial department)와 비행정부(nonministerial department), 그리고 많은 기관들과 공공 기구들로 구성되어 있다. 부서들은 재무부의 지침을 통하여 감사 및 리스크 어슈어런스 위원회와 내부 감사 기능을 설치하여 영국 공공 부문 내부 감사 기준에 따라 운영하도록 지도된다. 감사위원회에 대한 요건은 기관들과 기타 공공 기구들마다 다르다.

지방 정부들(카운티(county), 디스트릭트(district), 버로우(borough)) 카운슬은 두 번째 및 세 번째 정부 층을 구성한다. 공인 재무 회계 위원회(Chartered Institute of Public Finance and Accountancy; CIPFA)의 지침이 감사위원회를 강력하게 권고하기는 하지만, 잉글랜드 지역에서는 지방 정부들이 감사위원회를 설치하라는 요구는 없다. 영국의 다른 지역들에서는 감사위원회에 대한 기대가 다르다.
영국에서 공공 부문 내부 감사 기준은 2013년 4월 1일에 효력이 발생되어 전체 공공 부문을 커버한다. 이 기준은 내부 감사협회의 국제 기준, 내부 감사의 정의와 윤리 강령에 기초를 두고 있다.

예 1.5 호주 정부의 내부 감사

호주에는 연방/ 호주 정부, 주/테리토리(territory) 정부(6개의 주 및 2개의 테리토리 정부), 그리고 지방 정부(각각의 주 또는 테리토리 내에 여러 지방 정부 또는 카운슬)라는 3층의 정부가 있다.
연방 정부의 부서들은 재무 관리와 회계 책임법(Financial Management and Accountability Act)(1977)과 아래와 같은 관련 요건에 따라 운영된다.

- 최고경영자(chief executive)는 감사위원회를 설치하여 유지해야 한다.
- 감사위원회는 가능하면 최소 1인 이상의 외부 위원을 두어야 한다.
- 감사위원회는 최고경영자에게 조직의 내부 감사계획에 대해 통지해야 한다.
- 감사위원회는 최고경영자에게 내부 감사에 의해 사용되는 기준에 관해 통지해야 한다.

주 정부와 지방 정부는 주의 법률에 따라 내부 감사 요건이 다르다.

예 1.6 캐나다 정부의 내부 감사

호주 및 영국과 같은 다른 연방 국가들과 유사하게, 캐나다도 연방, 프로빈스(province), 그리고 리전(region) 차원의 3층의 정부로 운영된다.
연방 회계 책임법(Federal Accountability Act)(2006)은 차관들(최고경영자; chief executive)을 의회의 적절한 위원회에 대해 책임을 지는 회계 책임자들로 지정했으며, 정부 기구들에게 적절한 내부 감사 부서와 감사위원회를 설치하도록 요구했다.

연방 회계 책임법 외에도 캐나다 재무 위원회는 IIA의 기준에 기초해서 내부 감사 정책과 내부 감사 기준을 개발했다.

내부 감사 정책은 정부부서와 기구들에게 다음 사항을 요구한다.

- 적절하게 자원을 갖추고, 정책과 내부 감사 기준에 따라 운영되는 내부 감사 기능을 수립해야 한다.
- 현재 연방 공무원으로 재직하지 않는 과반수의 외부 위원들을 포함하는 독립적인 부서의 감사위원회를 설치해야 한다.
- 리스크 및 중요성이 높은 모든 영역들을 다루고, 부서의 리스크 관리, 통제와 거버넌스 프로세스에 관한 최고 감사 책임자로부터의 연례 의견을 지지하기 위해 고안된 부서의 내부 감사 계획을 승인한다.
- 내부 감사의 권고 사항과 발견 사항들을 적절히 다루는 경영진의 조치 계획이 수립되고, 이 조치 계획들이 효과적으로 시행되게 한다.
- 완료된 감사 보고서가 적시에 발행되게 하고, 대중이 최소한의 공식 절차를 통해 이에 접근하게 한다.

내부 감사 기준

IIA에 의해 제정된 국제 내부 감사 직무 수행 기준(기준)은 국제적으로 인정된 유일한 기준이다. 많은 국가들이 자체의 내부 감사 기준을 개발했지만, 이 기준들은 많은 부분이 IIA의 기준에 기초하고 있다.

국제 직무 수행 기준

국제 직무 수행 기준(International Professional Practice Framework; IPPF)은 내부 감사 직무 수행에 대한 IIA의 권위 있는 지침이다. 이 프레임워크는 의무적 지침과 강력히 권고되는 지침을 포함한다.

의무적 지침은 내부 감사의 정의, 기준, 윤리 강령으로 구성된다. 강력히 권고되는 지침은 소견서(position paper), 실무 자문(practice advisory), 그리고 실무 가이드(practice guide)로 구성된다.

국제 내부 감사 직무 수행 기준

IPPF(2003)에 따르면 이 기준은 원칙 중심이며, 내부 감사 수행과 증진을 위한 프레임워크를 제공한다. 이 기준은 필수 요건이며 아래의 사항들로 구성된다.

- 내부 감사 직무 수행 및 이 수행의 효과성 평가를 위한 기본 요건에 관한 진술: 이 요건들은 조직과 개인 차원에서 국제적으로 적용된다.
- 이 진술의 용어와 개념들을 명확히 하는 해석

이 기준은 속성(Attribute) 기준과 수행(Performance) 기준으로 나누어져 있다. 속성 기준은 내부 감사를 수행하는 조직과 개인의 속성을 포함하는 반면, 수행 기준은 내부 감사의 성격과 감사 업무 수행이 이에 비추어 평가될 수 있는 품질 기준을 묘사한다. 표 1.1은 기준 내의 다른 시리즈들을 묘사한다.

기준에 관한 보다 자세한 내용은 부록 A에 수록되어 있다.

표 1.1 IIA 기준

기준 시리즈	기준 번호
속성 기준	
목적, 권한과 책임	1000
독립성과 객관성	1100
숙달과 전문가로서의 적절한 주의	1200
품질 어슈어런스 및 개선 프로그램	1300
수행 기준	
내부 감사 부서 관리	2000
감사 업무의 성격	2100
감사 계획 수립	2200
감사 작업 수행	2300
감사 결과 소통	2400
진행 상황 모니터링	2500
리스크 수용 소통	2600

윤리 강령

IIA(2013)는 윤리 강령의 목적을 내부 감사 직무에 있어서 윤리적인 문화를 증진하는 것이라고 밝히고 있다. 윤리 강령은 내부 감사인들이 적용하고 이를 지지하리라고 기대되는 원칙들과 내부 감사를 위한 행동 규칙들을 규정한다. 원칙들 및 행동 규칙들은 올곧음(integrity), 객관성, 비밀 유지, 역량이라는 4개의 범주로 나누어진다.

올곧음

내부 감사인들은 다음과 같이 행동해야 한다.

- 정직하고, 부지런하며, 책임감 있게 업무를 수행한다.
- 법률을 준수하고 법률과 직무에 의해 기대되는 사항을 공개한다.
- 알면서 불법 행동의 당사자가 되거나 내부 감사 직무 또는 조직에 누가 되는 행동에 관여하지 않는다.
- 합법적이고 윤리적인 조직의 목표를 존중하고 이에 기여한다.

객관성

내부 감사인들은 다음과 같이 행동해야 한다.

- 자신의 편향되지 않은 평가를 훼손하거나 훼손하는 것으로 간주될 수 있는 활동 또는 관계에 참여하지 않는다.
- 자신의 전문가적 판단을 훼손하거나 훼손하는 것으로 간주될 수 있는 어떠한 금품도 받지 않는다.
- 자신이 알고 있는 사실 중 공개되지 않을 경우 검토 대상 활동의 보고를 왜곡할 수도 있는 모든 중요한 사실들을 공개한다.

비밀 유지

내부 감사인들은 다음과 같이 행동해야 한다.

- 업무 수행 중 취득한 정보의 사용과 보호에 있어서 신중해야 한다.
- 정보를 사적인 이익을 위해서, 또는 법률에 위배되거나 조직의 합법적이

고 윤리적인 목표에 해로운 방식으로 사용하지 않는다.

역량

내부 감사인들은 다음과 같이 행동해야 한다.

- 자신이 필요한 지식, 기술과 경험을 지니고 있는 서비스에만 관여한다.
- 내부 감사 서비스를 국제 내부 감사 직무수행 기준에 따라 수행한다.
- 자신의 숙련도와 효과성, 서비스의 품질을 지속적으로 향상시킨다.

기준의 필요성

기준은 내부 감사 작업 수행을 위한 전문가적 프레임워크를 확립한다. 기준은 내부 감사인들이 보편적으로 인정된 관행을 사용하여 책임감 있고, 윤리적인 방식으로 운영할 것이라는 확신을 제공한다. 기준을 적용하면 경영진뿐만 아니라, 감사위원회와 같은 기타 핵심 이해관계자들에게도 내부 감사 기능이 전문가답게 운영되고 있다는 확신을 준다.

기준을 사용하면 자동적으로 내부 감사 작업에 탁월함을 가져다주고 일상 활동에 고품질의 실무 관행을 내면화한다. 보다 더 중요한 요소로서, 인정된 기준을 준수하면 내부 감사가 인정된 전문가적 규범에 따라 운영되고 있음에 대해 조직에 본을 보이고, 조직의 다른 부분에 벤치마킹 역할을 한다.

일부 내부 감사인들은 기준을 사용할 의무가 있다. 이는 대개 다음과 같은 이유에 기인한다. (1) 전문가 단체 회원 요건 (2) 법률 또는 감독 규정의 요구, 또는 (3) 고용 또는 계약상의 요건. IIA 회원인 개인들은 개인들에 적용될 수 있는 기준을 준수하도록 요구된다. 그러나 IIA 회원인 최고 감사 책임자들은 IIA의 모든 기준을 준수할 의무가 있다.

왜 IIA 기준을 사용하는가?

IIA의 기준은 내부 감사에 관해 국제적으로 인정된 유일한 기준이다.

IIA 기준은 원칙 기반이며 내부 감사인들이 운영하는 방식을 가이드하기 위해 고안되었다. 이 기준은 원칙 기반이기 때문에 규범적이지 않고 부적절하게 제한적이지도 않다. 또한 내부 감사인들의 창의성이나 혁신을 금지하지 않으며, 내부 감사인들이 이에 비추어 운영해야 할 기준(criteria)들을 제공할 뿐이다. 이 기준들은 내부 감사인들이 자신을 다른 전문가들에 비추어 벤치마킹할 수 있게 해주고 내부 감사인들의 업무 수행을 인도하는 프레임워크를 확립한다.

결론

내부 감사협회 설립은 내부 감사 직무에 크게 기여해 왔다. 국제적으로 인정된 일련의 기준 적용을 통해 내부 감사인들은 자신의 전문성을 입증하고, 경영진과 감사위원회에게 자신이 윤리적이고, 투명하며, 편견이 없이 운영하고 있다는 확신을 제공할 수 있다.

참고 문헌

- Byrne, J. T. S. (1948, August). Current trends in internal audit programs. New York Certified Public Accountant, 597.
- Canadian Federal Accountability Act (2006). http://laws-lois.justice.gc.ca/eng/acts/F-5.5/page-1.html.
- Common Wealth of Australia. (2007). Financial Managementand Accountability Act.
- Flesher, D. L. (1996). Internal Auditing Standards and Practices: A One-Semester Course. Altamonee Springs, FL: The INstitute of Internal Auditors.
- HM Treasury. (2013). Public Sector Internal Audit Standard: Applying the IIA International Standards to the UK Public Sector. http://www.gov.uk/gorvenment/uploads/system/uploads/attachment_data/file/213372/Public-Sector-Internal-Audit-Standards-December-2012-plus-DH-Info.pdf.
- The Institute of Internal Auditors. (2013). International Professional Practices Framework. Altamonte Springs, FL: The Institute of Internal Auditors.
- The Institute of Internal Auditors. (2004). Ilnternal Auditing's Role in Section 302 and 404 of the U.S. Sarbanes-Oxley Act of 2002. Altamonte Springs, FL: The Institute of Internal Auditors.
- Murray, A. (1976, January). History of Internal Audit. Journal of Accountancy, 98.
- Treasury Board of Canada Secritariat. (2012). Policy on Internal Audit. http://tbs-sct.gc.ca/pol/doc-eng.aspx?id=16484§ion=tex.
- United States of America. Sarbanes-Oxley Act, 2002. Pub. L. 107-204, 116 Stat. 745, 2002년 7월 30일 제정.

Chapter 2

품질, 성과와 가치

품질은 아무도 보는 사람이 없을 때 올바르게 하는 것을 의미한다.

–헨리 포드(Henry Ford)

성공적인 조직들은 그들의 고객과 이해관계자들에 대한 가치가 어떤 모습인지에 대해 명확히 이해하고 있다. 그들은 성과 측정에 의해 품질에 대한 기대를 충족하기 위해 노력하며, 프로세스와 상품을 끊임없이 개선하기 위한 기회를 모색한다.

20세기 중반의 품질 관리 운동은 오늘날의 품질, 조직의 성공, 그리고 고객 만족 사이의 상호 의존성에 대한 이해에 있어서 매우 중요한 역할을 했다. 현재 표준적인 경영 관리 관행으로 여겨지고 있는 관행들이 에드워드 데밍(J. Edward Deming), 조셉 쥬란(Joseph Juran), 카오루 이시카와(Kaoru Ishikawa)와 같은 혁신적인 실무자들에 의해 최초로 설명되었다.

내부 감사인들은 자신의 내부 감사 기능을 개선하기 위해 품질 프로세스를 포용하기 좋은 위치에 있다. 그들은 자기 조직의 전략적 우선순위를 명확히 이해하고, 이 우선순위가 조직 전체에 최대의 가치를 부가할 수 있는 영역 안으로 들어오도록 통찰력을 제공해야 한다. 내부 감사인들은 한정된 자원의 가장 효율적이고 효과적인 사용에 초점을 맞추는 성과 측정 프로세스를 내면화함으로써 이해관계자들의 기대를 충족하기 위해 노력해야 한다.

품질, 성과와 가치 이해하기

품질, 성과와 가치는 상호 관련된 개념들이다. 품질 프로세스는 성과를 향상시키고 가치를 증대할 수 있으며, 성과 향상은 품질을 견인할 수 있다. 운영상의 성공을 확보하기 위해서는 3가지 요소가 모두 필요하다.

품질

품질은 상대적이기도 하고 독특하기도 하다. 상대적 개념으로서의 품질의 존재는 두 개의 상품들을 비교하거나 인정된 일련의 기준들에 비추어 평가함으로써만 결정될 수 있다. 그러나 품질과 관련해서는 주관적인 면도 있다. 어떤 사람에게는 품질의 요소를 구성하는 것이 다른 사람에게는 그렇지 않을 수 있다. 품질에 대한 인식은 불가피하게 가치에 대한 인식과 연결되어 있다.

아가포(Aghapour)와 그 동료들(2011)은 조직의 성공, 고객 만족과 품질 사이의 삼각형 관계를 설명한다. 이는 그림 2.1에 묘사되어 있다.

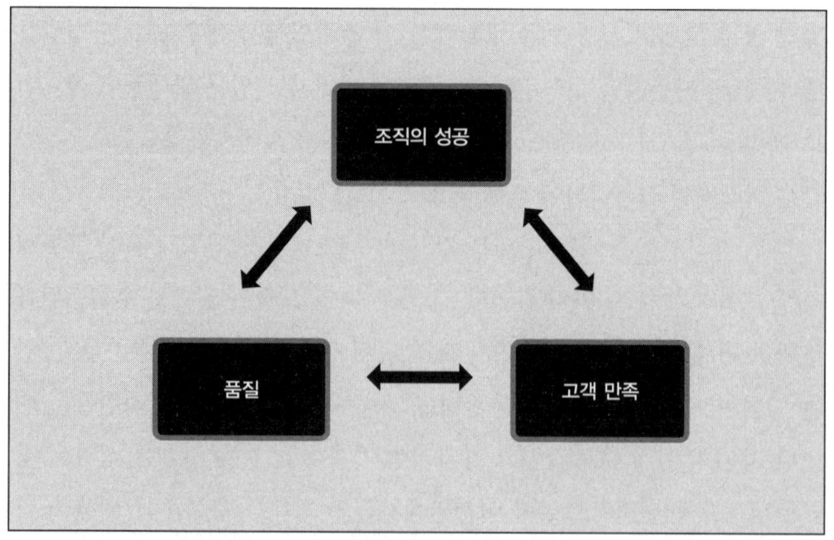

그림 2.1 품질 삼각형

고품질의 상품, 또는 결과물을 전달하면 고객 만족을 향상시키고 궁극적으로 조직의 성공을 지원할 수 있다. 내부 감사인들은 품질을 두 가지 관점에서 생각해야 한다. 먼저, 내부 감사인들은 자신의 상품과 서비스를 향상시켜야 한다. 이는 자신의 고객, 즉 경영진과 감사위원회의 만족을 높이고 그들의 서비스에 대한 수요를 확보해 줄 것이다. 둘째, 내부 감사인들은 조직의 전반적인 품질을 향상시킬 영역에 초점을 맞춰야 한다. 이를 위해서는 조직의 핵심 전략과 목표에 대해 고려할 필요가 있다.

성과

성과는 조직의 행동의 산출물과 결과(즉, 이들이 달성하는 결과)뿐 아니라, 이 결과를 달성하는 방식(즉, 조직이 행동의 효과를 내기 위한 행동과 운영 방식)도 의미한다. 성과 측정은 최종 결과뿐만 아니라 지속적인 활동도 고려해야 한다.

운영 성과 검사는 내부 감사인들의 핵심 활동 중 하나이다. 마찬가지로, 내부 감사인들은 고품질의 상품과 서비스를 전달하고 고객들을 만족시키기 위해 자신의 성과를 일상적으로 측정해야 한다.

가치

워렌 버핏(Warren Buffet)(2014)은 투자의 거장 벤 그레이엄(Ben Graham)을 인용하며 "가격은 당신이 지불하는 것이고, 가치는 당신이 얻는 것이다."라고 말했다. 품질과 마찬가지로 가치는 추상적이고 주관적인 개념이다. 가치는 개인과 조직마다 다르다. 그러나 가치에 대한 이해는 모든 조직의 성공에 매우 중요하다. 이는 또한 내부 감사의 성공에도 중요하다.

품질 관리 시스템: 데밍(Deming), 쥬란(Juran), TQM

1950년대 이후 품질 관리와 어슈어런스에 초점을 맞추는 많은 모델들이 등장했다. 이러한 많은 품질 관리 시스템과 프로세스들은 품질의 전달에 있어서 지속적인 개선과 조직 전체의 직원들의 관여에 집중했다.

에드워드 데밍(J. Edward Deming)

데밍은 품질 관리 운동의 개척자로서 조직의 프로세스의 지속적인 개선 필요에 중점을 두었다. 그의 품질 이론은 모든 프로세스들은 변이(variation)로 인한 품질 손실에 취약하며, 변이의 정도가 관리된다면, 변이가 감소하고 전반적인 품질이 상승한다는 믿음에 근거를 둔다.

그의 품질 철학은 아래의 14개 요소들을 구현한다(Deming 1986).

① 항상 품질과 서비스 향상을 도모한다.
② "새로운 철학"을 채택한다. – 새로운 경제적 시대를 인식한다.
③ 대량 검사에 대한 의존을 중지한다.
④ "최저가 입찰" 계약을 종료한다.
⑤ 시스템을 지속적으로 개선한다.
⑥ OJT 연수를 시행한다.
⑦ 리더십을 발휘한다.
⑧ 두려움을 쫓아낸다. – 효과적인 양방향 소통을 장려한다.
⑨ 부서들 간의 장벽을 허문다.
⑩ 불량률 제로를 요구하는 구호와 목표를 제거하고 리더십을 발휘한다.
⑪ 노동자들의 기량에 자부심을 가지게 한다.
⑫ 경영진의 기량에 자부심을 가지게 한다.
⑬ 교육과 자체 개선을 장려한다.
⑭ 회사의 모든 사람들이 변혁을 달성하게 한다.

데밍의 접근법은 계속적 개선(또는 데밍) 사이클에 아래와 같이 요약되어 있다(그림2.2를 보라).

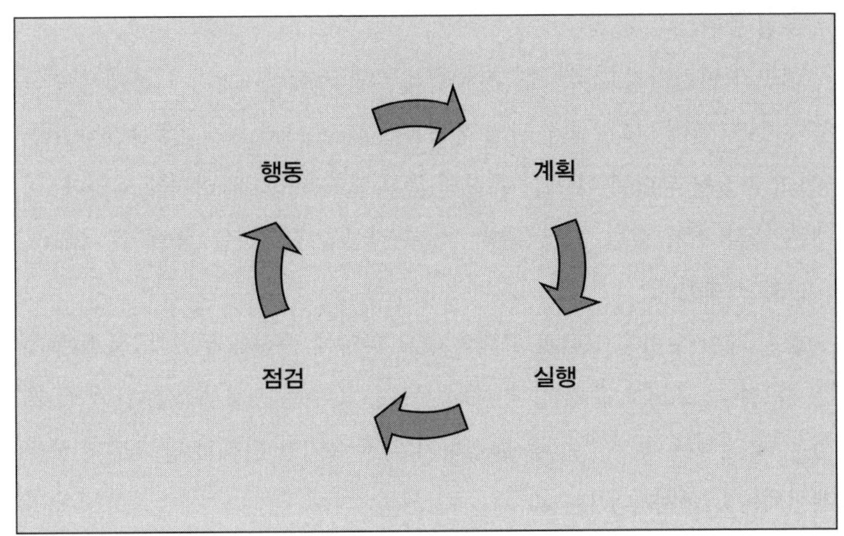

그림 2.2 데밍 사이클

데밍은 조직들이 품질 통제에 중점을 둔 조사와 엄격한 관리상의 통제에서 벗어나 지속적인 개선과 참여적 프로세스를 포용해야 한다고 강조했다. 2차 세계대전 이후 일본의 조직들을 대상으로 한 그의 연구는 카이젠(kaizen)으로 알려진 일본식 철학 개발로 이어졌다.

카이젠

일본의 카이젠(문자적으로는 좋은 것을 위한 변화 또는 개선)이라는 품질 관리 방법은 품질, 비용과 전달(delivery)의 개선과 해법은 종종 밑바닥, 즉 공장의 현장과 근로자들 사이에 있다는 철학에 중점을 둔다.

카이젠 개념은 사람들에게 자신이 근무 현장에서 하는 모든 일을 개선하도록 장려하기 위해서는 경영진의 지원과 리더십 역할이 필요함을 강조한다. 카이젠이 효과적으로 작동하려면 조직의 상부로부터 강조되어야 하며, 개방적인 태도와 통제된 변화를 통한 모든 직원들의 참여에 의해 뒷받침되어야 한다.

조셉 쥬란(Joseph Juran)

데밍과 마찬가지로 쥬란도 1950년대부터 1980년대까지 일본에서 연구했다. 1951년에 그의 『품질 관리 핸드북(Quality Control Handbook)』이 출간되었다. 5판이 출간될 무렵에 이 책은 쥬란의 품질 핸드북으로 알려지게 되었다. 이 책은 품질 계획 수립, 품질 관리, 품질 개선을 결합하는 품질 3요소(quality trilogy)를 소개했다.

품질 계획 수립은 고객과 고객의 필요 파악에 중점을 두었다. 품질 통제는 최소한의 조사로 운영 중에 품질 목표를 맞추는 프로세스였다. 품질 개선은 "유례없는 성과 수준"을 달성하기 위한 유익한 변화의 창조였다. 품질 개선에는 10단계가 있다(Edmund and Juran 2008).

① 개선 필요와 기회에 대해 인식한다.
② 개선 목표를 세운다.
③ 목표에 도달하기 위해 조직화한다.
④ 조직 전체에 대해 연수를 제공한다.
⑤ 문제 해결을 위한 프로젝트를 수행한다.
⑥ 진전 상황을 보고한다.
⑦ 인정해준다.
⑧ 결과를 소통한다.
⑨ 점수를 유지한다.
⑩ 연례 개선을 회사의 정규적인 시스템과 프로세스의 일부가 되게 함으로써 계기를 유지한다.

품질 통제(quality control)**에서 품질 어슈어런스로** 과도한 품질 통제[1)]기반 조사를 만류했던 데밍과 달리, 쥬란은 품질 통제는 품질 3요소의 일부를 형성한다고 생각했다. 그러나 그는 데밍과 유사하게, 품질의 중대한 개선은 검사 기반 관행을 통해 달성되는 것이 아니라, 극적인 품질 개선을 통해 달성된다고 보았다. 대체로 이러한 개선들은 품질 어슈어런스 활동들의 선구자였다.

품질 어슈어런스는 상품 또는 서비스가 고객의 기대를 충족하는지 여부에 초점을 맞춘다. 품질 어슈어런스는 일반적으로 특정 결과(즉, 양질의 상품 또는 서비스) 달성에 도움이 되는 일련의 예방적 활동들과 관련이 있다. 이에 비해 품질 관리는 일반적으로 상품 또는 서비스가 표준 이하의 품질을 보이는지 여부 결정에 초점이 국한된다.

품질 어슈어런스 활동들은 구조화되고 체계적이어야 한다. 품질 어슈어런스가 제조업 부문에서 유래되기는 했지만, 그 원칙들은 내부 감사를 포함한 다른 분야들에 쉽게 적용될 수 있다. 일반적으로 품질 어슈어런스 활동들은 (사후)반응적이 아니라 (사전)예방적이다.

종합적 품질 관리(Total Quality Management; TQM)

종합적 품질 관리(TQM)는 1940년대 및 1950년대에 하나의 개념으로 출현했는데, 데밍과 쥬란이 그 선두에 섰다. TQM은 본질적으로 품질 개선에 초점을 맞춘 조직의 전략들의 집합이다. TQM은 조직의 모든 구성원들이 애초에 일을 올바르게 함으로써 내부와 외부 고객들의 변화하는 필요와 기대를 충족하기 위해 협력하는 데 의존한다. TQM은 다음과 같은 원칙들에 기반을 둔다.

- 고객과 이해관계자들에게 초점을 맞춘다.
- 조직의 모든 사람들이 참여하고 팀워크에 관여한다.
- 지속적인 개선과 학습에 초점을 맞추는 프로세스를 지원한다.

TQM에 대한 접근법은 다양할 수 있지만, 이의 시행은 원칙적으로 다음과 같은 단계들과 관련이 있다.

① 연수
② 개선
③ 달성도 측정
④ 프로젝트 관리 시행
⑤ 조직 구조 창설

스테이스(Stace)(1994)는 TQM을 "체계적인 회사 차원의 노력을 통해 고객을 만족시키기 위해 개인의 능력을 지속적으로 개선하는 프로세스"라고 말한다. TQM은 현재는 리엔지니어링 및 6시그마와 같은 다른 품질 관리 방법들과 경쟁하고 있지만, 1970년대와 1980년대에 미국에서 유행하였었다.

품질 관리 서클, 이시카와 (피쉬본 인과) 다이어그램으로 유명한 카오루 이시카와(Kaoru Ishikawa) 박사는 데밍, 쥬란과 함께 1950년대와 1960년대에 일본의 품질 관리 운동을 주도한 주요 인물이었다. 그는 아래와 같은 목표 아래 품질 관리 서클 개념을 만들어냈다.

- 해당 기능 또는 기업의 개선 또는 발전에 기여한다.
- 일터에서의 인간관계, 만족, 직무 만족을 증진한다.
- 가용 인적 자원 역량의 활용과 개발을 극대화한다.

전형적인 품질 관리 서클은 조직 영역에서 자신의 품질 개선 소개와 시행을 목표로 하며, 5명에서 10명의 자원자로 구성된다. 품질 관리 서클은 흔히 TQM 및 기타 품질 관리 프로그램과 통합되며 직원과 경영진 사이에 중요한 연결 고리를 형성한다.

6시그마

1980년대에 모토로라(Motorola)는 품질과 프로세스 개선 도구로 6시그마를 개발했다. 이 이름은 오류가 극히 적어야 한다고 요구하는 통계적 기준을 반영한다. 6시그마는 이후 제너럴 일렉트릭(General Electric), 지멘스(Siemens), 노키아(Nokia), 아메리칸 익스프레스(American Express), 보잉(Boeing), 그리고 소니(Sony) 등 많은 회사들에 의해 채택되었다.

6시그마 접근법은 본질적으로 고객의 필요 이해, 품질의 변이 원인 파악, 그리고 훈련된 데이터와 통계적 분석 사용을 통해 프로세스 개선을 지원하는 비즈니스 문제 해결 방법론이다. 이들은 정의, 측정, 분석, 개선, 통제(define, measure, analyze, improve and control; DMAIC)로 불린다.

다른 많은 품질 관리 모델들과 마찬가지로 6시그마의 효과적인 시행은 아래와 같은 주요 성공 요인들에 의존한다.

- 경영진의 의지
- 프로젝트 선정과 리더십
- 프로젝트 매트릭스와 측정 어슈어런스 시스템
- 올바른 도구들의 조합 적용(히스토그램, 파레토 차트, 시뮬레이션 등을 포함할 수 있음)
- 고객과 공급자에 대한 연결
- 직원 연수와 여러 기능으로 구성된 팀의 사용
- 문제 해결 증진을 포함한 문화적 변화

ISO 9000

국제 표준화 기구(ISO)는 1987년에 디자인, 개발, 생산, 설치, 서비스에서의 품질 어슈어런스 기준을 위한 모델로서 ISO 9000 품질 기준 시리즈를 최초로 발표했다. 이 시스템은 품질 어슈어런스 및 품질 관리를 위한 보편적 프레임워크를 제공한다.

ISO 9000은 조직들에게 다음과 같은 사항들을 요구한다.

- ISO 9000 기준에 따라 운영과 활동들을 문서화한다.
- 이 문서들에 일치하게 운영한다.

• 품질 시스템이 작동하고 있음을 보여주는 기록을 유지한다.

ISO 9000 기준들은 2000년에 TQM 원칙과 절차뿐만 아니라 프로세스 관리에 보다 더 중점을 두는 방향으로 상당 부분 업데이트되었다.

ISO 9000 계열은 일부 조직들에서는 내부 감사와 정렬을 이루는 감사 요건들을 반영한다. 이러한 활동들이 정렬을 이루어야 한다는 공식적인 요건은 없지만, 내부 감사는 최소한 ISO 9000 활동들을 인식하고 이 활동들이 조직의 어슈어런스 지도에 반영되게 해야 한다.

성과 측정 모델들

품질과 성과 측정을 위한 모델들이 많이 있다. 이들 중 일부는(TQM, ISO 9000과 같은) 보다 더 광범위한 품질 관리 시스템에 내재되어 있는 반면, 다른 모델들은 보다 체계적인 접근법들을 보완하거나 지원한다. 아래의 세 개의 모델들은 모두 품질 관리 시스템을 대체한다기보다는 보완한다.

균형 스코어카드

로버트 카플란(Robert Kaplan)과 데이빗 노턴(David Norton)은 1992년에 균형 스코어카드 접근법을 최초로 제안했다. 이 스코어카드는 전략을 실행으로 전환하는 것에 초점을 맞추었으며, 전통적인 재무적 척도로부터 벗어나도록 촉진했다. 대신, 조직들은 전반적인 운영 성과에 대해 통찰력을 제공하는 광범위한 재무/비재무, 선행/후행 척도들을 개발하도록 장려되었다.

균형 스코어카드 척도들은 재무, 고객, 내부 프로세스, 그리고 학습과 성장이라는 네 개의 범주로 나누어진다. 전형적인 스코어카드가 그림 2.3에 묘사되어 있다(Kaplan과 Norton 2007).

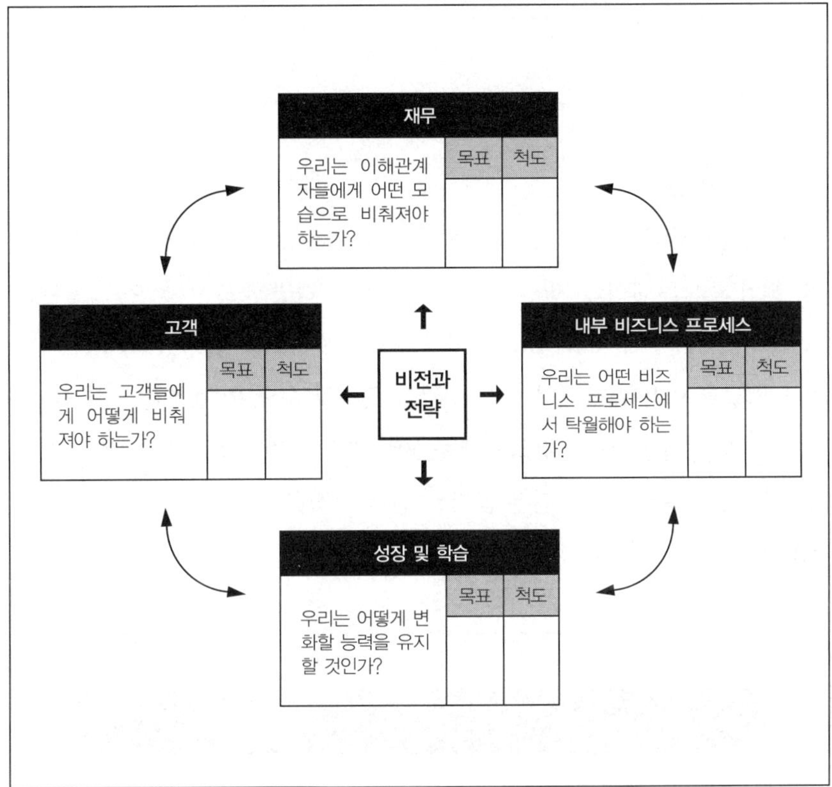

그림 2.3 균형 스코어카드

벤카트라만(Venkatraman)과 게링(Gering)(2000)은 균형 스코어카드의 성공적인 시행에 아래와 같은 4가지 필수 요소들이 필요하다고 설명했다.

① 전략을 명시하라. 조직의 전략이 명시되고 스코어카드의 토대를 형성해야 한다.
② 척도를 선택하라. 성과 척도들은 전략과 정렬을 이루어야 하며, 척도들 사이의 관계가 명확히 이해되어야 한다.
③ 정의하고 또 다시 정의하라. 스코어카드가 회사의 언어가 되려면 성과 척도들이 갖춰져야 한다.

④ 사람들을 다루라. 무엇보다 사람들과 변화 관리가 주의 깊게 관리되어야 한다.

논리 모델들

논리 모델들은 프로그램 또는 활동들의 효과성 판단에 사용될 수 있으며, 해당 프로그램 또는 활동의 시각적 묘사를 기반으로 한다. 이 모델들은 보다 정확하게는 성과 측정 모델이라기보다는 프로그램 평가 모델이지만, 이 모델들을 이용하여 내부 감사 성과를 측정할 수도 있다. 이 모델들의 가치는 이익 실현보다 결과 또는 산출물에 대한 초점에 놓여 있는 바, 이 접근법은 결과 측정이 쉽지만은 않다는 점을 인정한다, 그림 2.4는 전형적인 논리 모델을 묘사한다.

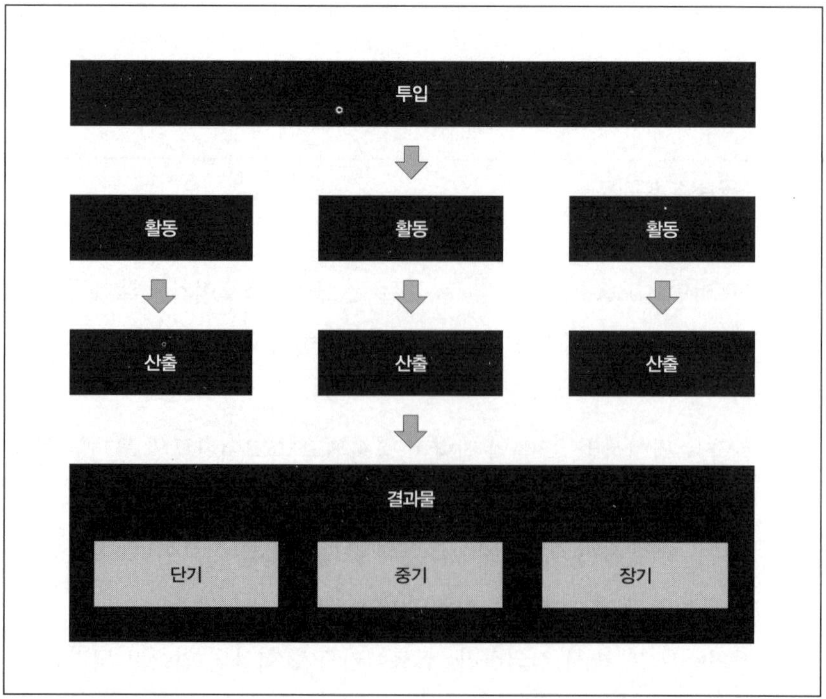

그림 2.4 논리 모델

성숙 모델들

역량 성숙 모델로 알려진 최초의 성숙 모델은 1991년에 카네기 멜론(Carnegie Melon) 소프트웨어 엔지니어링 연구소에 의해 발표되었다. 이 모델은 원래는 소프트웨어 개발 프로세스를 개선하기 위해 개발되었지만, 이 모델을 보다 널리 적용할 수 있음이 인식되었으며, 2000년에는 전사 차원의 프로세스 개선에 적용되도록 확대되었다.

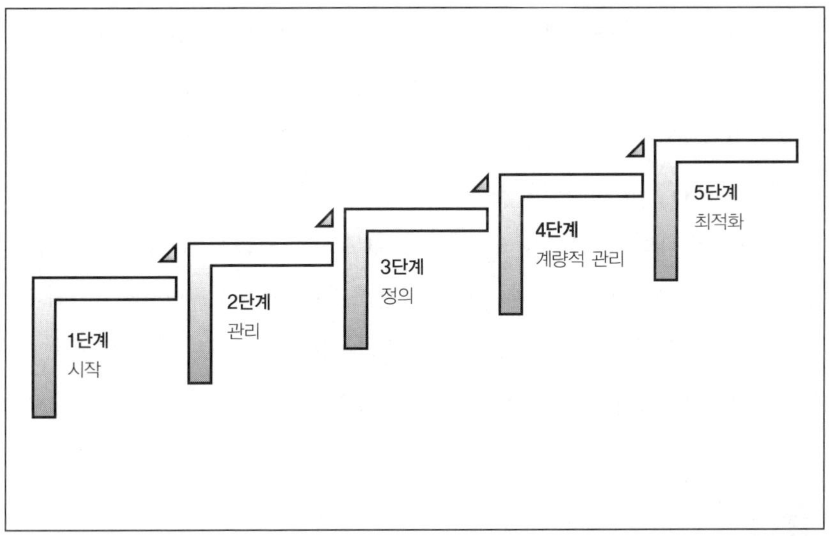

그림 2.5 성숙 모델

성숙 모델은 혁명적 혁신보다는 진화적 단계들을 통해 계속적인 프로세스 개선을 촉진하며, 일반적으로 그림 2.5에서 보여주는 바와 같이 5단계의 성숙도(또는 역량)를 이용한다.

각각의 단계에 대한 묘사는 다를 수 있지만, 이 단계들은 보편적으로 예측할 수 없고, 통제가 미흡하며, 사후 대응적인 1단계 프로세스에서부터 정의되고 예측 가능한 3단계를 거쳐 좋은 실무 관행들과 프로세스 개선에 초점을 맞추는 5단계로 발전해 나간다. 각각의 단계마다 해당 단계의 성숙도 수준을 달성하기 위해 요구되는 핵심 프로세스들을 대략적으로 설명하는 핵심 프로세스 영역(key process areas; KPAs)을 실행한다.

결론

내부 감사인들은 데밍, 쥬란과 같은 실무자들의 연구로부터 이익을 보는 품질 관리 분야의 전문가들일 필요는 없다. 내부 감사 기능은 계속적인 개선을 품질 어슈어런스 프로세스에 구현할 수 있다. 그렇게 하면 내부 감사인들이 이해관계자들에 대한 그들의 가치를 극대화하게 해줄 것이다.

조직들은 전통적인 재무 보고를 넘어서는 다양한 측면의 성과 척도를 제공하기 위해 균형 스코어카드들을 사용한다. 균형 스코어카드들은 선행/후행 척도들을 사용하여 과거의 성과뿐만 아니라 미래의 성공을 위한 조직의 위치에 대한 통찰력을 제공한다. 내부 감사인들은 균형 스코어카드를 이용하여 큰 효과를 볼 수 있다. 마찬가지로 내부 감사인들은 논리 모델을 사용하여 자신의 서비스 결과의 효과성을 판단하고, 성숙 모델을 사용하여 자신의 실제 및 이상적인 역량과 성숙도 수준을 파악할 수 있다.

참고 문헌

• Aghapour, A. H., M. Manafi, R. Gheshmi, R. Hojabri, and M. Salehi(2011). An exporatory journey intp TQM practices and its association network. Interdisciplinatory Journal of Contemporary Research in Business 3(6): 800-806쪽.

• Atkinson, A., and M. Epstein. (2000). Measure for measure: Realizing the power of the balanced scorecard. CMA Management 74(7): 22-28쪽.

• Balanced Scorecard Institute. (2014). "What is a Balanced Scorecard?" http://balancedscorecard.org/BSCResources/AbouttheBalancedScorecard/tabid/55/Default.aspx.

• Birkett, W. P., M. R.. Barbera, B. S. Leithead, M. Lower, and P. J. Roebuck. (1999). Assessing Competency in Internal Auditing, Structures and Methodology. Altamonte Springs, FL: The Institute of Internal Auditors Research Foundation.

• Buffet, W. (214, 2월 24일). Buffet's annual letter: What you can learn from my rael estate investments. Fortune. http://finance.fourtune.cnn.com/2014/02/24/warren-buffet-berkshire-letter.

• Deming, W. E. (1986). Out of the Crisis. Cambridge: Massachusetts Institute of Technology

Center for Advanced Engineering Study.
- Didis, S. K. (1990). Kaizen. Internal Auditor 47(4): 66쪽.
- Drake, D., J. S. Sutterfield, and C. Ngassam. (2008). The Revolution of Six Sigma: An analysis of its theory and application. Academy of Information and Management Sciences Journal 11(1): 29–44쪽.
- Edmund, M., and J. M. Juran. (2008). The architect of quality: Joseph M. Juran, 1904–2008. Quality Progress 41(4): 20–25쪽.
- Goldman, H. H. (2005). The origin and development of quality initiatives in American business. TQM Magazine 17(3): 217–225쪽.
- Gray, G. R. (1993). Quality circles: An update. S. A. M. Advanced Management of Journal. 58(2): 41쪽.
- Hawkes, L. C., and M. B. Adams. (1994). Total quality management: Implications for internal audit. Management Auditing Journal 9(4): 11쪽.
- Heavey, C., and E. Murphy. (2012). Integrating the balanced scorecard with Six Sigma. TQM Journal 24(2): 108–122쪽.
- The Institute of Chartered Accountants in Australia. (2006). Extended Performance Reporting: An Overview of Techniques. Sydney: The Institute of Charted Accountants in Australia.
- Kaplan, R. S., and D. P. Norton. (2007). Using the balanced scorecard as a strategic management system. Harvard Business Review. http://hbr.org/2007/07/using-the-balanced-scorecard-as-a-strategic-management-system/ar/1.
- Kartha, C. O. (2002). ISO 9000: 2000 quality management systems standards: TQM focus. Journal of American Academy of Business 2(1): 1–6쪽.
- Lampe, J. and S. G. Sutton. (1994). Developing Productivity in Quality Management Systems for Internal Auditing Departments. Altamonte Springs, FL: The Institute of Internal Auditors Research Foundation.
- Landesberg, P. (1999). In the beginning, there were Deming and Juran. Journal for Quality and Participation 22(6): 59–61쪽.
- McIntosh, E(1992). Internal Auditing in a Total Quality Environment. Altamonte Springs, FL: The Institute of Internal Auditors Research Foundation.
- Nugent, P. (2013). The shape of things to come: A look at the new ISO form standards. Quality 52(9): 33–36, 38쪽.
- Paterson, J. (2012). The lean audit advantage. Internal Auditor, December 2012. http://www.theiia.org/internalauditor.
- Ratliff, R. L., W. A. Wallace, G. E. Sumners, W. G. McFarland, and H. Nieuwlands. (2006). Sustainability and Internal Auditing. Altamonte Springs, FL: The Institute of Internal Auditors Research Foundation.
- Retna, K. S., and Pak Tee Ng. (2011). Communities of practice: Dynamics and success factors. Leadership & Organization Development Journal. 21(1): 41–59쪽.
- Rezaee, Z. (1996). Improving the quality internal audit functions through total quality management. Managerial Auditing Journal 11(1): 30–34쪽.
- Rosenfeld, M.(2013). Framework for excellence. Internal Auditor, 2013년 2월. htpp://www.theiia.org/intauditor.
- Sharma, S., and A. R. Chetiya. (2012). AN analysis of critical success factorsfor Six Sigma implementation. Asian Journal on Quality 13(1): 30–34쪽.
- Stace, R. (1994). TQM and the role of internal audit. Australian Accountant 64(6): 26쪽.
- Vencatraman, G., and M. Gering. (2000). The balanced scorecard. Ivey Business Journal

64(3): 10–13쪽.
• Wetzler, S. (1995). Industry circles. Internal Auditor 52(1): 46쪽.
• W. K. Kellogg Foundation. (1998). Logic Model Development Guide: http://www.wkkf.org/knowledge-center/resources/2006/02/wk-kellogg-foundation-logic-model-development-guide.aspx.

PART 2

품질 어슈어런스 및 개선 프로그램 개발

Developing the Quality Assurance and Improvement Program

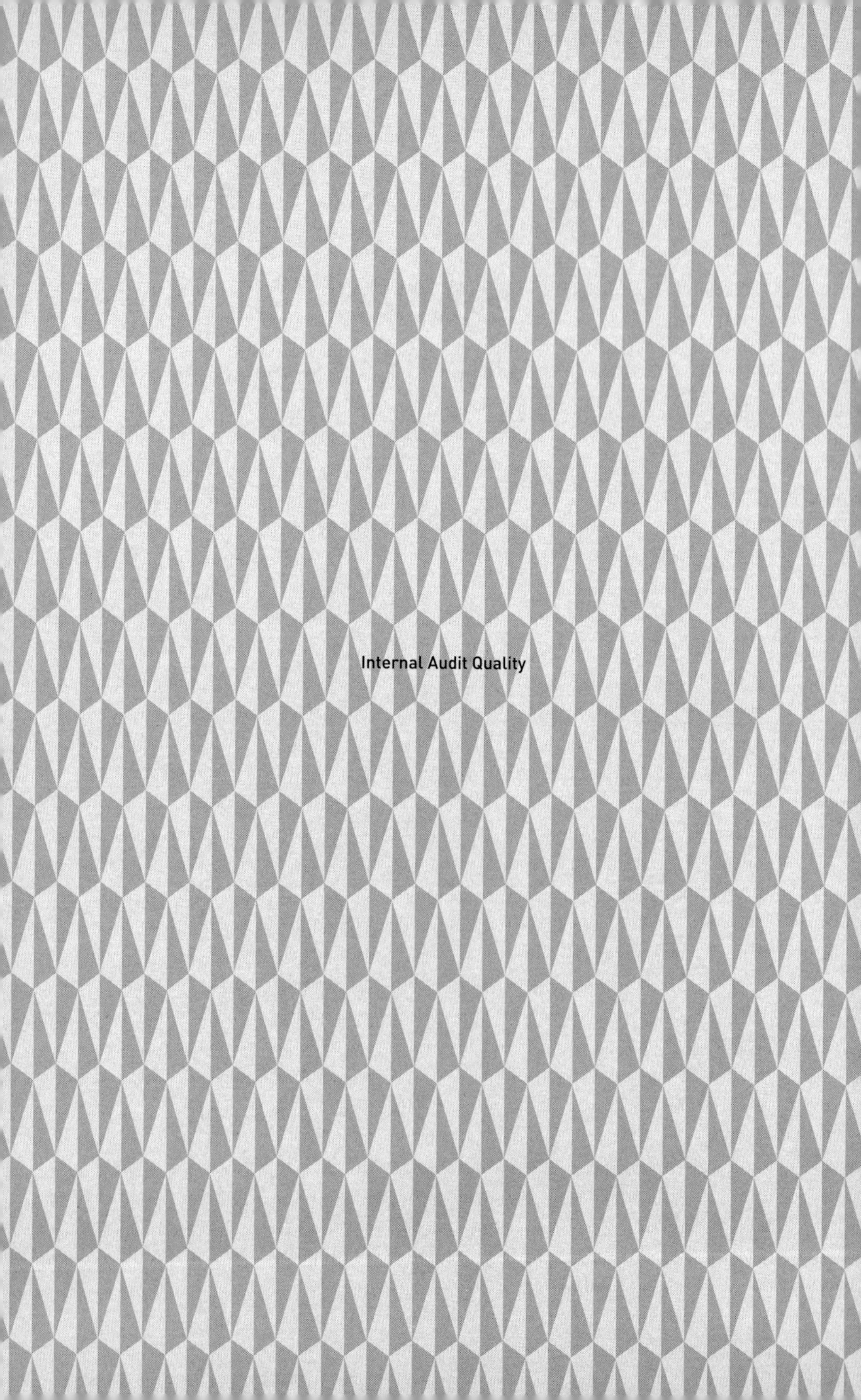
Internal Audit Quality

Chapter 3

품질 프레임워크 개발

측정은 통제 그리고 궁극적으로 개선에 이르는 첫 번째 단계이다. 뭔가를 측정하지 못하면, 그것을 이해할 수 없고, 이해할 수 없으면 통제할 수 없다. 통제할 수 없으면, 개선할 수 없다.

–제임스 해링턴(H. James Harrington)

최고 감사 책임자들은 내부 감사 부서 운영에 체계적인 품질 관리 방법을 구현해야 한다. 흔히 품질 어슈어런스 및 개선 프로그램(quality assurance and improvement program; QAIP)이라고 불리는 공식화된 내부 감사 품질 관리 프로그램은 기준 준수 기반 동인보다는 품질에 대한 수요 기반 동인에 초점을 맞춰야 한다. 즉, 품질은 기준을 준수하기 위해서라기보다 이해관계자들의 기대에 기초하여, 그리고 가치를 전달하는 수단으로서 추구되어야 한다.

품질에 대한 수요 기반 접근법은 최고 감사 책임자가 전달하고자 하는 산출물과 결과를 고려한다. 이 방법론은 내부 감사 기능의 효율성과 효과성뿐만 아니라, 이 기능에 대한 투입물의 적정성도 조사하는 성과 척도를 활용한다.

내부 감사의 품질은 다양한 이해관계자들에 의해 견인된다. 품질에 대한 1차적 책임은 최고 감사 책임자에게 있지만, 고위 경영진, 감사위원회, 내부 감사 직원, 그리고 서비스 제공자를 포함한 다른 이해관계자들 모두가 내부 감사인들이 산출물과 결과를 최적화하게 할 책임이 있다.

품질, 성과, 가치 사이의 연결 관계

내부 감사인들은 이해관계자들에게 가치를 전달하고 조직이 생산성과 품질을 향상시키도록 도움을 주어야 한다. 가치는 조직마다 다르며, 최고 감사 책임자들은 자신의 조직에서는 무엇이 가치와 품질로 인식되는지를 결정해야 한다.

가치를 결정하려면 조직의 목표, 우선순위, 성공의 정의 등 조직에 대해 철저히 이해할 필요가 있다. 최고 감사 책임자가 조직의 전략적 목표에 대해 명확히 이해하면, 내부 감사 기능이 이 목표들에 어떻게 기여할 수 있는지 판단할 수 있는 좋은 입장에 서게 된다.

로젠펠드(Rosenfeld)(2013)는 내부 감사와 조직의 품질 사이의 관계를 다음과 같이 설명한다.

> 궁극적으로 감사 부서는 이사회와 고위 경영진이 감사 부서가 발전하기 원하는 만큼만 발전할 수 있다. 조직 전체가 운영상으로 탁월해지기 위해 노력하고 내부 감사에 적절한 지원을 제공할 경우, 감사 부서 리더들은 자신의 부서를 세계 일류 수준으로 발전시킬 수 있는 좋은 입장에 놓이게 된다. 그러나 충분한 지원과 격려가 없다면, 감사 부서는 기본적인 수준의 성과를 넘어서기조차 힘겨울 것이다. 감사 기능에 대한 조직의 기대가 제한적이거나 낮다면, 감사 부서가 이러한 제한된 기대를 충분히 충족시킨다 해도 감사 기능은 세계 일류수준의 지위를 달성하지 못할 것이다. 더욱이 뒤떨어진 감사 기능을 개선시키기 위한 지원을 받을 수 없는 CAE는 전문가로서 높은 리스크를 부담하고 있는 셈이다.

가치 전달에 대한 초점은 기준 2000에 명시된 바와 같이 IIA 기준에서 인식된 요소의 하나이다.

기준 2000– 내부 감사 부서 관리

최고 감사 책임자는 내부 감사 부서가 조직에 가치를 부가하도록 내부 감사 부서를 효과적으로 관리해야 한다.

패터슨(Paterson)(2012)은 내부 감사가 제공할 수 있는 잠재적 가치에 대해 일부 감사위원회와 고위 경영진들 사이에 오해가 있을 수 있음을 경고한다. 특히 그는 감사 작업의 범위와 가용 자원으로 볼 때, 감사 대상 영역에 부정이 있더라도 이의 발견이 가능하지 않은 경우에도 감사위원회와 고위 경영진은 내부 감사가 이를 발견하리라는 비현실적인 기대를 할 수도 있다고 경고한다. 그는 또한 감사위원회는 내부 감사의 1차적인 역할을 특정 이해관계자를 다른 이해관계자들의 필요 위에 두고 그들을 지원하는 것으로 인식해서, 내부 감사가 다른 이해관계자들의 필요를 수용하는 정도를 약화시키는 경향이 있을 수 있다고 주의를 준다. 이는 종종 감사 계획이 어느 리스크 영역에 중점을 두어야 하는지, 그리고 어슈어런스와 컨설팅 작업에 할애하는 감사 시간의 균형 면에서 내부 감사의 역할에 관한 핵심 이해관계자들 사이의 긴장으로 나타난다.

최고 감사 책임자는 다양한 이해관계자들에 의해 추구되는 가치들이 일치하지 않을 경우 이를 조정해서 기대들이 잘못 정렬되지 않도록 해야 한다.

품질의 동인

일부 최고 감사 책임자들의 품질에 대한 욕구는 주로 규정된 기준 준수를 달성하고자 하는 열망에 의해 동기가 부여된다. 그러나 지속가능한 품질을 발전시키는 열쇠는 실무 관행들을 기준 준수 동인보다는 수요 기반 품질 동인에 결합하는 것이다. 기준 준수 동인은 품질을 향한 여정을 시작할 수는 있지만, 이 프로세스를 내면화하려면 수요 기반 동인들이 필요하다.

수요 기반 동인들은 내부 감사 기능이 달성하고자 하는 산출물과 결과들에 연결되어야 한다. 이 접근법에서는 내부 감사의 목적과 전략에 대한 완전한 이해가 필수적인데, 왜냐하면 이 목적과 전략이 내부 감사의 산출물과 결과를 결정하기 때문이다. 공식적인 서면 내부 감사 전략과 규정은 품질에 대한 핵심 동인 파악에 있어서 중요한 요소이다.

내부 감사 작업을 수행하기 위해 필요한 투입물, 산출물, 결과라는 관점에서 내부 감사 기능이 전달하기 원하는 가치에 대한 이해는 그림 3.1에서 보여지는 내부 감사 프로그램 논리의 일부를 구성한다.

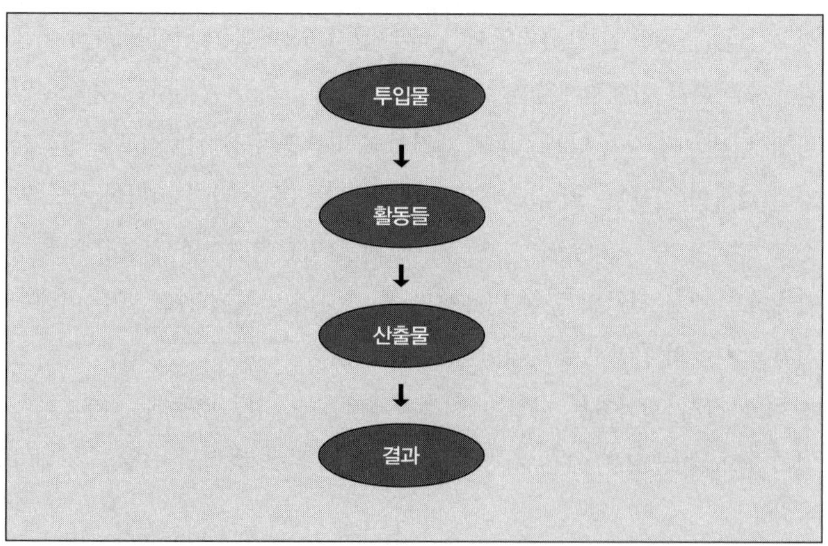

그림 3.1 투입물과 결과

내부 감사 투입물

내부 감사 기능에 대한 투입물은 결과를 내기 위해 요구되는 자원이다. 대부분의 내부 감사 기능들에는 다음과 같은 공통적인 투입물 또는 요소들이 있다.

- 운영 예산

• 직원 배치
• 관리 구조와 감독 프로세스
• 운영 계획(대개 내부 감사 계획이라고 부름)
• 모집, 유지, 성과 관리와 같은 인적 자원 관리 프로세스
• 정책과 절차
• 보고 프로세스

핵심 투입물들을 그룹으로 분류하면 내부 감사인들의 품질 관리와 측정에 도움이 될 수 있다. 투입물들을 유사한 그룹으로 나누는 방법은 많지만, 내부 감사 기능을 전략, 예산, 직원 배치, 그리고 직무 관행이라는 관점에서 생각하는 것도 하나의 방법이다(그림 3.2를 보라).

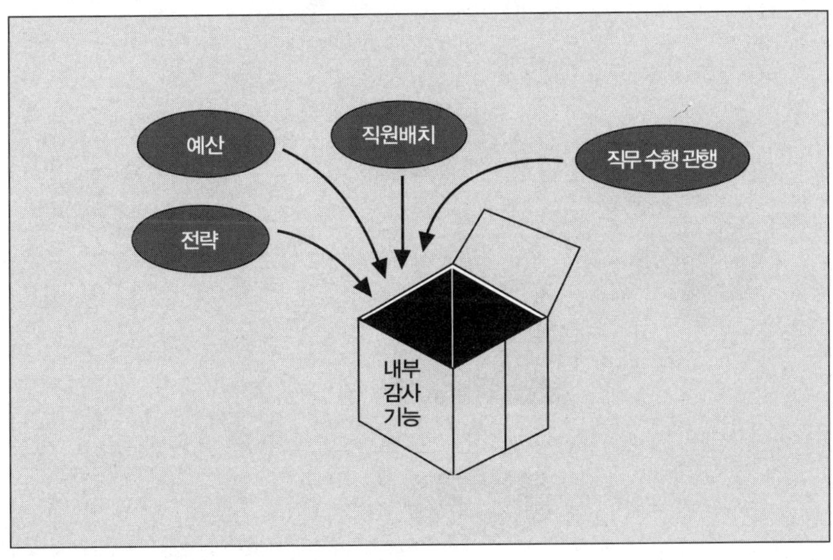

그림 3.2 내부 감사 투입물

이 각각의 요소 또는 그룹들의 핵심 특징들이 아래의 섹션에 묘사되어 있으며, 보다 구체적인 내용들이 이 책 전체에 걸쳐 제공된다.

전략과 예산 전략은 내부 감사 기능을 하나로 묶는다. 핵심 구성 요소들에는 내부 감사의 비전과 가치 명제, 리스크 관리, 자원 계획 수립, 핵심 책임 명시, 그리고 내부 감사 규정이 포함된다. 이들 각자는 그림 3.3에 묘사되어 있다.

적절한 예산에 의해 보완되면 잘 개발된 내부 감사 전략은 품질과 가치의 핵심 동인이 될 것이다.

내부 감사 직원 배치 직원 배치 요소는 최고 감사 책임자에 의해 시행되는 인적 자원 배열과 직원 관리와 개발을 위해 사용되는 프로세스를 묘사한다. 직원 배치 요소는 자체 수행, 아웃소싱, 그리고 공동 수행에 관한 결정 등 내부 감사 기능에 의해 사용되는 소싱 모델을 포함한다. 그림 3.4는 직원 배치 요소에 대한 핵심 투입물들을 묘사한다.

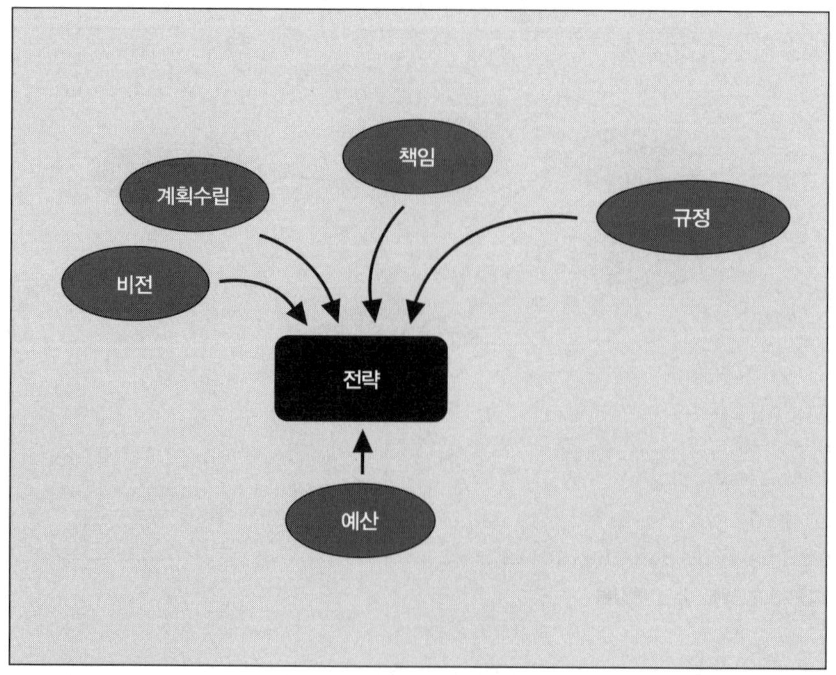

그림 3.3 전략 투입물

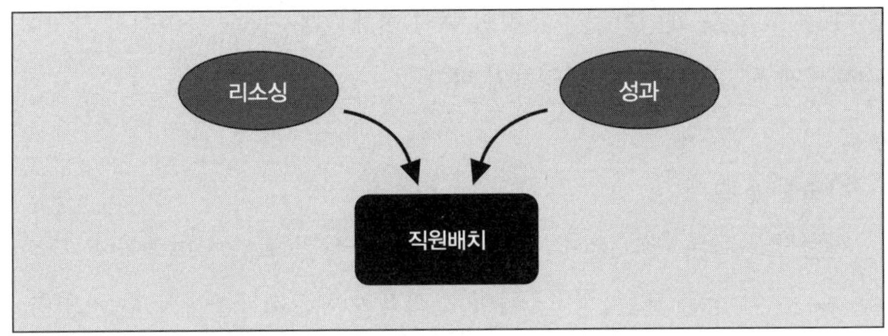

그림 3.4 직원 배치 투입물

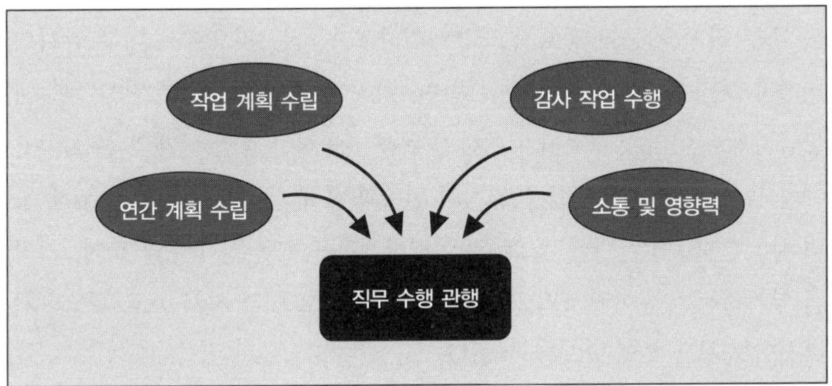

그림 3.5 직무 수행 관행 투입물

직무 수행 관행 내부 감사인들에 의해 채택된 직무 수행 관행들은 방법론, 시스템, 그리고 결과를 내기 위해 사용되는 프로세스들이다. 이들은 외부 감사, 평가 또는 품질 어슈어런스 활동들과 구분되는 전문적인 내부 감사 기능으로서의 실체를 정의한다.

높은 단계에서의 직무 수행 관행 투입물들이 그림 3.5에 묘사되어 있다.

활동

내부 감사인들은 어슈어런스와 컨설팅 작업을 포함한 일련의 활동들을 수행할 수 있다. 이러한 작업들은 이 책 전체에 걸쳐서 보다 자세하게 설명된다. 최고 감사 책임자들은 조직의 핵심 이해관계자들과 상의해서 자신이 수행하게 될 활동 유형을 결정해야 한다.

산출물과 결과

산출물(output)은 내부 감사 기능이 생산하는 상품 또는 서비스이다. 결과(outcome)는 이 상품 또는 서비스들이 조직과 이해관계자들에게 주는 영향, 즉 이러한 산출들로부터의 장기적인 효용 또는 변화이다.

내부 감사 산출물 측정이 내부 감사 결과 측정보다 쉬울 때가 있다. 결과는 내부 감사 기능이 궁극적으로 성취하고자 하는 것으로서 내부 감사의 비전과 사명에 연결되어야 하는 반면, 여러 산출물들은 내부 감사 기능이 궁극적으로 이러한 결과에 기여하기 위해 산출하는 중간 단계의 산물이다. 예를 들어, 내부 감사인들은 조직의 전략과 목표 달성을 지원하기 위해 노력해야 한다. 이는 단기적으로는 이해관계자들의 높은 수준의 관여, 가치를 부가하는 어슈어런스 및 컨설팅 작업, 그리고 내부 감사 프로세스의 지속적인 개선을 통해 달성될 수 있다.

품질에 대한 체계적인 접근법

품질에 관해 체계적이고 논리적으로 생각하면, 매일의 실무에 품질이 내면화될 수 있다. 성과 측정에 논리 모델, 균형 스코어카드, 성숙 모델 등 많은 모델들이 사용될 수 있는데, 다음 섹션에서는 이 모델들 각자에 대해 보다 자세히 설명한다. 일반적으로 최고 감사 책임자들은 자신의 품질 어슈어런스 및 개선 프로그램의 일부로서 이러한 방법들 중 하나를 선택할 것이다. 그럼에도 불구하고, 이 세 가지 방법들은 모두 보완적이다.

프로그램 로직

최고 감사 책임자는 프로그램 로직을 이용하여 특정 산출물과 결과를 내기 위해 요구되는 투입물의 유형을 결정할 수 있다. 전형적인 논리 기반 내부 감사 기능의 투입-산출이 그림 3.6에 제시되어 있다.

논리 모델을 개발함에 있어서 최고 감사 책임자는 내부 감사 품질 측정을 투입, 활동, 산출물과 결과에 연결시켜야 한다. 이 각각의 단계에서의 결과 측정은 선택적인 추가 사항이 아니라 기초적인 요소로서의 품질을 지원하며, 투입물이 적절하며 최적화되어 있는지, 활동들이 전문가답게 수행되는지, 산출물들이 이해관계자들의 필요를 충족하는지, 그리고 결과가 조직에 필요한 가치와 연결되는지 결정하는 데 도움이 된다.

내부 감사 균형 스코어카드

균형 스코어카드는 전통적인 재무 기반 보고보다 광범위한 속성들을 고려하기 때문에, 내부 감사 성과 측정에 적용될 수 있다. 그림 3.7은 간단한 내부 감사 균형 스코어카드를 제공한다.

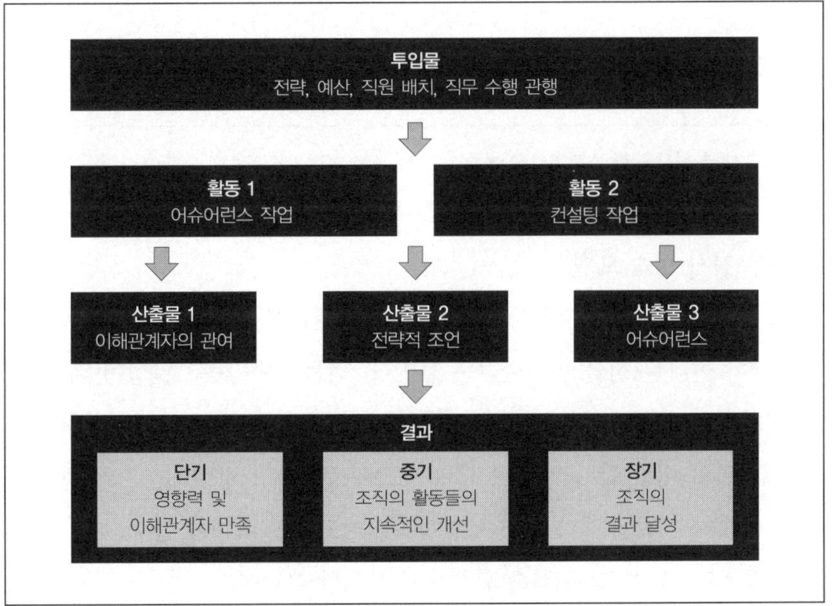

그림 3.6 내부 감사 논리 모델

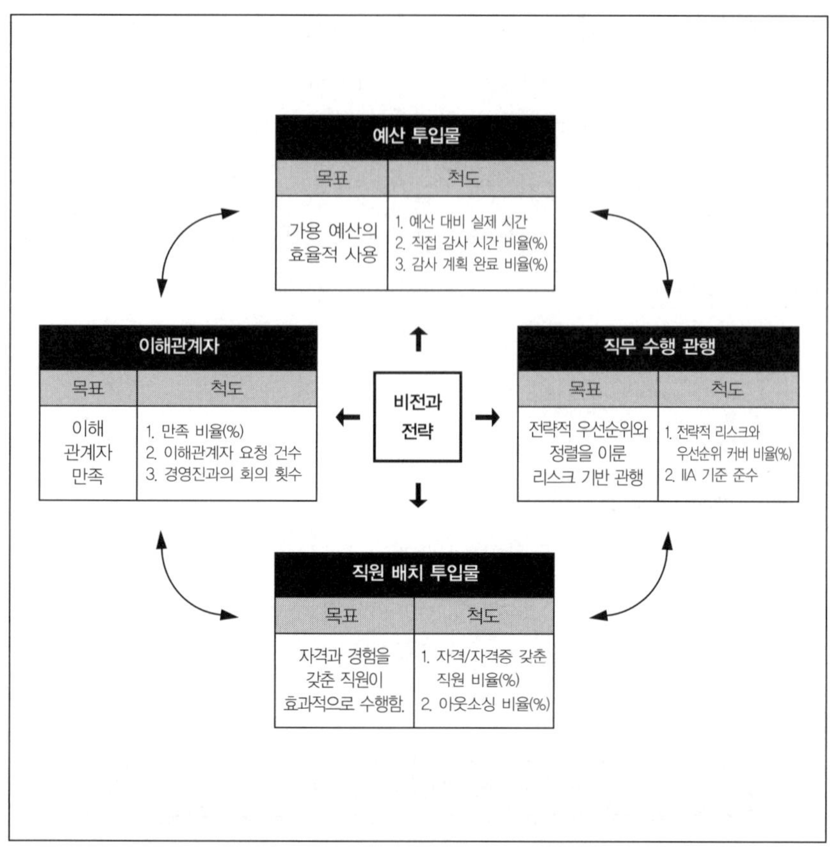

그림 3.7 내부 감사 균형 스코어카드 샘플

내부 감사 성숙 모델

성숙 모델의 가치는 이 모델이 내부 감사 기능이 계속적으로 발달하고 성숙해야 한다는 점을 인식한다는 점이다. 전문 기준 준수 달성이 최고 감사 책임자들의 궁극적인 목표가 되어서는 안 된다. 대신, 최고 감사 책임자들은 자신의 내부 감사 기능이 지속적으로 성장하고 발전해서 이해관계자들의 기대와 조직의 전략적 필요를 충족시키도록 노력해야 한다.

그림 3.8은 내부 감사 성숙 모델에서 발췌한 그림이다.

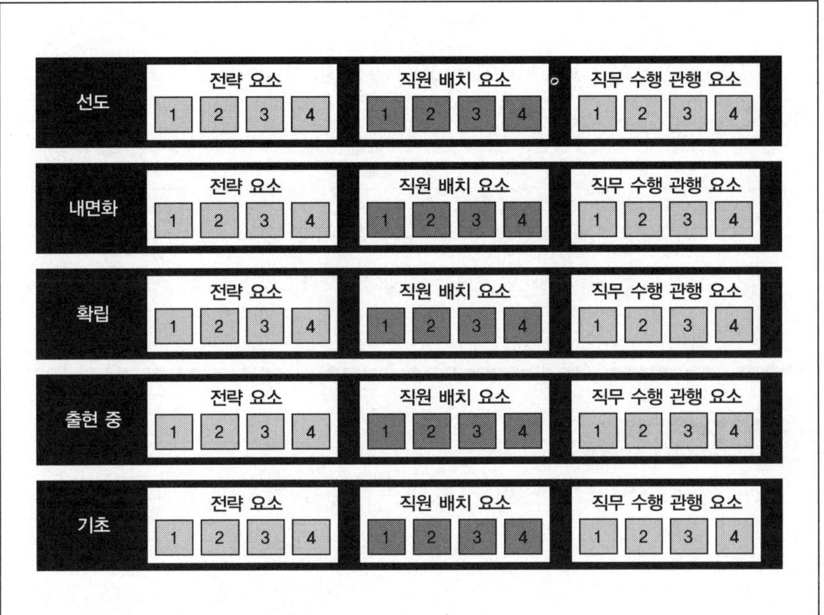

그림 3.8 내부 감사 성숙 모델 발췌

내부 감사 성과 척도 개발

어슈어런스 전문가들인 내부 감사인들은 성과 모니터링은 결과가 달성되었다는 또는 달성될 것이라는 확신을 제공하는 중요한 내부 통제임을 인정할 것이다. 이는 또한 다른 통제들의 효과성에 대한 피드백도 제공한다. 이를 위해 트레드웨이 위원회 후원 조직 위원회(Committee of Sponsoring Organizations of the Treadway Commission; COSO)는 모니터링 활동을 내부 통제의 핵심 요소 중 하나로 인정한다. 모니터링 활동은 COSO의 내부 통제–통합 프레임워크(Internal Control– Integrated Framework)(2013)의 다른 요소 중 하나인 정보와 소통도 지원함으로써 경영진이 조직의 활동들과 성과에 대해 정보에 입각한 의사결정을 할 수 있게 해준다.

최고 감사 책임자들은 내부 감사 기능의 지속적인 개선을 가능하게 해주는 경영정보를 만들어내고, 내부 감사의 성과에 관한 투명성을 제공하기 위해 자체 모니터링 활동을 수행해야 한다.

모니터링 활동은 IIA 1310에서 요구되는 바와 같이 상시 모니터링과 정기적인 평가를 포함해야 한다.

기준 1310 – 품질 어슈어런스 및 개선 프로그램의 요건

품질 어슈어런스 및 개선 프로그램은 내부 평가와 외부 평가를 모두 포함하여야 한다.

보편적인 품질 이슈

IIA-호주와 같은 국가 차원의 협회 뿐 아니라 IIA에서 전 세계적으로 수행한 연구에서, 많은 내부 감사 기능들이 인정된 기준이나 더 나은 실무 관행에 비추어 건강 검진 또는 다른 정기적 내부 평가를 수행하고 있지 않음이 발견되었다.

매트릭스, 척도, 성과 지표

내부 감사 기능을 효과적으로 모니터링하려면 가급적 감사위원회와 고위 경영진의 의견을 반영한 균형 잡힌 성과 척도 개발이 요구된다. 내부 감사는 또한 지속적인 개선을 증진함으로써 조직 내의 다른 프로세스들의 개선에 있어서 강력한 원군이 될 수도 있다. 최고 감사 책임자는 이 점에서 전향적으로 보다 나은 관행에 대한 모범을 보여야 한다. 이는 내부 감사의 신뢰성을 향상시키고 이해관계자들에게 내부 감사가 효과적으로 운영되고 있다는 더 큰 확신을 제공할 것이다.

내부 감사 전략은 다음 사항들을 커버해야 되기 때문에 이 전략에 내부 감사의 가치 명제를 분명히 밝히면 내부 감사 성과 척도 개발에 도움이 될 것이다.

• 지원, 법률, 감독 규정, 그리고 정책 등 내부 감사 기능이 그 안에서 운

영되고 있는 환경(내부 감사 기능의 전략적 맥락)

- 내부 및 외부의 주요 이해관계자
- 내부 감사 비전과 사명
- 내부 감사 기능의 임무, 목적, 권한(규정을 통해 명시될 수 있음)
- 지도적 가치
- 수행될 활동의 종류와 이 활동들의 성격
- 내부 감사 기능에 영향을 주는 리스크에 대한 고려
- 자원 확보

효과적인 성과 척도의 열쇠 중 하나는 중요한 영역에 초점을 맞추는 것이다. 수집된 정보가 사용되지도 않는데 데이터 수집과 성과 매트릭스 채우기에 시간을 보내면 비효율성을 처리하기보다는 비효율성을 만들어낸다. 성과 측정이 의미가 있으려면 이러한 측정이 지속적인 개선 사이클의 일부가 되어야 한다.

성과 매트릭스 성과 매트릭스는 매니저들이 자신의 활동들의 산출물과 결과들을 측정할 수 있게 해주는 특정 달성 지표들이다. 성과 매트릭스는 매니저들이 활동들이 효율적이고 효과적으로 운영되고 있는지, 이 활동들이 가치를 전달하고 있는지 판단하는 데 도움을 준다.

내부 감사인들은 경영진이 적절한 성과 매트릭스를 개발하고 이를 시행하리라고 기대한다. 이와 유사하게 최고 감사 책임자들은 내부 감사 기능의 성공 여부를 측정하기 위한 성과 매트릭스를 개발해야 한다.

성과 매트릭스는 조직이 무엇을 가장 가치 있게 여기는지에 대한 메시지를 보낸다. 잘 정의되고 활용되는 매트릭스는 조직 또는 내부 감사 기능에 가장 중요한 영역을 겨냥한다.

효과적인 성과 매트릭스는 각각의 내부 감사 기능에 따라 달라야 하며, 다음 사항들을 커버해야 한다.

- 내부 감사 기능에 대한 투입물의 적정성. 적정성 매트릭스의 예는 다음과 같다.
  - 벤치마크 대비 내부 감사 직원 수
  - 벤치마크 대비 내부 감사 예산
  - 직원의 감사 업무 경험
  - 자격과 자격증 보유 직원 비율
- 내부 감사 기능에 의해 수행된 주요 활동들의 효율성. 효율성 매트릭스의 예는 다음과 같다.
  - 감사 당 평균 비용
  - 조직 구성원 1인당 평균 비용
  - 예산 대비 실제 사용 시간
  - 행정 관리에 사용하는 시간 비율(%)
  - "직접" 감사 시간 비율(%)
  - 평균 감사 사이클 시간
  - 활동별 시간 비율(%)
  - 감사 계획 완료 비율(%)
- 내부 감사 기능에 의해 수행된 주요 활동들의 효과성. 효과성 매트릭스의 예는 다음과 같다.
  - 직무 능력 개발 시간
  - 수행된 품질 어슈어런스 및 개선 활동
  - 반복적인 발견 사항의 수
  - 권고 사항 실행 비율(%)
  - 경영진의 요청 수
  - 경영진의 요청에 대한 적시성(예컨대, 1, 2 영업일 이내의 답변)
  - 고객 만족 감사
- 내부 감사 기능에 의해 전달된 산출물. 산출물 매트릭스의 예는 다음

과 같다.

- 고위 경영진과의 회의 횟수
- 연례/요약 보고서
- 완료된 감사의 수
- 어슈어런스 작업의 수
- 컨설팅 작업의 수

• 내부 감사 기능에 의해 전달된 결과(영향), 그리고 이 결과가 품질과 가치에 관한 조직의 기대를 충족시키는 정도. 결과 매트릭스의 예는 다음과 같다.

- 감사위원회와 고위 경영진의 만족
- 조직의 감사 커버 비율(%)
- 전략적 리스크 감사 비율(%)
- 운영 리스크 감사 비율(%)

성과 매트릭스는 또한 핵심 이해관계자들, 현재까지 발생한 일, 현재의 활동들이 향후 성과에 어떤 영향을 줄지를 커버하는 역사적 요소/성장 요소(선행/후행 지표), 그리고 양적/질적 요소들도 고려해야 한다.

매트릭스는 내부 감사 기능의 한 요소를 지나치게 강조하여 다른 요소들을 희생시키지 않도록 적절한 균형을 유지해야 한다. 매트릭스는 가급적 최고 감사 책임자에게 내부 감사 부서 운영에 필요한 정보를 제공하는 최소한의 항목으로 제한되어야 한다.

정보 수집에는 시간과 노력이 소요되며, 이는 조직에 대한 직접 비용이다. 정보수집으로부터 얻어지는 가치는 정보 수집 비용과 정보 수집이 장려할 수도 있는 그릇된 행동 비용을 능가해야 한다. 예를 들어, 권고 사항 수용을 측정하면 내부 감사인들이 잠재적 효과성을 불문하고 쉽게 시행될 수 있는 해법들을 선택하도록 조장할 수 있다. 마찬가지로 IT 감사와 같은 특정 유형의 감사에 최소한 일정 수준의 시간이 소요되도록 요구하면, 다른 영역의 리스크가 더 높더라도 이 분야에는 시간을 할애하지 않을 수도 있다.

무엇을 측정해야 하는지 아는 것도 필요하지만 무엇을 성공으로 여기는지를 아는 것이 더 중요하다. 예를 들어, 많은 최고 감사 책임자들이 "합의된 시일 내에 감사가 완료된 비율"과 같은 요소들을 측정한다. 이 항목이 사용하기 유용한 척도일 수는 있지만, 성공 또는 가치가 무엇인지에 관해서는 아무런 정보도 제공해주지 않는다. "합의된 시일 내에 감사의 90%를 완료함"과 같이 구체화할 수 있다.

IIA의 실무 가이드: 내부 감사의 효과성과 효율성 측정(2010)은 최고 감사 책임자들이 효과적인 성과 지표(매트릭스 및 척도)를 제정하기 위해 취해야 할 조치들을 다음과 같이 명시한다.

① 이해관계자 만족, 내부 감사 프로세스, 혁신, 역량과 같은 주요 성과 범주를 정한다.
② 성과 범주 전략과 측정 수단을 정한다. 이해관계자들을 만족시키기 위해 IIA 기준, 기타 관련 직무 기준, 관련 법률과 규정에 일치하는 전략을 추구한다. 성과 척도들은 IIA 기준을 준수하기 위한 내부 감사 기능의 내부 평가 프로세스의 요소가 될 수 있다.
③ 성과 척도들을 일상적으로 모니터, 분석, 보고한다.

시간 기록 내부 감사 작업에 소요된 시간 기록 여부에 대해 내부 감사 전문가들 사이에 약간의 논쟁이 있다. 외부 서비스 회사들은 고객에게 수수료를 부과하기 위해 개별 감사 작업에 소요된 시간을 기록하리라는 데 대해서는 비교적 논쟁이 없지만, 회사 자체의 내부 감사 기능들은 흔히 시간을 기록하지 않는다. 일부 최고 감사 책임자들은 시간 기록이 좋은 직원 유지에 방해가 될 수도 있다고 주장한다.

시간 기록을 도입하는 방안을 고려하는 최고 감사 책임자들은 이 경영 정보의 가치와 시간 기록이 사기에 미치는 영향의 균형을 유지할 필요가 있을 것이다. 그러나 개별 감사 작업에 소요된 시간을 기록하지 않기로 선택하면, 최고 감사 책임자가 내부 감사 예산 대비 성과를 모니터하고 개별 직원과 팀 전체의 효율성을 평가하며, 추가 자원이 필요함을 정당화하기 어려워진다.

시간 기록: 내부 감사협회(IIA UK 및 아일랜드) 감사위원회 위원장이자 전 사장 사라 블랙번(Sarah Blackburn) 박사 인터뷰

내부 감사 작업에 소요된 시간을 기록하면 최고 감사 책임자에게 귀중한 경영 정보를 제공해 준다.

직원들은 시간에만 기초해서 보상 또는 불이익을 받지 않으리라는 점을 재확인시키고, 이 데이터는 자원 계획 수립과 할당에 사용될 것이라고 설명해 줌으로써 시간 기록에 관해 직원들이 느낄 수 있는 우려를 완화할 수 있다. 내부 감사 기능이 전체적으로 시간을 투입물의 하나로 간주하고, 성과는 결과에 기초하여 판단되리라는 점을 받아들이면, 모든 팀원들이 시간이 현재 어떻게 사용되고 있으며 보다 더 효율적으로 사용될 수 있는지에 대한 이해를 공유하게 될 것이다.

효과적인 시간 기록의 열쇠는 요구되는 상세함 수준에 놓여 있다. 이상적으로는, 이 접근법은 높은 전략적 차원에서 이루어져야 하며, 각각의 개별 감사 작업에 소요된 시간, 감사 지원 작업 소요 시간, 직무 능력 개발, 그리고 일반 행정 관리와 결근에 소요된 시간을 포함해야 한다. 역으로, 개별 감사 작업의 각각의 단계마다 상세한 정보를 기록하면 효율성이 떨어질 수 있다. 즉, 정밀성 추구가 정확성 달성을 더 어려워지게 하고 부적절하게 자원을 낭비하게 된다.

최고 감사 책임자가 자신의 시간을 기록하는 것도 중요한데, 이는 내부 감사 기능에 올바른 기조를 세워주기 때문이다. 내부 감사 팀들이 시간에 대해 책임을 져야 한다면, 최고 감사 책임자도 그래야 한다. 최고 감사 책임자들이 테스트 프로그램 가동에 적극적으로 관여하지는 않겠지만, 그럼에도 불구하고 그들의 시간은 현명하게, 그리고 양호한 효과를 낳을 수 있도록 사용되어야 한다.

전체적으로 우리의 시간이 어디에 사용되어야 하는지, 그리고 어디에 사용되고 있는지에 대해 알아야 한다. 번거롭지 않으면서도 정직하고, 이에 대한 목적이 모든 사람에게 명확히 이해되고 공유되는 간단한 시간 기록을 목표로 해야 한다.

"SMART" 성과 척도 최고 감사 책임자들은 성과 척도 또는 지표 개발 시 과거의 성과 또는 유사한 단체의 성과를 고려할 수 있다. 그러나 새로 설립된 내부 감사 기능에서는, 예비적인 지표들을 정해서 이들이 내부 감사 기능에 현실적이고 유용한지 1년 정도 운영해 보면서 가다듬을 필요가 있을 수도 있다.

SMART 척도를 개발하는 것이 보편적으로 인정되는 실무 관행이다.

S — 구체적(specific)(기대되는 결과를 명시적으로 밝히는 하나의 간단한 척도 — 여러 항목들의 결합에 대비되는 개념)

M — 측정 가능(measurable)(기존 데이터 또는 합리적인 비용으로 생산될 수 있는 데이터로 측정할 수 있는 지표)

A — 행동 지향적(action-oriented)(지속적인 개선으로 이끌 수 있는 잠재력을 지닌 척도)

R — 관련이 있음(relevant)(전반적인 내부 감사 전략과 관련이 있는 척도)

T — 시의적절(timely)(달성할 수 있는 기간 내에 현실적인 기대를 확립하는 척도)

성과 척도에 대한 핵심 규칙들 성과 척도들이 효과적이려면, 성과 척도들이 몇 가지 핵심 규칙들을 따라야 한다.

- 척도와 지표들이 내부 감사 전략, 조직 목표와 정렬을 이루게 한다.
- 척도들이 쉽게 평가할 수 있는 요소들보다는 성과의 중요한 요소들에 중점을 두게 한다.
- 가급적 척도와 지표들을 단순하게 하고 모든 이해관계자들이 이를 이해하게 한다.
- SMART 척도와 지표들을 사용한다.
- 척도들이 객관적으로 평가될 수 있게 한다.
- 감사위원회 등 이해관계자들과 가치 및 관련 척도들에 대한 그들의 견해를 협의한다.
- 감사위원회가 척도들을 인준하게 한다.
- 척도들이 적절성을 계속 유지하고 있는지 정기적으로 검토하는 프로세스를 시행한다.

내부 감사 품질에 대한 책임

내부 감사 품질에 대한 책임은 조직의 성격, 내부 감사에 사용되는 소싱 모델, 수행되는 활동의 유형에 따라 다를 것이다. 그러나 모든 경우에 있어서 조직 자체가 임명된 최고 감사 책임자를 통해서 품질에 대한 전반적인 책임을 진다. 이 책임은 외주를 줄 수 없다(그림 3.9를 보라).

모든 내부 감사인들은 고품질의 상품을 산출할 책임을 진다. 특정 기준 준수 의무 유무를 막론하고 내부 감사인들은 전문가로서 보편적으로 인정되는 관행에 따라 서비스를 제공할 의무가 있다. 각각의 내부 감사인들은 최고 품질의 상품을 산출하도록 노력해야 하며, 조직에 최고의 품질과 가치를 가져다주는 방식으로 운영하기 위해 노력해야 한다.

감사위원회와 경영진도 내부 감사 품질에 대해 어느 정도 책임을 진다. 조직의 구조에 따라서는 최고 감사 책임자가 감사위원회와 고위 경영진에 대해 책임을 질 수도 있다. 이 경우 감사위원회와 고위 경영진은 최고 감사 책임자가 운영하는 방식에 관해 감독 책임을 지게 될 것이다.

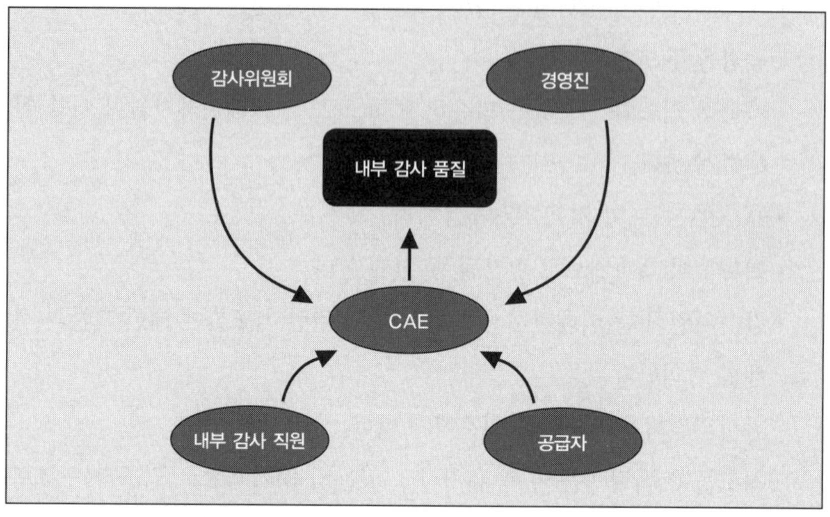

그림 3.9 내부 감사 품질에 대한 책임

이사회/감사위원회

내부 감사가 이사회에 책임을 지는지 또는 감사위원회에 책임을 지는지는 조직마다 다를 것이다. 그러나 일부 국가들의 공공 부문에서는 최고경영자 또는 적절한 정부 부서의 장관이 최고 감사 책임자의 임명, 성과 관리와 보상에 관해 승인할 책임을 진다.

특히 공공 부문과 민간 부문의 감사위원회들은 그 성격과 구성에 있어서 상당히 다를 것이다. 이러한 차이들은 내부 감사에 있어서 국가와 조직들 간의 일반적인 차이를 반영한다.

감사위원회 위원장은 내부 감사의 품질에 상당한 영향을 줄 수 있다. 위원장은 조직 전체의 리스크를 효과적으로 관리하는지에 대한 내부 감사 부서의 어슈어런스에 의존하기 때문에, 최고 감사 책임자는 감사위원회 위원장과 공생 관계에 있다. 이 어슈어런스의 품질은 내부 감사에 의해 수행된 작업의 정도, 성격, 기준에 의존한다. 동시에 최고 감사 책임자는 수행될 작업의 정도와 성격을 감사위원회의 승인에 의존하는 바, 이 작업의 기준은 내부 감사가 이용할 수 있고 감사위원회에서 승인된 자원에 의해 큰 영향을 받게 된다. 최고 감사 책임자와 감사위원회 사이의 이러한 협력이 없으면, 내부 감사가 최적화될 수 없다.

고위 경영진

고위 경영진은 내부 감사의 품질을 직간접으로 지원한다. 직접적으로는 고위 경영진이 최고 감사 책임자의 채용, 일상의 관리, 그리고 성과 검토 등 내부 감사에 대한 감독 책임을 질 수도 있다. 고위 경영진은 또한 연간 감사 계획의 성격, 조직 내에서 내부 감사의 위치, 그리고 가용 예산에 상당한 영향을 줄 수도 있다.

간접적으로는 고위 경영진은 내부 감사를 위한 기조를 설정하는 역할, 즉 내부 감사 활동에 대한 지원을 보여 주고 전략적인 분야에 대한 내부 감사의 관여를 장려하는 역할을 한다.

최고 감사 책임자

어떤 소싱 모델을 채택하든 최고 감사 책임자는 품질에 대한 전반적인 책임을 진다. IIA 기준 하에서는 최고 감사 책임자의 역할은 외주를 줄 수 없다. 내부 감사가 완전히 외주로 수행될 경우에도 서비스 제공자의 품질을 감독할 조직 내의 책임자가 임명되어야 한다.

IIA 기준에서는 기준 1300이 1차적인 품질 기준이다.

> **기준 1300 – 품질 어슈어런스 및 개선 프로그램**
>
> 최고 감사 책임자는 내부 감사 부서의 모든 측면을 다루는 품질 어슈어런스 및 개선 프로그램을 개발하고 유지해야 한다.

중간 규모 또는 대규모 내부 감사 기능 중 일부는 품질 어슈어런스 및 개선 프로그램에 대한 책임을 한 사람 또는 팀에 할당하기도 한다. 모든 직원들이 고품질의 작업을 수행하게 할 책임을 진다기보다 품질 담당 책임자 또는 팀은 일반적으로 직원들이 그 안에서 운영할 품질 프레임워크를 개발하고 시행할 책임을 진다.

내부 감사의 전문성 증명하기

"품질은 수용할 수 있는 성과의 기초이며, 이를 통해서 내부 감사가 자신의 서비스를 강화하고 이를 통해 이해관계자들의 높아진 요구를 충족할 수 있는 토대이다." 전직 세계은행 감사이자 현재 글로벌 펀드(Global Fund)의 감사 및 윤리 위원회 위원장인 그레이엄 조셀린(J. Graham Joscelyne)의 말이다.

"내부 감사는 자신의 존재 자체를 대중의 신뢰에 의존하는 바, 최고 감사 책임자는 광범위한 이해관계자들에게 내부 감사의 존재 가치에 관한 확신을 줌에 있어서 매우 중요한 역할을 한다. 이는 최고 감사 책임자가 품질을 내부 감사의 초석이 되게 하고, 내부 감사의 역량과 영향을 이해관계자들에 의해 요구되는 수준까지 끌어올릴 때에만 가능하다."

조셀린은 내부 감사에게 요구되는 바를 이해하기 위해서는 내부 감사가 이사회와 경영진 차원에서의 전략적 논의의 필수적 부분이 되어야 한다고 믿지만, 다음과 같이 주장한다. "내부 감사가 일회성 행사로서가 아니라 일상적 프로세스로서 자신의 전문성의 질을 증명할 수 있을 경우에만 조직에서 내부 감사의 목소리를 경청하고, 그들의 조언에 귀를 기울일 것이다."

내부 감사 직원

모든 전문가들은 전문가 기준을 유지할 책임이 있다. 내부 감사인들은 자신의 업무에서 숙련과 전문가로서의 적절한 주의를 보이도록 요구된다. 그러나 내부 감사 직원들은 이를 뛰어넘어 내부 감사 기능에 의해 산출된 작업의 품질을 확보함에 있어서 적극적인 역할을 해야 한다.

내부 감사 서비스 제공자

많은 조직들이 자신의 내부 감사 계획의 일부 또는 전부를 외부 서비스 제공자에게 의존한다. 서비스 제공자들은 내부 감사 서비스 전달 프로세스의 중요한 부분을 구성하는 바, 외부 서비스 제공자 사용 고려는 이 책의 뒤에서 보다 자세하게 설명된다.

내부 감사 서비스 제공자와 조직 사이에 개방적이고 솔직한 소통 채널이 있을 때 이 서비스가 일관성 있게 높은 기준 하에서 운영될 수 있다. 양 당사자 모두 지속적인 대화를 유지할 책임이 있다. 내부 감사 서비스 제공자와 자체 직원 사이의 지식을 이전할 기회를 발견하면 내부 감사 품질을 유의미하게 개선할 수 있는 가능성이 있다.

보편적인 품질 이슈

내부 감사 서비스 제공자와 관련된 보편적인 품질 이슈들은 다음과 같다.

- 감사 작업에 상위 직원을 배정하기로 약속하고서 하위 직원을 보냄
- 시한을 충족시킬 수 있는 능력에 대해 지나치게 낙관적임
- 서비스 제공 팀 사이에 직원의 연속성을 유지하거나 적절한 승계 계획을 세우지 못함
- 회사에 대한 지식 부족
- 기술적 경험 부족

품질 어슈어런스 및 개선 프로그램 만들기

최고 감사 책임자는 내부 감사 운영에 품질 프로그램을 시행해서, 내부 감사가 기대되는 가치 전달에 초점을 맞추고 지속적으로 개선, 발전할 수 있도록 해야 한다. IIA 기준에서는 내부 감사 품질 프로그램이 품질 어슈어

런스 및 개선 프로그램(Quality Assurance and Improvement Program; QAIP)이라 불린다. 이 개념은 지속적인 개선과 품질에 관한 데밍(Deming)의 연구에 기반을 둔다. 이는 TQM 접근법과 일치하며, ISO 9000과 마찬가지로 이 프로그램에 독립적인 어슈어런스 요소를 도입했다.

내부 감사 기능은 내부 품질 평가와 외부 품질 평가를 활용함으로써 자신의 품질을 극대화할 수 있다. 내부 감사의 렌즈를 통해 볼 때, 내부 감사가 독립적인 어슈어런스를 제공하기 전에 운영 매니저들이 자신의 운영의 품질과 효과성을 기하도록 기대된다. 좋은 매니저들은 내부 감사를 받기 이전에 자신의 성과를 측정하기 시작한다. 이상적으로는, 내부 감사는 그런 매니저들이 효과적으로 운영하고 있으며 자신의 주요 리스크를 적절히 관리하고 있음을 발견해야 한다.

마찬가지로 내부 감사 기능도 자신의 품질을 측정해야 한다. 최고 감사 책임자들은 자신의 운영에 대해 정통해야 하며 품질이 어떤 모습이어야 하는지에 대해 잘 이해해야 한다. 그들은 전문가적 기준, 효과적인 감독, 이 프로세스에 대한 정기적인 평가 위에 세워진 표준화된 절차들을 통해 자신의 일상 활동의 품질을 모니터해야 한다.

내부 감사 기능은 때때로 자신의 운영에 대한 "건강검진"을 받아야 한다. 이 정기적 평가는 정책과 절차의 적절성과 적정성, 그리고 내면화된 품질 프로세스가 내부 감사 기능이 조직에 가치를 전달하도록 지원하는 정도를 조사한다.

내부 감사가 독립적인 어슈어런스를 제공하는 것과 유사하게, 최고 감사 책임자는 자신의 운영에 대해 공정한 품질 검토를 받아야 한다. 이는 외부 평가를 통해 이루어진다.

IIA는 실무 가이드: 품질 어슈어런스 및 개선 프로그램(2012)에서 모델 품질 어슈어런스 및 개선 프로그램을 개발했다. 이 모델은 그림 3.10에 묘사되어 있다.

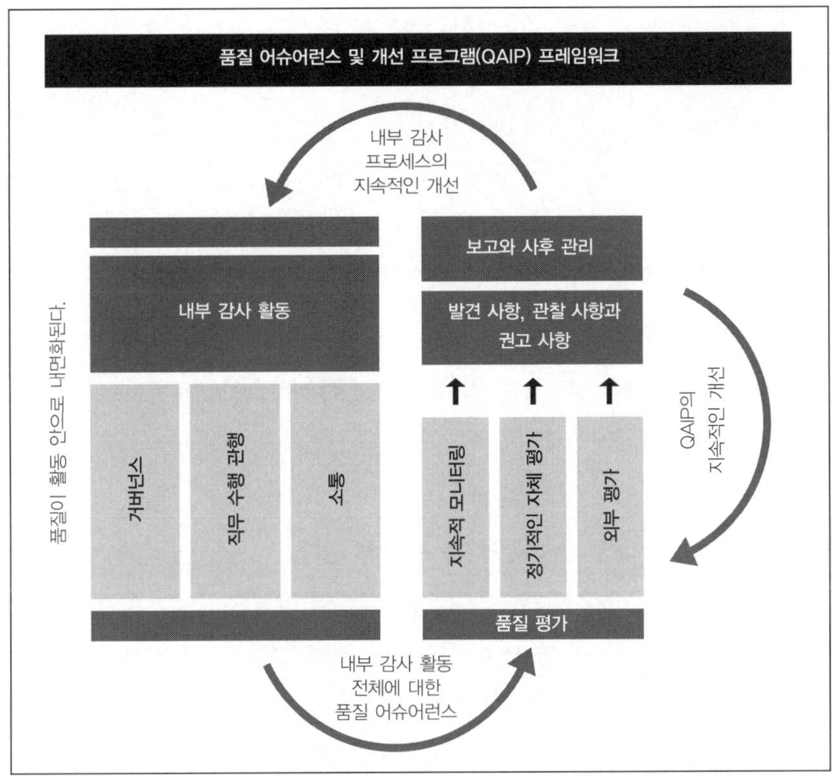

그림 3.10 품질 어슈어런스 및 개선 프로그램

출처: IIA 실무 가이드: 품질 어슈어런스 및 개선 프로그램(2012). 저작권 © The Institute of Internal Auditors, Inc. 모든 권리를 유보함.

내부 품질 평가 프로세스

품질 평가는 내부 감사인들이 상시적으로 수행해야 하는 일이다. 정기적인 건강검진에 큰 가치가 있기는 하지만, 품질이 일상적인 과업의 일부가 되지 않는 한 내부 감사 기능은 품질 기준을 충족시키기 위해 지속적으로 산출물을 고칠 필요가 있을 것이다. 그보다는 내부 감사인들은 품질을 운영 프로세스에 내면화하고 이를 측정해야 하는 바, 이는 IIA 기준 1311의 요건이다.

기준 1311 — 내부 평가

내부 평가는 다음 사항을 포함해야 한다.

- 내부 감사 부서의 성과에 대한 상시 모니터링
- 정기적인 자체 평가 또는 내부 감사 실무에 충분한 지식을 지니고 있는 내부 감사 부서 이외의 인원에 의한 평가

외부 품질 평가 프로세스

IIA 기준 1312는 외부 품질 평가 요구를 통해 독립적인 검토의 가치를 증진한다.

기준 1312 — 외부 평가

외부 평가는 최소 5년에 1회는 자격을 갖춘 독립적인 조직 외부의 평가자 또는 평가 팀에 의해 수행되어야 한다. 최고 감사 책임자는 이사회와 다음 사항에 대해 논의해야 한다.

- 외부평가의 형식과 빈도
- 외부 평가자 또는 평가 팀의 자격과 독립성. 잠재적 이해상충 포함.

품질에 대한 보고

최고 감사 책임자는 전략 대비 내부 감사의 성과뿐만 아니라 품질 프로그램 대비 성과도 보고해야 한다. 상호 관련이 있기는 하지만, 양자에 관한 요건들이 두 개의 IIA 기준에 반영되어 있다. 기준 1320은 특히 품질 프로그램 대비 성과 보고와 관련된다.

기준 1320 — 품질보증 및 개선 프로그램에 대한 보고

최고 감사 책임자는 품질보증 및 개선 프로그램의 결과에 대해 최고경영자와 이사회에 보고해야 한다.

기준 2060은 내부 감사의 전략 대비 성과 보고에 대한 보다 광범위한 요건이다.

기준 2060 — 고위 경영진과 이사회에 대한 보고

최고 감사 책임자는 내부 감사 부서의 목적, 권한, 책임 그리고 감사 계획 대비 수행 실적을 고위 경영진과 이사회에 정기적으로 보고해야 한다. 보고서에는 부정 리스크, 거버넌스 이슈, 그리고 고위 경영진과 이사회가 필요로 하거나 요청하는 기타 사안 등 중요한 리스크 익스포져와 통제 이슈들을 포함해야 한다.

최고 감사 책임자들은 내부 감사 품질 해석 또는 보고에 도움을 주기 위해 내부 감사 균형 스코어카드나 성숙 모델을 사용할 수 있다. 이들은 또한 고위 경영진과 이사회 보고를 위한 품질 어슈어런스 대시보드 또는 감사 추이 보고서에 의해 지원될 수도 있다.

QAIP 힌트

품질 어슈어런스 및 개선 활동들은 균형 스코어카드 또는 내부 감사 성숙 모델에 반영될 수 있다.

성숙 모델

품질 어슈어런스 및 개선 프로그램은 성숙 모델 내에서의 핵심적인 프로세스 중 하나일 수 있으며, 이의 존재는 5단계 성숙 모델의 3단계 달성 요건 중 하나이다.

균형 스코어카드/KPI

내부 감사 기능은 품질 어슈어런스 및 개선 프로그램의 존재와 시행에 관한 성과 지표를 개발할 수 있다.

품질 프레임워크에 관한 질문

내부 감사 기능의 품질에 관한 질문을 해 보면 성과 수준을 테스트하고 내부 감사가 이해관계자들의 기대를 충족하고 있는지 테스트할 수 있다. 질문들은 공식적으로 품질 어슈어런스 및 개선 프로그램 안에 반영될 수도 있고, 보다 덜 공식적으로 상시 평가 활동 안에 반영될 수도 있다. 질문들은 최고 감사 책임자, 내부 감사인, 또는 감사 이해관계자들에게 다양하게 물어볼 수 있다. 표 3.1은 품질 어슈어런스 및 개선 프로그램의 적정성에 관한 일련의 질문들을 제공한다.

표 3.1 품질 평가 질문

질문	품질의 증거
이해관계자들이 내부 감사 품질과 관련하여 자신의 역할과 책임을 명확히 이해하는가?	직무 기술서 외주 서비스 제공자 계약서 이해관계자 인터뷰
내부 감사 부서 직원들이 내부 감사 품질에 대한 자신의 책임을 이해하는가?	내부 감사 부서 직원 인터뷰
품질에 대한 고려가 최고 감사 책임자, 고위 경영진과 감사 위원회의 상시적인 대화의 일부인가?	고위 경영진과 감사 위원회 인터뷰
최고 감사 책임자와 아웃소싱된 서비스 제공자가 내부 감사 품질에 관해 정규적으로 논의하는가?	아웃소싱된 서비스 제공자 인터뷰 회의 기록
내부 감사 기능이 품질과 성과 모니터링에 대한 서면 방법론을 가지고 있는가?	서면 품질 어슈어런스 및 개선 프로그램
품질 어슈어런스 및 개선 프로그램이 개발되어 문서화되었는가?	서면 품질 어슈어런스 및 개선 프로그램
품질 어슈어런스 및 개선 프로그램은 내부 평가와 외부 평가를 포함하고 있는가?	서면 품질 어슈어런스 및 개선 프로그램
최고 감사 책임자는 품질 프로그램에서 품질 동인을 고려하는가?	서면 품질 어슈어런스 및 개선 프로그램
최고 감사 책임자는 품질 고려 시 투입, 산출물과 결과를 고려하는가?	서면 품질 어슈어런스 및 개선 프로그램
최고 감사 책임자는 내부 감사 기능이 성공적인지 여부를 어떻게 결정하는가?	평가 프로세스와 척도
최고 감사 책임자는 성공이 어떤 모습인지 명확히 밝힐 수 있는가?	서면 품질 어슈어런스 및 개선 프로그램

질문	품질의 증거
고위 경영진과 감사위원회는 내부 감사 기능의 성공을 어떻게 정의하는가?	고위 경영진과 감사위원회 인터뷰
내부 감사 기능의 품질과 성과 모니터링에 대한 접근법은 건강검진, 자체 평가, 또는 내부 감사 실무에 대한 충분한 지식을 가지고 있는 기타 조직 내부인에 의한 평가를 포함하는가?	관련 조치 계획이 있을 경우 이를 포함한 내부 평가 보고서와 문서

결론

최고 감사 책임자가 품질에 대한 최종적인 책임을 지기는 하지만, 내부 감사 품질에 대한 책임은 다양한 이해관계자들 사이에 공유된다. 완전히 아웃소싱된 내부 감사 기능 안에서도 이 책임은 서비스 제공자에게 맡겨질 수 없다.

감사위원회, 고위 경영진, 내부 감사 직원과 서비스 제공자들은 모두 내부 감사 기능이 품질을 내면화하도록 지원한다. 각각의 이해관계자들은 내부 감사의 가치 극대화에 일익을 담당한다.

참고 문헌

- Commission of Sponsoring Organizations of the Treadway Commission. Internal Control — Integrated Framework Executive Summary. http://www.codo.orh/documents/990025P_Executive_Summary_final_may30_e.pdf.
- Heavey, C.,and E. Murphy. (2012). Integrating th balanced scorecard with Six Sigma. TQM Journal 24(2): 108–122쪽.
- Innovation Network. Logic Model Workbook. http://www.innonet.org/client_docs/File/logic_model_ workbook.pdf.
- The Institute of Internal Auditors. (2013). International Professional Practices Framework. Altanmonte Springs, FL: The Institute of Internal Auditors.
- The Institute of Internal Auditors. (2010). Practice Guide: Measuring Internal Audit Effectiveness and Efficiency. Altanmonte Springs, FL: The Institute of Internal Auditors.
- The Institute of Internal Auditors. (2012). Practice Guide: Quality Assurance and IMprovement Program. Altanmonte Springs, FL: The Institute of Internal Auditors.
- The Institute of Internal Auditors. (2009). Quality Assessment Manual, 6판. Altanmonte Springs, FL: The Institute of Internal Auditors.
- The Institute of Internal Auditors Research Foundation. (2009). Internal Audit Capability Model

(IA-CM) for the public sector. Altanmonte Springs, FL: The Institute of Internal Auditors Research Foundation.

- McIntosh, E. (1992). Internal Auditing in a Total Quality Environment. The Institute of Internal Auditors. (2010). Practice Guide: Measuring Internal Audit Effectiveness and Efficiency. Altanmonte Springs, FL: The Institute of Internal Auditors Research Foundation.
- Paterson, J. (2012). The lean audit advantage. Internal Auditor. http://www.theiia.org/infauditor.
- Ratliff, R. L., W. A. Wallace, G. E. Sumners, W. G. McFarland, and H. Nieuwlands(2006). Sustainability and Internal Auditing. Altanmonte Springs, FL: The Institute of Internal Auditors Research Foundation.
- Rezaee, Z. (1996). Improving the quality of internal audit function through total quality management. Managerial Auditing Journal 11(1): 30-34쪽.
- Rosenfield, M. (2013). Framework for excellence. Internal auditor, 2013년 2월. http://www.theiia.org/intauditor.
- W. K. Kellogg Foundation. (1998). Logic Model Development Guide. http://www.wkkf.org/knowledge-center/resources/2006/02/wk-kellogg-foundation-logic-model-development-guide.aspx.

Chapter 4
내부 품질 평가

인간은 목표를 추구하는 동물이다. 인간의 삶은 그가 목표에 도달하고, 목표에 도달하기 위해 노력할 때에만 의미가 있다.

–아리스토텔레스

효과적인 매니저들은 자신이 조직과 직원들에 대해 깊이 이해하고, 그들이 목표를 얼마나 잘 달성하고 있는지 판단하기 위해 성과를 측정한다. 그들은 성공을 축하하고 실패를 성과 개선 기회로 포용한다.

최고 감사 책임자는 내부 감사 품질을 평가하기 위한 일련의 도구들을 개발해야 한다. 이는 정기적인 성과 평가 프로세스 외에도 상시로 품질을 평가하는 상시 프로세스를 포함한다.

내부 품질 평가는 성숙 모델이나 프로그램 논리와 같은 성과 평가 프로세스와 연결될 수도 있다. 내부 평가는 벤치마킹을 포함할 수도 있으며, 외부 품질 평가의 입력 요소로 사용될 수도 있다.

상시 내부 모니터링과 성숙 모델

상시 모니터링 프로세스가 내부 감사에 고유한 것은 아니다. 좋은 매니저들은 비즈니스 목표를 달성하기 위해 많은 프로세스들을 갖춰야 한다. 이 프로세스들은 전략, 리스크 관리, 자원 배정, 직원 관리와 성과, 그리고 운영 프로세스들을 커버해야 한다. 평가는 전문 직무 기준 준수(준수 기반 품질 동인)와 가치 전달(수요 기반 품질 동인) 모두를 포함해야 하며, 보다 나은 실무 관행 파악과 실행을 통합해야 한다.

성숙 모델이라는 렌즈를 통해 내부 감사의 품질을 생각할 경우, 성숙도 단계에 따라 품질의 단계가 다를 수 있다. 최고 감사 책임자는 핵심 이해관계자들과 협력해서 자신이 원하는 성숙도 수준을 결정할 수 있다.

성숙 모델 개념은 이 책의 앞부분에서 소개되었다. 일반적으로 성숙 모델은 다섯 단계의 성숙도를 포함한다. 단계는 다르게 정의될 수 있지만, 저자는 그림 4.1에 예시된 바와 같은 다섯 단계를 제안한다.

1. **기초 단계** 기준이 아직 수립되지 않음. 일상적인 직무 수행 관행이 없음. 서비스들이 일상적으로 제공되지 않고 있음. 직원은 자격 또는 경험이 없음.
2. **출현 단계** 기준이 인식되기는 하지만 일상적으로 준수되지는 않음. 직무 수행 기준은 임시방편적이거나 개별적임. 서비스 제공이 임시방편적임. 직원이 어느 정도의 자격 또는 경험을 보유하고 있지만 지식이 체계적으로 공유되지 아니함.
3. **확립 단계** 직무 수행 관행이 전문 직무 기준에 일치하며, 일상적으로 적용됨. 직원들이 전체적으로(collectively) 서비스 제공에 요구되는 기술과 경험을 보유함.
4. **내면화 단계** 서비스 제공이 이해관계자들의 기대를 충족하며, 전략적 우선순위에 중점을 둠. 직원들에게 구조화되고 체계적인 개발이 제공됨. 서비스는 광범위한 컨설팅과 어슈어런스 작업을 포함함.
5. **선도 단계** 서비스 제공이 더 나은/선도적 실무 관행을 대표함. 전체적으로, 직원들의 기술과 경험 수준이 매우 높음. 직무 수행 관행은 선도적인 테크놀로지와 프로세스들을 활용함.

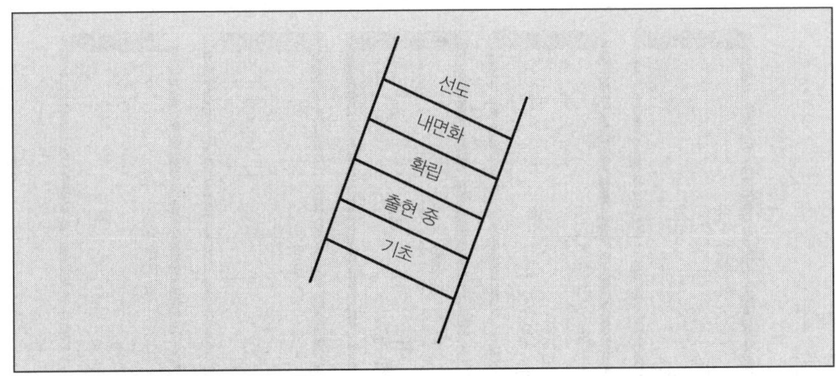

그림 4.1 성숙도 단계

제안된 성숙도 내에서의 핵심적인 프로세스 영역들은 전략 요소, 직원 배치 요소, 직무 수행 관행 요소의 범주로 묶여진다. 그림 4.2는 3장에서 소개된 샘플 성숙 모델에 나오는 직무 수행 관행들에서 발췌한 것이다.

그림 4.2에 표시된 핵심 프로세스 영역들(연간 계획 수립, 개별 작업 계획 수립, 수행, 보고)은 예시 목적일 뿐이다. 내부 감사 성숙 모델에는 보다 자세하거나 구체적인 프로세스 영역들이 포함될 것이다.

특정 성숙도 단계마다 각각의 핵심 프로세스 영역에 배정되는 품질 지표들이 달라질 것이다. 예를 들어 확립 단계에서의 연간 감사 계획 수립 품질 지표로는 리스크 기반 계획, 계획 수립 시 이해관계자들과의 협의가 포함될 수 있을 것이다. 다른 잠재적인 품질 지표들은 그림 4.3에 나와 있다.

각각의 품질 단계에 대한 합의는 이해관계자들의 기대를 잘 이해해야 하며, 이상적으로는 전략적 계획 수립 프로세스의 일부가 된다. 최고 감사 책임자와 이해관계자들이 달성하기 원하는 성숙도 수준에 대해 합의하고 나면, 최고 감사 책임자는 이 수준 달성을 위해 요구되는 투입물들을 결정해야 한다. 이 내용은 예산 계획 수립, 직원 역량 계획과 같은 계획 수립 프로세스에 반영될 수 있다. 투입물들의 예가 그림 4.4에 묘사되어 있다.

그림 4.2 성숙 모델 내에서의 핵심 프로세스 영역 범주들

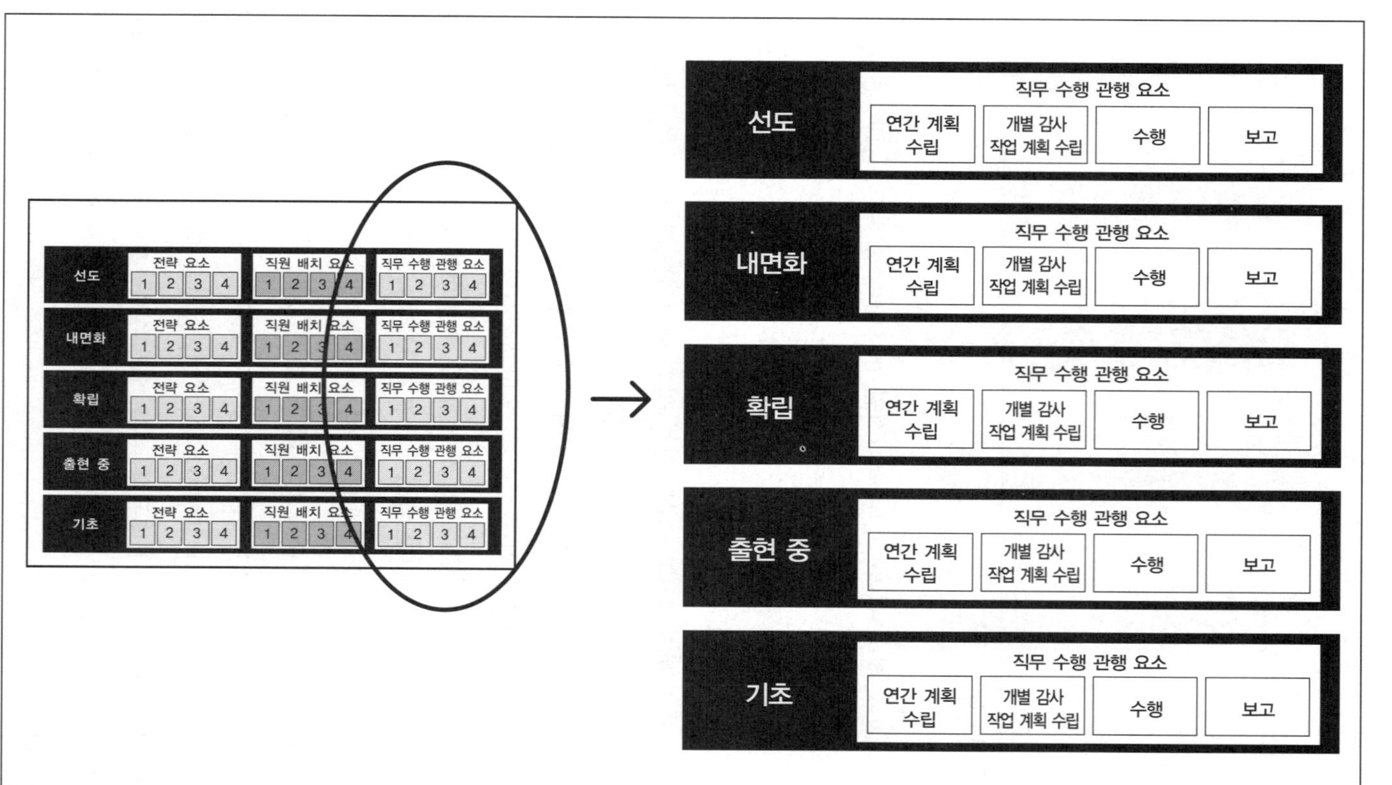

그림 4.3 성숙 모델 내에서 각각의 핵심 프로세스 영역들에 대한 품질 지표

단계	직무 수행 관행 요소			
선도	연간 계획 수립	개별 감사 작업 계획 수립	수행	보고
내면화	연간 계획 수립	개별 감사 작업 계획 수립	수행	보고
확립	연간 계획 수립	개별 감사 작업 계획 수립	수행	보고
출현 중	연간 계획 수립	개별 감사 작업 계획 수립	수행	보고
기초	연간 계획 수립	개별 감사 작업 계획 수립	수행	보고

단계	연간 계획 수립
선도	연간 감사 계획 수립은 부상 중인 이슈들을 고려함. 연간 감사 계획 수립은 리스크에 기반을 두고 전략과 정렬을 이룸.
내면화	계획 수립이 감사 유니버스, 어슈어런스 지도와 정렬을 이룸. 이해관계자들이 계획 수립 프로세스에 적극적으로 관여함.
확립	연간 계획 수립이 리스크에 기반을 둠. 계획 수립 시 이해관계자들과 상의함.
출현 중	연간 감사 계획 수립이 임시방편적이거나 일관성이 없음. 연간 감사 계획 수립이 리스크에 기반을 두지 아니함.
기초	연간 감사 계획을 수립하지 아니함. 감사 작업은 임시방편적으로 수행됨.

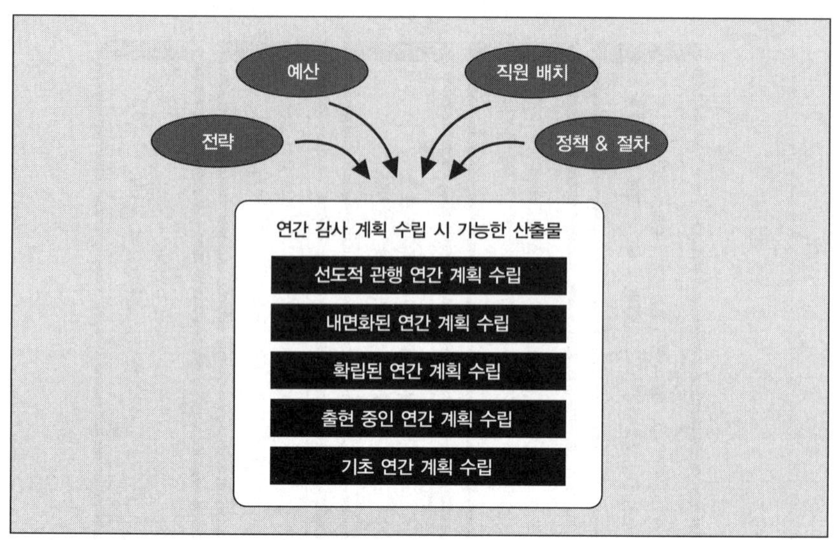

그림 4.4 핵심 프로세스 영역을 달성하기 위한 투입물들

내부 감사 기능들은 이들이 그 안에서 운영하고 있는 조직만큼만 성숙할 수 있다. 예를 들어, 거버넌스 제도가 성숙하지 않은 신생 조직에서 내부 감사 기능이 다수의 거버넌스 감사를 수행하는 것은 부적절하다. 마찬가지로, 광범위한 법률 규정 준수 달성에 중점을 두는 조직에서는 내부 감사 기능이 통상적인 컴플라이언스 감사보다 더 많은 컴플라이언스 감사를 수행하도록 요구될 수도 있다.

최고의 성숙도 단계는 과도한 수준의 투입물을 필요로 할 수도 있기 때문에 최고 감사 책임자들이 항상 최고의 성숙 단계를 목표로 하지는 않을 수도 있다. 최고 감사 책임자는 이해관계자들과 협의해서 각각의 비용과 효용을 고려하여 좋은 관행, 더 나은 관행, 선도적 관행 중 어느 것을 목표로 할지 결정할 필요가 있을 것이다.

품질을 내면화하기 위한 프로세스들

내부 감사 실무 관행에 품질을 내면화할 때 전문 직무 기준과 정렬을 이룬 정책과 절차 개발이 기본이 된다. 또한 정책과 절차는 품질이 상시적으로 모니터되게 하는 특정 관행들을 포함할 수도 있다. 이 관행들은 내부 감사 직원들이 자신의 지위/직무에서 전문 직무 기준을 따르도록 명시하는 것과 같이 일반적, 전략적 수준일 수도 있다. 반대로 관행들은 보다 운영 측면의 수준일 수도 있다.

품질을 모니터하기 위해 사용되는 프로세스들은 내부 감사 기능에 의해 요구되는 산출물과 결과, 달성하고자 하는 품질의 단계, 균형 스코어카드와 같은 측정 도구들 안에 포함된 성과 매트릭스와 정렬을 이루어야 한다. 품질을 내면화하기 위한 운영 기반의 전형적인 프로세스들에는 아래와 같은 사항들이 포함된다.

- 체크리스트/품질 점검을 통해 핵심 과업과 프로세스들을 파악하고 이들이 준수되게 한다.
- 감사 조서를 완성하여 승인된 감사 작업 계획과 프로그램이 완료되고 감사 발견 사항들이 관련이 있으며 충분한 증거에 의해 적정하게 지지되도록 한다.
- 상시 감독을 통해 작업이 효율적이고 효과적으로 수행되도록 한다.
- 보고서를 검토하여 결론과 권고 사항/합의된 경영진의 조치들이 정확하고, 객관적이며, 명확하고, 간결하며, 시의성을 갖추게 한다.
- 시간 기록 시스템으로 직원 투입의 효율적 사용을 측정한다.
- 정규적으로 (주 또는 월 단위로) 직원회의를 개최하여 출현하고 있는 이슈들에 대해 토의하고, 더 나은 실무 관행들을 공유한다.
- 고위 경영진과 감사위원회 위원장과 정기적으로 (매월) 만난다.

내부 감사 운영에 대한 체계적인 접근법을 개발한다 해서 혁신이나 창의성이 제약될 필요는 없다.

효과적인 관리 감독은 내부 감사 작업의 품질 확보에 도움이 된다. 관리 감독은 합의된 활동을 수행하기 위해 내부 감사 투입물을 효과적으로 사용하도록 지원한다.

IIA 기준 2340은 감사 작업의 효과적인 관리의 중요성을 인식한다.

기준 2340 — 감사 작업 감독

감사목표가 달성되고, 감사의 품질이 확보되며, 직원이 개발될 수 있도록 감사 작업이 적절히 감독되어야 한다.

관리 감독의 보다 나은 관행

관리 감독에 관한 더 나은 관행에는 다음 사항들이 포함된다.

- 감사 매니저/감독자, 품질 검토자, 팀원, 그리고 (동료 검토를 위한) 동료 등 감사의 역할과 책임을 문서화한다.
- 감사 매니저와 감독자들을 위한 핵심 검토 포인트를 문서화한다.
- 감사 작업 검토를 지원하고 소통/보고서의 품질을 향상시키기 위해 표준적인 체크리스트를 개발한다.
- 리스크를 확인하고 제안된 방법론에서 핵심 영역이 간과된 부분이 있는지 점검하기 위해 현장 작업 개시 전에 감사 작업 프로그램을 검토하도록 의무화한다.
- 보고서 초안을 발표하기 전에 감사 조서를 검토하도록 의무화한다.
- 내부 감사 기능 전체에 걸쳐 일관성 있는 품질을 확보하기 위해 동료 검토 프로세스를 도입한다.
- 일관성 있는 문서화 기준 수립과 내면화를 확보하기 위해 감사 조서 무작위 검토 프로세스를 도입한다.
- 서비스 제공자들에게 자신의 감사 작업에 대해 적절한 감독자의 검토가 있었음을 입증하도록 요구한다.

정기적 내부 평가: 건강검진

품질을 표준화된 실무 관행의 일부가 되게 하면 내부 감사 기능이 기대를 충족시킬 것이라는 확신을 제공한다. 그러나 때로는 기준들이 충족되지 않을 수도 있다. 자원 제약이나 시간상의 압박으로 인해 품질이 훼손될 수도 있고, 직원들이 규정된 절차를 모를 수도 있으며, 직원들이 고의로 합의된 프로세스를 따르지 않기로 작정할 수도 있다. 이러한 경우에는 내부 감사 기능은 자체 평가 또는 건강검진으로도 알려진 정기적인 내부 품질 평가를 통해 유익을 얻을 수 있다.

내부 평가의 가치 극대화하기

주요 글로벌 금융회사의 IT 감사 이사이자 IIA의 직무 이슈 위원회 부위원장인 마이크 린(Mike Lynn)은 "내부 평가를 통해 얻을 수 있는 가치에는 상당한 차이가 있다."고 주의를 준다. 최고 감사 책임자들은 자신의 품질 프로그램을 내면화하기 전에 자체 평가의 범위 및 성격을 고려해야 한다.

린은 최고 감사 책임자들은 먼저 자신의 예산, 직원, 그리고 조직의 성숙도를 살펴봐야 한다고 생각하는데, 이는 이 요소들이 내부 감사의 결과를 견인하기 때문이다. 린은 "품질 프로그램들은 3중 방어선(three lines of defense)의 성숙도에 대해 충분히 고려하지 않는다."고 말한다.

다음에는 내부 감사인들이 검토될 영역과 관련한 리스크를 파악하기 위해 사용하는 프로세스를 검사해야 하는데 이는 이 프로세스가 내부 감사 작업의 전반적인 품질에 큰 영향을 주기 때문이다. 린은 "때로는 사람들이 수행된 작업의 전반적인 품질보다는, 문서화를 얼마나 잘 했느냐와 같은 내부 평가의 세부 사항들에 중점을 둘 수도 있다."고 말한다.

린은 "내부 평가의 일환으로 이해관계자들과 대화하는 것도 중요하다."고 조언한다. 감사가 공동으로 수행되는 경우, 이해관계자에는 감사 고객뿐 아니라 서비스 제공자도 포함되어야 한다.

성공적인 내부 평가의 열쇠는 지속적인 개선을 내면화하는 것이다. 린은 이 평가를 통해 나오는 개별적인 발견 사항들이 아니라, 내부 감사 기능이 이 발견 사항들에 어떻게 대응하는가가 중요하다고 믿는다.

정기적 내부 평가/건강검진의 핵심 요소

이 핵심 요소들은 아래와 같은 사항들을 포함한다.

- 내부 감사 작업들이 내부 감사 규정, 임무와 일치하는지 여부
- 내부 감사 기능이 경영진의 기대를 충족시키는 정도
- 내부 감사 기능에 의해 전달되는 가치
- 내부 감사 기능의 효율성과 효과성 정도
- 정책과 절차 대비 내부 감사 기능의 성적
- 전문 직무 기준 대비 내부 감사 기능의 성적
- 유사한 다른 조직 대비 벤치마킹
- 지속적인 개선 기회

논리 모델을 사용해서 특정 투입물, 활동, 또는 산출물에 비추어 건강검진이 수행될 수 있다. 예컨대 건강검진은 예산 모니터링(투입물), 어슈어런스 작업 검토(활동) 또는 작업 보고서의 품질(산출물)과 관련될 수 있다.

고품질의 내부 감사 활동과 평균 수준의 내부 감사 활동을 구분하는 요소는 무엇인가?-최고 감사 책임자(캐나다)이자 IIA 직무 이슈 위원회 위원 기비 암스트롱(Gibby Armstrong) 인터뷰

고품질의 내부 감사 기능은 통찰력과 예지력이 있다. 이에 반해 평균적인 내부 감사 기능은 사후에야 깨닫는다. 물론 고품질의 내부 감사 기능은 최고 감사 책임자가 고위 경영진 거버넌스 위원회에 참여해서 조직에서 이루어지는 핵심적인 의사 결정들과 이에 도달하는 과정을 적시에 이해할 때

달성하기가 더 쉬워진다. 통찰력은 의사 결정을 위해 제공된 정보에 있어서 불일치가 있을 경우 이를 찾아내고, 경영진의 요구사항들에 대해 "큰 그림"을 보고 전략적으로 대응하는 것이다. 통찰력은 새로운 전략과 활동들과 관련된 리스크에 관한 지식이며, 경영진이 전략 실행 시 이 리스크들을 적절히 관리하도록 도와주는 것이다.

최고 감사 책임자들은 고품질의 인프라스트럭처 개발, 고품질의 감사 작업 수행, 그리고 고품질의 팀 개발에 중점을 두어야 한다.

고품질의 인프라스트럭처 개발

- IIA 기준과 좋은 관행들을 운영 프로세스와 파일 관리 시스템 안으로 들여와서 객관적인 품질 어슈어런스(QA) 활동이 수행되기 이전에도 전문 직무 기준이 준수되고 있다고 합리적으로 가정할 수 있게 하라.
- 감사 작업을 어떻게 하면 가장 잘 문서화할 수 있는지에 대해 직원들을 지속적으로 교육시키고, 직원들에게 서로 배우도록 장려하라.
- QA 활동을 감사 사이클의 끝에만 포함시키지 말고, 감사 사이클 전체에 걸쳐 포함시키라.
- 효율성을 증대시키기 위해 고유의 감사 관리 도구들을 사용하거나 쉽게 구할 수 있는 기존 소프트웨어를 사용하여 조직의 상황에 맞춘 접근법을 개발하라.
- 의미 있는 질문을 하고, 측정 가능한 개선 계획을 통해 사후 관리되는 고객 설문지를 사용하라.
- 감사 부서 외부에 보여지는 산출물들에 일관성을 유지해서 주요 리스크와 발견 사항들이 아니라 감사 프로세스 설명에 시간을 보내지 않게 하라.

고품질의 감사 작업 수행

- 이해관계자들의 기대를 당신의 감사 팀과 이해관계자들 모두에게 명확

히 하라. 그들은 당신으로부터 무엇을 필요로 하며, 당신은 그들에게 무엇을 주기로 약속하는가?

- 리스크 기반 감사 계획과 개별 감사 계획 수립 시 모든 수준에서의 이해관계자들의 필요를 충족시킬 수 있는 감사 목표와 기준을 겨냥하도록 도움을 주기 위해, 이해관계자들의 우선순위를 인식하라. 당신의 핵심 이해관계자들에게 무엇이 중요한지, 그리고 그 이유는 무엇인지 이해하라.
- 다른 어슈어런스 제공자들의 영향을 이해하고, 다른 어슈어런스 서비스 제공자의 작업이 감사 계획이 수립된 활동들에 영향을 주는지(또는 주지 않는지)를 명확히 하고, 언제 이들의 서비스를 활용하는 것이 하나의 대안이 될 수 있는지 이해하라. 이는 어슈어런스 매핑을 통해 달성될 수도 있다.

아래와 같이 기능하는 고품질의 팀 육성

- 다른 사람들의 관점에 귀를 기울이고 이를 이해한다.
- 운영 환경 상의 도전 과제들을 진정으로 이해하고자 한다.
- 필요한 기술/역량을 보유하고 있으며, 내부적으로 이러한 기술/역량을 보유하고 있지 않을 경우 이를 아웃소싱한다.
- 자신이 일하고 있는 조직에서의 경영의 탁월함을 지원한다.
- 객관적이며 독립적이다.

품질 평가 팀

품질 평가 팀 설치가 더 나은 관행인지 아니면 이로 인해 품질에 대한 개별 직원들의 책임이 제거되는지에 대해서는 의견이 갈린다.

품질 평가 팀을 옹호하는 사람들은 이를 특히 대규모 내부 감사 기능에서는 일관성 있는 내부 감사 산출물을 낼 수 있는 귀중한 도구로 본다. 품질 평가 팀은 이시카와(Ishikawa)의 품질 관리 서클과 유사하게 지원자들로 구성되거나, 최고 감사 책임자에 의해 선정될 수 있다.

최고 감사 책임자가 품질 경가 팀을 설치하기로 결정할 경우, 이 팀이 내부 감사 정책과 절차 준수 여부를 정기적으로 평가한다. 품질 평가 팀은 전문 직무 기준을 잘 알고 정책과 절차 적용에 경험이 많은 시니어 감사인이 이끌어야 한다. 품질 평가 팀은 또한 경험 개발과 다양한 접근법 및 아이디어 격려 차원에서 경험이 적은 직원들도 포함할 수 있다.

품질 평가 팀은 특정 정책, 절차, 또는 전문 직무 기준 준수 여부를 측정할 수도 있다. 내부 감사 기능의 규모에 따라서는 단기간의 한정된 노력(1~2일도 가능)만을 요구할 수도 있다. 이 평가 결과는 지식적인 개선을 증진하기 위해 보다 넓은 내부 감사 팀과 공유될 수도 있다.

외부 품질 평가 전의 건강검진

전면적인 외부 품질 평가 전에 건강검진을 하면 외부평가에서 부정적인 결과가 나올 리스크를 줄이고 최고 감사 책임자가 외부 품질 평가에 가급적 최대로 대비할 수 있게 해준다.

외부 평가에 관한 보다 자세한 내용은 5장에서 제공된다.

건강검진을 독립적으로 검증될 자체 평가로 사용하기

종합적인 건강검진은 외부 품질 평가의 요건을 충족시키기 위해 독립적으로 검증될 수 있는 자체 평가로 사용될 수도 있다.

고객 만족

감사 계획 수립에 적극적으로 관여하고, 내부 감사인들이 감사 작업 프로세스에서 정규적이고, 정직하며 투명한 피드백을 제공함으로써 고객 만족을 제고할 수 있다. 적절한 독립성을 유지하는 동시에 감사 시기와 범위에 관한 고객의 요청에 호응하면 긍정적인 업무 관계를 지원할 수 있다. 경영진의 지원 요청에 적시에 반응하는 것도 긍정적인 관계에 도움이 될 수 있다.

내부 감사에 대한 고객의 만족도 측정은 현대의 내부 감사 기능들에게 자신이 제공하고 있는 가치에 관한 통찰력을 제공한다. 고객 만족은 내부 감사 논리 모델에서 하나의 산출물 또는 결과로 간주될 수도 있으며, 따라서 측정할 적절한 요소가 될 것이다.

좋은 기능에서 위대한 기능으로 옮겨 가기
— 아나 피게이레두(Ana Figueiredo), 포르투갈 텔레콤의 최고 감사 책임자

포르투갈 텔레콤의 최고 감사 책임자 아나 피게이레두(Ana Figueiredo)는 좋은 내부 감사 기능과 위대한 내부 감사 기능을 나누는 4가지 핵심 요소들이 있다고 믿는다.

첫째, 위대한 내부 감사 기능은 비즈니스에 대한 지식을 반영할 필요가 있다. 내부 감사가 주로 어슈어런스 활동이기는 하지만, 내부 감사 기능은 비즈니스 동향, 조직의 구조, 그리고 조직의 공식 · 비공식적 요소들을 이해할 필요가 있다.

둘째, 내부 감사 기능은 조직 전체와 잘 소통할 필요가 있다. 내부 감사인들이 감사위원회와 CEO에게 보고하기는 하지만, 감사인들은 조직 전체와 전방위로 상호작용하는 방법을 알 필요가 있다. 내부 감사인들은 자신들이 보고서를 산출하자마자, 감사 보고서의 품질과 정확성에 근거하여 비즈니스로부터 평가받을 것이라는 점을 알아야 한다.

셋째, 내부 감사인들은 독립적이어야 하지만, 비즈니스가 어떻게 전개되고 있는지 알아야 한다. 그들은 비즈니스 목표와 충분히 정렬을 이뤄야 한다.

마지막으로, 위대한 내부 감사인들은 올바른 기술을 지닐 필요가 있다. 내부 감사 기능은 비즈니스에 대한 호기심과 조직과 내부 감사에 대한 강한 충성심을 지닌 직원들을 집합적으로 보유해야 한다. 내부 감사인들은 조직의 개선을 추구해야 한다. 이상적으로는, 내부 감사 팀은 다양한 배경을 지닌 직원들로 구성되어야 한다.

피게이레두는 모든 신참 감사인들에게 다음과 같이 조언한다.

> 당신이 감사하고 있는 프로세스와 비즈니스 분야를 알라. 리서치를 수행하고, 지적 호기심을 가지고, 동료들로부터 배우라. 회사가 직면하고 있는 리스크들을 주의해서 파악하라. 운영상의 개선, 즉 회사에 가져올 수 있는 효율성의 측면에서 맹점(hidden spot)을 발견하라. 또한, 감사 업무를 처음 해 보는 사람은 모든 것을 점검하라. 처음 수령하는 정보를 그대로 받아들이지 말고, 이를 다른 증거들과 대조해 보고 진술에 구멍이 있는지 알아보라.

그녀는 또한 이렇게 주의를 준다. "품질은 단거리 경주가 아니라 마라톤이다."

내부 감사 기능 벤치마킹

건강검진은 내부 감사 기능의 품질을 동료 그룹에 대해 벤치마킹하기 위한 유용한 데이터를 제공한다.

IIA의 글로벌 감사 정보 네트워킹 벤치마킹 연구를 통한 벤치마킹

내부 감사 기능을 다른 조직의 내부 감사 기능에 대비하여 살펴보는 벤치마킹은 최고 감사 책임자, 감사위원회와 고위 경영진에게 다른 조직의 감사 기능 대비 자신의 감사 기능의 효율성과 효과성에 대해 이해하게 해줄 뿐만 아니라, 내부 감사 가용 자원의 적절성에 대한 통찰력도 제공해 준다. 벤치마킹은 알려진 다른 조직들과의 비교를 통해 비공식적으로 수행될 수도 있고, 확립된 벤치마킹 기준을 통해 보다 공식적으로 수행될 수도 있다. 대규모 서비스 제공자들은 흔히 벤치마킹을 수행하는 바, 이들 중 많은 기관들이 내부 감사 벤치마크에 관한 간행물을 발간했다. 내부 감사협회(IIA)

또한 보편적 지식체(Common Body of Knowledge) 간행물 시리즈(IIA April 2014a)를 통해 벤치마킹 정보를 제공한다. 이들은 최고 감사 책임자가 자신의 구조, 자원, 그리고 감사 작업의 유형을 표준적인 직무 수행 기준에 비추어 비교할 수 있게 해준다.

IIA는 또한 글로벌 감사 정보 네트워크(Global Audit Information Network) 벤치마킹 연구(IIA May 2014b)를 통해 보다 공식화된 벤치마킹 프로세스를 제공한다. 이 연구는 산업, 지역, 조직과 내부 감사 기능의 규모에 기초한 유사한 내부 감사 기능에 대한 응답을 비교하는 벤치마킹 프로그램이다.

최고 감사 책임자는 서비스 수수료를 납부하는 조건으로 이 벤치마킹 서비스를 이용할 수 있으며, 이 서비스는 최고 감사 책임자들에게 다음과 같은 매트릭스에 대해 자신의 내부 감사 기능을 다른 조직의 내부 감사 기능과 비교하는 상세한 보고서가 제공된다.

- 매출액, 직원, 지역 및 산업 유형과 같은 조직에 관한 매트릭스
- 숫자, 비용, 훈련 및 출장을 포함한 내부 감사 직원 배치
- 아웃소싱
- 감사위원회 정보를 포함한 감독
- 감사 라이프 사이클, 감사의 횟수와 유형, 사용되는 도구와 기법을 포함한 운영상의 척도들
- 리스크 평가와 감사 계획 수립 정보

QAIP 힌트

내부 평가는 균형 스코어카드 또는 내부 감사 성숙 모델 안에 반영될 수 있다.

성숙 모델

내부 평가 또는 건강검진은 성숙 모델의 핵심 프로세스 중 하나로서, 이의 존재는 5단계 성숙 모델의 3단계 달성 요건 중 하나이다.

균형 스코어카드/KPI

내부 감사 기능들은 내부 평가 또는 건강검진과 관련하여 다음과 같은 성과 지표들을 개발할 수 있다.

- 정기적 평가 또는 건강검진을 반기마다 수행한다.
- 건강검진을 통해 모든 정책과 절차가 커버된다.
- 정책과 절차에 대한 일반적 준수
- 건강검진을 통해 전문 직무 기준이 커버된다.
- 전문 직무 기준에 대한 일반적 준수
- 내면화된 개선의 수(목표 포함)
- 건강검진을 통해 검토된 감사 작업 조서의 비율(목표 포함)
- 경영진의 만족도 수준(목표 포함)
- 감사위원회의 만족도 수준(목표 포함)

내부 평가에 관한 질문들

표 4.1은 내부 품질 평가 프로세스에 관한 일련의 질문들을 제공한다. 이 질문들은 공식적으로 품질 어슈어런스 및 개선 프로그램 안에 반영될 수도 있고, 덜 공식적으로 상시 평가 활동들에 반영될 수도 있다. 질문들은 최고 감사 책임자, 내부 감사인, 또는 감사 이해관계자들에게 다양하게 물어볼 수 있다.

표 4.1 품질 평가 질문

질문	품질의 증거
내부 감사 기능은 품질 체크 포인트를 정책과 절차에 반영하였는가?	정책과 절차
품질 평가 프로세스가 공식화되었는가?	정책과 절차
내부 감사 기능은 정기 평가와 건강검진을 수행하는가?	정기 평가와 건강검진 결과
내부 평가가 전문가 기준 준수 수준을 포함하는가?	평가의 범위 또는 요건

질문	품질의 증거
내부 평가가 내부 감사 규정, 비전과 사명의 적정성과 적절성을 포함하는가?	평가의 범위 또는 요건
내부 평가가 규정과 절차의 적정성과 적절성, 그리고 이의 준수 수준을 포함하는가?	평가의 범위 또는 요건
내부 평가가 내부 감사 기능의 가치에 관한 이해관계자들의 시각을 반영하는가?	평가의 범위 또는 요건
내부 감사인들이 내부 감사 기능의 전문가 기준 준수 수준에 대해 명확히 이해하고 있는가?	내부 감사 직원 인터뷰
내부 감사인들은 내부 감사 기능의 효율성과 효과성 수준에 대해 명확히 이해하고 있는가?	내부 감사 직원 인터뷰
고객, 경영진, 그리고 감사위원회의 만족이 내부 평가와 건강검진의 일부로 고려되는가?	만족도 서베이
내부 감사 기능의 성숙도가 공식적으로 평가되는가?	성숙도 평가 결과
내부 감사 기능이 업계의 데이터에 비추어 공식적으로 벤치마크되었는가?	벤치마킹 결과
최고 감사 책임자가 감사위원회에 경험, 평균 감사 근속 연수, 자격과 전문 자격증을 포함한 감사 역량에 관한 정기적 벤치마킹을 제공하는가?	감사위원회 의사록
정기 평가, 건강검진과 같은 품질 활동 결과가 감사위원회에 보고되는가?	감사위원회 의사록

결론

감사 품질의 전달에 있어서 내부 품질 평가는 매우 중요한 요소이다. 내부 품질 평가는 "데밍(Deming) 스타일"의 지속적인 개선 프로세스를 채택하며 쥬란(Juran)의 품질 개선 접근법에 기초를 둔다. 내부 평가는 고객 만족 또는 불만족을 측정하고 이에 대응해야 한다. 최고 감사 책임자는 벤치마킹을 사용하여 자신의 내부 감사 기능이 다른 조직의 기능에 비해 어느 수준인지 판단하기도 한다.

내부 평가는 최고 감사 책임자들이 성과가 높은 영역뿐 아니라 개선 기회가 있는 영역도 파악하도록 도움을 줄 수 있다. 내부 평가는 내부 감사 기능이 조직의 우선순위와 이해관계자들의 기대의 변화에 지속적으로 대응할 수 있게 해준다. 내부 평가는 또한 최고 감사 책임자가 외부 평가 요건을 효과적으로 충족하도록 대비할 수 있게 해준다.

참고 문헌

- Dixon, G., and Goodall. (2007). The Quality Assurance Review: Is Your internal audit function effective? Internal Auditing 22(2): 3–6쪽.
- Galloway, D. (2010). Internal Auditing: A Guide for the New Auditor. Altamonte Springs, FL: The Institute of Internal Auditors Research Foundation.
- Heeshcen, P. E., and L. B. Sawyer. (1984). Internal Auditor's Handbook. Altamonte Springs, FL: The Institute of Internal Auditors.
- The Institute of Internal Auditors. (April 2014a). CBOK Survey. http://na.theiia.org/iiarf/Pages/Common–Body–of–Knoweldge–CBOK.aspx.
- The Institute of Internal Auditors. (may 15, 2014b). GAIN Benchmarking. http://natheiis.org/services/gain/Pages/GAIN_Benchmarking.aspx.
- The Institute of Internal Auditors. (2013). International Professional Practices Framework. Altamonte Springs, FL: The Institute of Internal Auditors.
- The Institute of Internal Auditors. (2010). Practice Guide: Measuring Internal Audit Effectiveness and Efficiency. Altamonte Springs, FL: The Institute of Internal Auditors.
- The Institute of Internal Auditors. (2012). Practice Guide: Quality Assurance and Improvement Program. Altamonte Springs, FL: The Institute of Internal Auditors.
- The Institute of Internal Auditors. (2009). Quality Assessment Manual, 6판. Altamonte Springs, FL: The Institute of Internal Auditors Research Foundation.
- Kinsella, D. (2010). Assessing your internal audit function. Accountancy Ireland 42(2): 10–12쪽.
- Ridley, J., and K. Stephens, (1996). International Quality Standards: Implications forInternal Auditing. Altamonte Springs, FL: The Institute of Internal Auditors Research Foundation.
- Sawyer, L. B., M. A. Dittenhofer, and J. H. Scheiner(2005), Sawyers Internal Auditing, 5판. Altamonte Springs, FL: The Institute of Internal Auditors Research Foundation.

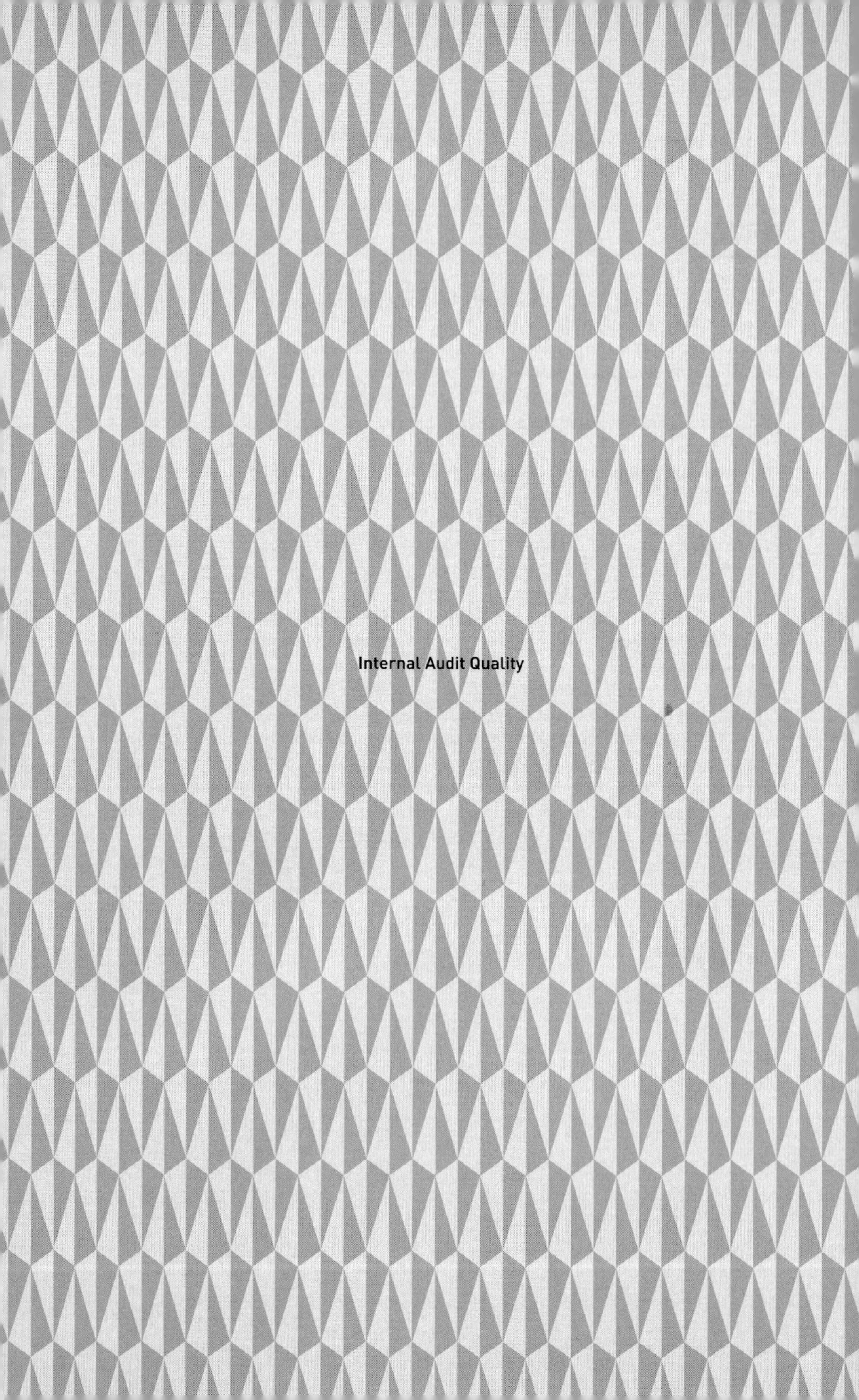
Internal Audit Quality

Chapter 5

외부 품질 평가

품질의 잣대가 되라. 탁월함이 기대되는 환경에 익숙하지 않은 사람들도 있다.
–스티브 잡스(Steve Jobs)

좋은 매니저들은 비판을 두려워하지 않는다. 그들은 독립적인 개인 또는 기관이 간과된 이슈들이나 다른 조직에서는 보다 더 효율적으로 수행되는 프로세스들을 찾아낼 수도 있음을 이해한다. 외부 평가는 이러한 검토를 제공해 준다. 내부 감사는 외부 검토와 다소 유사한 측면이 있으며, 내부 감사인들은 종종 일종의 외부 검토자 역할을 한다. 이를 위해 내부 감사인들이 외부 감사 프로세스를 이해해야 한다. 그런다고 해서 내부 감사인들이 자신의 활동이 검토될 때 이를 편안하게 느끼도록 해주지는 않지만, 최소한 그들도 감사 수검자들이 어떻게 느낄지에 대한 통찰력을 지니게 될 것이다.

어슈어런스 전문가인 내부 감사인들은 자신들에 대한 외부 평가 프로세스를 수용해야 한다. 최고 감사 책임자들은 자신의 품질 어슈어런스 및 개선 프로그램에 외부 평가를 포함해야 한다. 그러나 외부 평가는 내부 평가를 대체한다기보다 이를 보완해야 한다. 내부 평가와 외부 평가는 서로를 보완해서 내부 감사 기능의 지속적인 개선을 지원해야 한다.

외부 평가란 무엇인가?

외부 평가는 '누가 감사인을 감사하는가?' 라는 문제에 대답한다. 내부 감사 기능에 대한 외부 평가의 관계는 조직의 나머지 부분에 대한 내부 감사의 관계처럼 운영에 대한 독립적이고 공정한 검토이다.

효과적인 매니저들은 외부 평가의 가치를 인식한다. 그들은 외부 평가자들이 이 프로세스에 가져올 수 있는 책임성과 지식을 인정한다.

IIA는 기준 1312를 통해 외부 평가의 가치를 인정한다.

기준 1312 – 외부 평가

외부 평가는 최소 5년에 1회는 자격을 갖춘 독립적인 조직 외부의 평가자 또는 평가 팀에 의해 수행되어야 한다. 최고 감사 책임자는 이사회와 다음 사항에 대해 논의해야 한다.

- 외부평가의 형식과 빈도
- 외부 평가자 또는 평가 팀의 자격과 독립성–잠재적 이해상충 포함

외부 평가는 1978년에 IIA 기준이 최초로 발표될 당시부터 의무사항이었다. 그러나 2002년부터는 외부 평가가 최소 5년에 1회는 수행되도록 요구되었다. 외부 평가는 내부 감사 기능의 효율성과 효과성, 전문 직무 기준 준수 여부를 측정하고, 개선 기회를 파악하도록 디자인되었다. 이를 위해 외부 평가는 데밍에 의해 최초로 제안된 지속적 개선 원칙을 구현한다.

딕슨(Dixon)과 구달(Goodall)(2007)은 외부 평가의 1차적 목적은 전문 직무 기준 준수 여부 판단에 한정된다는 점을 인정하지만, 감사위원회 위원들과 최고위급 임원들을 포함한 많은 이해관계자들이 외부 평가에 관심을 가지고 있다고 믿는다. "이해관계자들은 내부 감사가 그들의 우선순위와 기대에 정렬을 이루고 있는지 확인하고, 내부 감사 부서를 상당히 개선할 수 있는 기회를 찾아내며, 내부 감사가 조직 내의 기타 리스크 관리 기능들과 수렴하는 정도를 최적화하기 위해 외부 평가를 사용한다."

IIA의 실무 가이드: 품질 어슈어런스 및 개선 프로그램(2012)은 외부 평가

에 대해 가능한 두 가지 접근법을 밝히고 있다.

① 완전한 외부 평가에서는 자격이 있고, 독립적인 평가자나 평가 팀을 사용하여 평가를 수행한다.
② 독립적인 (외부의) 검증이 수반된 자체 평가에서는 자격이 있고 독립적인 평가자 또는 평가 팀을 사용하여 내부 감사 기능에 의해 완료된 자체 평가를 독립적으로 검증한다.

왜 외부 평가를 받는가?

외부 평가의 가치는 널리 인정되고 있다. 지아드(Giard)와 세베레(Cevere)(2008)는 외부 평가의 가치를 아래와 같이 설명한다.

- 감사위원회와 주주들에게 내부 감사 기능의 숙달과 전문성을 검증할 기회가 됨
- 경영진과 비즈니스 부문에 대한 내부 감사 기능의 신뢰성 강화
- 내부 감사인들에게 최고 수준의 품질 기준을 지향하도록 동기부여
- 내부 감사 기능의 품질에 대한 독립적인 평가 의견 입수

킨젤라(Kinsella)(210)는 이에 다음 사항을 덧붙인다. "내부 감사 기능을 동료 그룹에 비해 벤치마킹하면 내부 감사에게 자신의 성과가 어느 수준인지 알 수 있게 해주고 발전을 위한 기회를 제공한다."

킨젤라는 품질 평가가 감사위원회에 다음 사항에 관한 질문들에 답을 제공할 수 있다고 믿는다.

- 내부 감사 기능이 효과적이며 올바른 영역에 중점을 두는지 여부
- 내부 감사가 가능한 최대로 효율적인지 여부
- 내부 감사가 가치를 부가하고 있는지 여부
- 내부 감사가 존경을 받고 있으며 영향력이 있는지 여부

- 내부 감사가 이해관계자들의 필요와 기대를 이해하고 있으며, 이를 충족하고 있는지 여부
- 내부 감사 실무 관행들이 이 직무의 선도적 실무 관행들을 반영하고 있는지 여부
- 내부 감사가 미래의 성공을 위한 올바른 전략을 보유하고 있는지 여부
- 내부 감사가 적절하게 조직되어 있으며 자원을 갖추고 있는지 여부
- 내부 감사와 다른 어슈어런스 제공자들 사이에 좋은 관계가 유지되고 있는지 여부
- 내부 감사가 리스크 관리와 관련하여 적극적인 역할을 하고 있는지 여부

맨찬다(Manchanda)와 맥도널드(MacDonald)(2011)는 외부 평가 수행에 전략적 가치가 있는지를 고려한다. 내부 감사 기능에 대한 외부 평가에 대해 언급하면서, 그들은 외부 평가 결과가 "전술적으로 그리고 조직에 최대의 영향을 주기 위해 내부 감사 기능이 어떻게 강화될 수 있는지에 대해 생각하기 위한 출발점으로 사용될 수 있다."고 주장했다. 내부 감사의 기능 면에서 보면 외부 평가는 "최초로 차세대 감사 모델에 대한 개념을 제시했다."

외부 평가의 효용

베를린에 본사를 둔 도이체 반 에이지(Deuche Bahn AG)의 감사 부서 부사장 맥스 헤게(Max Häge)는 외부 품질 평가의 가치에 관해 이렇게 말한다. "나는 여러 회사의 품질 담당 매니저로서 10년 이상 동안 여러 건의 외부 평가를 관리하는 특권을 누렸다. 나는 외부 평가가 철저하고, 전문가답게 그리고 정규적으로 수행될 경우 최고 감사 책임자와 경영진에게 필수적인 도구라고 확신한다."

헤게는 외부 평가의 많은 효용들 중에서 아래의 효용들이 가장 중요하다고 말한다.

- 내부 감사 기능에 진정한 품질 문화 조성 또는 강화
- 외부 평가가 만들어내는 본질적인 역할 변화를 통해 감사인들에 주는 귀중한 통찰력 — 외부 평가를 받고 나면 그들은 더 훌륭한 감사인들이 될 것이다.
- "사각지대가 없어야 한다."라는 말을 실천하고 "누가 감사인을 감사하는가?"라는 문제에 답함 — 이는 회사의 경영진에 의해 보다 더 잘 받아들여진다.
- 조직 내 · 외부로부터의 솔직한 피드백은 중요한 개선 잠재력을 밝혀줄 수 있다.
- 마지막으로 전문 직무 기준 준수 달성에 도움이 된다.

헤게는 이렇게 믿는다. "당신이 내부 감사에 대해 진지하게 접근한다면, 외부 품질 평가는 당신이 실제로 얼마나 잘하고 있는지를 보여줄 것이다."

평가의 유형

외부 평가 수행에는 여러 대안이 있다. 가장 독립적인 방법은 평가가 완전히 조직 외부의 검토자에 의해 수행되게 하는 것이다. 내부 평가의 발견사항을 외부 검토자가 검증하게 하는 방법도 있다. 마지막으로 동료 검토 프로세스는 일군의 다른 조직의 내부 감사 기능들과 함께 서로의 품질을 평가한다.

특정 성숙도 단계 겨냥하기

주요 글로벌 금융회사에서의 IT 감사 이사이자 IIA의 직무 이슈 위원회 부위원장인 마이크 린(Mike Lynn)은 "외부 품질 평가를 수행할 때 내부 감사는 특정 성숙도 단계를 겨냥해야 한다."고 말한다. 린은 경영진이 리스크 성향 또는 리스크 수용 목표 수준을 가지고 있듯이, 내부 감사 부서들도 자신

들이 어떤 유형의 부서를 목표로 할지 결정함에 있어서 자신의 산업, 리스크 성숙도 수준과 문화를 살펴볼 필요가 있다고 믿는다. "결국 품질은 언제나 사람, 시간, 자원의 함수이며, 품질 수준의 결과는 얼마나 투자하느냐에 의존한다. 그것은 절대적인 것이 아니다."

검토자 선정

IIA 기준은 외부 평가는 외부 평가가 조직 외부의 자격을 갖춘 평가자 또는 평가 팀에 의해 수행되도록 요구한다. 일반적으로 검토자는 IIA에 의해 제공되는 품질 평가 연수를 마치면 자격을 갖춘 것으로 간주되며, 조직에 의해 고용되거나 조직과 관련을 맺고 있지 않을 경우 공정한 것으로 간주된다.

올바른 검토자 선정은 외부 평가의 품질에 큰 영향을 줄 수 있다. 효과적인 검토자는 다음 사항을 갖춰야 한다.

- 깊이와 넓이 면에서 풍부한 내부 감사 경험
- 외부 감사 수행 경험
- 내부 감사 기능에 관련된 업계 경험

보편적인 품질 이슈

서비스 제공자들이 (외부 감사 경험은 많을지라도) 내부 감사 경험이 적거나, 내부 감사 기준에 대한 전문성과 이해가 제한된 검토자를 외부 평가에 배정하는 경우가 흔하다. 이러한 가능성을 피하기 위해 최고 감사 책임자들 또는 감사위원회는 서비스 제공자의 전반적인 경험에 의존하기보다 실제로 외부 평가를 수행할 검토자에 관한 구체적인 정보를 요구해야 한다.

완전한 외부 평가

완전한 외부 평가는 가장 독립적인 품질 검토 방법이다. 이는 조직 외부의 검토자 또는 검토 팀이 평가를 수행하는 것이다. 일반적으로 이해 상충 또는 편향 소지를 피하기 위해 최고 감사 책임자가 감사위원회와 상의하여 검토자를 선정한다. 그림 5.1은 외부 평가 수행 시의 전형적인 프로세스를 묘사한다.

완전한 외부 평가는 내부 감사 기능의 효율성과 효과성에 대해 가장 공정한 견해를 제공해 주기 때문에, 외부 평가 방법들 중 가장 가치가 있는 것으로 간주된다. 이는 또한 다른 유사한 기능들과의 벤치마크를 통한 내부 감사 기능 개선 기회도 찾아낼 수 있게 해준다.

고객에게 귀 기울이기

일본 감사 협회의 품질 매니저 타쿠야 모리타(Takuya Morita)는 "상품과 서비스의 품질은 일반적으로 경쟁을 통해 발전된다."고 말한다. "경쟁은 고객들에게 일련의 상품과 서비스들을 품질과 비용에 근거하여 선택할 수 있게 해준다. 그러나 내부 감사는 대안이 없으며, 따라서 내부 감사가 시간을 내서 고객에게 귀를 기울이는 것이 중요하다."

모리타는 일본에서는 사람들이 대개 평생 동안 한 직장에서 일하는데, 이로 인해 내부 감사인들이 다른 회사의 감사 실무 관행을 볼 기회가 없다고 설명한다. "그러나 내부 감사 기능들은 품질에 대한 기준선을 결정하기 위해 보편적인 관행들을 알 필요가 있다. 이는 내부 감사인들에게는 참으로 어려운 일이다."

모리타는 "외부 품질 평가는 체계적인 해법을 제공할 수 있다."고 말한다. "외부 품질 평가는 서베이와 인터뷰를 사용하여 이해관계자들의 목소리를 듣고 내부 감사 품질을 향상시키기 위한 보편적 또는 성공적인 관행들을 권고할 수 있다."

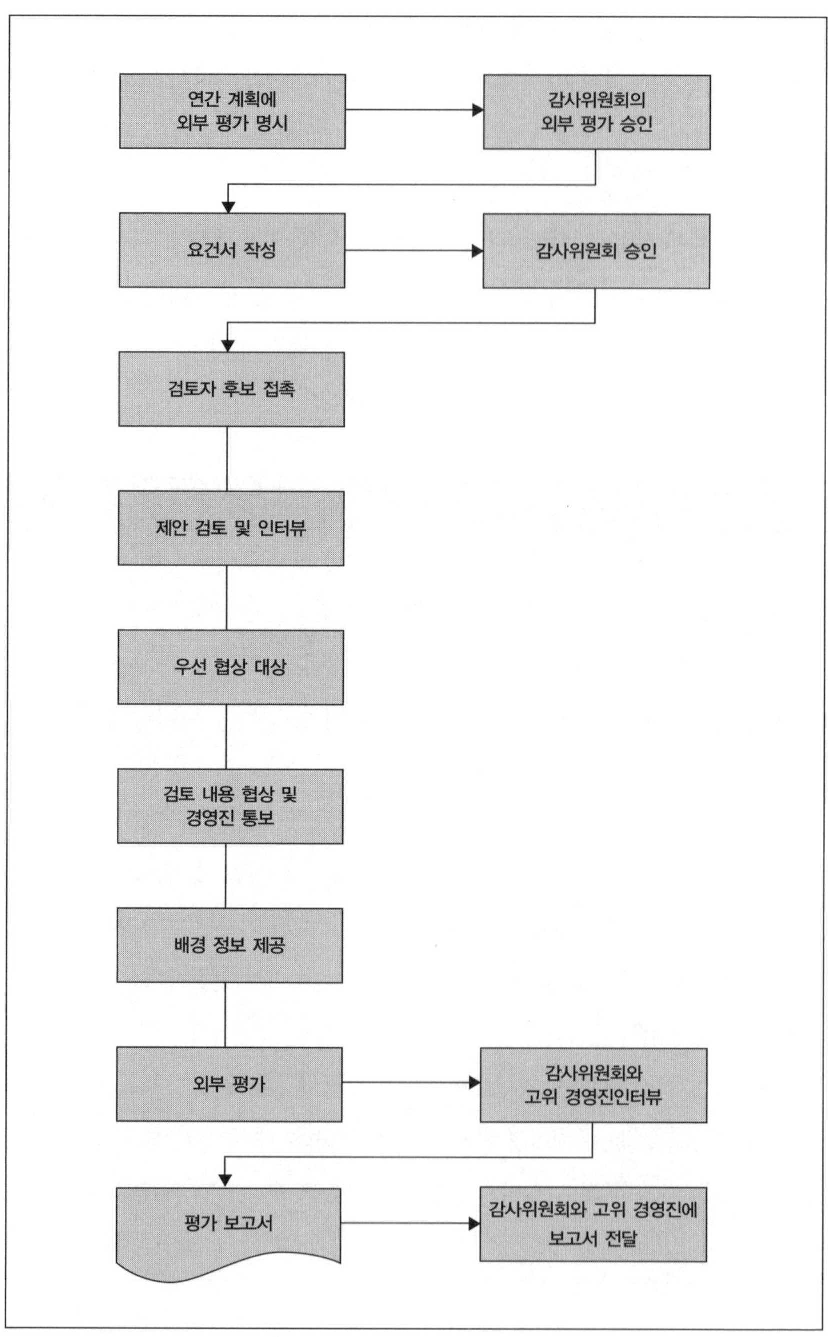

그림 5.1 외부 평가 수행 시의 전형적인 프로세스

외부 평가 비용 정당화하기 완전한 외부 품질 평가에 반대하는 보편적인 논거 중 하나는 완전한 외부 평가에 비용이 매우 많이 소요된다는 점이다. 외부 평가 비용은 대개 평균적인 내부 감사 비용보다 적으며, 외부 평가를 통해 (내부 감사가 효율적 또는 효과적으로 운영되지 않을) 리스크를 상당히 줄일 수 있기 때문에, 이는 근시안적인 태도이다.

고위 경영진과 감사위원회는 내부 감사인들이 조직에 대한 중대한 리스크들에 대해 어슈어런스를 제공해 주리라 기대한다. 그러므로 내부 감사 기능은 감사 유니버스의 표준적인 부분이 되어야 하며, 조직의 다른 부분들이 받는 것과 동일한 수준의 주의를 받아야 한다.

최고 감사 책임자가 관리 책임을 지고 있는 다른 부분들에 대해 기대되는 바와 같이, 내부 감사 기능에 대한 어슈어런스는 독립적으로 제공되고 고위 경영진과 감사 위원회에 보고되어야 한다.

내부 감사 기능의 건강검진:
경험이 많은 외부 평가자와의 대화

남아프리카의 내부 감사 전문가인 주디 그로블러(Judy Grobler)는 경험이 많은 외부 평가자이다. 주디 그로블러는 최고 감사 책임자가 외부 평가로부터 받을 수 있는 가치에 관해 이야기한다.

"품질 검토를 마치고 나면 종료 발표를 하는 것이 모범 실무 관행인데, 나는 대개 최고 감사 책임자의 동의하에 모든 내부 감사 직원들을 참석시킨다. 외부 검토를 마치고 난 뒤에 어느 최고 감사 책임자가 자신의 부하 직원들에게 자신에게는 외부 품질 평가가 정기 건강검진을 받으러 병원에 가는 것과 같다고 논평했다. 그는 뭔가가 잘못되어 있으며 이를 어떻게 다뤄야 하는지 아는 것은 하나의 특권이라고 믿었다."

그 후에 그로블러는 최고 감사 책임자들에게 "철저한 점검은 당신의 건강 상태를 알려 줄 것이고, 당신이 뭔가 잘못되어 있을 수도 있는 것을 모르고 있다 해도 외부 평가의 스캔이 이를 찾아낼 것이다. 모든 것이 좋아 보이면 예방 조치들이 처방될 것이고, 이전에 시행하고 있던 방식이 시대에 뒤쳐져 있다면 더 나은 실무 관행들이 권고될 것이다."라고 설명해 왔다. 그로블러는 이렇게 충고한다. "중요한 점은 정기적으로 철저한 검진을 하지 않으면, '환자가 죽을' 가능성도 있다. 최소 3년 내지 5년마다 외부 품질 평가를 수행하는 것은 규모가 크건 작건 모든 내부 감사 부서를 위한 건강검진이다."

독립적 검증이 수반된 자체 평가

독립적 검증이 수반된 자체 평가는 평가 작업의 일부가 내부 감사 기능에 의해 수행되는 외부 평가 유형이다. 대개 내부 감사 기능이 자체의 효율성과 효과성, 그리고 기준 준수 여부에 대해 평가하고 나서 독립적인 평가자가 이를 검증하게 된다.

독립적인 검증이 수반된 외부 평가 방법은 원래 완전한 외부 평가 비용을 감당하지 못할 수도 있는 소규모 내부 감사 기능의 편의를 위해 개발되었다.

원래 완전한 외부 평가보다 덜 성숙한 방법으로 간주되기는 하였지만, 자체 평가에 대한 검증이 잘 수행되면 완전한 외부 평가를 뛰어넘는 가치를 부가할 수 있다.

성숙한 품질 어슈어런스 및 개선 프로그램을 지니고 있는 조직들에서는 내부 감사 기능이 정기적으로 전문 직무 기준 준수 여부를 평가해야 하는 바, 이는 이러한 평가가 상시적인 내부 평가의 일부를 구성해야 하기 때문이다. 이 평가는 적절한 증거에 의해 뒷받침되어야 하는 바, 내부 감사 기능은 최소한의 추가 작업으로 외부 검증자에게 이 증거를 제공할 수 있다. 그러면 외부 검증자는 기준 준수 이슈를 넘어서 효율성과 효과성 이슈에 초점을 맞출 수 있다.

자체 평가 접근법의 두 번째 가치는 내부 감사 직원들에게 내부 감사 기능이 사용하는 전문 직무 기준에 대한 깊은 이해와 통찰력을 제공할 수 있는 기회를 준다는 점이다. 이 방법은 또한 내부 감사 기능이 자체 평가 프로세스의 일부로서 내부 감사 운영에 지속적인 개선을 내면화하게 해준다. 이런 방식으로 자체 평가 접근법은 2장에서 설명한 카이젠(kaizen) 철학과 이시카와(Ishikawa)의 품질 관리 서클을 반영한다.

보편적인 품질 이슈

많은 내부 감사 기능들이 자체 평가에서 전반적인 효율성과 효과성에 초점을 맞추기보다 전문 직무 기준 준수 여부에 초점을 맞춘다. 이는 독립적 검증이 수반된 자체 평가의 가치를 제한하는데, 이는 기준 준수는 궁극적인 성과 목표라기보다 운영의 토대로 간주되어야 하기 때문이다.

자체 평가를 선택할 경우 소규모 감사 조직이 고려할 점 소규모 감사 조직들은 흔히 외부 평가 형태로 독립적 검증이 수반된 자체 평가를 선택한다. 이 방법 사용 여부를 결정할 때, 소규모 감사 조직의 최고 감사 책임자는 다음 사항들을 고려해야 한다.

- 특히 잘 확립된 품질 어슈어런스 및 개선 프로그램을 갖추고 있지 않을 경우, 자체 평가 완료 소요 시간
- 내부 평가를 완료한 적절한 경험을 갖춘 직원 활용 가능 여부
- 소규모 감사 조직이 직면하는 두 가지 최대의 도전 과제들은 고립과 전문가적 관점에 대한 접근이라는 점을 감안할 때, 완전한 외부 평가가 자신의 기능에 가져올 수도 있는 효용

동료 검토

엄격히 말해서 동료 검토는 단지 외부 평가의 변형일 뿐이며, 이 방법을

선택할 경우 조직들은 외부 평가 요건들을 완전히 충족할 필요가 있다. 이 요건들은 다음 사항들을 포함한다.

- 검토자들이 적절한 경험과 자격을 갖춰야 한다. 이는 검토자가 이전에 외부 평가를 수행해 보았고, 외부 평가 프로세스의 자격을 갖출 것을 요구한다. 이는 IIA 기준을 사용하는 조직들에게는 대체로 IIA의 품질 평가 프로세스 연수를 받는 것과 관련될 것이다.
- 검토자들이 독립성 요건을 충족해야 한다. 이는 두 조직이 서로 검토하거나, 같은 조직에 속하는 두 개의 내부 감사 기능들이 서로 검토하는 것을 금지한다. 그림 5.2에서 보여주는 바와 같이 3개 이상의 조직들이 상호 검토하는 라운드 로빈(round robin) 방식으로 검토하는 것과 관련된다.

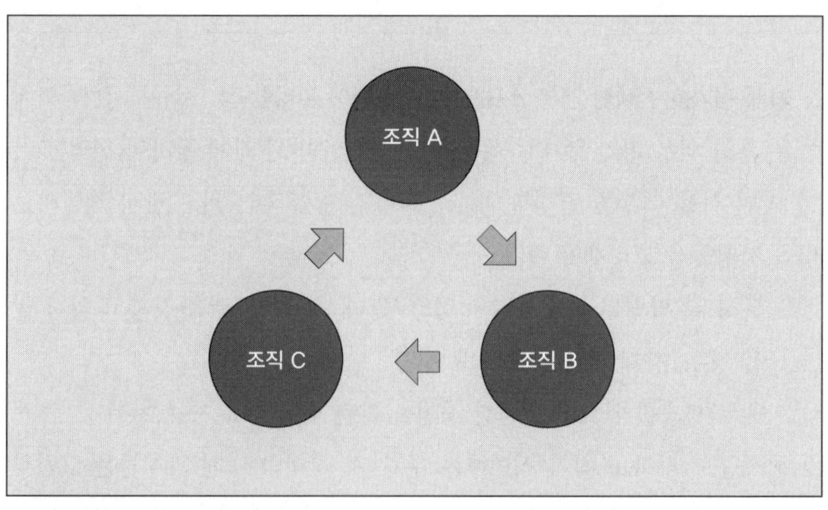

그림 5.2 동료 검토 라운드 로빈

예 5.1 품질 어슈어런스 검증 그룹

싱가포르 경제 개발 위원회는 다른 8개의 회원 조직들과 함께 ISB QAV (Inter-statutory Board Quality Assurance Validation) 그룹의 일원이다. 2004년에 설립된

이 그룹은 그룹 회원들 사이의 동료 검토를 제공한다. 최초의 검토는 2007년에 수행되었다.

각각의 회원들은 자체 평가를 수행하며, 그 결과는 ISB의 다른 두 회원들에 의해 검증된다. 이 그룹은 공식적인 요건들을 가지고 있으며, 비밀을 유지하도록 하는 절차와 의무를 두고 있다.

현재 이 그룹은 모든 회원 조직들에 대해 2회의 동료 그룹 검토를 완료했다.

평가에 대한 의견 제공

외부 평가는 전문 직무 기준 준수 여부뿐만 아니라 내부 평가 기능의 효율성과 효과성에 대한 의견도 제공해야 한다.

보편적인 품질 이슈

전문 직무 기준 준수에 관한 의견은 외부 평가의 필수적인 부분이므로, 이에 관한 의견을 제공할 준비가 되어 있지 않은 서비스 제공자들을 조심해야 한다.

대개 외부 평가는 전문 직무 기준 준수 수준을 밝히는 등급 척도를 활용할 것이다. 내부 감사 기능은 이 등급 척도의 성격을 결정할 수도 있고, 또는 외부 평가자에 의해 제공되는 척도에 의존할 수도 있다.

IIA 실무 가이드: 품질 어슈어런스 및 개선 프로그램(2012)에 명시된 예는 다음과 같다.

- IIA 품질 평가 매뉴얼 척도—미준수/부분 준수/일반적 준수
- IIA 공공 부문 역량 모델—초기/인프라스트럭처/통합됨/관리됨/최적화함
- DIIR(독일 감사협회) 품질 평가 수행 가이드라인—3=만족스러움/2=개선

여지가 있음/1=상당한 개선이 필요함/0=불만족스럽거나 해당사항 없음

QAIP 힌트

외부 평가는 균형 성과카드 또는 내부 감사 성숙 모델 안에 반영될 수 있다.

성숙 모델

외부 평가는 성숙 모델 내에서의 핵심적인 프로세스 중 하나로 포함될 수 있다. 외부 평가 수행은 5단계 성숙 모델의 3단계 달성의 요건 중 하나일 수 있다.

균형 스코어카드/KPI

내부 감사 기능은 5년 이내의 외부 평가 완료와 같은 외부 평가에 관한 성과 지표를 개발할 수 있다.

외부 평가에 관한 질문들

표 5.1은 외부 평가 프로세스의 품질에 관한 일련의 질문들을 제공한다. 이 질문들은 공식적으로 품질 어슈어런스 및 개선 프로그램 안에 반영될 수도 있고, 보다 덜 공식적으로 상시 평가 활동 안에 반영될 수도 있다. 질문들은 최고 감사 책임자, 내부 감사인, 또는 감사 이해관계자들에게 다양하게 물어볼 수 있다.

표 5.1 품질 평가 질문

질문	품질의 증거
외부 평가(완전한 외부 평가 또는 독립적인 검증이 수반된 자체 평가)가 수행되었는가?	외부 품질 평가 보고서 이사회 의사록
최근의 외부 평가가 5년 이내에 수행되었는가?	외부 품질 평가 보고서, 이사회 의사록
자격을 갖춘 독립적인 평가자가 외부 평가를 수행하였는가?	평가 리더와 평가 팀의 역량 리스트

질문	품질의 증거
외부 평가는 내부 감사 기능의 기준 준수와 효과성 수준에 대한 의견을 포함하는가?	외부 평가 결과
감사위원회는 검토자 선정 뿐 아니라 검토의 빈도와 범위를 포함한 내부 감사 기능의 외부 평가에 적극적으로 관여하는가?	최고 감사 책임자 인터뷰, 감사위원회 인터뷰
외부 평가 결과가 고위 경영진과 감사위원회에 보고되었는가?	감사위원회 의사록, 고위 경영진과 감사위원회 인터뷰

결론

최고 감사 책임자가 외부 평가를 수행할 수 있는 방법은 많다. 최고 감사 책임자는 일반적으로 완전한 외부 평가, 독립적인 검증이 수반된 자체 평가, 또는 동료 검토 중 하나를 선택하겠지만 가장 좋은 방법의 선택은 내부 감사 기능의 규모와 성격에 의존할 것이다. 최고 감사 책임자가 자신의 조직에 적합한 방법에 관해 고위 경영진, 감사위원회와 상의하는 것이 이상적일 것이다.

참고 문헌

- Deutches Institut für Interne Revision e.V. (2007). Guidelines for Conducting a Quality Assurance(QA): Addendum to DIIR Standard Number 3 ("Quality Management"), 2nd. rev. ed. Frankfurt am Maim. Germany.
- Dixon, G., and G. Goodall. (2007). The Quality Assurance Review: Is your internal audit function effective? Internal Auditing 22(2): 3–6쪽.
- Galloway, David. (2010). Internal Auditing: A Guide for the New Auditor. Altamonte Springs, FL: The Institute of Internal Auditors Research Foundation.
- Giard, Y., and M. Cecere. (2008). Role Reversal. CA Magazine 141 (7): 61–62쪽.
- Heeschen, Paul E., and Sawyer, L. B. (1984). Internal Auditor's Handbook. Altamonte Springs, FL: The Institute of Internal Auditors Research Foundation.
- The Institute of Internal Auditors. (2013). International Professional Practices Framework. Altamonte Springs, FL: The Institute of Internal Auditors.
- The Institute of Internal Auditors. (2010). Practice Guide: Measuring Internal Audit Effectiveness and Efficiency. Altamonte Springs, FL: The Institute of Internal Auditors.
- The Institute of Internal Auditors. (2012). Practice Guide: Quality Assurance and Improvement Program. Altamonte Springs, FL: The Institute of Internal Auditors.
- The Institute of Internal Auditors. (2009). Quality Assessment Manual, 6판. Altamonte Springs, FL: The Institute of Internal Auditors Research Foundation.

- The Institute of Internal Auditors Research Foundation. (2009). Internal Audit Capability Model (IA–CM) for the Public Sector. Altamonte Springs, FL: The Institute of Internal Auditors Research Foundation.
- Kinsella, D. (2020). Assessing your internal audit function. Accountancy Ireland 42(2): 10–12쪽.
- Manchanda, A., and C. B. MacDonald. (2011). External Assessment as tactical tools. Internal Auditor. http://www.theiia.org/intauditor.
- Ridley, J., and K. Stephens. (1996). International Quality Standards: Implications for Internal Auditing. Altamonte Springs, FL: The Institute of Internal Auditors Research Foundation.
- Sawyer, L. B., M. A. Dittenhofer, and J. H. Scheiner. (2005). Sawyers Internal Auditing, 5판. Altamonte Springs, FL: The Institute of Internal Auditors Research Foundation.

PART 3
내부 감사 거버넌스 구조
Internal Audit Governance Structures

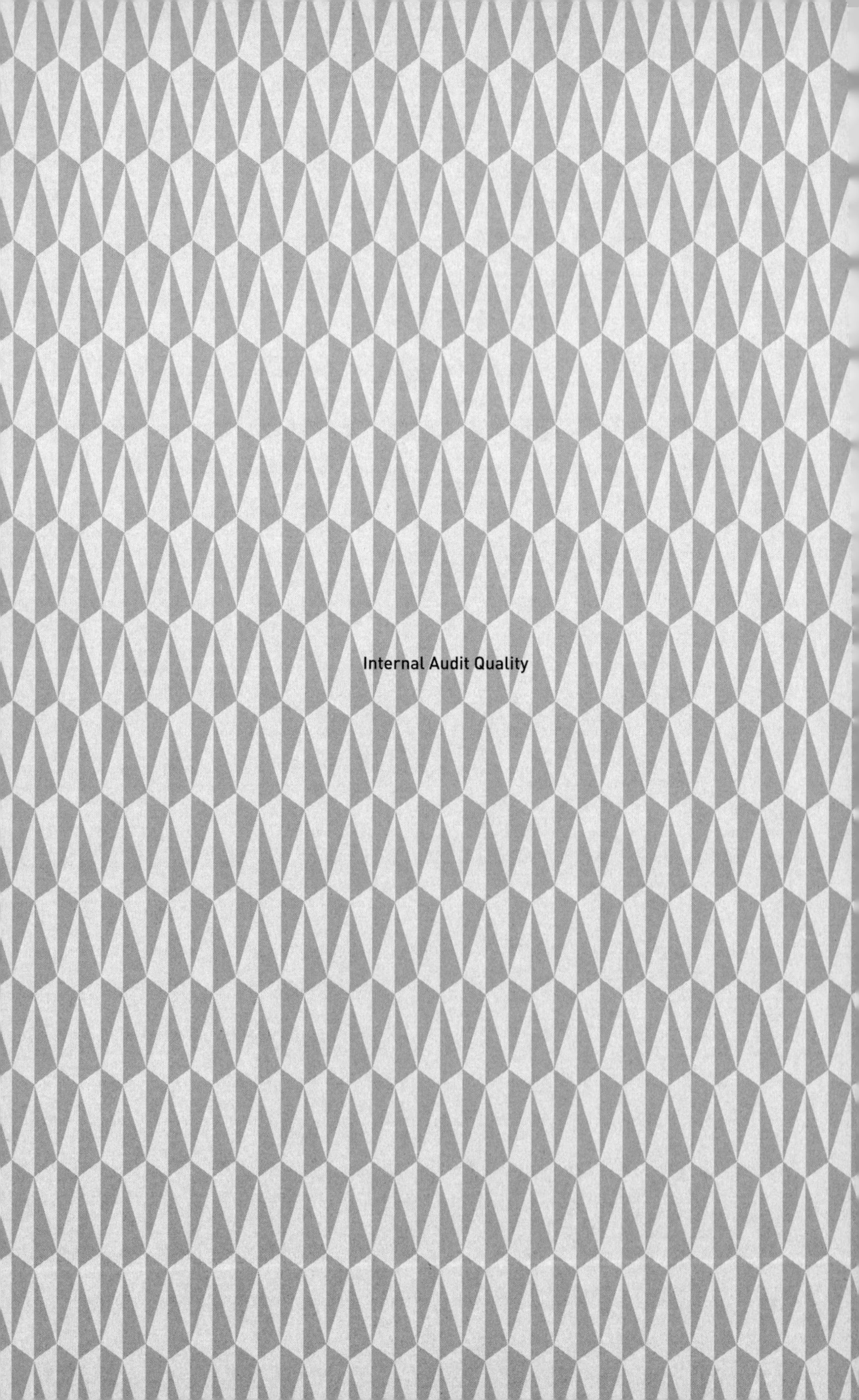

Internal Audit Quality

Chapter 6

내부 감사 전략과 계획 수립

인식은 강하고 비전은 약하다. 전략에서는 멀리 있는 것을 가까운 것처럼 보고, 가까이 있는 것들을 멀리 조망하는 것이 중요하다.

–미야모토 무사시(Miyamoto Musashi)

내부 감사 기능은 어려운 질문을 하고 일반적인 지혜에 도전하기 위해 존재한다. 이들은 내부 어슈어런스 활동의 안전과 위안을 제공한다. 즉, 조직이 원하는 대로 가고 있지 않을 경우에는 경영진과 감사위원회에게 조기 경고를, 그리고 잘 되어 가고 있을 때에는 어슈어런스를 제공한다.

최고 감사 책임자는 경영진과 이사회 사이에서 팽팽한 줄을 타면서 양 그룹과 협력해서 운영, 전략, 재무, 평판 상의 리스크에 관한 어슈어런스를 제공한다. 궁극적으로 내부 감사 기능은 조직의 가치를 극대화하도록 지원한다.

내부 감사 전략은 내부 감사 기능을 한 데로 모으고 내부 감사의 비전과 목적을 정의하는 접착제이다. 전략은 내부 감사에 있어서 무엇이 성공인지를 명확히 하고 내부 감사가 계획한 접근법이 기회, 리스크, 자원에 주는 시사점을 밝혀준다.

내부 감사 기능의 핵심 투입물 중 하나로서의 전략 계획 수립

내부 감사 전략

내부 감사 전략은 고품질의 내부 감사 기능의 3가지 핵심 투입물 중 첫 번째 요소이다. 다른 요소들은 직원 배치와 직무 수행 관행이다.

기대 관리하기 및 전략적 대화에 참여하기

노르웨이 옌시디아(Gjensidige)의 전 최고 감사 책임자이자 현 IIA 기준 위원회 위원인 트리그베 쇠를리에(Trygve Sørlie)는 "품질은 기대를 관리하는 것인바, 고품질의 서비스는 기대를 능가해야 한다."고 말한다. "내부 감사 부서가 고품질의 산물을 내려면 기대를 관리할 수 있어야 한다. 내부 감사는 (이러한 기대들을 충족시키는) 자신의 사명을 정의하고, 비즈니스 계획 또는 전략 계획에 그 임무를 문서화할 필요가 있다."

쇠를리에는 내부 감사가 이사회와 고위 경영진 회의에서 조직의 전략적 대화에 참여할 필요가 있다고 믿는다. 그렇지 않으면 내부 감사가 조직이 목표를 달성하도록 지원하는 전략적 영역에 초점을 맞추기보다는 통제의 효과성에 초점을 맞추는 운영상의 영역이 될 리스크가 있다. "이 전략적 대화의 일원이 되기 위해서는 올바른 자원을 갖추고, 조직 안에서 적절한 지위에 있어야 한다. 그렇지 않으면 최고 감사 책임자가 아무리 훌륭할지라도 내부 감사가 전략적 대화의 일원이 될 입장에 놓이지 않게 될 것이다. 훌륭한 최고 감사 책임자는 존중을 받으며 감사위원회와 가치 있는 대화를 한다. 이로 인해 최고 감사 책임자와 내부 감사인들의 대인 관계 기술이 보다 더 중요해진다."

IIA는 실무 가이드: 내부 감사 전략 계획 개발(2012)에서 전략을 다음과 같이 정의한다.

> 전략은 의사와 행동을 형성하는 선택을 미리 정하는 한편, 조직의 목적을 확립하고 조직이 의도하는 기여의 성격을 결정하기 위한 수단이다. 내부

감사 부서의 전략은 내부 감사 부서의 비전과 사명 선언문에 정의된 이들 목표(조직의 목표에 달성에 기여하는 목표) 달성에 도움을 주기 위해 재무 자원과 인적 자원을 할당할 수 있게 해준다. 이는 이해관계자들의 기대 충족을 겨냥한 독특한 자원 배치를 통해 내부 감사 부서에 도움이 된다.

전략에 대한 핵심 투입물들은 이 책의 앞에서 내부 감사 비전과 가치 명제, 리스크 관리와 자원 계획 수립, 핵심 책임과 수행될 작업 유형 명시, 그리고 내부 감사 규정으로 설명되었었다. 이 투입물들이 그림 6.1에 보다 자세히 설명되어 있다.

전략 자체가 핵심 성공 요인 또는 다른 성공 척도들을 포함할 수도 있고, 이들이 품질 어슈어런스 및 개선 프로그램 또는 기타 품질 프로세스에 포함될 수도 있다. 또한 규정에 전략과 조치 계획들이 포함될 수도 있고, 연간 감사 계획에서 이들을 별도로 정의할 수도 있다.

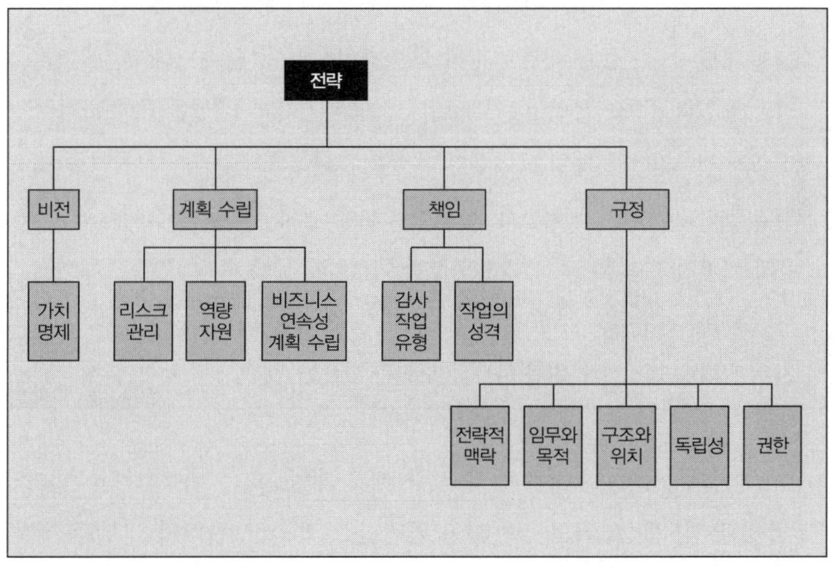

그림 6.1 전략의 요소들

최고 감사 책임자는 최고경영자, 이사회, 감사위원회, 그리고 고위 경영진과 협의하여 내부 감사 전략을 수립한다. 전략은 조직이 직면하고 있는 리스크와 조직에 가져올 수 있는 비즈니스 개선 기회에 근거를 두고, 내부 감사 기능이 조직 목표 달성에 어떻게 기여할지를 묘사한다. 고위 경영진과 이사회는 이 전략을 승인해야 한다.

때로는 최고 감사 책임자가 내부 감사에 관해 고위 경영진에게 교육시키고 그들에게 적절한 기대를 형성하도록 도와줄 필요가 있다. 고위 경영진이 내부 감사가 제공하는 잠재력을 충분히 인식하지 못하거나, 내부 감사에 관해 조직에 대한 내부 감사의 가치를 극대화하지 못하게 하는 기대를 가지고 있을 수 있다.

내부 감사에 대한 경영진의 이해 향상시키기

타케시 시미즈(Takeshi Shimizu)는 일본 회사의 칸사야쿠(법정 감사인)로서 15년이 넘는 내부 감사 경험을 지니고 있으며 IIA의 직무 이슈 위원회 위원이다. 그는 내부 감사인들은 내부 감사에 대한 경영진의 기대(및 지식)를 잘 이해할 필요가 있다고 제안하며, 이러한 이해가 없이는 내부 감사인들이 조직의 필요와 전략적으로 정렬을 이루기 어려울 것이라고 믿는다. 그는 때로는 경영진이 내부 감사의 역할과 이 역할이 다른 거버넌스 및 어슈어런스 기능과 어떻게 관련되는지에 대해 충분히 이해하지 못할 수도 있다고 경고한다. 그러한 경우에는 내부 감사인들은 내부 감사를 옹호하고 경영진이 이 기능에 대해 적절한 기대를 하도록 도와줄 필요가 있다.

IIA의 실무 가이드: 내부 감사 전략 계획 개발(2012)은 내부 감사 전략을 "적절성 유지, 즉, 조직의 전반적인 거버넌스, 리스크 관리와 내부 통제에 의미 있는 기여를 하는 한편, 비용과 가치 사이의 균형을 달성함에 있어서 매우 중요한 역할을 한다."고 설명한다.

잘 개발된 내부 감사 전략은 품질의 주요 동인이 될 것이다. 전략은 내부 감사가 가치를 전달하기 위해 적절한 구조와 자원을 갖추며, 활동들이 가장 필요한 분야에 중점을 두도록 도와줄 것이다. 전략이 어느 정도로 실현되었는지 결정하기 위해서는 적절한 성과 척도가 개발되어야 하는 바, 이 척도들은 품질 어슈어런스 및 개선 프로그램 안에 구현되거나 이에 연결되어야 한다.

내부 감사 이해관계자들

내부 감사 기능의 주요 이해관계자들을 파악하면 내부 감사 전략이 그들의 구체적인 필요에 초점을 맞추게 할 수 있다. 레자이(Rezaee)(1996)에 의하면 내부 감사 이해관계자들은 지난 60, 70년 사이에 변화를 겪었다. 레자이는 1940년대 말에는 내부 감사 기능이 주로 경영진의 필요 충족에 중점을 두었다고 여긴다. 그러나 1990년대 무렵에는 내부 감사 기능이 조직 전체에 초점을 맞추는 방향으로 변하게 되었다.

비전

비전 선언문은 내부 감사 기능이 목표를 달성할 경우 바람직한 미래는 어떤 모습이어야 하는지를 밝힌다. 비전 선언문은 내부 감사 기능 이면의 철학과 이 기능이 제공하는 조직에 대한 기여를 개관한다. 비전 선언문은 한 문장으로 표현될 수도 있고, 여러 요점을 포함할 수도 있다.

예 6.1 샘플 비전 선언문

우리의 비전은 조직 전역에 보다 나은 실무 관행, 혁신과 지속적인 개선을 지원하는 가치 부가 어슈어런스 및 컨설팅 서비스를 제공하는 전문적이고 적절한 내부 감사 기능이 되는 것이다.

내부 감사의 가치 명제

가치 결정

내부 감사 기능이 고품질의 산출물과 결과를 전달하려면 의무적인 요구사항 준수를 넘어서는 목적을 위해 존재해야 한다. 내부 감사 기능은 가치를 전달하는 존중받는 비즈니스 파트너로 여겨져야 한다. 내부 감사는 "손쉽게 관리할 수 있는 사항들"보다는 조직 목표 달성에 대한 주요 리스크들에 초점을 맞추어야 한다. 내부 감사 기능이 가치를 전달하려면 조직에 가치 있는 것들을 반영해야 한다.

가치에 대한 정의는 조직에 따라, 그리고 심지어 조직 안에서도 다를 것이다. 이러한 차이는 다양한 문화, 비즈니스 부문, 또는 지리적 위치를 포함하고 있는 조직들에게서 특히 두드러진다. 내부 감사 기능은 조직이 변함에 따라 자신의 역할도 바뀔 필요가 있음을 염두에 두면서, 조직에서 추구되는 가치를 가장 잘 충족시킬 수 있는 접근법을 채택해야 한다.

압돌모함마디(Abdolmohammadi)와 그의 동료들(2013)은 최고 감사 책임자와 상위 경영진 사이에 기대의 간극(gap)이 있을 수 있음을 인식한다. 그들은 목표를 공유해서 내부 감사가 어떤 가치를 제공할 수 있는지에 대해 서로 이해할 필요가 있다고 주장한다. 압돌모함마디와 그의 동료들은 비즈니스에 대한 지식을 보다 더 공유해서 내부 감사 기능이 비즈니스를 대표할 수 있도록 할 필요가 있다고 주장한다. 내부 감사 기능과 비즈니스 부문 사이에 상호 존중과 고품질의 소통이 있어야 한다.

내부 감사 기능이 채택한 역할도 다를 수 있다. 내부 감사 기능은 조직의 일부 영역에 대해서는 특정한 접근법을 취하고, 다른 영역에 대해서는 다른 접근법을 취할 수도 있다. 내부 감사가 담당할 수 있는 일련의 역할들이 그림 6.2에 예시되어 있다.

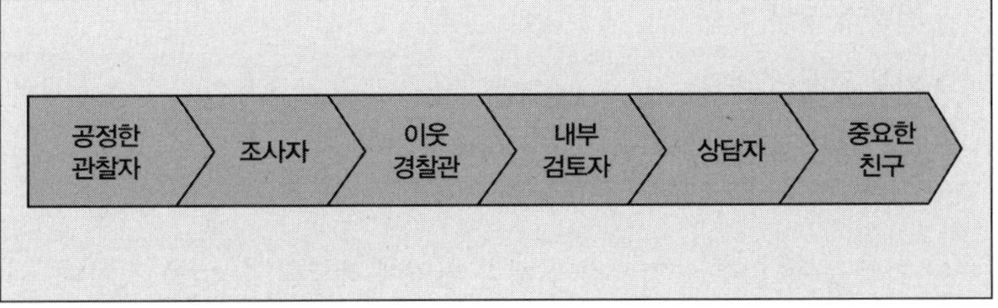

그림 6.2 내부 감사 역할 연속체

내부 감사의 역할을 공정한 관찰자로 보는 기관들이 있는가 하면, 내부 감사를 "중요한 친구"로 보아 내부 감사인들로부터 다른 가치를 추구하는 조직들도 있다. 내부 감사 기능에 대한 조직의 기대가 무엇인지 결정할 책임은 최고 감사 책임자에게 있다.

이웃 경찰관

싱가폴 소재의 스프링(SPRING) 최고 감사 책임자 고 동(Goh Thong)은 내부 감사인을 "친절한 이웃 경찰관"으로 묘사한다. 그는 그들의 역할은 점검하고, 문이 잠겨 있지 않을 때에는 경고해 주며, 어떻게 안전해질 수 있는지 조언해 주는 것이라고 믿는다.

이해관계자들의 기대는 또한 특정 내부 감사 작업을 뛰어넘어 다른 요건들도 포함할 수 있다. 이해관계자들은 내부 감사인들을 다음과 같이 볼 수도 있다.

- "통제 챔피언"
- 사베인-옥슬리법 조정자
- 비즈니스 연속성 조정자
- 리스크 관리 촉진자 또는 어슈어런스 제공자
- 감독 규정 준수 어슈어런스 제공자

- 전략적 상담자
- 외부 감사 조정자
- 리스크와 통제 트레이너

이 활동들 중 일부는 경영진의 책임 영역에 해당할 수 있을 것이다. 최고 감사 책임자들은 이들 중 어떤 기대들을 충족시킬 수 있는지, 그리고 경영진의 기대를 전문가적 독립성 의무와 조화시킬 필요가 있는지 결정해야 한다.

사람들에게 그들의 필요 보여주기

캐나다의 컨설팅 내부 감사인인 아치 토머스(Archie R. Thomas)는 "품질은 당신의 고객과 이해관계자들이 원하는 바이다. 그러나 거기에는 양면성이 있다. 내부 감사에게는 고객들에게 그들이 무엇을 필요로 하는지 (또는 무엇을 원해야 하는지) 교육시킬 기회와 책임이 있다."고 제안한다. "조직이 내부 감사로부터 무엇을 필요로 하는지에 대해 교육시킬 때, 가장 간단하고 직접적인 방법은 전략에 연계시키는 것이다. 내부 감사는 조직 전체에 걸친 전략 실행 및 관련 리스크들을 평가해야 한다. 내부 감사에서의 가치는 내부 감사의 전략 및 조직의 전략과 밀접하게 연결되어 있다."

역사적으로 내부 감사 직무는 주로 개별적인 통제들에 중점을 두었었다. 내부 감사에 대한 기대의 변화는 이제 내부 감사 기능이 통제들이 어떻게 협력하여 조직의 목표를 달성하도록 하는가에 보다 더 중점을 두도록 요구한다. 이 새로운 관점은 조직에 보다 더 큰 가치를 제공한다.

IIA 기준들, 그리고 특히 기준 2000은 조직에 가치를 부가하는 일의 중요성을 인식한다.

기준 2000 — 내부 감사 기능 관리

최고 감사 책임자는 내부 감사 부서가 조직에 가치를 부가하도록 내부 감사 부서를 효과적으로 관리해야 한다.

호주 국가 예산 감시국(National Audit Office) 공공 부문 내부 감사: 보다 나은 관행 가이드(2012)에서 가치를 부가하는 내부 감사 기능의 여러 특징들을 밝혔다. 이 특징들은 예 6.2에 열거되어 있다.

예 6.2 호주 국가 예산 감시국이 밝힌 보다 나은 내부 감사 기능 실무 관행의 특징

내부 감사 기능의 보다 나은 실무 관행은 다음과 같다.

- 최고경영자, 이사회(해당 사항이 있는 경우), 감사위원회, 그리고 고위 경영진 등 핵심 이해관계자들의 신뢰와 가시적인 지원을 받는다.
- 운영상으로 독립적이다. 즉, 내부 감사가 감사 대상 활동들로부터 독립적이다.
- 내부 감사의 역할과 책임 그리고 조직의 보다 넓은 어슈어런스 제도에 대한 기여를 명확히 밝히는, 잘 개발된 전략을 보유하고 있다.
- 충분한 재무 자원, 내부 감사에 대한 기대를 성취하는 데 필요한 기술, 경험, 개인적 특성을 지닌 직원과 계약자들을 보유하고 있다.

운영상으로는 내부 감사 기능이 다음과 같은 특성을 보인다.

- 비즈니스에 초점을 맞추며, 포괄적이고 균형이 잡혀 있으며, 조직의 리스크와 정렬을 이룬 감사 계획을 가지고 있다.
- 모든 감사를 특정 전문 직무 기준에 따라 수행한다.
- 수행된 내부 감사 작업에 근거해서 조직의 내부 통제 시스템의 효과성에 대한 연례 평가를 제공한다.
- 감사위원회와 조직의 경영진에게 내부 감사 작업의 결과 파악한 패턴,

추세 또는 체계적인 이슈들을 알려준다.

- 내부 감사 작업과 외부 감사로부터 배운 교훈을 조직의 관련 분야에 배포하여 조직의 학습에 기여한다.
- 합의된 내부 감사와 외부 감사 진척 상황과 기타 관련 보고서 권고 사항에 대해 감사위원회에 정규적으로 보고한다.
- 적절할 경우 외부 감사와 조직 경영진 사이의 소통을 촉진한다.

보편적 품질 이슈

많은 내부 감사 기능들이 연간 감사 계획 수립 프로세스에서 조직의 전략적 목표를 적절히 고려하지 않는다. 이로 인해 내부 감사 기능이 보다 가치 있는 감사 작업의 희생 하에 운영상의 효과성과 컴플라이언스 이슈들에 초점을 맞추게 될 수 있다.

감사위원회에 가치를 제공하기

감사위원회는 내부 감사의 주요 이해관계자이다. 따라서 최고 감사 책임자들은 감사위원회의 필요와 기대를 충분히 이해해야 한다.

감사 실무 관행의 ABC
— 감사위원회가 진정 필요로 하는 것을 전달하기

브루스 터너(Bruce Turner)는 운수 회사, 에너지 회사들과 공공 부문의 정부 부서들에서의 경험을 포함하여 30년이 넘는 내부 감사 경험이 있다. 그는 2012년에 호주 국세청의 최고 내부 감사인으로 은퇴했으며, 현재는 여러 감사위원회에서 독립적인 위원장 직무를 수행하고 있다.

최고 감사 책임자가 감사위원회에 가치를 부가할 수 있는 기회가 많이 있다고 믿고 있는 터너는 이렇게 말한다. "이는 ABC처럼 아주 간단하다. 즉, 조화되고(attuned), 균형을 유지하고(balanced), 신뢰할 만하게(credible) 되는 것이다."

조화

터너는 "내부 감사인들은 비즈니스에서 실제로 진행되고 있는 사항들과 조화를 이루도록 기대된다."고 말한다. "내부 감사인들의 역할은 계속 확대될 것이다. 그들은 이미 어떤 이들은 전통적인 영역을 벗어나는 활동이라고 생각하는 활동들에 관여하고 있어야 한다."

보다 더 조화를 이루기 위한 터너의 톱 10 팁들은 다음과 같다.

① 비즈니스 안으로 들어가 실제로 무슨 일이 일어나고 있는지 보라.
② 조직이 그 안에서 운영하고 있는 환경을 이해하라.
③ 조직의 전략적 방향과 출현하고 있는 리스크들을 알라.
④ 감사위원회와 건설적이고 신뢰하는 파트너 관계를 확립하라.
⑤ 정규적인 토의를 통해 감사위원회의 기대에 뒤지지 않게 하라.
⑥ 체계적인 이해관계자 관계 프로그램을 수립하라.
⑦ 리스크에 기반하고 전략적으로 초점을 맞춘 전향적인 감사 작업 프로그램을 개발하라.
⑧ 향후 추세와 체계적인 이슈들에 대한 보고를 촉진하기 위해 작업 프로그램 내에 상위 수준의 감사 주제들을 확립하라.
⑨ 조직이 독립적인 조사를 가치 있게 여기도록 도와주라. 즉, 주요 프로젝트들의 초기 단계에 내부 감사인들이 검토하게 하라.
⑩ 내부 감사인들이 무엇을, 언제, 어떻게 수행하든 항상 탁월함을 추구하라.

균형

터너는 내부 감사인들이 조직의 주요 리스크 영역들을 포함하는 연간 감사 계획 수립에 균형 잡힌 접근법을 개발하라고 권고한다. 터너는 "거의 모든 내부 감사 부서들이 계획을 가지고 있기는 하지만, 요즘에는 전략적 초점을 날카롭게 할 필요가 있다."고 제안한다. "성과 및 전략적 영역을 커버하면서도 전통적인 컴플라이언스 영역도 충분히 커버하도록 이를 혼합하는 접근법이 바람직하다."

균형 잡힌 내부 감사 접근법을 위한 터너의 톱 10 팁들은 다음과 같다.

① 감사위원회가 다음 사항들에 의해 조직의 건강에 접근하게 하라.
- 정보에 독립적으로 접근함
- 조직의 리스크에 관한 경영진의 관점에 대한 의존을 줄임

② 전통적인 재무 감사 커버리지 영역과 효율성, 효과성, 윤리 요소들을 혼합하고, 심층 분석과 표본 검사를 반영하여 작업 프로그램서 균형 잡힌 커버리지를 달성한다.

③ 내부 감사를 조언과 컨설팅 서비스 제공자로 자리 잡게 하라.

④ 종합적인 연례 보고서에서 내부 감사의 기여를 예시하라.

⑤ 진정으로 중요한 사안들에 대해 다음과 같은 간결한 보고서를 전달하라.
- 중요한 비즈니스 동인들과 정렬을 이루도록 표시된다.
- 짧고, 예리하고, 간결하다.

⑥ 상위 차원, 주제 기반 보고서를 통해 보고를 향상시키라.

⑦ 현상을 있는 그대로 말하는 균형 잡힌 보고서를 작성하라.

⑧ 미결 중인 감사 권고 사항들에 대해 모니터하고 효과적으로 보고하라.

⑨ 전통적인 커버리지 범위를 넘어설 수도 있는 활동들에 대한 관여를 넓히라.
- 비즈니스 연속성, 리스크 관리, 그리고 컴플라이언스와 같은 영역에서 비즈니스 리더들이 적절한 수준으로 성숙해질 때까지 이 영역에서 그들과 협력하라.

⑩ 감사 권고 사항의 현황에 대해 효과적인 모니터링과 보고를 수행하라.

신뢰

터너는 고성과 감사 위원회에서는 전문적인 탁월성에 미치지 못하는 것은 어느 것도 수용되지 않아야 한다고 도전한다. 그는 최고 감사 책임자들에

게 내부 감사 기능에 부과된 요구를 충족시키기 위한 기술과 역량을 지닌 균형 잡힌 팀을 만들라고 권고한다. 그는 다양한 배경과 업계의 경험을 갖춘 사람들이 내부 감사인이 되는 것이 중요하다고 생각한다.

신뢰할 수 있는 내부 감사 기능을 만들기 위한 터너의 톱 10 팁들은 다음과 같다.

① 내부 감사 규정을 검토하여 내부감사규정이 계속적으로 적절하고, 보다 나은 관행 모델들과 일치하며, 감사위원회 규정을 보완하도록 하라.
② 이해관계자 소통 전략을 유지하여 이해관계자들을 일관성 있게 다루도록 하라.
③ 직원 모집과 유지 전략을 수립하여 전문가 문화를 지닌 균형 있는 팀을 육성하고 직무 능력 개발 계획 전략으로 이를 보완하라.
④ 모든 보고 관계에서 정직성과 공정성을 유지하라.
⑤ 전문 감사 기준을 준수하라. 매년 전반적인 품질 어슈어런스 선언문을 발표하라.
⑥ 정기적으로 감사위원회에 감사 역량, 경험, 평균 근무 연수, 자격과 전문 자격증에 관한 벤치마킹을 제공하라.
⑦ 효과적인 기능적, 관리상 보고 라인을 유지하라.
⑧ 조직의 연례 보고서 발간 시 내부 감사에 관한 내용이 포함되게 하라.
⑨ 내부 감사에 대한 경영진의 인식에 있어서 긍정적인 추세를 유지하도록 노력하라. 그들이 내부 감사가 가치를 부가하고 권고 사항이 유용하다고 느끼게 하라.
⑩ 조직 상황에 맞는 균형 스코어카드 보고 접근법을 개발하라.

지도적 가치

IIA의 윤리 강령은 내부 감사인들이 올곧음(integrity), 객관성, 비밀 유지와 역량 원칙을 적용하고 이를 지지하도록 요구한다. 이 각각의 원칙들은 내부 감사 기능의 문화와 가치 안으로 내면화되어야 한다.

강하고 공유된 문화를 지니고 있는 내부 감사 기능들은 종종 그렇지 않은 내부 감사 부서들보다 성과가 높음을 보여준다. 아다멕(Adamec)과 동료들(2009)은 신뢰, 감성 지능, 성과에 대한 초점, 용기, 지원 그리고 학습 공유가 핵심적인 문화적 기둥들이라고 적시(摘示)한다. 그들의 연구는 강하고 긍정적인 문화를 공유함으로써, 내부 감사 기능은 부정적인 고객의 가치에 덜 순응할 가능성이 있음을 인식한다.

내부 감사 기능은 직원들 사이에 일련의 문화적 특성 또는 가치들을 적극적으로 지지하고 장려함으로써 IIA의 윤리 강령에 들어 있는 원칙들을 내면화할 수 있다. 이에 대한 예가 표 6.1에 나와 있다.

표 6.1 윤리 강령과 가치의 정렬

올곧음	객관성	비밀 유지	역량
정직성	편견이 없음	신중함	전문성
근면	열린 마음	프라이버시	기술
책임	투명성	분별	경험
윤리	용기	협력	영민함
신뢰	건설적 비판	주의	지속적인 개선
존중	일관성	공감	학습 공유
솔직성	중립성	성숙	헌신(commitment)
청렴결백	공정성	철저함	결과에 초점을 맞춤

일련의 공유 가치를 내면화하려면 최고 감사 책임자의 적극적인 지원과 내부 감사 직원들의 헌신을 필요로 한다. 긍정적이고 지원적인 문화 조성은 시간과 노력을 필요로 한다.

가치 선언문

내부 감사 기능 전체에 걸쳐 공유되는 가치를 강조하기 위해 내부 감사 규정 또는 전략적 계획에 가치 선언문(values statement)을 포함시키라.

예 6.3. 디킨(Deakin) 대학교의 내부 감사 가치

내부 감사 가치

- 탁월성 추구에 진력(盡力)한다(항상 기대를 충족하거나 이를 능가한다).
- 상호 존중과 신뢰의 토대 위에 이해관계자들과 전문적이고 협력적인 관계를 유지한다.
- 내부 감사 부서의 적극적이고 긍정적인 일원이 되고, 내부 감사 부서를 옹호한다.
- 지속적인 개선과 직무 능력 개발에 진력한다.
- 모든 행동에 있어서, 특히 윤리 및 올곧음과 관련된 사안에 있어서 솔선수범한다.
- 모든 행동에 있어서 정직하고, 책임감 있고, 투명하게 처신한다.
- 환경적으로 책임 있게 행동한다.

또 다른 가치 선언문의 예를 예 6.4에 제시한다.

예 6.4 가치 선언문 샘플

우리의 가치는 다음과 같다.

- 고객에 초점을 맞추고, 조직이 전략적 목표 달성을 지원하기 위해 가치를 부가하는 어슈어런스 및 컨설팅 서비스를 제공한다. 우리는 고객 존중, 고객의 요청 경청, 고객의 기대 이해, 그리고 효율적이고 효과적인 산출물과 서비스 전달을 신봉한다.
- 조직과 감사위원회에 의해 필수적인 서비스로 여겨진다.
- 어려운 질문을 묻고 주의를 요하는 사안을 제기하는 올곧음과 객관성을 지니면서도 민감하고 비밀스러운 사안들을 믿고 상의할 수 있는 중요한 친구로 여겨진다.
- 혁신, 다양성, 그리고 개인적인 탁월함을 장려하고, 직원의 직무 능력 개발에 필요한 전문적인 기회와 근무 환경을 제공하는 지원 팀으로 운영한다.

• 우리의 시스템과 프로세스의 지속적인 개선에 진력하고 출현하고 있는 리스크 영역에 있어서 최전선에 선다.

최고 감사 책임자들은 (내부 감사 팸플릿 등과 같은) 마케팅 자료나 내부 감사 인트라넷 사이트를 통해 내부 감사 기능의 공유된 가치를 강화하는 방안을 고려해야 한다. 이는 투명성을 제공하고 내부 감사의 전문성을 증진한다. 내부 감사의 마케팅 기회에 대해서는 16장에서 보다 자세하게 논의한다.

가치를 전달하기 위한 계획 수립

효과적인 계획 수립은 내부 감사 기능의 좋은 거버넌스에 필수적이다. 계획 수립은 개별 감사 작업에 그치지 않고 리스크 관리 계획 수립, 역량 계획 수립, 비즈니스 연속성 계획 수립 등과 같이 양질의 내부 감사 기능 개발과 유지에 필수적인 다른 요소들도 포함하여야 한다.

양해각서/외주 계약서

최고 감사 책임자, 최고경영자, 감사위원회 위원장, 그리고 기타 고위 경영진은 각자 내부 감사에 관한 자신의 역할과 책임을 정하는 양해 각서 또는 외주 계약서에 서명할 수 있다. 예를 들어, 이 각서/계약서는 다음 사항들을 포함할 수 있다.

• 감사 착수 전 내부 감사인에 의한 최소 통지 기간
• 내부 감사인들이 최초의 접촉점으로 사용할 수 있도록 비즈니스 부문에 내부 감사 연락 담당 책임자 할당
• 정보 요청에 대해 비즈니스 부문이 응답할 최대 기간
• 현장 작업 완료 후 보고서 초안 작성 시까지 최대 경과 기간
• 보고서 초안에 대한 경영진의 최대 응답 기간

슈워츠(Schwartz)(2013)는 최고 감사 책임자가 전략적 정렬을 이루고, 적정성을 향상시키며, 보다 성숙한 리스크 관리 환경을 조성하기 위해 취할 수 있는 4가지 조치를 다음과 같이 적시한다.

① 조직의 전략을 활용하라.
② 잘 정렬된 내부 감사 전략을 개발하라.
③ 감사 라이프 사이클 전체를 통해 중요한 성공 요인(enabler)을 채택하라.
④ 내부 감사 조직을 비즈니스처럼 운영하라.

내부 감사 기능과 관련된 리스크 평가

내부 감사 기능은 아래의 사항을 포함하여 조직의 리스크 관리 지원에 있어서 핵심적인 역할을 수행한다.

- 조직의 리스크 관리의 효과성에 대한 어슈어런스를 제공함
- 감사 계획 수립을 조직의 목표에 정렬시키고, 이 목표들에 영향을 줄 수도 있는 리스크들을 적절히 고려함
- 개별 감사 작업 계획 수립의 일환으로 리스크 평가를 수행함

이외에도 내부 감사인들은 전략적 계획 실행과 관련된 리스크도 고려해야 한다.

내부 감사 리스크 평가

내부 감사의 조직의 리스크 관리 평가와 리스크 관리에 대한 기여 책임은 보편적으로 인정되고 있다. 그러나 많은 내부 감사 기능들은 자신의 활동과 관련된 리스크들에 대해 조직의 다른 영역의 리스크에 대해 기울이는 것과 동일한 수준의 주의를 기울여 다루지 않는다.

다른 비즈니스 부문과 마찬가지로 내부 감사 기능은 내부 감사 서비스 수행과 관련된 리스크를 파악, 평가하고 적절히 경감해야 한다. 이들 리스크에는 개별 감사 작업과 관련된 리스크뿐만 아니라, 전반적인 내부 감사 기능 관리와 관련된 리스크도 포함해야 한다.

내부 감사 기능 관리와 관련된 전형적인 리스크들이 표 6.2에 적시되어 있다.

표 6.2 내부 감사 기능과 관련된 리스크

리스크 영역/리스크 원천	결과
전략적 우선순위 변화	내부 감사 기능이 조직의 핵심 이슈들에 초점을 맞추지 못함.
경영진의 기대 변화	내부 감사 기능이 이해관계인의 기대를 충족하지 못함.
감독 환경 변화	내부 감사 기능이 감독 요건을 준수하지 못하거나 조직이 새로운 요건을 준수하는지 적절히 평가하지 못함.
리더십의 지원 부적정/"상부에서의 기조"	내부 감사 기능이 효과적으로 지원되지 않으며, 그 영향이 감소됨.
보고 라인 부적절	내부 감사 기능이 독립적인 것으로 여겨지지 않으며, 내부 감사의 역할이 제한됨.
내부 감사에 대한 인식 결여	내부 감사 기능이 전략적 파트너로 여겨지지 않으며 경영진을 지원하도록 요구되지 아니함.
지방과 격지 지역에 대한 커버리지 부적정	내부 감사 기능이 주요 전략적 우선순위와 관련 리스크를 다루지 않을 수 있음.
채용, 유지 프로세스가 부적정하거나 부적절함	내부 감사 기능이 역량과 경험을 갖춘 전문가를 채용, 유지하지 못하여 가치를 부가하는 감사 작업을 수행할 능력이 줄어듦.
근무 제도/유연성 부적정	내부 감사 기능이 역량과 경험을 갖춘 전문가를 채용, 유지하지 못하여 가치를 부가하는 감사 작업을 수행할 능력이 줄어듦.
근무 환경 불안전	내부 감사인의 건강 또는 복지가 영향을 받음.
자원 부적정	내부 감사 기능이 감사 계획을 완수할 수 없으며, 조직에 대한 내부 감사의 가치가 감소됨.
계약자 관리 부적정	감사 품질 손상 또는 내부 감사 평판 손상.
감사 자원 구매 부적정/ 또는 계약 관리 부적정	사기, 정실(情實), 평판 손상 또는 내부 감사의 감사 품질 손상.
지식 관리 부적정	핵심 회사 지식 손실, 조직에 대한 가치 감소.
정보기술 사용 부적정 또는 부적절	감사 작업 수행 시 효율성 또는 효과성 상실, 조직에 대한 가치 감소.

감사 작업 리스크 평가

내부 감사인들은 내부 감사 기능 전체에 대한 리스크 평가 외에, 대규모 개별 감사 작업에 대한 리스크 평가도 수행해야 한다. 이러한 감사 작업 리스크 평가는 감사가 조직에 가치를 부가하리라는 데에 대한 추가적인 어슈어런스를 제공한다.

자원 계획 수립

무엇이 가치를 부가하는지를 아는 것이 효과적인 내부 감사 기능의 토대이다. 그러나 이 가치를 전달하기 위해서는 올바른 직원과 자원이 필수적이다.

내부 감사 구조

내부 감사 기능은 집중될 수도 있고(대개 직원들이 본사에 배치된다), 분산될 수도 있으며(직원들이 조직의 여러 영역에 배치된다), 혼합 모델을 이용할 수도 있다(집중화와 분산화 요소들의 결합). 이 모델들 각자의 장단점이 표 6.3에 설명되어 있다.

내부 감사에 사용되는 모델은 조직 전체의 전략적 우선순위와 정렬을 이루어야 하며, 내부 감사 전략 인에 빈영되어야 한다.

역량 계획 수립

역량 계획 수립은 최고 감사 책임자에게 제안된 활동 수행에 요구되는 집합적인 기술과 경험을 결정하고, 이 역량을 모집, 구매 또는 개발할 방법을 파악할 수 있게 해준다. 역량 개발 계획은 전략적 계획 수립 중에 수행될 수도 있지만, 보다 보편적으로는 별도로 수행된다. 역량 계획 수립에 관한 보다 자세한 내용은 9장에서 제공한다.

표 6.3 운영 모델들의 장단점

모델	장점	단점
집중화	고위 경영진에 대한 반응 양호 프로세스의 일관성 최고 감사 책임자에 의한 통제 증가 연수의 일관성	비즈니스로부터의 격리 현장 출장과 관련한 이동 시간 운영 경영진에 대한 반응 감소 지리적으로 분산되어 있는 비즈니스 부문에서 규제 환경에 대한 이해 감소 문화적 격리(언어 또는 문화적 장벽) 직원의 자율성 수준이 낮음
분산화	운영 경영진에 대해 반응을 보임 문화적으로 반응을 보임 규제 환경에 대해 반응을 보임 운영에 대한 지식 출장의 효율성 직원에 대한 권한 부여	프로세스가 일관적이지 않을 수 있음 최고 감사 책임자의 통제 감소 연수의 비효율성 고위 경영진에 대한 반응 감소
혼합	고위 경영진과 운영 경영진에 대해 반응을 보임 문화적으로 반응을 보임 규제 환경에 대해 반응을 보임 운영에 대한 지식 출장의 효율성	프로세스가 일관적이지 않을 수 있음 최고 감사 책임자의 통제 감소 연수의 비효율성

소싱 모델

내부 감사 기능에 대한 자원 배치에는 완전히 자체 내부 감사인들로 자체 수행하는 모델에서부터 완전히 아웃소싱하는 모델까지 다양한 접근법이 있다.

최고 감사 책임자는 전략적 계획 수립 시 내부 감사에 대한 적절한 소싱 모델을 고려해야 한다. 소싱에 대한 의사 결정은 고위 경영진과 감사위원회와 협의하여 내려져야 한다.

버치(Burch)(2011)는 적절한 소싱 모델 선정 시 고려해야 할 사항을 다음과 같이 적시한다.

- 조직의 규모 — 당기 및 추정 매출액과 조직의 인원 수
- 운영의 복잡성 — 비즈니스 부문, 기능, 프로세스, 상품과 서비스 면에서 조직의 다양성

- 특화된 기술 — 감사 수행을 위한 특화된 지식 또는 기술의 필요
- 글로벌 진출 — 조직이 운영하고 있는 국가들과 지역의 규제와 문화적 환경

내부 감사 서비스 아웃소싱에는 장단점이 있다. 피츠패트릭(Fitzpatrick)(2001)은 장점을 다음과 같이 적시한다.

- 자체 직원이 핵심 활동에 보다 더 초점을 맞출 수 있음
- 선도적 실무 관행과 특화된 기술에 대한 접근
- 국제적 커버리지

그러나 브루스(Bruce)는 아웃소싱에는 재무적 측면과 회사의 지식 측면에서 비용이 수반될 수도 있음을 인정한다. 그는 내부 감사와 외부 감사 역할을 제공하는 아웃소싱 서비스 제공자가 객관성에 영향을 줄 수도 있다고 경고한다.

내부 감사 예산

내부 감사 예산은 이상적으로는 연간 감시 계획 수립 후에 세워져야 한다. 이는 예산이 구체적인 감사 작업의 요건을 반영하고, 외부 서비스 제공자와의 공동 수행이 요구될 수도 있음을 고려할 수 있게 해준다. 내부 감사 예산은 12장에서 보다 자세히 논의된다.

비즈니스 연속성 계획 수립

내부 감사 기능은 비즈니스 연속성 계획을 수립할 필요가 있는지 고려해야 한다. 자연재해나 비즈니스에 기타 주요 장애가 발생할 경우 내부 감사는 무엇을 할 것인가? 비즈니스 연속성 계획은 불리한 사건이 내부 감사 기능에 미치는 영향을 줄일 수 있는 예방적, 대응적 프로세스를 파악해야 한다.

일부 조직들에서는 비즈니스 연속성 계획이 회사 차원에서 수행되고, 내부 감사 기능은 조직의 다른 부분과 함께 고려될 것이다. 그러나 회사 차원에서 비즈니스 연속성 계획이 수립되지 않을 경우, 이는 별개의 작업으로 고려되어야 한다.

QAIP 힌트

전략 요소들은 균형 성과카드 또는 내부 감사 성숙 모델 안에 반영될 수 있다.

성숙 모델

전략은 성숙 모델 내에서의 핵심적인 프로세스 중 하나로 포함될 수 있다. 내부 감사 전략의 존재는 5단계 성숙 모델의 3단계 및 4단계 달성의 요건 중 하나일 수 있다.

균형 스코어카드/KPI

내부 감사 기능은 다음과 같은 내부 감사 전략에 관한 성과 지표를 개발할 수 있다.

- 내부 감사 전략 연례 검토
- 감사위원회의 전략 재가
- 감사위원회의 내부 감사 가치 재가
- 전략에 대한 경영진의 만족 수준(목표 포함)
- 전략에 대한 감사위원회의 만족 수준(목표 포함)
- 내부 감사 리스크 평가가 매년 수행됨
- 역량 및 자원 계획 수립이 매년 수행됨
- 비즈니스 연속성 계획 수립이 매년 수행됨

내부 감사 기능의 전략과 계획 수립 프로세스에 관한 질문

표 6.4는 내부 감사 기능의 전략과 계획 수립 프로세스의 품질 평가에

관한 일련의 질문들을 제공한다. 이 질문들은 공식적으로 품질 어슈어런스 및 개선 프로그램 안에 반영될 수도 있고, 보다 덜 공식적으로 상시 평가 활동 안에 반영될 수도 있다. 질문들은 최고 감사 책임자, 내부 감사인, 또는 감사 이해관계자들에게 다양하게 물어볼 수 있다.

표 6.4 품질 평가 질문

질문	품질의 증거
내부 감사 기능이 공식적인 전략 또는 전략적 계획을 수립하였는가?	내부 감사 전략 전략적 계획
내부 감사 전략이 조직의 전략적 리스크 및 우선순위와 정렬을 이루는가?	감사 계획과 핵심적인 조직의 사업(initiative) 들과의 연결 고위 경영진과 감사위원회 인터뷰
내부 감사 기능에 서면 비전이 있는가?	서면 비전 선언문
이 비전이 모든 내부 감사 직원에게 공유 및 이해되고 있는가?	직원 인터뷰
고위 경영진과 감사위원회 비전 선언문에 대해 상의되었으며, 이에 대해 지원하는가?	고위 경영진과 감사위원회 인터뷰
이 비전은 조직의 전략적 목표를 충족하는가?	비전과 전략적 목표의 연결, 고위 경영진과 감사위원회 인터뷰
내부 감사 기능이 어떻게 사후 대응적 검토자라기보다는 가치와 혁신의 선제적 동인이 될 수 있는지에 대해 고려했는가?	고위 경영진과 감사위원회 인터뷰 감사 계획에 가치 부가 감사 내용 포함
최고 감사 책임자가 조직이 내부 감사 기능으로부터 어떤 가치를 발견하는지 명확하게 진술할 수 있는가?	최고 감사 책임자 인터뷰 고위 경영진과 감사위원회 인터뷰
최고 감사 책임자가 조직의 성공을 극대화하고 감사 품질에 대한 조직의 기대를 충족시키기 위해 내부 감사 기능이 어느 부분에 중점을 두어야 하는지 명확하게 진술할 수 있는가?	최고 감사 책임자 인터뷰 고위 경영진과 감사위원회 인터뷰
최고 감사 책임자가 이해관계자들이 내부 감사 기능의 가치에 대해 어떻게 생각하는지와 관련하여 고위 경영진과 적극적으로 논의하는가?	최고 감사 책임자 인터뷰 인터뷰 및 대화 기록
내부 감사 기능은 조직에 가치를 부가하는가?	고위 경영진과 감사위원회 인터뷰 감사 범위, 전략적 목표와 우선순위와의 정렬
내부 감사 기능이 변화하는 비즈니스 우선순위에 적응할 수 있는 역량 수준은 어떠한가?	직원의 역량과 자원 평가
이해관계자들은 내부 감사 기능을 신뢰하고, 이들을 존중하는가?	고위 경영진과 감사위원회 인터뷰
내부 감사 기능은 어렵거나 민감한 영역에 대한 검토 및 분석과 벅찬 고객들을 다룸에 있어서 용기를 보여 주는가?	고위 경영진과 감사위원회 인터뷰

질문	품질의 증거
내부 감사 기능의 건설적 비판이 환영받는가?	고위 경영진과 감사위원회 인터뷰 감사 종료 후의 서베이
내부 감사 기능이 민감한 이슈를 따로 다루는가?	고위 경영진과 감사위원회 인터뷰 감사 종료 후의 서베이
내부 감사 기능이 감사위원회와 고위 경영진의 신뢰를 받는가?	고위 경영진과 감사위원회 인터뷰
내부 감사 기능은 (최소 연 1회) 내부 감사 기능의 리스크에 대해 평가하는가?	(과거 12개월 이내에 작성되었거나 업데이트된) 내부 감사 리스크 평가 또는 리스크 관리 계획
내부 감사 기능이 역량과 자원 계획을 수립했는가?	(과거 12개월 이내에 작성되었거나 업데이트된) 역량과 자원 계획
최고 감사 책임자가 자원 충원 모델을 고위 경영진과 감사위원회와 논의했는가?	인터뷰/대화 기록
내부 감사 기능이 자신의 활동에 대해 비즈니스 연속성 계획을 수립했는가?	(과거 12개월 이내에 작성되었거나 업데이트된) 비즈니스 연속성 계획

결론

효과적인 전략 계획 수립 수행은 내부 감사 기능의 성공에 도움이 된다. 전략 계획 수립은 최고 감사 책임자가 고위 경영진과 감사위원회의 기대를 이해하도록 도움을 준다. 또한 전략 계획 수립은 이들 이해관계자들이 무엇을 내부 감사기능의 가치로 여기는지 명확히 밝히고 내부 감사인들이 조직에서 수행할 역할의 유형을 정의하는 과정에 관여할 수 있는 기회를 제공한다.

최고 감사 책임자는 전략 계획 수립 프로세스에서 고위 경영진, 감사위원회와 협력하여 내부 감사 기능의 비전과 내부 감사 기능이 채택할 지도적 가치를 명확히 할 수 있다.

전략 계획 수립 프로세스는 역량과 자원계획 수립뿐 아니라 내부 감사 리스크 평가도 포함해야 한다. 최고 감사 책임자들은 개별 감사 작업 리스크들뿐만 아니라 내부 감사 기능 관리와 관련된 리스크들도 고려해야 한다.

전략 계획 수립에 시간을 할애하면 내부 감사 기능이 이해관계자들의 기대를 충족할 잠재력이 극대화된다.

참고 문헌

- Abdolmohammadi, M. J., S. Ramamoorti, and G. Sarens. (2013). CAE Strategic Relationship — Building Rapport with the Executive Suite. Altamonte Springs, FL: The Institute of Internal Auditors Research Foundation.
- Adamec, B., L. M. Leincke, and J. A. Ostresky. (2009). Six cultural pillars of successful audit departments. Internal Auditor. http://www.theiia.org/intauditor.
- Australian National Audit Office. (2012). Public Sector Internal Audit: An Investment in Assurance and Business Improvement — Better Practice Guide, September 2012. Commonwealth of Australia.
- Baket, N. (2011). A stronger partnership. Internal Auditor. http://www.theiia.org/intauditor.
  . (2010). Know your business. Internal Auditor. http://www.theiia.org/intauditor. ,
- Boritz, J. E. (1983). Planning for the Internal Audit Function. Altamonte Springs, FL: The Institute of Internal Auditors Research Foundation.
- Burch, S. (2011). Building an internal audit function. Internal Auditor. http://www.theiia.org/intauditor.
- Cathcart, R., and G. Kapor. (2010). An internal audit upgrade. Internal Auditor. http://www.theiia.org/intauditor.
- Chambers, A. D., G. M. Selim, and G. Vinten. (1994). Internal Auditing, 2판, London: Pitman Publishing.
- Chen, Jiin-Feng, and Wan-Ying Lin. (2011). Measuring Internal Auditing's Value — CBOK Report III. Altamonte Springs, FL: The Institute of Internal Auditors Research Foundation.
- Fitzpatrick, G. (2001). Outsourcing internal audit: Good mix or all mixed up? Accountancy Ireland 33(4):12-14쪽.
- Galloway. D. (2010). Internal Auditing: A Guide for the New Auditor. Altamonte Springs, FL: The Institute of Internal Auditors Research Foundation.
- Heeschen, P. E., and L. B. Sawyer. (1984) Internal Auditor's Handbook. Altamonte Springs, FL: The Institute of Internal Auditors.
- HM Treasury. (2010, July). Good Practice Guide: Audit Strategy. www.hmtreasury.gov.uk에서 구할 수 있음.
- Holt, J. E. (2012). A high-performing audit function. Internal Auditor. http://www.theiia.org/intauditor.
- The Institute of Internal Auditors. (2012). Practice Guide: Developing the Internal Audit Strategic Plan. Altamonte Springs, FL: The Institute of Internal Auditors.
- The Institute of Internal Auditors. (2013). International Professional Practices Framework. Altamonte Springs, FL: The Institute of Internal Auditors.
- Loebbecke, J. K. (1996). Internal Auditing: Principles and Techniques. Altamonte Springs, FL: The Institute of Internal Auditors.
- Martin, A. G. (2013) A refocused internal audit function adds value through the organization. Internal Auditor 28(1): 25-34쪽.
- Reding, K. F., P. J. Sobel, U. L. Anderson, M. J. Head, S. Ramamoori, M. Salamasick, and C. Riddle. (2009). Internal Auditing: Assurance and Consulting Services. Altamonte Springs, FL: The Institute of Internal Auditors Research Foundation.

- Rezaee, Z. (1996). Improving the quality of internal audit functions through total quality management. Managerial Auditing Journal 11(1): 30–34쪽.
- Ridley, J., and A. Chambers. (1998). Leading Edge Internal Auditing. Hertfordshire, England: ICSA Publishing Limited.
- Ridley, J., and K. Stephens. (1996). International Quality Standards: Implications for Internal Auditing. Altamonte Springs, FL: The Institute of Internal Auditors Research Foundation.
- Sawyer, L. B., M. A. Dittenhofer, and J. H. Scheiner. (2005). Sawyers Internal Auditing, 5판. Altamonte Springs, FL: The Institute of Internal Auditors Research Foundation.
- Schwartz, B. M. (2013). Risk Management focus brings opportunities for internal audit. RMA Journal 95(6): 11, 16–21쪽.

Chapter 7
책임 영역과 작업의 성격

책상머리에서 보이는 세상이 전부라고 생각하면 위험하다.

–존 르 카레(John Le Carré)

내부 감사 기능의 외양과 느낌(look and feel)은 조직마다 다르다. 어떤 조직에서는 높은 우선순위를 지니는 분야가 다른 조직에서는 별로 중요하지 않을 수 있다. 마찬가지로 수행되는 작업의 종류도 조직마다 다를 것이다. 궁극적으로 책임 영역과 내부 감사 작업의 성격은 조직의 전략적 우선순위 및 리스크와 연결되어야 한다. 이 동인들을 이해하기 위해서는 최고 감사 책임자가 먼저 조직을 철저히 이해해야 하는 바, 이는 먼저 경영진과 대화하고 운영을 살펴봄으로써 가장 잘 달성될 수 있다.

내부 감사 작업은 일반적으로 어슈어런스와 컨설팅 작업으로 나누어진다. 보다 나은 실무 관행은 내부 감사 기능이 이 두 가지 유형의 감사 작업 모두를 수행하도록 요구하지만, 일부 내부 감사 기능에서는 컨설팅 작업은 수행하지 않고 어슈어런스 작업에 중점을 두는 경향이 있다. 이는 내부 감사가 조직에 제공할 수 있는 잠재적 가치를 감소시킨다.

감사 작업의 유형

IIA는 내부 감사를 "어슈어런스 및 컨설팅 활동"이라고 정의한다. 내부 감사 기능에 대한 책임은 내부 감사 기능과 이 기능이 그 안에서 운영되고 있는 조직의 규모, 성격과 성숙도, 그리고 내부 감사 기능에서 활용할 수 있는 자원에 따라 상당한 차이가 있을 것이다. 그러나 내부 감사에 의해 수행되는 활동들은 일반적으로 어슈어런스나 컨설팅(때로는 자문이라고 불린다) 작업으로 분류될 수 있다.

내부 감사 작업은 다음 사항들을 포함할 수 있다.

- 재무 감사
- 정보 기술(IT) 감사
- 컴플라이언스 감사(급여나 소액 현금과 같은 영역에서는 의무사항일 때도 있음)
- 내부 통제 검토
- 운영/성과/지출 금액 대비 가치 감사
- 환경 감사
- 사기 조사와 포렌식(forensic) 감사
- 사후 관리 감사
- 경영진이 요청한 검토
- 다음과 같은 컨설팅 활동
  - 촉진자의 사회 하에 진행되는 통제 자체 평가
  - 리스크 관리 연수
  - 촉진자의 도움을 받는 리스크 평가
  - 비즈니스 프로세스 검토
  - 개발 중인 시스템에 관한 자문
  - 사기 통제 활동
  - 정책과 절차 평가

내부 감사 작업은 프로그램 기반 또는 기능 기반으로 수행될 수 있다. 감사 작업은 하나의 감사 유형(예컨대, 집중적인 재무 감사)을 활용할 수도 있고, 재무, IT, 컴플라이언스와 같은 여러 유형의 감사를 포함하는 통합 감사 작업으로 수행될 수도 있다.

프로그램 기반 감사

프로그램 기반 감사는 전체적으로 특정 결과에 이르는 일련의 활동들에 초점을 맞춘다. 예컨대 프로그램 기반 감사는 인적 자원 관리와 같은 조직의 프로그램과 같은 활동들, 또는 정부 부문에서는 특정 건강 프로그램 또는 교육 프로그램에 초점을 맞출 수 있다. 프로그램 기반 감사는 기능 감사의 여러 요소들을 포함할 수도 있다.

기능 감사

기능 감사는 특정 활동 또는 프로세스와 관련이 있으며, 일반적으로 해당 활동 또는 프로세스의 전체 라이프 사이클을 평가한다. 예컨대 직원 모집 프로세스에 대해 기능 감사를 수행할 수 있다.

통합 감사

통합 감사는 특정 프로그램 또는 활동에 대한 어슈어런스를 제공하기 위해 다양한 감사 유형과 기법을 통합한다.

QAIP 힌트

내부 감사 기능은 자신이 수행하는 감사 작업의 유형을 내부 감사 성숙 모델 또는 균형 스코어카드 안에 반영할 수 있다.

성숙 모델

수행되는 감사 작업의 유형은 성숙 모델 내에서의 핵심적인 프로세스 중 하나로 포함될 수 있다. 기능 감사는 5단계 성숙 모델의 3단계 달성 요건, 프로그램 기반 감사는 4단계 달성 요건, 그리고 통합 감사는 5단계의 요건 중 하나일 수 있다.

균형 스코어카드/KPI

내부 감사 기능은 기능 감사, 프로그램 기반 감사, 통합 감사에 사용한 시간 비율과 같은 내부 감사 전략에 관한 성과 지표를 개발할 수 있다.

어슈어런스

IIA(2013a)는 어슈어런스 서비스를 "조직의 거버넌스 · 리스크 관리와 통제 프로세스에 대한 독립적인 평가 제공을 목적으로 하는 내부 감사인의 증거에 대한 객관적 조사. 예로는 재무, 성과, 컴플라이언스, 시스템 보안, 정밀실사(due diligence) 감사가 있다."고 정의한다.

내부 감사가 수행할 수 있는 어슈어런스에는 많은 유형이 있는 바, 이에 대해 아래의 섹션들에서 설명한다.

최고 감사 책임자는 조직의 필요와 적절한 이해관계자의 참여에 기반하여 내부 감사 기능이 제공할 어슈어런스 활동의 유형을 문서화해야 한다. 특정 유형의 감사 작업에 착수하기 전에 최고 감사 책임자는 내부 감사 기능이 역량과 경험을 갖춘 내부 감사인들을 적절히 갖춰야 한다.

IIA 기준 1000.A1은 어슈어런스 서비스가 내부 감사 규정에 정의되도록 요구한다.

기준 1000.A1

조직에 제공되는 어슈어런스 서비스의 성격은 내부 감사 규정에 정의되어야 한다. 조직 외부의 당사자에게 어슈어런스 서비스가 제공되려면, 이 어슈어런스의 성격도 내부 감사 규정에 정의되어야 한다.

재무 감사

재무 감사는 재무 정보와 운영 정보의 무결성과 보고 내용의 정확성 등 조직의 재무적 측면을 평가한다. 재무 감사에는 재무 정보의 무결성, 법률 및 감독 규정상의 요건 준수, 그리고 사기적인 재무 보고 방지에 관한 어슈어런스를 제공하는 통제에 대한 조사를 포함할 수도 있다. 흔히 재무 감사는 과거의 사건에 대해 초점을 맞춘다.

재무 감사는 외부의 요건에 의해 견인될 수도 있으며, 이상적으로는 외부 감사와 조정되어야 한다. 외부 감사인이 내부 감사의 재무 감사에 상당 부분을 의존하는 경우도 있다.

정보 기술(IT) 감사

정보 기술 감사는 조직의 IT 시스템과 프로세스 내의 통제를 평가한다. IT 감사는 다음을 포함할 수 있다.

- 신규 또는 기존 IT 및 관련 시스템의 효율성과 효과성
- 개발 중인 시스템을 지원하는 통제의 적정성
- 일반적인 컴퓨터 통제 디자인, 문서화, 시행, 테스팅 및 교정의 적정성
- 애플리케이션 통제 디자인, 문서화, 시행, 테스팅, 교정의 적정성
- 시스템 디자인
- 시행 전후 검토
- 데이터 전환, 인터페이스 및, 데이터베이스 검토

IT 감사는 메인프레임, 클라이언트/서버 테크놀로지, 유닉스(UNIX) 등 조직 내의 모든 운영 시스템을 커버해야 한다. IT 감사는 또한 각각의 애플리케이션 시스템(예컨대, SAP, 뱅킹 시스템)도 커버해야 하며, 자동화된 감사 도구와 데이터 분석 도구들도 사용해야 한다.

보편적인 품질 이슈

IT 감사의 전문가적 성격으로 인해 IT 감사가 연례 감사 계획의 다른 부분들과 별도로 수행될 수도 있으며, 많은 조직들은 IT 통제의 실패 또는 부적정성과 관련된 잠재적 리스크 익스포져를 다른 통제들과 다르게 평가한다. 그러나 다른 형태의 내부 감사들과 마찬가지로 IT 감사도 적정한 리스크 평가에 기반을 두어야 하며, IT 감사는 다른 내부 감사 후보들과 함께 우선순위가 부여되어야 한다.

컴플라이언스 감사

컴플라이언스 감사는 법률, 감독 규정, 내부/외부 정책, 운영 계획, 서면 절차, 그리고 계약 규정과 같은 의무 조항들의 준수 여부를 결정하기 위한 운영 통제를 평가한다. 컴플라이언스 감사의 요소들은 재무 감사 및 IT 감사와 통합될 수 있다.

보편적인 품질 이슈

컴플라이언스 감사는 아직도 일부 전통적인 내부 감사 기능 또는 덜 성숙한 내부 감사 기능의 기본적인 업무를 구성하고 있다. 이는 내부 감사인 또는 감사위원회들이 역사적으로 이러한 유형의 감사가 지배적 유형이었다는 사실에 과도하게 영향을 받았기 때문이거나, 현대 내부 감사의 성격에 대한 이해 부족을 반영할 수도 있다.

이러한 내부 감사 기능들은 감사 작업이 자신의 조직의 리스크 우선순위를 반영하는지에 대한 진정한 고려 없이 컴플라이언스 감사 위주로 운영한다.

운영/성과/지출 금액 대비 가치 감사

운영 감사(공공 부문에서는 성과 감사, 지출 금액 대비 감사, 또는 3E(효율성(efficiency), 효과성(effectiveness),

경제성(economy) 감사로도 알려져 있음)는 비즈니스 목표가 어느 정도로 달성되는지, 또는 상품과 서비스가 효율적, 효과적, 경제적으로 전달되는지를 평가한다.

유럽 회계 감사원(European Court of Auditors)(2008)은 이에 대해 다음과 같이 말한다.

> 성과 감사는 건전한 재무 관리, 즉 이 위원회 또는 감사 대상 기관이 그 책임을 수행함에 있어서 유럽 공동체의 자금을 경제적, 효율적, 효과적으로 사용했는지에 대한 감사이다.

효율성은 일정한 자원 투입에 대해 산출을 극대화하거나, 일정한 수량과 품질의 산출에 대해 투입이 최소화되도록 재무적, 인적, 물리적 자원과 정보 자원을 사용하는 것을 말한다.

예 7.1 정부 성과 감사에서의 효율성 고려

내부 평가 팀이 정부 부서에 기여하는지를 조사하는 성과 감사에서는 정부 부서 프로젝트 평가를 수행하기 위한 감사 서비스 제공자 선정 프로세스가 관련 직원 수준을 최소화하는지 여부가 효율성에 대한 고려의 한 예가 될 수 있을 것이다. 계약자들의 패널을 구성해서 각각의 계약 시마다 시장에 접근해야 할 필요를 줄이는 것이 효율적인 계약 프로세스의 예가 될 것이다.

예 7.2 금융기관 운영 감사에서의 효율성 고려

금융기관에서의 프로젝트 관리와 관련된 성과 감사에서는 프로젝트 마일스톤들이 프로젝트 예산 범위 내에서 완전히 달성되고 있는지 여부가 효율성에 대한 고려사항 중 하나가 될 것이다.

효과성은 목표 또는 (사양에 맞는 상품 또는 서비스 전달과 같은) 활동의 의도한 효과 달성을 일컫는다.

예 7.3 정부 성과 감사의 효과성 고려

내부 평가 팀이 정부 부서에 기여하는지를 조사하는 성과 감사에서는 평가 보고서가 평가 목표를 어느 정도로 다루는지가 효과성에 대한 고려의 한 예가 될 수 있을 것이다.

예 7.4 금융기관 운영 감사의 효과성 고려

금융기관에서의 프로젝트 관리와 관련된 성과 감사에서는 프로젝트의 성공적 시행 정도가 효과성에 대한 고려사항 중 하나가 될 것이다.

경제성은 적절한 시기에 최저의 비용으로 적절한 품질과 양의 재무적, 인적, 물리적 자원과 정보 자원을 획득하는 것을 말한다.

예 7.5 정부 성과 감사의 경제성 고려

내부 평가 팀이 정부 부서에 기여하는지를 조사하는 성과 감사에서는 다른 부서 대비 평가 수행 비용이 경제성에 대한 고려의 한 예가 될 수 있을 것이다.

예 7.6 금융기관 운영 감사의 경제성 고려

금융기관에서의 프로젝트 관리와 관련된 성과 감사에서는 최저 비용으로 적절한 프로젝트 관리 전문가를 구하는 것이 경제성에 대한 고려사항 중 하나가 될 것이다.

모든 운영 감사들이 효율성, 효과성, 경제성을 모두 평가하는 것은 아니다.

보편적인 품질 이슈

일부 내부 감사 기능들은 연간 감사 계획에 운영 감사와 성과 감사를 적절히 반영하지 않는다. 이는 다음과 같은 이유에 기인할 수 있다.

- 운영 감사의 가치 이해 결여
- 직원들의 운영 감사 수행 능력이 적정하지 못함
- 경영진의 운영 감사 지원 결여

유럽 회계 감사원(2008)에 의해 설명된 운영/성과 감사와 재무 감사의 주요 차이들이 표 7.1에 요약되어 있다.

표 7.1 재무 감사와 운영/성과 감사의 차이

측면	운영/성과 감사	재무 감사
목적	공적 자금이 경제적, 효율적, 효과적으로 사용되었는지 평가한다.	재무적 운영이 합법적이고 규칙적으로 집행되었는지, 회계가 신뢰할 수 있는지 평가한다.
초점	정책, 프로그램, 조직, 활동, 경영 시스템	재무 거래, 회계, 핵심 통제 절차
학문적 토대	감사인마다 다름	회계
방법	감사인마다 다름	표준화된 양식
기준	감사인의 판단에 보다 개방적임	개별 감사마다 독특한 기준 적용
	감사인의 판단에 덜 개방적임	모든 감사에 법률 및 규정에 의해 정해진 표준화된 기준 적용

출처: European Court Auditors(2008)

사기 조사와 포렌식 감사

사기적인 활동의 탐지 또는 확인에 있어서 경영진을 지원하기 위한 사기 조사는 내부 감사 기능이나 특수한 사기 조사 팀에 의해 수행될 수 있다. 포렌식 감사는 특수한 감사 분야로서 흔히 법정에 적합한 증거를 수집하기 위해 사기 조사의 일부로서, 또는 사기 조사 이후에 사용된다.

내부 감사인들은 사기의 징후(indicators)를 파악할 수 있어야 하지만 전문적인 사기 조사자나 포렌식 감사인이 되도록 기대되지는 않는다.

3장에서 패터슨(Paterson)(2012)은 감사위원회와 상위 임원들이 내부 감사인들이 사기 발견자라는 비현실적인 기대를 할 수도 있음을 경고했다. 그들은 감사의 범위와 가용 자원이 이를 지원하지 않음에도 불구하고 내부 감사 기능이 모든 감사 작업에서 사기를 발견할 것이라는 비현실적인 기대를 할 수도 있다. 이런 경우에는 최고 감사 책임자가 감사위원회와 고위 경영진과 논의하여 그들의 기대가 현실적이 되게 하고, 가치와 품질에 관해 오해하지 않도록 할 필요가 있다.

사후 관리 감사

최고 감사 책임자는 이전 감사 보고서에서의 주요 발견 사항을 경영진이 어떻게 다루었는지 검토하기 위해 사후 관리 감사를 연간 감사 계획의 일부로 포함시켜야 한다.

경영진이 요청한 검토

경영진이 요청한 검토는 특정 이슈, 운영 또는 프로세스를 평가하기 위해 운영 경영진 또는 고위 경영진에 의해 위임되고, 때로는 자금이 제공된 감사 작업이다.

내부 감사의 경영진이 요청한 검토 관여는 경영진이 내부 감사의 역할을 지지하며 내부 감사의 의견을 가치 있게 여긴다는 신호가 되기 때문에 내부 감사 기능에 유리하게 작용한다. 성숙한 내부 감사 기능은 연간 감사 계획의 일정 부분(10%에서 20%)을 이 유형의 감사 작업에 할애해야 한다. 이렇게 할 때 최고 감사 책임자는 경영진의 각각의 요청에 대해 중요성과 적절성을 평가하고, 계획된 다른 감사에 영향을 주지 않으면서 이 작업을 수행할 수 있게 된다.

가치를 부가하는 어슈어런스

내부 감사 기능에 의해 수행되는 어슈어런스 작업의 유형에 관계없이, 어슈어런스가 개별 통제들의 적정성을 넘어서서 시스템과 프로세스의 전반적인 적정성을 지향할 때 가치가 실현된다.

주제에 따른 감사

뉴질랜드 국세청(New Zealand Inland Revenue) 리스크/어슈어런스 그룹 매니저인 바네사 존슨(Vanessa Johnson)은 내부 감사의 품질과 가치의 핵심 동인 중 하나는 단순한 거래에 대한 감사를 넘어서서 주제별 감사를 수행할 수 있는 능력이라고 믿는다. 그녀는 내부 감사 기능들이 일련의 내부 감사 발견 사항들이 제시될 때 "그것이 무엇을 의미하는가?"라는 질문을 하라고 격려한다.

어슈어런스 결합하기

최고 감사 책임지는 자신의 어슈어런스를 다른 어슈어런스 제공지들의 작업과 결합함으로써 조직에 제공되는 어슈어런스를 극대화할 수 있다. 사렌스(Sarens)와 그 동료들(2012)은 결합한 어슈어런스의 목적을 "조직의 리스크, 통제, 거버넌스 프로세스에 대한 효과적이고 완전한 평가를 제공하기 위함"이라고 본다.

QAIP 힌트

내부 감사 기능은 어슈어런스 활동들을 내부 감사 성숙 모델 또는 균형 성과카드 안에 반영될 수 있다.

성숙 모델

수행된 어슈어런스 활동들은 성숙 모델 내에서의 핵심적인 프로세스일 수 있는 바, 컴플라이언스 감사는 5단계 성숙 모델의 3단계 달성 요건 중 하나이고, 운영/성과 감사는 4단계 달성 요건 중 하나일 수 있다.

균형 스코어카드/KPI

내부 감사 기능은 다음과 같은 사항들을 포함할 수 있다.

- 내부 감사 기능에 의해 완료된 감사 작업의 수(목표 포함)
- 내부 감사 기능에 의해 완료된 어슈어런스 감사 작업의 수(목표 포함)
- 전체 계획 대비 내부 감사 기능에 의해 완료된 어슈어런스 감사 숫자 비율(목표 포함)
- 완료된 컴플라이언스 감사, 운영/성과 감사. IT 감사, 경영진이 요청한 검토, 컨설팅 작업의 수(목표 포함)
- 전체 계획 대비 완료된 컴플라이언스 감사, 운영/성과 감사. IT 감사, 경영진이 요청한 검토, 컨설팅 작업의 숫자 비율(목표 포함)
- 전체 계획 대비 컴플라이언스 감사, 운영/성과 감사. IT 감사, 경영진이 요청한 검토, 컨설팅 작업에 보낸 시간 비율(목표 포함)
- 전체 계획 대비 사기 조사에 보낸 시간 비율(목표 포함)
- 전체 계획 대비 경영진이 요청한 검토에 보낸 시간 비율(목표 대비)
- 사후 관리 감사에 보낸 시간(목표 포함)
- 감사 지원 활동에 보낸 시간(목표 포함)

컨설팅

IIA(2013a)는 컨설팅 서비스를 "성격과 범위가 고객과 합의되고, 가치를 부가하고 내부 감사가 관리 책임을 맡지는 않으면서 조직의 거버넌스, 리스크 관리와 통제 프로세스를 개선하기 위해 수행하는 자문 및 이와 관련된 고객 서비스 활동이다. 이의 예로는 상담, 자문, 촉진, 연수가 포함된다."라고 정의한다.

컨설팅 활동은 아래와 같이 여러 형태가 있기 때문에, 최고 감사 책임자는 자신의 내부 감사 기능이 수행할 컨설팅 활동의 유형을 정의해야 한다.

- 촉진자의 사회 하에 진행되는 통제 자체 평가
- 리스크 관리 연수
- 조직의 리스크 관리 계획 개발 촉진(리스크 관리 전담 부서가 없을 경우)
- 개발 중인 시스템에 관한 자문
- 통제 디자인의 적정성에 관한 자문
- 사기 통제 활동
- 정책과 절차 평가

내부 감사인들에게는 경영진과 협력하여 시스템, 프로세스와 운영 방법을 개선할 기회가 있다. 내부 감사인들은 프로젝트와 시스템들이 시행되기 전에, 개발 중인 프로젝트와 시스템들에 존재하는 통제의 취약점을 발견할 수 있는 위치에 있다. 시스템 개발 도중에 구멍을 찾아내 이를 강화하는 것이 나중에 시스템을 바꾸는 것보다 비용 면에서 효과적이기 때문에, 이런 활동은 바람직하다. 이는 또한 시행 전에 통제를 충분히 테스트해서 프로젝트 시행시의 지연을 감소시켜 줄 것이다.

자문에서 어슈어런스로 이동하기

캐나다의 컨설팅 내부 감사인인 아치 토머스(Archie R. Thomas)는 내부 감사인들은 자문 제공 프로세스를 공식화하라고 권고한다. 그는 더 나아가 경영진의 활동으로 인식될 수도 있는 작업에 대한 공식적인 정책을 개발해서, 이러한 활동에의 관여에서 철수하고 궁극적으로 이 영역에 대해 감사하기 위한 퇴출 전략을 명확히 정의하도록 제안한다.

어슈어런스 활동이 컨설팅 요소를 포함할 수도 있고, 컨설팅 활동이 어느 정도의 어슈어런스를 제공하기 때문에 컨설팅과 어슈어런스의 구분이 항상 명확한 것은 아니다. 그럼에도 불구하고 IIA의 직무 수행 프레임워크(IPPF)는 각 유형의 감사 작업에 대한 요건을 정하는 어슈어런스 기준과 컨설팅 기준을 모두 포함하고 있다. 이를 위해 컨설팅 활동에 관한 다수의 기준들을 두고 있는 바, 이 중 주요 기준들을 아래에 제시한다.

기준 1000.C1

컨설팅 서비스의 성격은 내부 감사 규정에 정의되어야 한다.

기준 1210.C1

최고 감사 책임자는 내부 감사인들이 컨설팅 작업의 전부 또는 일부를 수행하기에 필요한 지식, 기술 또는 기타 역량이 없을 경우 이 컨설팅 작업을 거절하거나 역량이 있는 자로부터의 자문 또는 지원을 받아야 한다.

기준 2010.C1

최고 감사 책임자는 제안된 컨설팅 작업의 리스크 관리 향상, 가치 부가, 그리고 조직의 운영 개선 잠재력에 근거하여 이를 수용할지 여부를 고려해야 한다. 수용된 컨설팅 작업은 감사 작업 계획에 포함되어야 한다.

기준 2201.C1

내부 감사인들은 컨설팅 작업 고객과 컨설팅의 목표, 범위, 각각의 책임, 그리고 기타 고객의 기대에 관한 이해를 확실히 해야 한다. 중요한 컨설팅 작업에 대해서는 이러한 이해가 문서화되어야 한다.

최고 감사 책임자는 내부 감사가 제공하는 컨설팅 서비스의 정도, 성격에 대해 감사위원회, 고위 경영진과 협의해야 한다.

보편적인 품질 이슈

일부 내부 감사 기능들은 컨설팅 작업의 희생 하에 어슈어런스 제공에 과도하게 집중하고 있다. 이는 경영진이 컨설팅 작업은 내부 감사 기능의 독립성을 훼손한다고 인식하거나, 내부 감사 기능의 전문성이 적정하지 않기 때문일 수 있다. 이는 또한 내부 감사 규정에서 컨설팅 서비스를 부적절하게 정의한 결과일 수도 있다.

컨설팅 작업이 효율적이고 효과적으로 수행되게 하려면, 최고 감사 책임자는 합의된 어슈어런스 작업 완료에 지장을 주지 않기 위해 연간 감사 계획에서 일정한 자원을 컨설팅 활동에 배정해야 한다.

예 7.7 전형적인 컨설팅 작업 — 개발 중인 시스템

이 유형의 작업은 개발 중인 시스템과 관련하여 제안된 통제 환경에 관한 사문을 세공할 수 있다. 이러한 컨설팅 작업은 효과적인 시스템 시행 가능성을 극대화하고 향후의 재작업 필요를 최소화한다는 점에서 조직에 가치를 제공한다.

QAIP 힌트

컨설팅 작업은 균형 스코어카드나 내부 감사 성숙 모델 안에 반영될 수 있다.

성숙 모델

컨설팅 작업 완료는 성숙 모델 내에서의 핵심 프로세스 중 하나일 수 있다. 컨설팅 작업 완료는 기능 감사는 5단계 성숙 모델의 3단계 또는 4단계 달성 요건 중 하나일 수 있다.

균형 스코어카드/KPI

내부 감사 기능은 어슈어런스 작업에 보낸 시간 대비 컨설팅 작업에 보낸 시간 비율과 같은 성과 지표를 개발할 수 있다.

작업의 성격

내부 감사인에 의해 수행된 작업의 성격은 내부 감사 기능과 조직 전체의 성숙도에 의존할 것이다. 덜 성숙한 내부 감사 기능 또는 덜 성숙한 조직의 내부 감사 기능은 컴플라이언스 감사와 재무 감사를 통해 통제 프로세스에 초점을 맞출 수 있다. 내부 감사 기능과/또는 조직이 성숙하기 시작함에 따라, 내부 감사의 범위는 IIA 기준 2100에 따라 거버넌스, 리스크 관리를 포함하도록 확대되어야 한다.

기준 2100 – 감사 업무의 성격

내부 감사 부서는 조직적이고 훈련된 접근 방법을 통하여 거버넌스, 리스크 관리와 통제 프로세스를 평가하고, 이의 개선에 기여해야 한다.

최고 감사 책임자들은 내부 감사 규정에서 그들의 작업 범위를 정의해야 하는 바, 이는 내부 감사인들에게 각각의 영역에서 운영할 권한을 제공한다.

보편적인 품질 이슈

일부 내부 감사인들은 통제에 관한 어슈어런스 제공에 과도하게 초점을 맞추고, 거버넌스와 리스크 관리 이슈에는 적절한 고려를 하지 않는다. 그러나 효과적인 내부 감사 기능은 조직이 거버넌스, 리스크 관리와 통제 프로세스를 개선하도록 지원해야 한다.

운영 환경 고려

내부 감사 작업의 성격은 내부 감사 기능이 운영되고 있는 환경에 대해 고려해야 한다. 예컨대 일본의 많은 회사들은 칸사야쿠(kansayaku), 즉 법정 감사인 모델을 채택했다. 이런 조직들에게는 내부 감사 기능보다는 칸사야쿠가 최고 감사 책임자와 이사회의 성과 평가에 대한 책임을 질 것이다.

거버넌스

내부 감사인들은 조직 안의 거버넌스 프로세스에 대한 어슈어런스를 제공해야 한다. IIA(2013a)는 거버넌스를 "조직의 목표 달성을 위해 조직 활동에 대해 정보 제공, 지휘, 관리와 모니터하기 위해 이사회에 의해 시행되는 프로세스와 구조의 조합"이라고 정의한다. 거버넌스의 다른 정의들은 다음과 같다. "회사의 경영진, 이사회, 주주, 그리고 기타 이해관계자들 사이의 일련의 관계들. 기업의 거버넌스는 이를 통해 회사의 목표들이 세워지고 이 목표들을 달성하기 위한 수단과 성과 모니터링 수단이 결정되는 구조를 제공(OECD 2004)하고, 회사가 이에 의해 지시되고 통제되는 시스템(재무 보고 위원회 2012)이다."

거버넌스는 목표 수립과 달성 방식, 리스크 모니터링과 평가 방식, 의사결정 방식, 그리고 성과 최적화 방식에 영향을 준다. 효과적인 거버넌스는 다음 사항들을 지원한다.

- 명확한 전략과 방향 설정
- 정보에 입각한 투명한 의사 결정
- 활동들과 공식적인 목표의 정렬
- 내부 요건과 외부 요건들의 준수

최근에 주요 거버넌스 실패로 회사의 중대한 손실, 평판 손상, 그리고 일부의 경우, 조직의 멸망으로 이어진 많은 사례들이 있다. 이러한 실패들은 특정 지역 또는 조직 유형에 국한되지 않는다. 이러한 실패는 대부분의 국가의 공공 및 민간 부문을 포함한다. 스펜서 피켓(Spencer Pickett)(2012)은 아래와 같은 사례를 포함한 여러 예를 적시한다.

- 발로우-클로우스(Barlow-Clowes)(1988)
- 폴리 펙 인터내셔널(Polly-Peck International)(1989)
- BCCI 은행(Bank of Credit and Commercial International[1991])
- 배트링 선물회사(Batring Futures)(1995)
- (런던) 메트로폴리탄(Metropolitan) 경찰(1995)
- 스미토모 사(Sumitomo Corporation)(1996)
- 엔론(Enron)(2001)
- 월드컴(WorldCom)(2002)

거버넌스에 대한 책임 거버넌스에 대한 책임은 이사회, 이사회 산하 위원회, 고위 경영진, 조직의 위원회, 그리고 운영 경영진 등 일련의 이해관계자들에게 있다.

IIA 기준 2110과 2130.A1은 거버넌스 프로세스에 대한 어슈어런스와 관련이 있다.

기준 2110 — 거버넌스

내부 감사 부서는 다음 목표들의 달성에 있어서 거버넌스 프로세스를 평가하고 이의 개선을 위해 적절한 권고를 해야 한다.

- 조직 내에서 적절한 윤리와 가치의 증진
- 효과적인 조직 성과관리와 책임성이 확보되게 함
- 리스크와 통제 정보를 조직 내 적절한 영역에 소통
- 이사회, 내부 감사인과 외부감사인 그리고 경영진 간의 활동 조정과 정보 소통

> **기준 2130.A1**
>
> 내부 감사 부서는 다음 사항들에 관한 조직의 거버넌스, 운영과 정보 시스템 내에서의 리스크에 대응하는 통제의 적정성과 효과성을 평가해야 한다.
>
> - 조직의 전략적 목표 달성
> - 재무 정보와 운영 정보의 신뢰성과 무결성
> - 운영과 프로그램의 효과성과 효율성
> - 자산 보호
> - 법률, 규정, 정책, 효과성과 효율성 준수

IIA는 또한 거버넌스와 관련된 3개의 실무 자문(practice advisory) 조항인 2110-1(거버넌스: 정의), 2110-2(거버넌스: 리스크 및 통제와의 관계), 2110-3(거버넌스: 리스크 관리 프로세스의 적정성 평가)을 두고 있다.

거버넌스 프로세스 감사는 이해관계자들에게 조직이 법률과 기대되는 기준 안에서 솔직하고 책임이 있는 방식으로, 그리고 신중하고 명확한 의사 결정 방식으로 의도한 대로 운영되고 있다는 어슈어런스를 제공한다. 그림 7.1은 수행될 수 있는 거버넌스 감사 유형들의 모델을 제공한다.

조직의 거버넌스 향상에 있어서 내부 감사의 역할은 조직의 프로세스들의 성숙도에 따라 다를 것이다. 성숙도가 낮은 조직은 내부 감사인들에게 거버넌스 프로세스를 구축하도록 도와주는 자문 역할을 하도록 요구할 수도 있다. 이러한 역할은 흔히 공식적이라기보다는 보다 비공식적일 것이다. 그러나 조직의 성숙도가 높아짐에 따라 내부 감사 기능의 역할은 보다 공식화될 수 있으며, 자문에서 시작하여 다른 감사의 일부로서 거버넌스 요소에 대한 감사를 포함하는 단계를 거쳐 거버넌스 프레임워크에 대한 공식적인 감사로 옮겨가게 될 것이다.

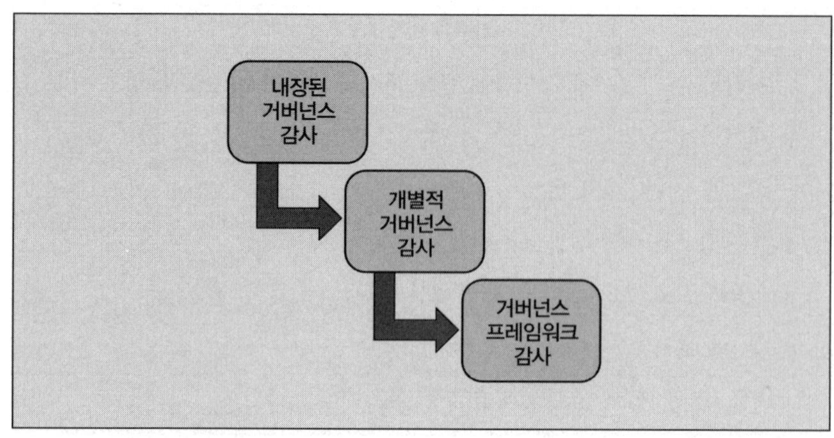

그림 7.1 거버넌스 감사의 유형

내장된 거버넌스 감사 최소한 내부 감사인들은 다른 감사의 일부로서 거버넌스 측면들을 고려해야 한다. 예를 들어 감사 작업 계획은 다음과 같은 질문들을 포함할 수 있다.

- 개별 활동들의 목표들이 적절히 적시되고 소통되었는가?
- 프로젝트 또는 활동의 목표들이 조직의 전략적 목표들과 일관성이 있는가?
- 해당 활동과 관련된 리스크들이 적절히 파악되고 관리되는가?
- 활동과 리스크에 대한 책임 관계가 명확히 정해졌는가?
- 활동의 효율성과 효과성을 확보하기 위한 적절한 모니터링과 보고 프레임워크가 있는가?
- 해당 활동 또는 프로젝트의 이해관계자들이 파악되었고 적절히 관여하였는가?

예 7.8 인적 자원 감사에서 내장된 거버넌스 목표

전반적인 목표는 HR 프로세스가 효율적이고 효과적으로 운영되고 있는지 결정하는 것이다. 하위 목표들은 다음과 같다.

- 감독 규정과 정책상의 의무들이 파악되고 적절히 위임되었는지 결정한다.
- HR 정책과 절차들이 적절히 문서화되고 직원들에게 배포되었는지 결정한다.
- HR 프로세스들이 정책과 절차와 일치하는지, 효율적이고 효과적으로 직원을 모집하고 유지하는지 결정한다.

개별적 거버넌스 감사 성숙한 조직에서의 성숙한 내부 감사 기능은 연간 감사 계획에 개별적 거버넌스 감사를 포함시키는 방안을 고려할 수도 있다. 그러나 이는 언제나 리스크에 기반을 두어야 하며 감사위원회의 지지를 받아야 한다. 전형적인 거버넌스 감사는 다음 사항들을 포함한다.

- 전략 계획 수립 프로세스와 비즈니스 계획 수립 프로세스
- 리스크 관리 프레임워크와 활동들
- 성과 보고 프로세스
- 통합 보고
- 성과 모니터링과 전략 목표의 정렬
- 윤리와 문화
- 사기 통제 프로세스
- 내부 고발자 프로세스
- 임원 보상
- 이해 상충/이해관계 대장(臺帳)
- 위원회 운영과 성과
- 재무 거버넌스
- IT 거버넌스

예 7.9 개별적 거버넌스 감사 목표 샘플

전반적인 목표는 학교 상담 교사 프로그램(School Councillor Program)을 지원하는 거버넌스 제도가 효과적인 서비스 전달을 촉진하는지 평가하는 것이

다. 이 감사는 특히 다음 사항을 포함한다.

- 이 프로그램과 관련된 책임과 역할이 명확히 정의되었는지 결정한다.
- 프로그램 전달과 관련된 리스크들이 파악, 평가와 관리되었는지 평가한다.
- 의사 결정과 지속적인 개선을 지원하는 효과적인 모니터링과 검토 프로세스가 확립되었는지 결정한다.

거버넌스 프레임워크 감사 전형적인 좋은 거버넌스의 핵심 요소들을 보여주는 많은 프레임워크들이 있다. 이러한 프레임워크로는 OECD 기업 거버넌스 원칙(2004), 영국 상법(2012), ASX 기업 거버넌스 원칙(2010), 그리고 King III(2010)이 있다.

이러한 프레임워크들은 (내장된 거버넌스 감사나 별도의 거버넌스 감사에서) 개별적인 거버넌스 요소들의 적정성과 효과성을 판단할 수 있는 기준뿐만 아니라 거버넌스 프레임워크의 적정성과 효과성을 판단할 수 있는 상위 차원의 신뢰할 만한 기준도 제공한다.

어떤 프레임워크도 모든 조직에 적합하지는 않을 것이다. 그리고 한 조직 안에서도 이해관계자와 조직의 필요를 충족시키기 위해 프레임워크가 수정될 필요가 있을 수 있다. 그러므로 내부 감사인들은 자신의 조직에 적절한 프레임워크 선정 시 주의할 필요가 있으며, 어떤 경우에는 조직 자체가 특정 프레임워크를 미리 선정했거나, 채택하기 원하는 프레임워크를 결정하기 위해 여러 프레임워크를 시험 사용해 볼 수도 있다.

전체 거버넌스 프레임워크 감사는 다수의 개별적 거버넌스 감사의 요소들을 결합하는 폭넓고 정교한 작업이다. 이러한 유형의 감사는 내부 감사와 조직 전체의 고도의 성숙성을 요구한다.

전체 거버넌스 프레임워크에 대한 감사가 수행될 경우, 내부 감사인들은 조직에 존재하는 프레임워크의 성격을 결정할 필요가 있다. 이를 위해서는 우선 조직의 주요 거버넌스 요소들(예컨대, 리스크 관리 프레임워크, 윤리 강령, 위임 등)의 적정성에 대한 결론을 내리지 말고, 이 요소들을 파악해야 한다. 내부 감사인들은 또한 고위 경영진, 이사회와 인터뷰를 수행하여 거버넌스에 대한 그들의 접근법을 파악할 수도 있다.

예 7.10 거버넌스 프레임워크 목표 샘플 1

전반적인 목표는 조직 내의 거버넌스 제도들의 정렬을 평가하고, 이 제도들이 기대된 서비스 전달 결과를 효과적으로 지원하는지 결정하는 것이다. 하위 목표들은 다음과 같다.

- 거버넌스 제도들이 내부/외부 이해관계자들의 필요와 정렬을 이루고 있는지 평가한다.
- 거버넌스 제도들이 효과적인 의사 결정에 적절한지 결정한다.
- 거버넌스 제도들의 모니터링과 검토에 사용되는 프로세스들을 조사한다.

예 7.11 거버넌스 프레임워크 목표 샘플 2

전반적인 목표는 조직의 거버넌스 프레임워크의 적정성과 효과성을 평가하는 것이다. 특히 감사는 거버넌스 프레임워크가 다음 사항들을 수행하는지 평가할 것이다.

- 조직의 임무, 우선순위와의 정렬을 지원한다.
- 조직의 전략적 방향 개발과 증진을 지원한다.
- 조직의 의사 결정 프로세스와 책임 구조를 명확히 하고 공정하게 대표한다.
- 조직 전체의 지속적인 개선을 증진한다.

거버넌스 평가 계획 수립 내부 감사 기능이 거버넌스 감사에 착수하기 전에 따라야 할 8단계가 있다.

① 거버넌스와 관련된 모든 관련 문서들을 검토한다. 이에는 전략 계획, 연례 보고서, 이사회와 위원회의 요건, 정책과 절차가 포함된다.

② 거버넌스에 대한 조직의 접근법과 거버넌스에 대한 어슈어런스에 있어서 내부 감사의 역할에 대한 기대를 명확히 하기 위해 고위 경영진, 감사위원회와 협의한다.

③ 조직의 거버넌스 구조 프레임워크를 개발하고 조직에 대한 거버넌스를 정의한다.

④ 조직의 접근법을 확립된 거버넌스 모델들과 비교하거나, 명시적인 모델이 사용되고 있는지(또는 사용되도록 요구되고 있는지) 결정한다.

⑤ 내부 감사 규정에서 거버넌스에 있어서 내부 감사의 역할을 정의한다.

⑥ 외부 감사, 법무 부서, 컴플라이언스 부서, 리스크 관리 부서 등 다른 이해관계자들과 잠재적인 거버넌스 주제들을 협의한다.

⑦ 연례 감사 계획 수립 프로세스의 일부로써, 그리고 개별 감사 계획 수립 시 거버넌스를 고려한다.

⑧ 거버넌스 감사를 처음해 볼 경우, 시험적 감사(pilot audit) 수행을 고려하거나 내장된 접근법을 사용한다.

거버넌스 감사 수행 시 고려할 수 있는 질문들 아래의 거버넌스 질문들은 호주 국가 예산 감시국의 보다 나은 관행 지침(2003)에서 따온 내용들이다.

거버넌스와 이사회

- 거버넌스 제도가 명확히 문서화되고 명료화되었는가?
- 이사회는 이해 상충을 피하도록 구성되어 있는가?
- 위원들이 효과적으로 업무를 수행할 권한, 자격, 경험과 특성을 보유하고 있는가?
- 이사회에 사외 이사가 포함되어 있는가?

- 이사회 이사들이 다양하게 구성되었는가?
- 이사회와 감사위원회가 적절한 독립성을 보유하고 있는가?
- 이사회, 경영진 그리고 기타 위원회들의 목표, 역할과 책임이 명확히 문서화되어 있는가?
- 이사회가 적시에 적절한 정보를 받고 있는가?
- 이사회 회의가 적절하게 구조화되고 관리되는가?
- 감사위원회와 리스크 위원회 등이 적정하게 구성되어 있고, 기능을 발휘하고 있는가?
- 이사회와 하위 위원회들의 성과가 모니터되는가?

리더십, 윤리와 성과 문화

- 이해 상충을 다루는 명확한 진술이 있는가?
- 윤리적 행동과 전문가적 행동에 관한 명확한 진술이 있는가?
- 리더들이 좋은 거버넌스 구조와 프로세스를 견인하는가?
- 리더들의 언행이 일치하는가?
- 윤리 및 내부 고발 프로세스가 있는가?
- 윤리적 행동이 직원 선발, 연수, 평가 제도의 일부를 구성하는가?
- 보상이 적절하고 공정하게 결정되는가?

외부의 기대 부응 및 책임

- 역할, 비전, 사명, 전략이 명확히 표명되는가?
- 거버넌스 제도들이 명확히 문서화되고 표명되는가?
- 외부 보고 프레임워크가 연례 계획 수립 사이클과 조직의 프로세스 안에 반영되어 있는가?
- 이해관계자들과의 소통이 시의적절하고, 완전하며, 상호작용적인가?
- 리스크에 기반한 감사 프로그램이 있는가?

내부의 기대 부응 및 책임

- 성과 계획 수립과 검토 프로세스가 있는가?
- 명확하고 견고한 재무 계획 수립과 예산 책정 시스템이 갖춰져 있고 적절히 구성된 위원회에 의해 감독되는가?
- 최고경영자와 최고 재무 책임자가 이사회에 보고하는 재무 보고서의 정확성과 공정성을 확인하는 의미로 서명하는가?
- 경영진에 의한 적절한 감독과 효과적인 내부 통제가 존재하는가?
- 내부 감사 기능이 적절한 자원을 갖추고 있으며 적절한 위치를 차지하고 있는가?
- 사기 통제 계획과 프로세스가 있는가?
- 위임 관계가 적절하게 문서화되어 있는가?

리스크 관리

- 이사회가 리스크 관리에 대해 체계적이고, 통합적이며, 상세한 접근법을 취하는가?
- 이사회와 기타 위원회들이 특정 기능 또는 프로젝트와 관련된 리스크뿐만 아니라 상시적인 조직의 리스크 수준을 고려할 수 있게 해주는 적절한 리스크 관리 절차가 갖추어져 있는가?
- 매니저들이 리스크를 관리할 책임을 지는가?

계획 수립과 성과 모니터링

- 조직 구조가 목표 달성을 지원하는가?
- 조직의 목표와 정렬된 개인의 성과 계획을 포함하여 효과적인 회사 전체 및 비즈니스 부문의 계획 수립 절차가 있는가?
- 표준적인 전략 계획과 운영 계획이 있는가?
- 전략 계획이 조직의 목표에 직접적으로 연결되는가?

• 조직의 결과, 산출과 정렬을 이룬 체계적이고 정기적인 성과 모니터링 시스템이 있는가?

보편적인 품질 이슈

많은 내부 감사 기능들이 다음과 같은 이유로 거버넌스 감사를 회피한다.

• 내부 감사인의 역량에 대한 우려
• 거버넌스 감사의 가치에 대한 인식 부족
• 고위 경영진과 감사위원회로부터의 지원 결여

리스크 관리

리스크 관리에 있어서 내부 감사의 역할은 내부 감사의 거버넌스 역할과 밀접하게 정렬되어 있다. 거버넌스에 대한 어슈어런스와 마찬가지로 내부 감사 기능은 리스크 관리 시스템과 프로세스에 대한 어슈어런스를 제공할 수도 있고, 리스크 관리에 대한 어슈어런스를 다른 감사에 내장할 수도 있다.

내부 감사가 리스크 관리 책임을 지게 되면, 리스크 관리에 대해 독립적인 어슈어런스를 제공해 줄 수 있는 능력에 영향을 준다. 그러나 일부 덜 성숙한 조직들에서는 다른 대안이 없는 경우 내부 감사 기능이 리스크 관리 책임을 질 수도 있다. 이 경우 리스크 관리에 대한 어슈어런스는 외부 서비스 제공자에게 아웃소싱될 필요가 있을 수도 있지만, 리스크 관리 활동에 대해서도 어슈어런스가 제공되어야 한다.

IIA 기준 2120, 2120.A1, 2120.C3은 리스크 관리 프로세스에 대한 어슈어런스와 관련이 있다.

기준 2120—리스크 관리

내부 감사 부서는 리스크 관리 프로세스의 효과성을 평가하고, 이의 개선에 기여해야 한다.

기준 2120.A1

내부 감사 부서는 다음 사항에 관한 조직의 거버넌스, 운영과 정보 시스템에 관련된 리스크 익스포져를 평가해야 한다.

- 조직의 전략 목표 달성
- 재무 정보와 운영 정보의 신뢰성과 무결성
- 운영과 프로그램들의 효과성과 효율성
- 자산 보호
- 법률, 규정, 정책, 절차와 계약 준수

기준 2120.C3

리스크 관리 프로세스 확립 또는 개선에 있어서 경영진을 지원할 때, 내부감사인들은 실제로 리스크를 관리함으로써 경영진의 책임을 떠안지 않아야 한다.

전사 리스크 관리 전사 리스크 관리(Enterprise Risk Management; ERM)는 조직 전체에 걸친 리스크 관리 접근법을 체계적이고 훈련된 방식으로 적용한 것이다. 소벨(Sobel)과 레딩(Reding)(2012)은 ERM 모니터링이 중요하다고 생각한다.

> ERM 모니터링은 ERM 시스템이 시간이 지나도 계속 효과적으로 운영된다는 어슈어런스를 제공한다. 모니터링은 디자인의 적정성 또는 운영상의 효과성의 미흡한 점들이 적시에 포착되어 시정되도록 도움을 준다. 모니터링은 또한 조직의 내부 환경과 외부 환경, 성과 목표, 전략과 리스크에

있어서의 변화를 적시에 파악하도록 촉진하고, 파악된 변화에 대응하여 ERM을 적절히 변경하도록 촉진시킨다. 특히 중대한 변화의 시기에 ERM이 계속 의도한 대로 기능할 수 있게 하는 것은 조직의 전략, 운영, 보고, 컴플라이언스 목표들이 달성되리라는 어슈어런스를 제공해 주기 때문에 중요하다.

모든 조직들이 효과적인 ERM 시스템을 갖추지는 않을 것이다. 그러나 ERM 시스템을 갖춘 조직에서는 내부 감사가 ERM 프레임워크에 대한 어슈어런스 제공을 모색해야 한다.

예 7.12 리스크 관리 프레임워크 감사 목표 샘플 1

이 감사의 목표는 리스크 관리 프레임워크가 조직에 어느 정도나 내면화되었는지 평가하는 것이다.

예 7.13 리스크 관리 프레임워크 감사 목표 샘플 2

이 감사의 목표는 조직의 리스크 관리 프레임워크의 적정성과 효과성을 평가하는 것이다.

보편적인 품질 이슈

일부 내부 감사 기능은 리스크 관리에 관한 적정한 어슈어런스를 제공하지 못한다. 그들은 감사 유니버스에 리스크 관리 프레임워크 또는 ERM을 포함하지 않거나, 리스크를 다른 감사에 내장된 부분으로 고려하지 않는다.

사기 리스크 사기는 모든 조직에 중대한 리스크이며, 내부 감사는 조직이 이 리스크를 효과적으로 경감하도록 지원할 책임이 있다. 내부 감사인들이 사기 조사 전문가가 되도록 기대되지는 않지만, 그들은 사기 징후에 대해 경계해야 하며, 사기 리스크에 대해 잘 이해해야 한다. 이는 IIA 기준 2120.A2에서 강조되고 있다.

기준 2120.A2

내부 감사 부서는 사기 발생 가능성과 조직이 사기 리스크를 어떻게 관리하는지 평가해야 한다.

마틴(Martin)(2013)은 내부 감사인들은 사기 예방과 발각 조치를 개시함에 있어서 리더십 역할을 유지해야 한다고 주장한다. 이 활동에는 데이터 분석 방법을 사용하여 이전 감사의 거래 표본 추출에서 조사되지 않았을 수도 있는 수상한 거래 파악을 포함할 수도 있다. 마틴은 내부 감사인들이 보다 전향적인 사기 리스크 파악 방법을 채택할 경우 대규모의 사기 발생 가능성 또는 사기가 만연할 가능성을 줄일 수 있다고 믿는다.

보편적인 품질 이슈

매니저들 사이에는 내부 감사 기능이 효과적이라면 사기가 발생하지 않도록 방지할 것이라는 보편적인 오해가 있다. 이는 사실일 수 없다. 코람(Coram)과 그의 동료들(2006)은 내부 감사의 존재와 사기 발각 사이에 긍정적인 관계가 있음을 발견했지만, 효과적인 내부 감사가 사기를 예방함을 지지하는 아무 증거도 없다.

통제에 대한 어슈어런스

통제의 적정성, 효과성, 효율성 또는 적절성에 관한 어슈어런스 제공은 내부 감사의 근본적인 신조 중 하나이며, 따라서 이에 관한 IIA 기준들이 많이 있다. 이 중 기준 2130이 가장 중요하다.

> **기준 2130 — 통제**
>
> 내부 감사 부서는 내부 통제의 효과성과 효율성 평가, 그리고 지속적인 개선 증진에 의해 조직이 효과적인 통제를 유지하도록 도움을 주어야 한다.

통제 어슈어런스는 종종 내부 감사의 기본 임무로 묘사된다. 그러나 내부 감사만이 통제의 적정성과 효과성을 기할 책임이 있는 것은 아니다. 이 책임은 경영진과 일련의 다른 내부/외부 어슈어런스 제공자들과 공유된다.

3중 방어선

IIA는 소견서, 효과적인 리스크 관리와 통제에 있어서의 3중 방어선 (2013b)에서 리스크 관리와 통제 감독의 효과적인 조정에 대한 조직 전체의 다양한 역할과 책임을 적시한다. 그림 7.2에 3중 방어선이 묘사되어 있다.

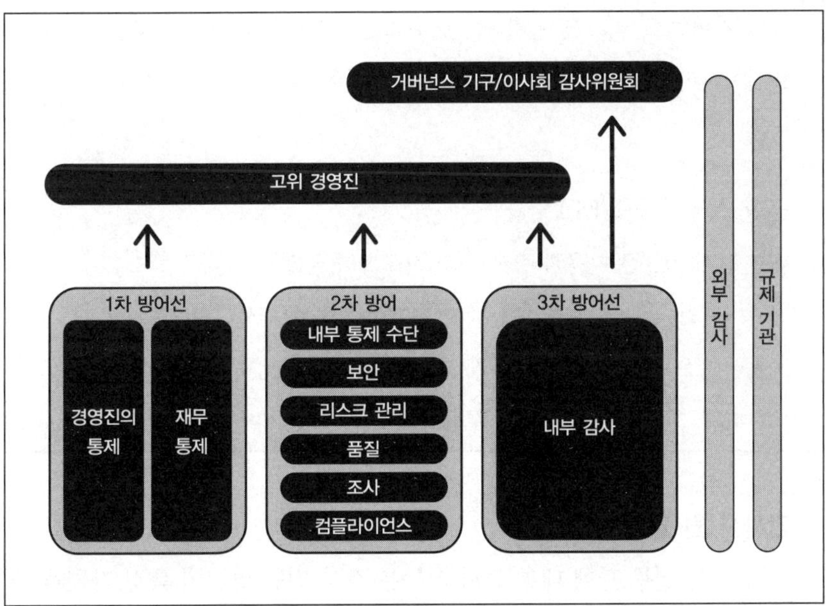

그림 7.2 3중 방어선

1차 방어선에서는 경영진이 자신의 통제에 대한 어슈어런스를 제공할 책임을 진다. 2차 방어선에는 컴플라이언스, 품질 관리 기능과 같은 기타 내부 어슈어런스 제공자들이 포함되며, 내부 감사는 3차 방어선에 위치한다. 내부 감사인들은 12장에서 보다 자세히 논의되는 어슈어런스 매핑을 통해 각각의 어슈어런스 제공자들의 역할을 고려할 수 있다.

QAIP 힌트

거버넌스, 리스크 관리와 통제에 관한 내부 감사의 어슈어런스는 균형 성과카드 또는 내부 감사 성숙 모델 안에 반영될 수 있다.

성숙 모델

거버넌스, 리스크 관리와 통제에 관한 내부 감사의 어슈어런스는 성숙 모델 내에서의 핵심적인 프로세스 중 하나일 수 있으며, 통제 어슈어런스와 통합 거버넌스, 리스크 관리 어슈어런스는 5단계 성숙 모델의 3단계 달성 요건이다. 별도의 거버넌스, 리스크 관리 어슈어런스는 4단계의 요건일 수 있다.

균형 스코어카드/KPI

내부 감사 기능은 다음과 같은 성과 지표를 개발할 수 있다.

- 거버넌스, 리스크 관리와 통제 어슈어런스에 보낸 시간 비율(목표 포함)
- 거버넌스, 리스크 관리와 통제 요소들을 포함한 감사 작업의 수(목표 포함)
- 거버넌스, 리스크 관리 또는 통제에만 초점을 맞춘 감사 작업의 수(목표 포함)

감사 지원 활동

보다 나은 실무 관행 내부 감사 기능은 감사 지원 활동에 특정 자원을 배정한다. 이러한 유형의 활동들은 다음 사항들을 포함한다.

- 조직에게 내부 감사의 역할과 책임을 명확히 이해시키기 위한 내부 감

사 기능 홍보

- 귀납적 결론과 상시 연수 제공을 통해 감사위원회가 책임을 이행하도록 지원
- 감사위원회에 대한 비서 서비스 제공
- 합의된 권고 사항 이행 모니터링
- 더 나은 실무 관행과 배운 경험들을 조직에 배포
- 내부 감사 직원에 멘토링과 직무 능력 개발 제공
- 아웃소싱과 공동 수행 서비스 제공자 관리
- 품질 어슈어런스 및 개선 프로그램 시행과 감사 정책과 절차 유지를 포함한 내부 감사 기능 관리

내부 감사 기능의 책임 영역과 작업의 성격에 관한 질문

표 7.2는 내부 감사 기능의 책임 영역과 작업의 성격에 관한 일련의 질문들을 제공한다. 이 질문들은 공식적으로 품질 어슈어런스 및 개선 프로그램 안에 반영될 수도 있고, 보다 덜 공식적으로 상시 평가 활동 안에 반영될 수도 있다. 질문들은 최고 감사 책임자, 내부 감사인, 또는 감사 이해관계자들에게 다양하게 물어볼 수 있다.

표 7.2 품질 평가 질문

질문	품질의 증거
내부 감사 규정이 조직에 제공되는 어슈어런스 서비스의 성격을 정의하는가?	내부 감사 규정
내부 감사 규정이 컨설팅 활동을 명확하게 정의하는가?	내부 감사 규정
컴플라이언스 감사는 식별되고, 우선순위가 정해진 리스크에 기반을 두고 있는가?	내부 감사 계획 완료된 작업(engagement) 세부 내용
컴플라이언스 감사는 (리스크에 대한 고려 없이) 항상 수행해 왔기 때문에 수행되고 있는가?	내부 감사 규정 완료된 작업 세부 내용 고위 경영진과 감사위원회 인터뷰

질문	품질의 증거
운영 또는 성과 감사가 수행되는가?	내부 감사 계획 완료된 작업 세부 내용
내부 감사 기능이 통합 감사를 수행하는가?	내부 감사 계획
내부 감사 기능이 컨설팅 활동을 수행하는가?	내부 감사 계획 완료된 작업 세부 내용
내부 감사 기능이 자신의 전문 분야가 아닌 영역에 대해 컨설팅 작업을 수행한 증거가 있는가?	내부 감사 계획 완료된 작업 세부 내용 종료 후의 서베이
내부 감사 기능이 컨설팅 요청을 받아들이기 전에 컨설팅 업무의 잠재적 가치를 고려한 증거가 있는가?	컨설팅 업무(engagement)를 요청한 경영진과의 협의에 대한 증거
계획된 컨설팅 업무가 연간 감사 계획에 표시되어 있는가?	내부 감사 계획
내부 감사 기능이 경영진의 컨설팅 또는 어슈어런스 업무 요청에 대해 적절히 대응하는가?	고위 경영진 인터뷰 종료 후 서베이
내부 감사인들이 컨설팅 작업 시 리스크를 고려하는가?	리스크 평가 증거 종료 후 서베이
컨설팅 업무를 통해 획득된 통제에 대한 지식이 통제 프로세스 평가에 반영되는가?	내부 감사 직원 인터뷰 고위 경영진과 감사위원회 인터뷰
내부 감사인들이 감사 대상 고객과 함께 컨설팅 업무를 계획한다는 증거가 있는가?	이해관계자들과의 협의에 대한 증거 종료 후 서베이 고위 경영진 인터뷰
내부 감사인들이 중대한 컨설팅 작업에 대해 (고객과의) 상호 이해 내용을 문서화했는가?	계획 수립 문서 종료 후 인터뷰
내부 감사 기능이 거버넌스를 평가하고 이의 개선에 기여하는가?	내부 감사 계획 종료된 작업 상세 내용 고위 경영진과 감사위원회 인터뷰
내부 감사 기능이 리스크 관리를 평가하고 이의 개선에 기여하는가?	내부 감사 계획 종료된 작업 상세 내용 종료 후 서베이
내부 감사 기능이 통제 프로세스를 평가하고 이의 개선에 기여하는가?	내부 감사 계획 종료된 작업 상세 내용
내부 감사 기능이 거버넌스 프로세스에 대해 평가하고 이의 개선을 위해 적절한 권고를 하는가?	내부 감사 감사 조서와 보고서 종료 후 서베이 고위 경영진과 감사위원회 인터뷰
내부 감사 기능이 조직의 윤리 관련 목표, 프로그램, 활동들의 디자인, 실행, 효과성을 평가하는가?	내부 감사 계획 완료된 작업 상세 내용
내부 감사 기능이 IT 거버넌스가 조직의 전략과 목표를 지원하는지 평가하는가?	연간 감사 계획 완료된 작업 상세 내용 감사 조서

질문	품질의 증거
내부 감사 기능이 거버넌스 통제의 적정성과 효과성을 평가하는가?	연간 감사 계획 완료된 작업 상세 내용 감사 조서
내부 감사 작업(engagement)은 해당 감사 영역 내의 리스크 관리 관행에 대한 평가를 포함하는가?	감사 조서 종료 후 서베이
내부 감사 기능이 조직의 리스크 관리 프레임워크에 대해 주기적으로 검토하는가?	완료된 감사 작업 상세 내용
내부 감사 기능이 개별 감사 작업으로부터의 리스크를 리스크 관리 프레임워크에 반영하는 장치가 있는가?	내부 감사 직원 인터뷰
내부 감사 기능이 다음과 같은 운영 리스크를 평가하는가? • 재무 정보와 운영 정보의 신뢰성과 무결성 • 오퍼레이션 및 프로그램의 효과성과 효율성 • 자산 보호 • 법률, 규정, 정책, 절차, 계약의 준수	완료된 감사 작업 상세 내용 감사 조서 고위 경영진과 감사위원회 인터뷰
내부 감사 기능이 전략적 목표 달성에 영향을 줄 수 있는 전략적 리스크를 평가하는가?	연간 감사 계획 완료된 감사 작업 상세 내용 감사 조서
내부 감사 기능이 내부 감사 활동과 연결된 범위를 넘어서 리스크를 관리할 운영상의 책임을 지는가?	고위 경영진과 감사위원회 인터뷰 내부 감사 규정
내부 감사 기능이 부정 발생 가능성과 조직이 부정 리스크를 어떻게 관리하는지 평가하는가?	연간 감사 계획 완료된 작업 상세 내용 감사 조서
내부 감사 기능이 통제의 적정성과 효과성을 평가하는가?	연간 감사 계획 완료된 작업 상세 내용 감사 조서
내부 감사 기능이 지속적인 통제의 개선을 지원하기 위한 권고를 제공하는가?	연간 감사 계획 고위 경영진과 감사위원회 인터뷰 감사 작업 종료 후 서베이
내부 감사 기능이 컨설팅 업무를 통해 획득한 정보를 통제에 반영하는가?	내부 감사 직원 인터뷰 고위 경영진과 감사위원회 인터뷰

결론

내부 감사 기능의 책임 영역과 작업의 성격을 결정함에 있어서, 최고 감사 책임자 자신이 조직의 필요와 기대를 철저히 이해해야 한다. 이 이해는 효과적인 전략 계획 수립을 통해서, 그리고 고위 경영진, 운영 경영진과 감사위원회와의 개방적이고 지속적인 대화를 유지함으로써 달성될 수 있다.

이상적으로는 내부 감사 기능이 거버넌스, 리스크 관리와 통제를 커버하는 어슈어런스 및 컨설팅 작업의 조합을 포함할 것이다. 감사 작업은 프로그램 기반일 수도 있고, 기능 기반일 수도 있다. 또는 여러 감사 유형과 기법을 커버하는 통합 접근법을 포함할 수도 있다.

수행될 어슈어런스 및 컨설팅 활동의 유형을 고려할 때, 최고 감사 책임자들은 3중 방어선 모델을 고려해야 한다. 그렇게 하면 운영 경영진과 기타 어슈어런스 제공자들과 같은 다른 방어선에 의해 제공된 어슈어런스를 감안할 수 있다. 그러면 조직이 희소 자원을 최대로 사용하는 데 도움이 될 것이다.

참고 문헌

- Anderson, R. J., and J. C. Svare. (2011). Imperatives for Change: The IIA's Global Internal Audit Survey in Action — CBOK Report V. Altamonte Springs, FL: The Institute of Internal Auditors Research Foundation.
- Asian Development Bank (2010). Corporate Governance and Role of Internal Audit in Asia. China: Asia Development Bank.
- ASX Corporate Governance Council. (2010). Corporate Governance Principles and Recommendations with 2010 Amendments. ASX Corporate Governance Council. http://www.asx.com.au/documents/asc-compliance/cg_principles_recommendations_with_2010_amendments.pdf.
- Australian National Audit Office. (2003. Public Sector Governance: Volume 1: Framework, Process and Practices — Better Practice Guide. Commonwealth of Australia. http://www.anao.gov.au~/media/Files/Better%20Practice%20Guides/Public%20Sector%20Governance.pdf.
- Bahrmam, P. D. (2011). Advancing Organizational Governance: Internal Audit's Role. Altamonte Springs, FL: The Institute of Internal Auditors Research Foundation.
- Boritz, J. E. (1983). Planning tor the Internal Audit Function. Altamonte Springs, FL: The Institute of Internal Auditors Research Foundation.
- Burch, S. (2011). Building an internal audit function. Internal Auditor. http://www.theiia.org/intauditor.
- Cathcart, R., and G. Kapor. (2010). An internal audit upgrade. Internal Auditor. http://www.theiia.org/intauditor.
- Chambers, A. D., G. M. Selim, and G. Vinten. (1994). Internal Auditing, 2판, London: Pitman Publishing.
- Chen, Jiin-Feng, and Wan-Ying Lin. (2011). Measuring Internal Auditing's Value — CBOK Report III. Altamonte Springs, FL: The Institute of Internal Auditors Research Foundation.
- Coram, P., C. Ferguson, and R. Moroney. (2006). The Value of Internal AUdit in Fraud Detection. http://www.theage.com.au/ed_docs/Fraud_paper.pdf (2013년 11월 18일에 접속함)

- European Court of Auditors. (2008). Performance Audit Manual, 2008. http://audit-network.wikispaces.com/file/view/CourtOfAuditors+Manual.pdf. (2013년 11월 17일에 접속함)
- Financial Reporting Council. (2012). The UK Corporate Governance Code. http://www.slc.co.uk/media/78872/uk-corporate-governance-code-september-2012.pdf.
- Galloway. D. (2010). Internal Auditing: A Guide for the New Auditor. Altamonte Springs, FL: The Institute of Internal Auditors Research Foundation.
- Glover, H. D., and J. C. Flagg. (1997). A Decade of Model Internal Audit Case Summaries. Altamonte Springs, FL: The Institute of Internal Auditors
- Gray, G. L. and M. J. Gray. (1994). Business Management Auditing, Promotion of Consulting Auditing. Altamonte Springs, FL: The Institute of Internal Auditors Research Foundation.
- HM Treasury. (2010, July). Good Practice Guide: Audit Strategy. http://www.hmtreasury.gov.uk.
- Institute of Directors in Southern Africa. (2010). King Report on Governance. http://iodsa.co.za/?kinglll.
- The Institute of Internal Auditors. (2013b). IIA Position Paper — The Three Lines of Defense in Effective Risk Management and Control, January 2013. htpp://www.iia.org.au/sf_docs/default-source/member-services/thethreelinesofdefenseineffectiveriskmanagementandcontrol_Position_Paper_Jan_2013.pdf?sfvrsn=0.
- The Institute of Internal Auditors. (2012). Practice Guide: Developing the Internal Audit Strategic Plan. Altamonte Springs, FL: The Institute of Internal Auditors.
- The Institute of Internal Auditors.(2010). Internal Auditing — A Glance at the Future of the Profession. Mexico City: Montecito, 38쪽.
- The Institute of Internal Auditors. (2013). The Value of Internal Auditing for Stakeholders. http://www.theiia.org/theiia/about-the-profesion/value-proposition/?sf1473960=1(2013년 11월 28일에 접속함).
- Leung, P., B. J. Cooper, and P. Robinson.(2004). The Role of Internal AUdit in Corportae Governance and Management. Melbourne: RMIT University.
- Loebbecke, J. K. (1996). Internal Auditing: Principles and Techniques. Altamonte Springs, FL: The Institute of Internal Auditors.
- Martin, A. G. (2013) A refocused internal audit function adds value through the organization. Internal Auditor 28(1): 25-34쪽.
- OECD. (2004). Principles of Corporate Governance. http://www.oecd.org/corporate/ca/corporategovernanceprinciples/31557724.pdf.
- Paterson, J. (2012) The lean audit advantage. Internal Auditor. http://www.theiia.org/intauditor.
- Reding, K. F., et al. (2009). Internal Auditing: Assurance and Consulting Services. Altamonte Springs, FL: The Institute of Internal Auditors Research Foundation.
- Sarens, G., L. Decuax, and R. Lenz. (2012). Combined Assurance: Case Studies on a Holistic Approach to Organizational Governance. Altamonte Springs, FL: The Institute of Internal Auditors Research Foundation.
- Sawyer, L. B., M. A. Dittenhofer, and J. H. Scheiner. (2005). Sawyers Internal Auditing, 5판. Altamonte Springs, FL: The Institute of Internal Auditors Research Foundation.
- Schwartz, B. M. (2013). Risk Management focus brings opportunities for internal audit. RMA Journal 95(6): 11, 16-21쪽.
- Sobel, P. J., and K. F. Reding. (2012). Enterprise Risk Management — Achieving and Sustaining Sucess. Altamonte Springs, FL: The Institute of Internal Auditors Research Foundation.
- Soh, Dominic S. B., and N. Martinov-Bennie. (2011). The internal audit function. Managerial Auditing Journal 26(7): 605-622쪽.

• Spencer Pickett, K. H. (2012). The Essential Guide to Internal Auditing, 2판. West Sussex, England: John Wiley & Sons.

Chapter 8

내부 감사 규정

우리가 더 고위층에 보고할수록, 우리의 업무는 더 가치 있게 된다. 조직이 전략적 의사 결정을 내릴 때, 우리가 일찍 관여할수록 좋다. 우리는 문제를 발견하기만 하는 것이 아니라, 해법을 제공하기 원한다. 그리고 우리는 해법이 수용되어 시행될 가능성이 커지는 방향으로 이를 제시할 필요가 있다.

—필 탈링(Phil Tarling), IIA 이사회 의장, 2012

내부 감사 규정은 내부 감사의 임무와 목적을 정의한다. 규정은 전반적인 내부 감사 전략의 일부로서 내부 감사 기능의 직무상, 조직상의 권한을 명확히 한다.

내부 감사 규정은 내부 감사가 그 안에서 운영하고 있는 전략적, 조직상의 맥락을 밝혀야 한다. 감사 규정은 내부 감사 기능의 구조와 위치를 정의하며, 조직 내에서 내부 감사의 독립성을 확인해야 한다.

내부 감사의 임무와 목적

어느 조직이나 부서든지 일관성 있게 운영되려면 그 조직/부서의 임무 또는 목적에 대한 명확한 이해를 공유해야 한다. 내부 감사 기능도 마찬가지이다. 그들의 임무 또는 목적이 잘 이해되어야 하며, 이 이해는 조직 전체에 공유되어야 한다. 임무를 기술한 문서는 조직에 내부 감사 기능이 무엇인지(내부 감사의 존재 이유)에 대한 명확한 이해를 제공해야 한다. IIA(2013)의 내부 감사 정의는 임무 또는 목적 선언문을 작성하는 유용한 도구를 제공한다.

내부 감사는 가치를 부가하고 조직의 운영을 개선하기 위해 고안된 독립적, 객관적 어슈어런스 및 컨설팅 활동이다. 내부 감사는 리스크 관리, 통제, 거버넌스 프로세스의 효과성 평가와 개선을 위한 체계적이고 훈련된 접근법을 들여옴으로써 조직이 목표를 달성하도록 도움을 준다.

버치(Burch)(2011)는 최고 감사 책임자가 내부 감사 기능을 세우는 핵심 단계 중 하나는 핵심 이해관계자들의 기대 이해라고 적시한다. 그녀는 최고 감사 책임자는 조직이 내부 감사와 어떤 관련을 맺고자 하는지, 그리고 내부 감사로부터 어떤 유익을 얻기 원하는지 이해할 필요가 있다고 믿는다. 이러한 기대들은 규정에 명시되고 고위 경영진과 감사위원회의 승인을 받아야 하는 내부 감사의 임무 정의에 도움을 줄 것이다.

전략적 맥락

내부 감사 기능은 조직상의 맥락과 전략적 맥락에 대한 명확한 이해를 필요로 한다.

조직상의 맥락

가치를 전달하기 위해서는 내부 감사인들이 자신의 조직이 운영되고 있는 환경을 이해해야 한다. 아래의 사항들이 이에 포함된다.

- 규제와 정책 환경
- 정치적 환경
- 핵심 비즈니스 동인 또는 전략 목표
- 주요 경쟁자
- 신흥 시장과 이슈들
- 소비자와 고객 인구 구조

이러한 맥락적 요소들은 내부 감사 기능에게서 기대되는 결과와 산출물의 유형뿐만 아니라, 내부 감사가 수행해야 하는 활동들도 결정한다.

내부 감사의 전략적 맥락

내부 감사 기능은 보다 넓은 조직상의 맥락(예컨대, 규제, 정치, 그리고 경쟁 환경)과 자체의 전략적 맥락에 영향을 받는다. 내부 감사의 전략적 맥락에는 내부 감사 존재 이면의 동기(예컨대, 내부 감사에 대한 법률상의 요구), 내부 감사가 직면하고 있는 주요 도전들, 그리고 내부 감사가 이해관계자들에게 제공하는 가치가 포함된다.

법률, 규정과 정책 지원 일부 조직들은 내부 감사가 경영진과 이사회에 제공할 수 있는 효용을 인식해서 자발적으로 내부 감사 기능을 설치할 것이다. 법적 요건과 규제상의 요건을 충족시키기 위해 내부 감사 기능이 설치되는 조직들도 있다. 예를 들어, 캐나다 연방 책임 회계법(Federal Accountability Act)(2006)은 연방 부서들에 적절한 내부 감사 역량과 감사위원회 설치를 요구한다.

내부 감사 기능이 외부 요건을 충족하기 위해 존재하는 경우, 최고 감사 책임자는 이러한 요건과 이 요건이 자신의 내부 감사에 주는 시사점에 정통해야 한다. 요건들은 내부 감사 규정에 명시되고 표준적인 운영 프로세스 안으로 내장되어야 한다.

구조와 위치

내부 감사 기능의 구조와 위치는 그 독립성과 권한에 중요한 영향을 주게 되어 있다. 효과적인 독립성이 없으면 경영진이 내부 감사의 감사 작업에 의존할 수 없으며, 적정한 권한이 없으면 내부 감사가 어슈어런스를 제공할 수 있는 능력이 훼손될 수도 있다.

IIA 기준 1110은 내부 감사 책임자가 조직에서 내부 감사가 자신의 책임을 완수할 수 있게 해줄 수 있는 계층에 보고하도록 요구한다. 이렇게 요구하는 이유는 경영진이 연간 계획에 선정되는 감사 작업이나 개별 감사 작업의 결과에 불리한 영향을 주지 못하게 하려는 것이다. 이상적으로는, 내부 감사는 그림 8.1에 묘사된 바와 같이 기능상으로 감사 위원회에 보고하고 관리상으로 최고경영자에게 보고해야 한다.

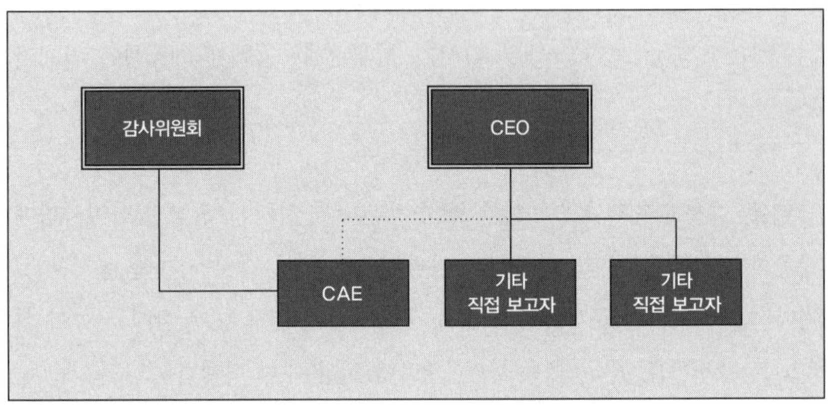

그림 8.1 내부 감사 보고 라인

최고경영자에 대한 보고는 내부 감사인들의 권한을 강화시키며, 내부 감사 기능의 중요성 인식에 대한 기조를 설정한다. 이는 또한 최고 감사 책임자가 최고 재무 책임자 또는 기타 라인 매니저에게 보고할 경우에 초래될 수 있는 독립성에 대한 잠재적 방해를 피할 수 있게 해준다. IIA는 최고 감사 책임자의 위치와 관련해 기준 1110과 1111의 두 기준들을 두고 있다.

기준 1110 — 조직상의 독립성

최고 감사 책임자는 조직 내에서 내부 감사 부서가 책임을 완수하게 해줄 수 있는 계층에 보고해야 한다. 최고 감사 책임자는 최소 연 1회 이사회에 내부 감사 부서의 조직상의 독립성을 확인해야 한다.

기준 1111 — 이사회와의 직접적인 상호작용

최고 감사 책임자는 이사회와 직접 소통하고, 상호작용해야 한다.

최고 감사 책임자와 감사위원회 사이의 기능상 보고 라인은 IIA 기준 1111에서 특별히 강조되고 있다.

보편적인 품질 이슈

조직에서 최고 감사 책임자가 관리상으로 최고 재무 책임자 또는 기타 라인 매니저에게 보고하는 경우가 흔하다.

이런 경우는 소규모 조직에서 실용적인 이유로 발생할 수 있다. 일부 조직들은 자신들은 관리상으로 최고경영자에게 직접 보고하는 최고 감사 책임자를 고용하기에는 너무 규모가 작다고 생각한다.

내부 감사의 성격이 발달해 감에 따라, 최고 감사 책임자가 관리상으로 최고경영자에게 보고하더라도 최고 재무 책임자에게 보고할 경우와 같은 독립성 이슈들이 있을 수 있다고 주장할 수 있다.

역사적으로 내부 감사 업무의 많은 부분이 재무적 성격이었을 때에는 최고 재무 책임자와 최고 감사 책임자 사이의 보고 라인에 관한 상당한 독립성 이슈가 있었다. 이 보고 라인은 최고 재무 책임자가 개별 감사 작업의 범위와 발견 사항뿐만 아니라 내부 감사 계획의 범위를 제한할 가능성을 증가시켰다.

그러나 내부 감사인들이 거버넌스와 전략에 대한 초점을 증가시킴에 따라 내부 감사에 직접적으로 책임이 있는 최고경영자로부터의 간섭 리스크도 증가한다. 그럼에도 불구하고 최고 감사 책임자가 최고경영자에게 직접 보고하면 내부 감사에 높은 지위를 부여해 줄 수 있기 때문에 이 보고 라인이 여전히 가치가 있다고 할 수 있다.

IIA의 실무 자문 1110-1은 내부 감사 기능과 관련된 이사회(또는 감사위원회)의 역할이 대개 다음 사항들을 포함하는 것으로 기술한다.

- 내부 감사 규정 승인
- 내부 감사의 리스크 평가와 관련 감사 계획 승인
- 최고 감사 책임자로부터 내부 감사 결과에 대해 보고받고, 최고 감사 책임자와 경영진이 배석하지 않는 회의 개최와 내부 감사 기능의 조직상 독립성에 대한 연례 확인을 포함하여 최고 감사 책임자가 필요하다고 결정하는 기타 사안에 대해 보고를 받음
- 최고 감사 책임자의 성과 평가, 임명/해임에 관한 모든 결정 승인
- 최고 감사 책임자의 연례 보상과 급여 조정 승인
- 경영진과 최고 감사 책임자에게 내부 감사 기능이 책임을 수행할 수 있는 능력을 방해할 수도 있는 감사 범위 또는 예산상 제약이 있는지 적절한 질문을 함

감사위원회가 이 역할들을 모두 수행하지는 못할 경우가 있을 수 있다. 예를 들어, 일부 정부 조직에서는 최고경영자, 그로부터 위임 받은 자 또는 외부 기구가 최고 감사 책임자를 임명하라고 법률로 요구될 수도 있다.

각각의 조직에 어떤 특수한 요건이 있든지 간에, 감사위원회와 내부 감사 기능 사이의 관계가 내부 감사 규정에 공식화되어야 한다. 이렇게 하면 감사위원회와 내부 감사 기능 사이의 상호작용과 감사위원회가 내부 감사에 의존할 영역에 대해 명확히 이해할 수 있게 된다.

조직 목표에 초점 맞추기

전 노르웨이 옌시디아(Gjensidige) 최고 감사 책임자였고, 현재는 IIA 기준 위원회 위원인 트리그베 쇠를리에(Trygve Sørlie)에 의하면, "내부 감사의 상품은 영향력이다." 그는 최고 감사 책임자들이 최고경영자 및 고위 경영진과 직

접 교류하는 데 시간을 보내도록 장려한다. "매월 1회 당면 현안과 신흥 현안에 대해 최고경영자와 논의하라. 이 영향력은 매우 중요하며 내부 감사가 조직이 목표를 달성하도록 지원하게 해준다."

QAIP 힌트

내부 감사 기능은 보고 라인을 내부 감사 성숙 모델 또는 균형 스코어카드 안에 포함시킬 수 있다.

성숙 모델

내부 감사 기능은 성숙 모델에 보고 라인을 핵심 프로세스의 하나로 포함시킬 수 있다. 예를 들어,

- 5단계 성숙 모델의 2단계에서는 최고 감사 책임자가 운영 경영진에게 보고할 수 있다.
- 3단계에서는 최고 감사 책임자가 기능상 감사위원회에 보고하고, 관리상 최고경영자에게 보고한다고 정할 수 있다.

균형 스코어카드/KPI

내부 감사 기능은 아래와 같은 성과 지표를 포함할 수 있다.

- 최고 감사 책임자가 최고경영자, 기타 고위 경영진과 개인적으로 만난 횟수(목표 포함)
- 최고 감사 책임자가 감사위원회와 개인적으로 만난 횟수(목표 포함)

독립성

딸기와 크림, 또는 사과파이와 과자를 생각해 보라. 각자로도 좋지만, 이들의 조합은 정말로 군침이 돌게 한다. 감사위원회와 내부 감사인들의 관계도 이와 유사하다. 이들은 개별적으로 일을 잘 해낼 수 있다. 그러나 이들이 협력하면, 즉 이들이 상호 지원적인 관계에 있을 때는 조직을 위해 더

멋진 일을 할 수 있다. —네일 베이커(Neil Baker)(2011)

내부 감사의 핵심 원칙 중 하나는 경영진으로부터의 독립성이다. 독립성은 내부 감사의 효과성에 필수적이며, 내부 감사가 경영진을 지원하고 조직에 가치를 부가하는 한편 객관적인 어슈어런스를 제공할 수 있게 해준다. 그러나 때로는 독립성을 유지하기 어려울 수도 있다.

레지(Rezee)(2010)는 내부 감사인들이 그들의 발견 사항과 의견을 감사위원회에 직접 보고할 때 내부 감사의 독립성과 객관성이 강화될 수 있다고 믿는다.

최고 감사 책임자는 감사위원회와 협의하여 내부 감사 기능에 가장 적합한 소통 통로를 결정해야 한다. 일반적으로 내부 감사는 발견 사항을 감사위원회뿐만 아니라 감사 고객에게 직접 보고할 것이다. 그러나 조직의 규모와 구조, 그리고 수행되는 감사 작업의 횟수에 따라서는, 감사위원회는 전체 보고서보다는 내부 감사 보고서에 대한 요약을 받아보기를 선호할 수도 있다. 올바른 접근법은 조직마다 다르며, 최고 감사 책임자는 조직의 이해관계자들의 필요를 가장 잘 충족시키는 모델을 찾아야 한다.

IIA 기준 1100, 1110.A1, 그리고 1130.A2는 독립성과 관련이 있다.

기준 1100 — 독립성과 객관성

내부 감사 부서는 독립적이어야 하며, 내부 감사인은 업무수행에 있어서 객관적이어야 한다.

기준 1110.A1

내부 감사 부서는 내부 감사 범위 결정, 작업 수행, 그리고 결과 소통에 방해를 받지 않아야 한다.

> **기준 1130.A2**
>
> 최고 감사 책임자가 책임을 맡고 있는 기능에 대한 어슈어런스는 내부 감사 부서 밖의 당사자에 의해 감독되어야 한다.

고품질의 내부 감사 기능과 관련된 핵심적인 독립성 원칙들은 다음과 같다.

- 내부 감사 기능은 감사 대상 부서들로부터 독립적이어야 한다.
- 내부 감사 기능은 운영 경영진과 내부 감사와 관련된 프로세스를 제외한 조직의 내부 통제 프로세스로부터 독립적이어야 한다.
- 최고 감사 책임자는 감사위원회에 직접 접근할 수 있어야 한다.
- 최고 감사 책임자는 최고경영자에 직접 접근할 수 있어야 한다.
- 내부 감사 기능은 감사위원회의 지시가 있을 경우 독립적인 외부 평가를 받아야 하며, 최소 5년에 1회는 독립적인 외부 품질 평가를 받아야 한다.

이해 상충

내부 감사인들에게는 이해 상충과 관련한 다양한 역할과 책임이 있다. 무엇보다도 감사인들은 내부 감사 기능에 영향을 주는 모든 이해 상충이 파악되고, 적절하게 관리되며, 공식적으로 문서화되게 해야 한다. 그들은 또한 감사위원회와 공동 감사 수행 서비스 제공자 이해 상충이 적절히 관리되고 문서화되게 해야 한다.

내부 감사인들은 잠재적 이해 상충을 거버넌스 감사의 일부로 고려해야 한다. 일부 조직에서는 내부 감사인들이 조직의 이해 상충 관리 대장 관리 책임을 맡기도 한다.

호주 반부패 위원회(Independent Commission against Corruption)(2004)는 이해 상충이 항상 회피되거나 금지될 수 있는 것은 아니라고 주의를 준다. 대신 피할 수 없는 이해 상충은 파악되어 공개되고 효과적으로 관리될 필요가 있다. 이 위원회는 "이해 상충이 있다 해서 이례적인 것도 아니며, 항상 잘못된 것만도 아님"을 인정하며, 이해 상충을 관리하기 위한 프레임워크(예 8.1)를 제공한다.

예 8.1 이해 상충 관리 프레임워크

호주 부패 방지 위원회(2004)는 아래의 이해 상충 관리 프레임워크를 발표했다.

- 조직에서 전형적으로 발생하는 이해 상충 유형을 파악한다.
- 적절한 이해 상충 정책, 관리 전략과 대응 방안을 개발한다.
- 직원, 매니저, 고위 경영진을 교육하고, 이해 상충 정책을 조직 전체에 배포한다.
- 모범을 통해 조직을 이끈다.
- 조직의 이해 상충 관리 정책과 절차에 대한 의지를 계약자, 고객, 스폰서, 공동체 등 이해관계자들에게 소통한다.
- 이해 상충 정책을 집행한다.
- 이해 상충 정책을 정규적으로 검토한다.

관리 책임

최고 감사 책임자는 내부 감사 기능이 조직에 가치를 부가하도록 만전을 기하기 위해 이 기능을 효과적으로 관리할 필요가 있다. 이상적으로는 최고 감사 책임자가 조직 안에서 다른 책임을 맡지 않아야 한다. 소규모 감사 조직에게는 이러한 책임의 분리가 도전적일 수도 있지만, 책임의 분리는 내부 감사의 독립성과 객관성을 보존한다.

라틀리프(Ratliff)와 그 동료들(1996)은 다음과 같이 인식한다.

대부분의 내부 감사 부서들은 언젠가는 감사 기능 이외의 과제를 부여받을 수 있다. 내부 감사인들이 이러한 업무를 수행해서는 안 된다는 뜻은 아니다. 그보다는 감사 업무 이외의 업무를 수행할 경우, 그들(과 경영진)은 내부 감사 기능의 일차적인 책임과의 갈등을 최소화하는 방식으로 이를 수행할 수 있도록 이 의무들 사이의 성격 차이를 인식해야 한다.

사기와 사기 리스크 관리 책임 일부 조직에서는 최고 감사 책임자들이 경영 관리 책임을 피할 수 없다. 최고 감사 책임자들이 보다 보편적으로 책임을 맡게 되는 두 개의 운영 영역은 사기에 대한 조사와 리스크 관리이다. 그러나 아래와 같은 이유로 인해 이 책임을 피해야 한다.

- 이 중요한 기능들의 품질에 대해 어슈어런스를 제공할 경우의 독립성 손상
- 사기와 기타 조사에 요구되는 자원 수준의 정확한 예측과 관련된 도전과 이로 인해 내부 감사 작업으로부터 자원을 빼낼 리스크
- 감사와 조사 사이의 선을 흐리게 함으로써 내부 감사와 조직 사이의 관계에 미칠 수 있는 잠재적 영향. 경영진이 내부 감사에 의해 공식적인 조사를 받을 수도 있다고 두려워할 경우 내부 감사를 투명하고 열린 자세로 대하지 않을 수도 있음
- 내부 감사와 사기 조사에 필요한 기술이 다름

관리 책임과 관련된 이해 상충 관리

특히 소규모 감사 조직에서는 최고 감사 책임자가 거버넌스나 리스크 관리에 대한 관리 책임을 지는 경우가 흔하다. 이는 내부 감사 기능이 이 프로세스들에 대해 적정한 어슈어런스를 제공하지 못할 리스크를 제기한다.
이 리스크는 이 관리 기능들에 대한 어슈어런스를 아웃소싱하고, 아웃소싱된 서비스 제공자에게 이 분야에 대한 감사 작업 결과를 최고 감사 책임

자가 보고하는 인물 또는 감사위원회에 직접 제출하게 함으로써 관리될 수 있다.

QAIP 힌트

내부 감사 기능은 성숙 모델에서의 핵심 프로세스의 하나로 다음 예와 같이 관리 책임을 포함할 수 있다.

- 5단계 성숙 모델의 2단계에서는 최고 감사 책임자가 관리 책임을 맡는데 이 기능들에 대한 독립적인 어슈어런스를 제공하기 위한 제도는 없다고 적시할 수 있다.
- 3단계는 최고 감사 책임자가 관리 책임을 맡고 있지만, 잠재적인 이해상충을 관리하기 위한 특수한 어슈어런스 제도가 갖추어져 있다고 적시할 수 있다.
- 4단계는 최고 감사 책임자가 어떠한 관리 책임도 맡지 않는다고 적시할 수 있다.

권한

내부 감사 기능의 권한이 명확히 확립될 필요가 있다. 이 권한은 내부 감사인들이 경영진으로부터 적절한 지원을 받고 간섭은 최소화하면서 자신의 직무상의 책임을 수행할 수 있게 해야 한다. 이상적으로는 이 권한은 IIA 기준에 일치하도록 내부 감사 규정에 공식적으로 문서화되어야 한다.

기준 1000 — 목적, 권한과 책임

내부 감사 부서의 목적, 권한과 책임은 내부 감사의 정의, 윤리강령, 기준과 부합하는 내부 감사 규정에서 공식적으로 정의되어야 한다. 최고 감사 책임자(CAE)는 주기적으로 내부 감사 규정을 검토하고 최고경영자와 이사회에 제출하여 승인받아야 한다.

예 8.2는 권한에 관한 어느 내부 감사 규정에서 발췌한 것이다.

예 8.2 어느 내부 감사 규정 중 권한에 관한 부분 발췌문

내부 감사인들은 조직의 모든 부서, 활동, 설비, 자산, 인력, 기록, 기타 감사 작업 수행과 관련된 문서와 정보에 충분하고, 자유롭게, 그리고 제한 없이 접근할 권한이 있다. 법률에 의해 제한되는 경우를 제외하고, 내부 감사 기능의 작업은 제한되지 않는다. 내부 감사 기능은 조직의 모든 프로그램, 활동 또는 기능에 대한 모든 정책, 절차, 그리고 실무 관행을 자유롭게 검토하고 평가한다.

내부 감사 작업 수행 과정에서 접근되었던 모든 기록, 문서와 정보는 오직 이 목적 수행을 위해서만 사용되어야 한다. 최고 감사 책임자는 내부 감사 작업 중 수령한 정보의 비밀을 유지할 책임이 있다.

감사 작업을 수행함에 있어서 내부 감사 기능은 검토된 어떤 활동에 대해서도 어떠한 직접적인 책임도 지지 않는다.

임원의 지원

효과적인 내부 감사 기능은 조직의 고위 경영진과 라인 경영진의 지원을 필요로 한다. 내부 감사 기능에 대한 경영진의 태도는 내부 감사인들에 대한 직원들의 태도에 중대한 영향을 줄 수 있으며, 궁극적으로 내부 감사의 역할을 강화하거나 약화시킬 수 있다.

25년 이상을 최고 감사 책임자로 살아남기

호주 뉴 사우스 웨일즈(New South Wales) 교육부 최고 감사 책임자인 빌 미들턴(Bill Middleton)은 25년이 넘는 기간 동안 최고 감사 책임자로 살아남은 비결을 다음과 같이 공개한다.

- **신뢰받는 조언자가 되라.** 핵심 이해관계자, 특히 감사위원회, 최고경

영자와 좋은 관계를 구축해야 한다.

- **있는 그대로 말하라.** 모든 증거를 가지고 있지 않을 때라도 완전하고 솔직한 조언과 의견을 줄 수 있어야 한다. 중요한 항목에 대해서는 일찍 의견을 제시하는 것이 차이를 만들어 내는 열쇠이다. 모든 상황이 끝나 버린 뒤에 문제가 있다고 말하는 것은 아무런 소용이 없다.
- **고객에 대한 초점을 유지하라.** 가치 있는 조언을 주기 위해서는 고객과 그들의 비즈니스를 알아야 한다.

내부 감사의 권한은 임원의 지원을 통해 강화될 수 있다. 캐드카트(Cathcart)와 카푸어(Kapoor)(2010)는 경영진이 내부 감사 기능을 지원할 수 있는 많은 방법을 제시한다.

- 시니어 감사인들이 주요 경영 위원회와 거버넌스 위원회에 참석할 수 있게 한다.
- 최고 감사 책임자를 임원 위원회 위원으로 삼는다.
- 내부 감사의 중요성에 대한 후원자가 된다.
- 불만족스러운 결과에 대해 상위 임원이 책임을 지게 한다.
- 내부 감사 기능의 발견 사항이 인기가 없을 때 내부 감사 기능을 지지한다.
- 내부 감사 기능의 역할과 경영진의 기대를 정의한다.
- 이 기능에 적절한 재능과 권한을 제공한다.
- 감사 성과를 모니터링하고 정규적으로 피드백을 제공한다.

홀트(Holt)(2012)는 최고의 성과를 내는 내부 감사 기능들은 다양한 운영 영역과 비즈니스 부문 전체를 볼 수 있으며, 이를 통해 조직을 총체적으로 볼 수 있음을 인식한다. 그는 내부 감사는 비즈니스 전략과 전략 달성에 관련된 리스크에 대한 철저한 이해를 반영해야 한다고 믿는다. 내부 감사인들은 통제 환경과 이 전략을 지원하는 인프라스트럭쳐에 기꺼이 도전해야 하며, 오로지 컴플라이언스 기능에만 초점을 맞추는 조직의 경찰력 이상의 존재가 될 필요가 있다. 홀트는 고위 경영진과 조직의 기타 인사들은 내부 감사를 고품질의 도전을 제공하는 기능으로 인식할 필요가 있다고 주장한다.

임원의 지원
최고경영자와 기타 고위 경영진이 내부 감사 기능에 강력하고 가시적인 지원을 제공함으로써 상당한 가치를 얻을 수 있다. 이러한 지원은 직원회의 시 내부 감사 작업의 긍정적인 결과를 언급하고, 직원들에게 보내는 메모에서 내부 감사에 대해 긍정적으로 언급함으로써 수행될 수 있다.

QAIP 팁
내부 감사 기능은 내부 감사인들이 관여하고 있는 전략적 위원회의 숫자와 같은 성과 지표를 포함함으로써 임원의 지원을 균형 스코어카드에 반영할 수 있다.

내부 감사 규정

내부 감사 규정은 내부 감사 전략의 핵심 요소 중 하나이며 IIA 기준 1000을 통하여 그 가치가 인정되고 있다.

일부 내부 감사 기능은 공식적인 규정이 없이 그 목적을 전략적 또는 운영상의 계획에 명시할 수도 있지만, 공식화된 규정은 내부 감사 기능의 직무상 특성을 정의하는 데 도움이 된다. 전략은 내부 감사 기능 사이에 상당한 차이가 있지만, 규정은 내부 감사 기능 또는 내부 감사 기능의 규모나 성격 또는 내부 감사가 그 안에서 운영되고 있는 조직을 불문하고 다수의 보편적인 요소들을 공유해야 한다.

공식적인 규정 제정은 내부 감사의 목적과 권한을 조직 전체의 직원들과 공유할 기회를 제공한다. 감사 규정은 고위 경영진과 감사위원회가 내부 감사의 역할을 볼 수 있도록 해주고, 내부 감사 기능의 전문성을 강화해 준다.

감사 규정은 임무와 목적 외에도 내부 감사 기능이 수행할 감사 작업의 유형, 내부 감사 작업의 성격, 운영 권한, 그리고 지도적 가치들을 포함해야 한다. 이 점이 그림 8.2에 묘사되어 있다.

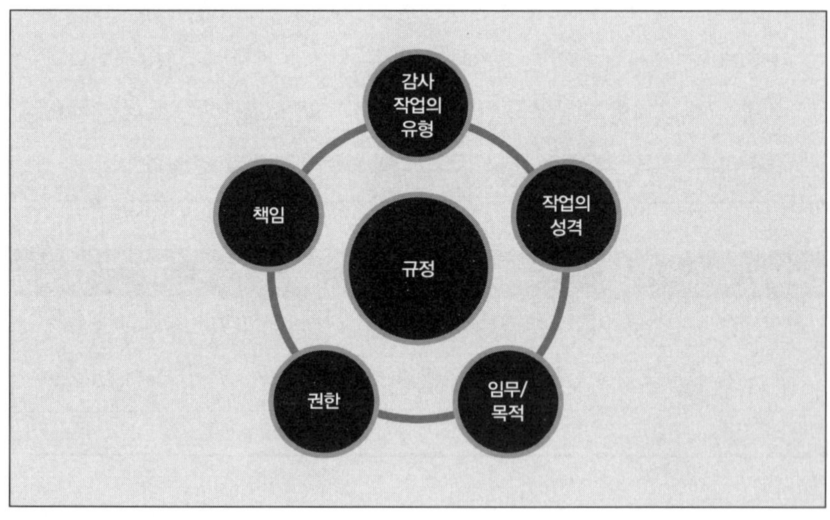

그림 8.2 내부 감사 규정

IIA 기준 1010은 내부 감사 규정이 IIA 내부 감사의 정의 및 IIA의 윤리강령과 기준의 의무적 성격을 인정하도록 요구한다.

기준 1010 – 내부 감사 규정에서 내부 감사의 정의, 윤리강령, 국제 내부 감사 직무 수행 기준의 인정
내부 감사 규정에 내부 감사의 정의, 윤리강령, 국제 내부 감사 직무 수행 기준의 필수적 성격이 인정되어야 한다. 최고 감사 책임자는 내부 감사의

정의, 윤리강령, 국제 내부 감사 직무 수행 기준을 최고경영자 및 이사회와 논의해야 한다.

규정 검토 최고 감사 책임자는 최소 연 1회 감사 규정을 검토하여 감사 규정이 내부 감사 실무, 조직의 필요와 기대를 계속 반영하도록 해야 한다.

보편적인 품질 이슈

내부 감사 기능이 불완전하고, 업데이트되지 않고, 중요한 부분을 빠뜨리고 있는 규정을 가지고 있는 경우가 흔하다. 다음과 같은 기타 품질 이슈들이 있을 수 있다.

- 감사위원회 또는 고위 경영진이 내부 감사 규정을 승인하지 아니함
- 고위 경영진과 감사위원회가 내부 감사 기능의 임무 또는 목적 결정에 적절하게 관여하지 아니함
- 감사 규정에서 IIA의 내부 감사의 정의 인정 결여

QAIP 힌트

내부 감사 기능은 다음과 같은 성과 지표를 포함함으로써 내부 감사 규정을 균형 스코어카드에 반영할 수 있다.

- 내부 감사 규정의 연례 검토
- 내부 감사 규정에 대한 준수가 내부 또는 외부 품질 평가에 의해 입증됨

내부 감사 규정의 품질에 관한 질문

표 8.1은 내부 감사 규정의 품질에 관한 일련의 질문들을 제공한다. 이 질문들은 공식적으로 품질 어슈어런스 및 개선 프로그램 안에 반영될 수도 있고, 보다 덜 공식적으로 상시 평가 활동 안에 반영될 수도 있다. 질문들

은 최고 감사 책임자, 내부 감사인, 또는 감사 이해관계자들에게 다양하게 물어볼 수 있다.

표 8.1 품질 평가 질문

질문	품질의 증거
내부 감사 기능의 목적을 정의하는 내부 감사 규정이 있는가?	내부 감사 규정
내부 감사 규정이 고위 경영진과 이사회에 의해 승인되었는가?	상의 및/또는 승인의 증거
내부 감사 규정이 과거 12개월 이내에 감사위원회에 의해 검토 및 재가되었는가?	검토 및/또는 재가의 증거
내부 감사 규정이 내부 감사 기능의 목적을 정의하는가?	내부 감사 규정
내부 감사 규정이 내부 감사 기능의 권한을 정의하는가?	내부 감사 규정
내부 감사 규정이 내부 감사 기능의 책임을 정의하는가?	내부 감사 규정
(IIA 기준이 사용될 경우) 내부 감사 규정이 IIA 윤리 강령의 필수적 성격을 인식하는가?	내부 감사 규정
내부 감사 기능이 준수해야 할 법률, 규정 또는 정책을 문서화했는가?	공식적인 내부 감사 부서의 문서
내부 감사 규정이 조직 내에서 내부 감사의 위치를 정했는가?	내부 감사 규정
내부 감사 규정 또는 기타 공식 문서가 최고 감사 책임자의 감사위원회에 대한 보고 관계를 명시하는가?	내부 감사 규정 내부 감사 기능의 보고라인을 묘사하는 조직도
최고 내부 감사 책임자가 기능상으로 감사위원회에 보고하는가?	내부 감사 규정 내부 감사 기능의 보고 라인을 묘사하는 조직도
감사위원회가 최고 감사 책임자의 임명, 해임, 보상을 승인하는가?	감사위원회 인터뷰
감사위원회가 최고 감사 책임자의 성과 관리에 적극적으로 관여하는가?	최고 감사 책임자 인터뷰 감사위원회 인터뷰
감사위원회가 내부 감사 예산, 범위, 자원 계획을 승인하는가?	내부 감사 규정 감사위원회 인터뷰
최고 감사 책임자가 감사위원회에 직접 출석하고 감사위원회 위원들과 직접적으로 접촉하는가?	감사위원회 의사록 감사위원회 인터뷰
최고 감사 책임자가 고위 경영진과 감사위원회에 직접적이고 제한되지 않은 접근권을 가지고 있는가?	내부 감사 기능의 보고 라인을 묘사하는 조직도 최고 감사 책임자 인터뷰 고위 경영진과 감사위원회 인터뷰
감사위원회 위원장이 적어도 분기 1회는 최고 감사 책임자와 1대 1로 만남으로써 상부에서의 기조 수립에 기여하는가?	최고 감사 책임자 인터뷰 고위 경영진과 감사위원회 인터뷰

질문	품질의 증거
내부 감사 기능이 비즈니스 부문과 상호 이해와 네트워크를 형성하기에 충분히 밀접한 관계를 유지하면서도 독립성과 객관성을 유지하도록 조직되어 있는가?	최고 감사 책임자 인터뷰 고위 경영진과 감사위원회 인터뷰
조직은 내부 감사 기능을 독립적이라고 인식하고 있는가?	고위 경영진 인터뷰
감사위원회는 내부 감사 기능을 독립적이라고 인식하고 있는가?	감사위원회 인터뷰
내부 감사 기능은 매우 중요한 친구로 여겨지는가, 공평한 관찰자로 여겨지는가?	고위 경영진과 감사위원회 인터뷰
감사 계획 수립 시 내부 감사 기능에 제약이 있다는 증거가 있는가?	고위 경영진과 감사위원회 인터뷰 지지되지 않는 감사 계획 변경
내부 감사 기능이 최고 감사 책임자가 책임을 맡고 있는 활동에 대해 어슈어런스를 제공했다는 증거가 있는가?	수행된 감사 작업 기록
최고 감사 책임자가 자신이 책임을 맡고 있는 활동에 대해 외부의 어슈어런스를 받을 수 있는 프로세스가 있는가?	서면 프로세스(내부 감사 규정에 포함되어 있을 수도 있음)
내부 감사 규정이 감사 수행과 관련된 기록, 물리적 설비와 인력에 대한 접근 권한을 부여하는가?	내부 감사 규정
내부 감사 기능이 조직의 주요 위원회에 적극적인 참여자 또는 관찰자로 참석하는가?	위원회 참여자 리스트 위원회 의사록 고위 경영진과 감사위원회 인터뷰
고위 경영진이 내부 감사 기능이 조직의 주요 위원회에 관여하도록 적극적으로 격려하는가?	고위 경영진 인터뷰 최고 감사 책임자 인터뷰
내부 감사인들의 의견이 귀 기울여지고 가치 있다고 여겨지는가?	고위 경영진과 감사위원회 인터뷰 최고 감사 책임자와 내부 감사 직원 인터뷰
고위 경영진과 감사위원회가 리스크, 통제 이슈에 대해 정규적으로 최고 감사 책임자의 견해를 듣는가?	최고 감사 책임자 인터뷰

결론

효과적인 내부 감사 기능은 명확한 임무와 목적을 가지고 있다. 내부 감사 기능은 경영진과 독립적으로 운영되며 객관적으로 활동을 수행한다. 내부 감사 기능의 권한은 내부 감사 규정에 명시적으로 표시되어야 하며, 상위 경영진과 감사위원회의 조치와 행동을 통해 묵시적으로 증진되어야 한다.

참고 문헌

- Australian National Audit Office. (2011). Public Sector Audit Committee: Independent Assurance and Advice for Chief Executives and Board – Better Practice Guide. http://www.anao.gov.au/Publications/Better-Practice-Guides/2011-2-12/Public-Sector-Audit-Committees.
- Baker, N. (2011). A stronger partnership. Internal Auditor. http://www.theiia.org/intauditor.
- Burch, S. (2011). Building an internal audit function. Internal Auditor. http://www.theiia.org/intauditor.
- Canadian Federal Accountability Act 2006. http://laws-lois-justice.gc.ca/eng/acts/F5.5/page-1.html.
- Cathcart, R., and G. Kapor. (2010). An internal audit upgrade. Internal Auditor. http://www.theiia.org/intauditor.
- Galloway. D. (2010). Internal Auditing: A Guide for the New Auditor. Altamonte Springs, FL: The Institute of Internal Auditors Research Foundation.
- Holt, J. E. (2012). A high-performing audit function. Internal Auditor. http://www.theiia.org/intauditor.
- The Institute of Internal Auditors. (2013). International Professional Practices Framework. Altamonte Springs, FL: The Institute of Internal Auditors.
- The Institute of Internal Auditors. (2009). Modern Internal Audit Activity Charter. 미발표 문서.
- Ratliff, R. L., W. A. Wallace, G. E. Sumners, W. G. McFarland, and H. Nieuwlands. (2006). Sustainability and Internal Auditing. Altamonte Springs, FL: The Institute of Internal Auditors Research Foundation.
- Reding, K. F., et al. (2009). Internal Auditing: Assurance and Consulting Services. Altamonte Springs, FL: The Institute of Internal Auditors Research Foundation.
- Rezaee, Z. (2010). The importance of audit opinions. Internal Auditor. http://www.theiia.org/intauditor.
- Sawyer, L. B., M. A. Dittenhofer, and J. H. Scheiner. (2005). Sawyers Internal Auditing, 5판. Altamonte Springs, FL: The Institute of Internal Auditors Research Foundation.
- Spencer Pickett, K. H. (2012). The Essential Guide to Internal Auditing, 2판. West Sussex, England: John Wiley & Sons.
- Tarling, P. (2012, August). Say it right. Internal Auditor. http://www.theiia.org/intauditor.

PART 4
내부 감사 직원 배치
Internal Audit Staffing

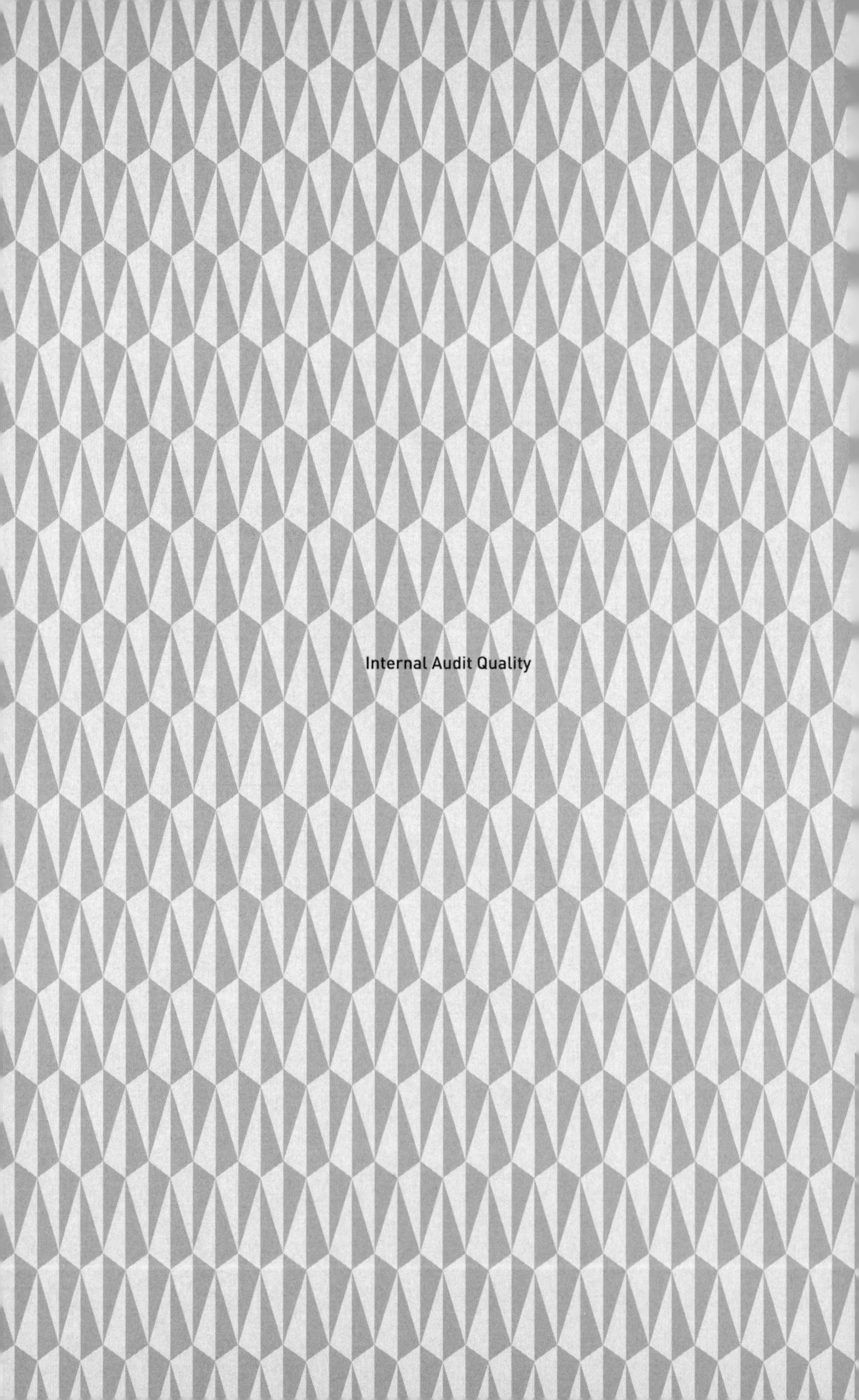
Internal Audit Quality

Chapter 9

내부 감사 직원 배치

가장 좋은 임원은 자신이 원하는 일을 해낼 수 있는 좋은 사람을 선발할 지각과, 직원들이 이 일을 수행할 때 간섭하지 않을 자제력을 지닌 사람이다.

—시어도어 루스벨트(Theodore Roosevelt)

내부 감사는 본질적으로 지식 기반 활동으로서, 내부 감사인들이 생산해내는 산물의 품질에 의존한다. 따라서 내부 감사 기능에 적절한 직원을 배치하는 것이 매우 중요하다.

효과적인 인간 관리는 지속적인 성과 관리뿐만 아니라 자원 배치에 대한 접근법도 고려할 것을 요구한다. 자원 배치의 핵심 요소들은 역량 계획 수립, 채용 및 유지 프로세스, 그리고 서비스 전달 모델에 대한 고려를 포함할 것이다. 이번 장에서는 이 요소들에 대해 자세히 설명한다. 팀 차원과 개인 차원의 성과와 개발 프로세스를 포함한 성과 관리는 10장에서 보다 자세히 논의된다.

역량 계획 수립은 현재 필요한 역량 파악과 향후 필요할 역량에 대한 고려를 요구한다. 내부 감사와 같은 전문적인 활동들은 역량 계획 수립 시 숙달과 능력 요소들을 모두 지니게 될 것이다. 고부가가치의 감사 작업 수행에 요구되는 구체적인 기술과 전문성이 파악되고 다루어질 필요가 있다.

효과적인 내부 감사인들은 기술적인 역량 외에도 조직에서 생산적이고 협력적으로 일을 할 수 있게 해주는 일련의 성품과 속성도 필요로 한다. 효과적인 팀은 다양한 성격 유형을 갖추기 마련인데, 최고 감사 책임자는 어떻게 균형을 이룰 수 있는지 결정할 필요가 있을 것이다.

최고 감사 책임자는 어떤 서비스 전달 모델이 자신의 조직의 필요를 가장 잘 충족시킬 수 있는지 결정해야 한다. 전적으로 자체적으로 수행하는 모델을 채택할 수도 있고, 자체 직원과 외부 서비스 제공자를 결합하는 공동 수행 모델을 채택할 수도 있다. 내부 감사 기능이 적절한 자격과 경험을 갖춘 내부 감사인 풀(pool)에 대한 접근을 확보하기 위한 채용 프로세스와 계약 프로세스는 선택된 서비스 전달 모델에 따라 달라질 것이다.

직원 배치 요소 개요

내부 감사 직원 배치는 고품질의 내부 감사 기능에 대한 3가지 핵심 투입 요소 중 두 번째 요소인 바, 다른 두 가지 요소들은 전략과 직무 수행 관행이다. 내부 감사 직원 배치의 구체적인 요소들이 그림 9.1에 나와 있다.

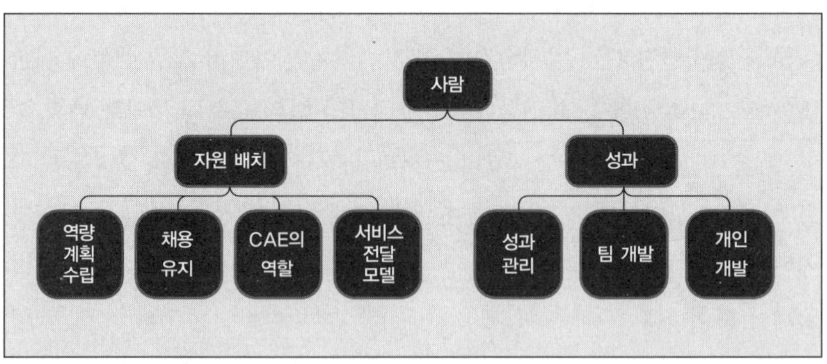

그림 9.1 직원 배치 요소들

헌신적이고 전략적으로 행동하는 직원
싱가포르의 어느 법정 이사회의 최고 감사 책임자 콘스탄스 잉입 츄 고(Constance Ng-Yip Chew Ngoh)는 내부 감사인들이 전략적으로 행동하고 자신이 하는 말에 대해 확신을 가질 필요가 있다고 믿는다. 그들은 효과적 운영에 필요한 헌신, 열정, 또는 신념을 가장할 수 없다.

내부 감사 기능에 좋은 직원과 좋은 리더십이 중요하다는 점은 오랫동안 인식되어 왔다. 2005년에 캐나다 앨버타 주 감사(Auditor General)는 이렇게 말했다.

> 성공적인 내부 감사 부서는 조직의 핵심적인 리스크들에 초점을 맞출 필요가 있음을 이해하는, 잘 훈련되고 비즈니스 지향적인 내부 감사 전문가들에 의해 인도된다. 이러한 전문가들은 전체 내부 감사 부서의 방향, 초점과 내부 감사 프로세스를 결정하고 이를 안내한다. 내부 감사 전문가들은 전통적인 내부 감사 배경을 지닌 사람이 아닐 수도 있다.

내부 감사 기능에 효과적으로 직원을 배치함에 있어서 핵심적인 고려사항들은 사용될 소싱 모델, 채용 관행, 직원의 역량과 능력, 그리고 가용 재무 자원이다. 다른 요소들로는 직무 설계와 유지 관행이 포함된다.

내부 감사 인력에 대한 역량 계획 수립

효과적인 최고 감사 책임자들은 내부 감사 기능 내에서 기술, 경험과 성격의 조합을 최적화한다. 그들은 팀이 현재 및 장래에 필요로 하는 역량에 대해 전략적으로 계획을 세운다. 이 프로세스를 그림 9.2에서 보여준다.

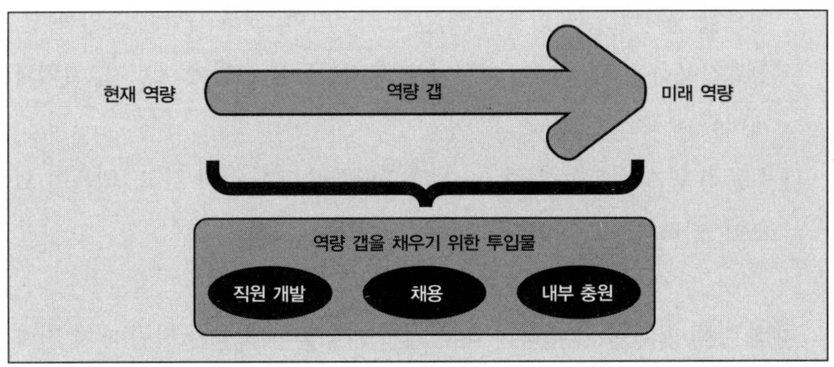

그림 9.2 역량 계획 수립

역량 계획 수립은 개별 포지션 또는 사람에 초점을 맞추기보다는 전체로서의 내부 감사 기능의 기술과 경험을 극대화하고자 한다. 효과적인 역량 계획 수립은 내부 감사 전략과 직원 배치 실무가 밀접하게 연결되게 해줄 것이다. 전략 계획 수립과 자원 계획 수립은 미래의 역량 및 개발 또는 획득 전략이 이 필요 충족에 가장 적합한지에 관련된 질문을 적극적으로 고려한다.

고품질의 내부 감사 기능을 만드는 데 있어서 인재 채용이 중요하기는 하지만, 그 자체로 성장을 보장하는 것은 아니다. 최고 감사 책임자는 또한 직원들이 그 안에서 효과적으로 일할 수 있고, 사람들이 개발되고 지원되며, 필요시 추가적인 기술들이 자체 조달될 수 있는 구조를 개발할 필요가 있다. 이 이슈들은 10장에서 보다 자세하게 논의된다.

최고 감사 책임자들은 적절한 직원 배치 구조를 고려하고 채용 프로세스에서 자신의 팀을 전체적으로 생각할 필요가 있다. 팀 구성은 기술뿐 아니라 성격도 고려해야 한다. 콜(Cole)(2010)은 가장 효과적인 팀은 아래와 같은 특성을 지닌 사람들을 골고루 갖춘다고 제안한다.

- 지배적인 지도자 — 이런 사람들은 그룹의 페이스를 정하고 이를 이끌고 가는 경향이 있다.
- 성실한 사색가 — 이런 사람들은 꼼꼼한 사람들이다. 그들은 정확한 정보를 생산하고, 사안을 주의 깊게 점검하며, 세부 사항을 확인한다.
- 상호작용하는 사교가 — 이런 유형의 사람들은 그룹에 에너지, 열의와 재미를 제공한다.
- 꾸준히 관계를 맺는 사람 — 이런 사람들은 인내심이 있고, 의욕이 있으며, 협력적이고 신뢰할 수 있는 팀원들이다.

자체 수행 및 공동 수행하는 내부 감사 기능들이 적절한 직원 배치 전략을 결정하고 효과적인 인력 계획을 수립할 경우, 지원적인 팀에서 함께 일할 수 있는 적절한 기술과 경험을 갖춘 직원 확보에 도움이 될 것이다.

홀트(Holt)(2012)는 효과적인 내부 감사 책임자들은 인재를 유치하기 위한 환경을 강화하는 한편, 성장 영역과 새로 출현하고 있는 리스크에 미리 대비할 수 있는 중장기 직원 배치 전략에 대한 비전을 가지고 있어야 함을 인식한다.

직원 자원을 통한 가치 극대화하기

싱가포르의 방위 과학 및 테크놀로지국(局) 내부 감사 수장(首長) 탄 펙 렝(Tan Peck Leng)은 최고 감사 책임자들이 직원 자원을 효과적으로 관리함으로써 내부 감사의 가치를 극대화할 가능성이 높다고 믿는다. 그녀는 진정으로 내부 감사 업무를 하고 싶어 하는 직원들을 두는 것이 매우 중요하다고 주장한다. 즉, 내부 감사인들은 자신의 역할에 대해 열정적일 필요가 있다. 그녀는 이상적인 내부 감사인들은 매우 전략적으로 생각하고, 소통 기술이 뛰어나며, 사람들과 잘 어울릴 수 있는 능력을 지니고 있다고 생각한다.

많은 조직들은 내부 자원을 사용하여 내부 감사 작업을 수행하기로 결정할 것이다. 이 경우 최고 감사 책임자가 이러한 자원 확보를 위한 계획을 가지고 있고, 다양한 산출물과 결과 전달에 필요한 특수한 기술에 대한 이해를 갖출 필요가 있다.

숙달과 역량

내부 감사 기능은 팀 전체적으로 감사 작업 수행과 조직의 독특한 필요 모두에 필수적으로 요구되는 지식과 기술을 보유해야 한다. 이는 내부 감사에 대한 조직의 기대와 전달될 감사 작업의 유형에 대한 명확한 이해를 요구한다. 때로는 특정 감사 작업에 내부 감사 기능에서 활용할 수 있는 수준을 뛰어넘는 특별한 기술 또는 경험이 요구되는 경우도 있겠지만, 효과적인 계획 수립 프로세스를 갖추면 최고 감사 책임자가 어떤 소싱 모델이 자신의 조직에 가장 적합한지 결정하는 데 도움이 될 것이다.

역량 계획 수립에 체계적인 접근법을 활용하면, 내부 감사인들이 감사 작업을 할 때 IIA 기준 1200에 따라 숙달과 적절한 전문가적 주의를 기울이고 있음을 입증하는 데 도움이 된다.

기준 1200—숙달과 전문가로서의 적절한 주의

감사 작업(engagement)은 숙달과 전문가로서의 적절한 주의로써 수행해야 한다.

숙달 요건은 IIA 기준 1210에 적시되어 있다.

기준 1210—숙달

내부 감사인은 그들 각자의 책임 수행에 필요한 지식, 기술과 기타 역량을 보유해야 한다. 내부 감사 부서는 전체적으로 부서의 책임 수행에 필요한 지식, 기술과 기타 역량을 보유 또는 취득해야 한다.

직원들은 내부 감사에 대한 완전한 이해를 포함하여 전문가적 숙달을 갖춰야 한다. 이는 직무 수행을 통한 훈련과 공식적인 연수를 통해 획득할 수 있다. 이상적으로는 전문가적 숙달은 IIA의 공인 내부 감사사(Certified Internal Auditor; CIA), ISACA의 공인 정보 시스템 감사인(Certified Information System Auditor; CISA), IIA-호주의 내부 감사 과정 수료증, 또는 IIA-UK의 IIA 과정 수료증, IIA 고급 과정 수료증과 같은 특정 자격증이나 자격 획득을 통해 공고해져야 한다.

내부 감사 기능은 기술적 리서치와 지원에 크게 의존하지 않고서도 조직 안에서 발생하고 있는 사건 또는 활동들을 이해할 수 있는 충분한 지식을 팀 전체적으로 보유해야 한다. 이는 조직에 특수한 분야에 대한 보다 상세한 지식은 물론 회계, 행정, 법률, 재무, 정보 기술과 같은 주제들의 기초에 대한 이해를 필요로 할 수도 있다. 이를 위해 직원들은 일반적으로 (회계, 교양 과목, 또는 법률과 같은) 일반 분야에 대한 자격이나 (엔지니어링, 공공 정책, 보건 과학 또는 환경 과학과 같은) 조직의 성격에 관련된 특수한 자격을 갖추고 있을 것이다.

IIA와 IIA-호주는 내부 감사인들에게 요구되는 핵심 역량들을 제시했다. IIA는 10개의 핵심 역량들로 구성된 역량 프레임워크를 제정했다.

① 직업 윤리: 직업 윤리를 증진하고 적용한다.
② 내부 감사 관리: 내부 감사 기능을 개발하고 관리한다.
③ IPPF: 국제 직무 수행 프레임워크(IPPF)를 적용한다.
④ 거버넌스, 리스크, 통제: 조직에 적절한 거버넌스, 리스크, 통제에 대한 철저한 이해를 적용한다.
⑤ 비즈니스에 대한 통찰력: 비즈니스 환경, 업계 관행, 그리고 조직의 특수한 요인들에 대한 전문성을 유지한다.
⑥ 소통: 영향력 있게 소통한다.
⑦ 설득과 협력: 협력과 협동을 통해 다른 사람들을 설득하고 그들에게 동기를 부여한다.
⑧ 비판적 사고: 프로세스 분석, 비즈니스 인텔리전스, 그리고 문제 해결 기법을 적용한다.
⑨ 내부 감사 수행: 내부 감사 작업을 수행한다.
⑩ 개선과 혁신: 변화를 포용하고 개선과 혁신을 견인한다.

역량 프레임워크들은 흔히 한 팀 안에서의 다양한 역할들에 관련될 수 있다. 내부 감사 기능에서는 이 역할들이 초급 내부 감사인, 시니어 내부 감사인, 감사 매니저, 그리고 최고 감사 책임자로 나누어질 수 있다. 각각의 단계에 요구되는 특정 역량들이 적시되면, 경영진이 특정 역량에 비추어 채용할 수 있도록 도움을 주고, 직원들에게 조직 안에서 발전하기 위해 요구될 수도 있는 개발 필요를 강조해 주기도 한다.

역량 프레임워크 개발
연수 노력에 지향할 방향을 부여하고 직원의 역량을 향상시키기 위한 리더십, 관리, 대인 관계 기술, 지식 영역, 그리고 내부 감사 기준 등과 같은 핵심 역량들에 기초하여 기술과 역량 프레임워크를 개발하라.

직무 설계

최고 감사 책임자들은 자체 내부 감사 직무들이 가치 전달을 최적화하는 방식으로 설계되도록 해야 한다. 직무 설계는 내부 감사 기능마다 다른 바, 보다 대규모 조직에서는 일반적으로 보다 특화된 직무를 수행하도록 지원하고, 소규모 조직에서는 내부 감사인들에게 다양한 직무를 수행할 수 있도록 요구한다.

직무를 효과적으로 설계하려면 최고 감사 책임자가 해당 포지션이 어떤 업무를 수행하는지, 어떤 기술이 요구되는지, 요구되는 경험 수준, 그리고 어떤 종류의 사람이 해당 포지션과 내부 감사 기능에 가장 적합할지 조사하도록 요구한다.

역할과 책임의 명확화 최고 감사 책임자들은 내부 감사인들의 역할과 책임이 명확히 정해지도록 해야 한다. 그렇게 하면 직원들 사이에 책임성 증가를 증진하고 보다 많은 권한 부여를 지원한다.

고객 담당 임원/고객 연락 담당
최고 감사 책임자들은 때로는 시니어 내부 감사 직원을 공식적으로 고객

담당 임원(Account Executive) 또는 고객 연락 담당으로 지정하여, 그에게 조직의 특정 분야에 대한 책임을 맡게 한다. 이렇게 하는 데에는 아래와 같은 긍정적인 면이 있다.

- 내부 감사인 또는 내부 감사 팀이 조직의 특정 분야에 대해 더 많은 지식과 이해를 개발할 수 있게 해준다.
- 내부 감사 기능에 해당 영역에 대한 단일 접촉점을 제공해 준다.
- 고객의 필요에 대해 보다 더 잘 반응할 수 있도록 지원한다.

고객 담당 임원 접근법은 흔히 개별 직원의 역할과 책임과 그들의 권한 수준을 명확히 해주는 책임성 프레임워크를 통해 공식적으로 지원된다.

위임 과제 위임은 개인과 팀을 개발해 줄 뿐만 아니라 자원을 보다 더 효율적으로 사용할 수 있게 해준다. 내부 감사인들은 어떤 활동들이 위임될 필요가 있는지 결정해야 하며, 누구에게 어떤 과제를 위임할지 결정함에 있어서 팀의 역량, 경험 및 개발 필요를 인식해야 한다. 머독(Murdock)(2011)은 활동들을 위임할 때 아래의 사항들을 조언한다.

- 과제를 설명할 시간을 할애한다.
- 직원들에게 해당 과제를 수행할 수 있는 훈련을 제공한다.
- 위임 시 명확한 책임성 기준을 수립한다.
- 위임된 과제에 대해 지나치게 세세한 부분까지 관리함이 없이 피드백을 제공하고, 필요시 지원을 제공한다.
- 위임 프로세스에 대해 피드백을 구한다.

자격 대 경험 엄격히 필요한 것은 아니지만, 전문 자격증을 보유한 직원을 고용하면 내부 감사의 전문가적 지위를 강화한다. 그러나 내부 감사 직원들이 운영 프로세스에 대한 이해를 갖추는 것도 중요하다. 회계와 재무 이외의 분야에서 직원들을 채용하여 그들에게 관련 내부 감사 지식을 습득하도록 지원하면 내부 감사 기능의 신뢰성이 높아질 것이다. 이는 내부 감사 팀에게 무엇이 잘못될 수 있는가보다는 무엇이 올바르게 되어야 하는가라는 관점에서 운영을 생각하는 문화를 증진하도록 도움을 줄 수 있다.

창의적이고 혁신적인 직원

많은 조직들은 전통적으로 내부 감사나 회계 직무를 수행하는 사람들 중에서 내부 감사 직원을 채용했다. 그러나 이러한 채용 방법이 바뀌기 시작했다.

많은 조직들이 자신의 조직의 성격에 특수한 운영 경험을 지닌 내부 감사 직원을 찾고 있다. 이는 자원 개발 회사에서는 엔지니어를, 그리고 의료업에서는 의료 인력을 포함할 수 있다. 점점 많은 최고 감사 책임자들이 창의적이고 혁신적이며, 변화에 적응할 수 있는 직원들을 보유하는 것이 매우 중요하다고 여기고 있다. 그들은 전통적인 자격증을 가치 있게 여기지만, 자격증이 항상 내부 감사인으로서의 성공을 보장하지는 않는다는 점을 인식한다.

개인적 특질

내부 감사의 성격이 바뀜에 따라 내부 감사인들에게 요구되는 개인적 특질과 속성들도 계속 변한다. 내부 감사인들이 분석적 능력과 개념상의 능력을 유지하면서도 뛰어난 대인 관계 기술과 소통 기술을 보유하라는 요구가 점점 더 증가하고 있다. 최고 감사 책임자들은 신규 채용 시 자신의 팀이 어떤 특질과 속성을 필요로 하며, 이들 중 어떤 특질과 속성을 개발할 수 있는지 결정해야 하는 도전에 직면한다.

효과적인 내부 감사인들의 특징 효과적인 내부 감사인들은 다음과 같은 특징들을 보인다.

- 내부 감사 작업을 조직의 전략과 리스크들에 정렬시키는 능력
- 강력한 대인 관계 기술 – 전략적 관계를 형성하고 유지하는 능력을 포함
- 성과에 초점을 맞춘 서비스 전달 능력 – 접근법과 업무 수행에 있어서의 일관성을 포함
- 고도의 인간 관리 기술 – 고품질의 내부 감사 팀 구성과 개발 능력을 포함
- 복수의 우선순위들을 다룰 수 있는 능력
- 높은 수준의 기술적 역량
- 조직의 비즈니스에 대한 양호한 이해

훌륭한 내부 감사인 식별하기

호주 퀸즈랜드 주 보건부 최고 거버넌스 책임자 밥 맥도널드(Bob McDonald)는 내부 감사인으로서의 타고난 능력을 가지고 있는 사람들이 있지만, 사람들에게서 이런 특질을 파악하기는 매우 어렵다고 믿는다. 그는 또한 이러한 타고난 능력은 가르쳐질 수 없다고 믿는다. 그는 내부 감사인들에 매우 중요한 특질과 속성들은 구술 및 서면 소통 능력과 뛰어난 경청 기술(가장 중요한 사항임)이라고 생각한다.

맥도널드는 최고 감사 책임자들이 내부 감사인들을 재무 분야에서만 구하는 보편적인 실수를 저지르고 있다고 생각한다. 그는 훌륭한 내부 감사인들은 자신이 모든 대답을 가지고 있지 않다는 사실을 이해하고 고객들에게 이슈 파악과 해법 발견에 도움을 주도록 요청할 것이라고 믿는다. 이러한 프로세스를 밟다 보면 이 프로세스가 끝나기 전에 문제를 해결하기 시작할 수도 있다.

맥도널드는 최고 감사 책임자들에게 아래와 같은 조언을 제공한다.

- 내부 감사 기능에 운영 매니저들과 전통적인 내부 감사인들을 배치하여 내부 감사와 비즈니스 기술이 잘 조합되게 하라.
- 내부 감사 기능에 조직 규모에 따라 경험이 있는 직원과 주니어 직원이 잘 배합되게 하라(소규모 내부 감사 기능은 최소한 일정 수준의 경험을 지닌 직원을 요구할 수도 있다).
- 내부 감사 직원이 조직과 관련이 있는 운영 경험을 갖추게 하라.

역량 계획 사용을 통한 직원 개발 견인 역량 계획은 개인과 팀 개발 지원을 위한 귀중한 자원을 제공한다. 내부 감사 기능 전체적으로 요구되는 역량들을 결정하고 나면, 최고 감사 책임자들은 역량 계획에 명시된 기준에 비추어 개별 직원들의 기술과 경험을 평가할 수 있다. 최고 감사 책임자들은 이 기준에 비추어 개인들과 협의하여 어떻게 역량 갭이 다루어질 수 있는지, 또는 해당 내부 감사인이 신규 필요에 적합한 인물인지에 대해 결정할 수 있다.

다양성의 가치

동질적인 배경을 지닌 내부 감사인들을 두면 이들을 내부 감사 프로세스에 투입하기가 보다 용이할 것이다. 그러나 다양한 배경의 사람들을 두면 보다 풍부한 인력을 지니게 되므로 이의 가치는 흔히 이로써 발생하는 도전들을 능가할 수 있다. 내부 감사 실무에서 회계 또는 재무적 배경이 없는 사람들을 훈련시키는 것은 더욱더 도전적일 수 있지만, 이는 종종 그들의 분석적 기술과 고품질의 보고서 생산 능력에 의해 균형이 맞춰진다.

QAIP 힌트

내부 감사 기능은 역량 계획 수립을 내부 감사 성숙 모델 또는 균형 스코어카드에 반영할 수 있다.

성숙 모델

내부 감사 기능들은 성숙 모델에 역량 계획 수립을 핵심적인 프로세스 영역의 하나로 포함할 수 있다. 예를 들어, 4단계는 내부 감사 기능이 요구되는 기술과 경험을 적시하는 역량 계획을 갖추고 있고, 직원 채용과 개발이 이 역량 계획과 연계되어 있다고 밝힐 수 있다.

균형 스코어 카드/KPI

내부 감사 기능들은 다음과 같은 성과 지표들을 포함할 수 있다.

- 역량 계획이 매년 검토된다.
- 계획에 적시된 역량 중 현재의 직원들에 의해 충족되는 비율(목표 포함)
- 부문 평균 대비 직원 1,000명 당 평균 내부 감사 직원의 수
- 전체 직원 수 대비 내부 감사 직원 비율(목표 포함)
- 직원들의 평균 근속 연수(목표 포함)
- 내부 감사 경험 연수(목표 포함)
- 현재 감사 영역에 대한 경험 연수(목표 포함)
- 학사 학위 이상의 학위를 보유한 내부 감사인의 비율(목표 포함)
- 전문 자격증의 수/자격증 보유 직원 비율(목표 포함)
- 결근율(목표 포함)
- 내부 감사 직원 이직 수준(목표 포함)
- 감사 팀의 총 직원 수와 신규 모집 수(목표 포함)
- 내부 감사 직원 만족도 수준(목표 포함)
- 내부 감사 직원 불만 수준(목표 포함)

유연 근무 관행

유연 근무 관행 제공은 양질의 직원 유치와 유지에 도움이 될 수도 있다. 이는 또한 직장의 다양성을 지원하고 직원의 사기를 진작할 수도 있다. 유연성은 조직을 일하고 싶은 직장이 되게 하고, 충성심을 강화하고,

결근을 줄일 수 있다. 유연성에 대한 필요와 접근법은 각 조직과 특정 직원의 필요에 따라 결정된다. 이러한 필요들은 팀과 개인의 요건에 따라 변하게 될 것이다.

일부 국가에서는 성별, 가족에 대한 책임과 같은 요인들로 인한 간접적 차별을 피하기 위해 유연 근무 관행을 제공하도록 요구하는 법률을 두고 있다. 호주의 빅토리아 주에는 다음과 같은 요건, 조건 또는 관행을 부과하거나 부과하도록 제안할 경우 간접적인 차별이 발생한다고 규정하는 기회균등법(2010)이 있다.

- 특정 속성을 지닌 사람들에게 불이익을 줄 가능성이 있거나 불이익을 주는 효과가 있는 관행
- 합리적이지 않은 관행

가족 부양 책임이 있는 여성들과 장애인들은 이 법률 하에서 유연 근무 제도 수혜 자격이 있다고 주장해서 이를 관철시켰다.

유연 근무 제도 제공은 모든 직원들이 일관성 있고 투명하게 대우되게 하는 공식화된 정책을 통해 가장 잘 지원될 수 있다. 이 정책은 유연 근무 제도에 영향을 줄 수도 있는 법적 요건이나 업계의 제도들을 감안해야 한다.

유연 근무 제도를 통한 직원 유치

스프링 싱가포르(SPRING Singapore)의 최고 내부 감사인 고 동(Goh Thong)은 유연 근무 제도의 옹호자이다. 그는 파트 타임 직원을 두는 경우 몇 가지 이슈들이 있음을 인정하기는 하지만, 그는 이 이슈들은 그렇지 않으면 특정 포지션에 관심을 보이지 않을 인재들을 유치함으로써 균형이 이루어진다고 믿는다. 그는 높은 윤리성과 소통 능력을 지니고, 사안을 다른 관점에서 볼 줄 아는 능력이 있으며, 이슈들을 총체적으로 분석할 수 있는 능력이 있는 사람들을 직원으로 구하고자 한다. 그는 이런 기술들을 갖춘 사람들을 찾

기는 어려운데, 특히 공공 부문에서 제공하는 보상 수준으로는 그러한 인재들을 구하기가 더욱 어렵지만, 유연한 근무 제도는 이 일자리를 보다 매력적으로 만든다고 말한다.

최고 감사 책임자가 고려해 볼 수 있는 유연한 근무 관행에는 다음 사항들이 포함된다.

- 유연한 시작과 종료 시간을 포함한 유연한 근무 시간
- 파트타임 작업
- 업무 공유
- 장애인이나 시골 또는 지방 거주자와 같이 그렇지 않으면 고용할 수 없는 사람들을 유치하기 위한 재택근무 또는 원격지 근무
- 의료 또는 가족에 대한 의무를 커버하기 위한 유급, 무급 휴가를 포함한 유연한 휴가 제도

적절한 유연성을 제공하는 열쇠는 유연 근무 제도가 제공된 사람들뿐만 아니라 이러한 제도로 인해 영향을 받을 수도 있는 다른 직원들과의 상시적인 협상을 통하는 것이다. 아래의 사항들에 관한 협의가 필요할 것이다.

- 재택근무 또는 원격지 근무와 관련된 건강과 안전 이슈
- 회사 사무실 밖에서 일하는 직원들에 대한 소통 프로세스
- 회사 사무실 밖에서 일하는 직원들에 대한 감독 프로세스
- 특정 시간 또는 장소에서의 직원회의 또는 기타 활동 출석
- 가급적 빨리 정보를 중앙의 보관소에 정리할 필요와 적절한 버전 관리 실무 관행 채택, 그리고 데이터 보안 유지 등 정보 관리 프로세스
- 유연 근무 적용 기간과 시험 기간 필요 여부 또는 특정 시점에 이 제도 종료 여부
- 이 제도가 모든 당사자들에게 상호 유익할지 여부를 결정하기 위한 검토 프로세스

QAIP 힌트

내부 감사 기능은 유연 근무 관행을 내부 감사 성숙 모델 또는 균형 스코어 카드에 반영할 수 있다.

성숙 모델

내부 감사 기능들은 성숙 모델에 유연 근무 관행을 핵심적인 프로세스 영역의 하나로 포함할 수 있다. 예를 들어,

- 5단계 성숙 모델의 2단계는 유연 근무 관행이 제공되지 않는다고 밝힐 수 있다.
- 3단계는 유연 근무 관행이 개인 차원에서 제공된다고 적시할 수 있다.
- 4단계는 유연 근무 관행이 직원들에게 제공되어 이용되고 있으며, 공식적인 정책에 의해 지원된다고 밝힐 수 있다.

균형 스코어 카드/KPI

내부 감사 기능들은 다음과 같은 성과 지표들을 포함할 수 있다.

- 유연 근무 정책의 존재와 연례 업데이트
- 유연 근무 관행이 모든 직원들에게 제공됨
- 유연 근무 관행을 이용하는 직원 비율(목표 포함)

채용과 유지

효과적인 채용 프로세스 시행은 내부 감사 기능에 경쟁 우위를 가져다준다. 채용 프로세스가 효과적인 채용과 선정을 지원할 때 최고 감사 책임자들이 스타급 직원들을 선발하고, 후보자들이 해당 포지션에 매력을 느끼게 될 가능성이 커진다. 그러나 최고 감사 책임자들은 일단 직원이 채용되고 난 뒤에 적절하게 연수를 받고 유지되게 할 필요가 있다.

채용 프로세스

내부 감사 직원 모집과 선발은 고품질의 산출물과 결과물을 내는 데 있

어서 매우 중요한 요소 중 하나이며, 직원 배치는 내부 감사 기능에 대한 주요 투입물 중 하나이다.

최고 감사 책임자는 다양한 모집 선발 기법을 활용할 수 있다. 로우(Louw)(2013)는 "모집 선발에 사용되는 결정 방법은 국가 및 지역마다 다르다. 그러한 결정은 노동법과 해당 조직의 내부 및 외부에서 활용할 수 있는 채용 원천에 의해 좌우된다."고 주장한다. 이로 인해 내부 감사 기능 안의 모집 방법은 조직과 국가마다 다를 것이다. 그러나 궁극적으로 모집의 목표는 그로부터 적절한 사람을 선발할 수 있는 잠재적 후보군을 극대화하는 것이다.

채용 프로세스에서의 첫 단계는 공석(空席)을 확인하고 직무 기술서를 작성하는 것이다. 이 과정들은 채용이 내부 감사 기능의 장기 소싱 모델에 비추어 정당화되고, 직무 기술서가 즉각적인 효과를 발휘하고 장기적 계획 수립에 요구되는 역량들을 다루게 함으로써 역량 계획과 정렬을 이뤄야 한다. 이를 마치고 나면, 최고 감사 책임자는 후보군을 만들어내기 위한 프로세스를 시작해야 한다.

적합한 후보들은 아래와 같은 다양한 방법을 통해 접촉될 수 있다.

- 개인적 접촉과 네트워킹(소셜 네트워킹 포함)
- 신문 광고
- 인터넷 기반 모집 웹사이트
- 소셜 미디어
- 조직의 모집 페이지에 일자리 포스팅
- 직업 박람회
- 모집 회사에 의한 잠재적 후보자 직접 접촉

선발 프로세스는 활용할 수 있는 풀(pool)로부터 가능한 최고의 후보를 선택할 수 있도록 설계된다. 로우(Louw)(2013)에 의하면, 선발 프로세스는 이 일이 후보의 필요를 충족시키는 보상을 어느 정도로 제공하는지와 신청자의 기술, 능력과 경험이 고용인의 필요를 어느 정도로 충족시키는지라는 두 개의 측면과 관련될 것이다. 선발 프로세스는 일반적으로 최소한 다음 중 몇 가지를 포함한다.

- 공식적인 서면 지원서
- 인터뷰
- 능력과 적성 시험
- 심리 테스트
- 신체검사
- 평판 조사(reference checking)

채용 프로세스의 문화적 고려 문화가 다른(cross-culture) 지역에서 적절히 채용하기가 언제나 쉬운 것은 아니다. 펠코너(Falconer)(2008)는 뉴질랜드에서의 채용에 대해 논의하면서 "어떤 문화에서는 '정상적'이라고 여겨지는 사항이 다른 문화에서는 무례하다고 여겨질 수도 있다. 채용 선발 프로세스도 예외가 아니다."라고 경고한다.

펠코너는 일부 문화에서는 지나치게 공손해 보이는 후보자가 다른 문화에서는 예의 바른 것일 수 있다고 주의를 준다. 특정 국가에서는 사회적 관념으로 인해 후보자들이 학력에 초점을 맞추는 곳이 있는가 하면, 기술과 경험에 초점을 맞출 수도 있다. 일부 후보들은 지원서에 모든 문화들에서 보편적이지 않은 종교적 언급(예컨대, "저는 당신이 제 지원서를 고려해 주시기를 신께 기도합니다.")을 할 수도 있다. 그리고 다른 문화들에서는 지원서에 보편적으로 받아들여지지 않거나 법률적으로 허용되지 않는 나이, 결혼 상태와 같은 신상 정보를 포함하도록 요구할 수도 있다.

채용 선발 프로세스 과정에서 이러한 문화적 차이에 대해 고려하면, 양질의 후보들이 부주의하게 간과되지 않게 해줄 것이다.

기초 연수(induction) 직원 기초 연수의 최적화는 직원이 조직의 실무 관행에 정통해지는 데 요구되는 시간을 줄이고, 직원의 사기를 지원한다. 또한 연수 프로그램은 내부 감사 전략에 중점을 두어야 하기 때문에, 이는 내부 감사에 대한 신규 채용 직원의 태도와 접근법을 위한 기조를 설정한다.

효과적인 기초 연수 프로그램은 새로 채용된 직원이 해당 포지션에 요구되는 역량을 모두 다 갖추지는 않을 수도 있음을 인정한다. 일부 최고 감사 책임자들은 사람의 성격을 바꾸기보다는 기술을 가르치기가 더 쉬울 수 있음을 알고서 기술적 역량보다는 태도와 속성에 기초해서 채용할 수도 있다. 따라서 이러한 기술적 갭이 인식되고 이러한 요건을 충족시키기 위한 기초 연수 프로세스를 통해 적절한 교육이 제공될 필요가 있다.

일부 내부 감사 기능들은 새로 채용한 직원들에게 친구 또는 멘토를 배당할 수도 있다. 이는 종종 신규직원에게 소속감을 느끼도록 도움을 줄 수 있다. 그러나 멘토가 내부 감사 전략과 가치에 일치하는 방향으로 새로운 직원을 잘 이끌어주도록 멘토 선정 시 주의를 기울여야 한다.

유지 전략과 분리 전략

유능한 직원 유지는 내부 감사 기능의 장기적 성공에 매우 중요하다. 직원 상실은 조직에 아래와 같은 중대한 손실을 유발할 수 있다.

- 사직 프로세스, 채용 프로세스 관리와 관련된 비용
- 조기 계약 종료와 관련하여 지급하는 금액
- 광고, 출장, 테스트 등 채용 선발과 관련된 직접 비용
- 기초 교육, 훈련 관련 비용
- 고용 초기의 생산성 상실

최고 감사 책임자들은 채용 비용을 인식하는 한편, 과도한 직원 교체와 과도한 장기 보유 사이의 균형을 유지해야 한다. 종종 특정 포지션에 직원

을 너무 오래 두면 너무 짧게 두는 것만큼이나 해로운 경우도 있다. 마찬가지로 시간이 지남에 따라 내부 감사 기능에 대한 기대가 바뀌어서, 일부 직원들이 이 새로운 요구를 충족시킬 역량을 보유하지 못하는 경우도 있다.

퇴직자 인터뷰

퇴사하는 직원에 대한 퇴직자 면담을 실시해서 직장에 보다 많은 유연성이 필요한지 또는 현행 관행들이 공정하고 합리적으로 여겨지는지 판단하라.

승계 계획 수립

좋은 경영진은 현재와 장래의 직원 배치 필요를 모두 고려한다. 대규모 감사 기능은 소규모 조직에 비해 직원들에게 감독 관리 기술을 포함한 다양한 영역에서 발전할 수 있는 기회를 제공하는 구조가 가능하다는 장점이 있다. 승계 계획이 적절하고 공식적인 직무 연수와 결합되면, 직원들은 기회가 오면 보다 상위의 역할을 맡을 수 있는 위치에 있게 될 것이다. 이 승계 계획은 파견, 순환 정책에 의해 한층 더 지원될 수 있다.

직원 이직 줄이기

싱가포르 과학, 기술과 리서치 기구 이사(감사 담당) 카렌 치아(Karen Chia)는 회사 지식을 유지하고 계속 신규 직원을 훈련시키는 것을 피하기 위해 직원의 이직을 줄이기 위해 노력하라고 권한다. 그녀는 이를 궁극적으로 감사의 품질과 조직에 제공하는 가치를 향상시키는 것으로 본다.

직원의 이직을 줄이고 유지를 늘리기 위해 고려할 수 있는 요소들은 다음과 같다.

- 경영진의 스타일의 적절성과 이 스타일들이 직원의 필요를 충족하는지 고려한다. 경영진과 직원들 사이에 나이, 성별, 민족, 또는 교육상의 차이가 있을 경우 이 점이 특히 중요할 수 있다.

- 소통 스타일을 조사한다. 이 스타일이 경영진과 직원 사이의 개방적이고 공유된 소통을 지원하는지 고려한다.
- 직원 개인의 기여를 인정하는 보상정책과 보수 정책
- 적절한 직무 설계와 배정: 직원의 기술과 경험에 상응하는 역할과 책임을 배정한다.
- 직무 능력 개발과 멘토링

파견과 직무 순환 정책

효과적인 파견과 보직 순환은 내부 감사 기능의 집합적인 기술과 경험 풀(pool)을 크게 늘릴 수 있다. 조직 내부의 직원을 감사 부서에 발령을 내면, 이 직원들에게 내부 감사인의 역할에 대해 더 잘 이해할 수 있게 해주고, 또한 그들의 운영상의 지식을 내부 감사팀과 공유할 수 있게 해준다. 마찬가지로 조직의 다른 부서로 파견된 내부 감사 직원들은 내부 감사 부서 안에서는 알 수 없는 깊이 있는 운영 경험을 얻는 한편, 내부 감사 기능에 대한 대사로 활동할 수 있다.

최고 감사 책임자는 일부 감사 작업에 객원 감사인(guest auditors)을 사용하기로 할 수도 있다. 이들은 구체적인 운영 경험을 제공해 줄 수 있으며, 일반적으로 감사의 기술적인 전문성을 제공해 줄 수 있는 내부 감사인과 파트너가 된다.

파견, 직무 순환, 또는 객원 감사인 사용 시, 최고 감사 책임자들은 이해 상충 가능성을 유념해야 한다. 내부 감사 기능의 무결성이 유지될 수 있도록 이해 상충이 적극적으로 관리되어야 한다.

객원 감사인

조직의 다른 부분으로부터의 객원 감사인을 활용하라. 그 경우 다음 사항에 유의하라.

- 감사 대상 영역으로부터 독립적인 사람을 선정하라.
- 그들에게 비밀 준수 약정에 서명하게 하라.
- 내부 감사 기능에 대한 적정한 기초 교육을 제공하라.
- 그들이 내부 감사 방법론을 활용하도록 지원하라.

QAIP 힌트

내부 감사 기능은 채용과 유지를 내부 감사 성숙 모델 또는 균형 스코어카드에 반영할 수 있다.

성숙 모델

내부 감사 기능들은 성숙 모델에 채용과 유지를 핵심적인 프로세스 영역의 하나로 포함할 수 있다. 예를 들어,

- 5단계 성숙 모델의 2단계는 채용/유지 프로세스가 비공식적이고 사안에 따라 처리된다고 밝힐 수 있다.
- 3단계는 채용/유지 프로세스가 내부 감사 정책 또는 조직의 정책에 공식화되어 있다고 적시할 수 있다.
- 4단계는 채용/유지 프로세스가 역량 계획 수립과 정렬을 이룰 수 있다고 밝힐 수 있다.
- 5단계는 객원 감사인, 파견, 직무 순환의 사용을 포함할 수 있다.

균형 스코어 카드/KPI

내부 감사 기능들은 다음과 같은 성과 지표들을 포함할 수 있다.

- 채용 또는 기초 연수에 대한 후보자들의 만족(목표 포함)
- 공석을 성공적으로 채울 때까지 소요된 시간(목표 포함)
- 채용 비용/채용 건당 비용(목표 포함)
- 모든 신규 채용자들에 대한 기초 연수 완료
- 감사 작업에 객원 감사인들이 활용된 횟수(목표 포함)
- 조직의 다른 부분으로 파견된 내부 감사인의 수(목표 포함)
- 내부 감사 부서로 전입해 온 직원의 수(목표 포함)

서비스 전달 모델

한 곳에서 일하는 한 명의 내부 감사인으로 구성된 내부 감사 기능에서부터 전 세계에서 일하는 수백 명(또는 수천 명)의 내부 감사인으로 이루어진 내부 감사 기능에 이르기까지 다양한 규모의 조직이 있을 수 있는 것과 마찬가지로, 이용할 수 있는 소싱 모델도 다양하다.

최상위 단계에서 볼 때, 내부 감사 기능들은 자체 수행, 공동 수행, 또는 아웃소싱될 수 있다. 자체 수행하는 부서들은 완전히 정규직 종일제 근무자들로 채워지거나 파트타임, 임시직 또는 계약직을 포함할 수도 있는 영구적 자체 수행 기능이다. 공동 수행 부서는 자체 직원과 아웃소싱 제공자의 조합으로 이루어진다. 이 형태는 각각의 감사의 요건에 따라 개별 감사 작업에 대해 다양한 서비스 제공자에게 아웃소싱하거나, 하나의 아웃소싱 제공자와 일할 수도 있다. 완전히 아웃소싱된 부서들은 일반적으로 하나의 아웃소싱 제공자와 관여하지만, 다양한 형태의 감사에 대해 다양한 서비스 제공자들을 포함할 수도 있다.

6장에 묘사된 바와 같이 버치(Burch)(2011)는 조직의 규모, 운영의 복잡성, 특화된 기술 요건, 그리고 전 세계적인 수행 등 적절한 소싱 모델 선택 시 최고 감사 책임자들이 고려할 많은 사항들을 적시한다.

선택된 국가에서의 일부 내부 감사 기능들은 감독 환경에 근거하여 특정 소싱 모델을 채택하도록 요구될 수도 있다. 예를 들어, 많은 국가들에서 은행들은 자체 수행 모델을 사용하도록 요구된다.

각각의 소싱 모델과 관련된 장단점이 있는 바, 이 장단점들이 표 9.1에 묘사되어 있다.

아웃소싱과 공동 수행은 조직이 직원 모집과 관련된 노력을 기울이지 않고도 내부 감사 자원에 접근할 수 있게 해준다. 이 모델들은 또한 자체 자원으로 감사 작업을 수행하기가 타당하지 않거나 경제적이지 않을 수도 있는 조직에게도 내부 감사 서비스 전달을 제공해 준다.

표 9.1 소싱 모델들의 장단점

모델	장점	단점
자체 수행	고위 경영진과 운영 경영진과 친숙함 전략과 운영에 대한 이해 프로세스의 일관성 통제 증가 연수의 일관성 지식 이전 — 회사 지식 감사 세션 계획 수립 강화	비즈니스로부터의 단절 현장 방문과 관련된 출장 비용 운영 경영진에 대한 반응도 감소 문화적 단절(언어 또는 문화 장벽)
아웃소싱	전문화, 선도적 관행에 대한 접근 유연한 자원 배정 — 첨두 부하 (peak workload) 커버리지 국제적 커버리지 — 출장 효율성 현지 국가 서비스 제공자를 통한 문화적 반응도 증가 가능성	CAE의 역할을 아웃소싱할 수 없음 — QAIP 오너십 고위 경영진과 운영 경영진에 대한 친숙도 감소 전략과 운영에 대한 이해 감소 프로세스가 일관적이지 않을 가능성 통제 감소 비용 증가 가능성 연수의 비일관성 상위 임원에 대한 반응도 감소 승계 계획 수립 감소 다른 컨설팅 활동 수행 시 독립성 훼손
공동 수행	고위 경영진과 운영 경영진과 친숙함 전략과 운영에 대한 이해 유연한 자원 배정 — 첨두 부하 커버리지 국제적 커버리지 — 출장 효율성 현지 국가 서비스 제공자를 통한 문화적 반응도 증가 가능성 지식 이전 — 회사 지식	고위 경영진과 운영 경영진에 대한 친숙도 감소 전략과 운영에 대한 이해 감소 프로세스가 일관적이지 않을 가능성 통제 감소

외부 기술을 활용하면 조직이 자신의 자원을 적절한 곳에 겨냥할 수 있게 해주고, 자신의 역량 계획 수립 하에서 그 요건을 충족할 수 있게 해준다. 이는 IIA 기준 1210.A1에 반영되어 있다.

기준 1210.A1

최고 감사 책임자는 내부 감사인들이 감사 작업의 전부 또는 일부를 수행하기에 필요한 지식, 기술, 또는 기타 역량을 결여하고 있을 경우 역량이 있는 자문과 지원을 얻어야 한다.

조달 프로세스와 계약 관리

조직들은 다른 조달 및 계약 프로세스를 수행하는 것과 같은 방식으로 내부 감사 서비스 제공자들과 관계를 맺고 그들을 관리해야 한다. 공식적인 조달 프로세스 수행은 공정성, 투명성과 금전을 지불한 가치를 제공해주며, 정실(情實) 관계가 개입했다는 인식을 피하게 해준다. 효과적인 계약 관리는 양질의 내부 감사 작업 전달에 관한 확신을 제공한다. 그림 9.3은 전형적인 조달/계약 관리 프로세스의 개요를 보여준다.

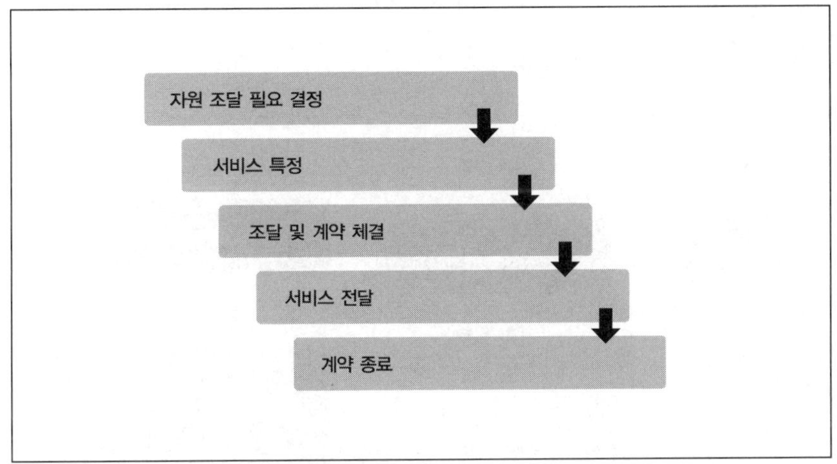

그림 9.3 전형적인 계약 관리 프로세스

자원 조달 필요 결정 최고 감사 책임자들은 전략계획 수립 프로세스와 역량 계획 수립 프로세스의 일환으로 내부 감사를 위한 자원 조달 모델을 고려해야 한다. 그들은 시장에 나서기 전에 요구되는 서비스의 범위에 대해 이해해야 한다. 먼저 내부 감사인을 고용하기보다 외부의 서비스를 조달할 때의 리스크와 효용에 대해 고려해야 한다.

자체 내부 감사 기능과 관련된 비용, 효용, 리스크가 외부 서비스 제공자 고용 시의 경우와 비교되어야 한다. 이 단계에서 고려되어야 할 주요 리스크로는 선호되는 모델에 대한 고위 경영진 또는 감사위원회의 지지를 받지 못할 리스크가 포함된다.

서비스 특정 내부 감사 서비스 조달은 하나의 감사 작업(일반적으로 공동 수행에 사용됨)에서부터 다년간의 전체 서비스 프로그램(대개 하나의 서비스 제공자에게 완전히 아웃소싱하는 경우에 사용됨)까지 다양한 바, 이러한 내용이 그림 9.4에 제시되어 있다.

최고 감사 책임자는 전체 내부 감사 서비스를 하나의 서비스 제공자로부터 구매할지, 아니면 다수의 서비스 제공자로부터 구매할지, 또는 패널 제도를 위한 서비스 제공자들을 미리 선정할지, 또는 개별 감사 작업마다 별도로 조달할지 결정해야 한다.

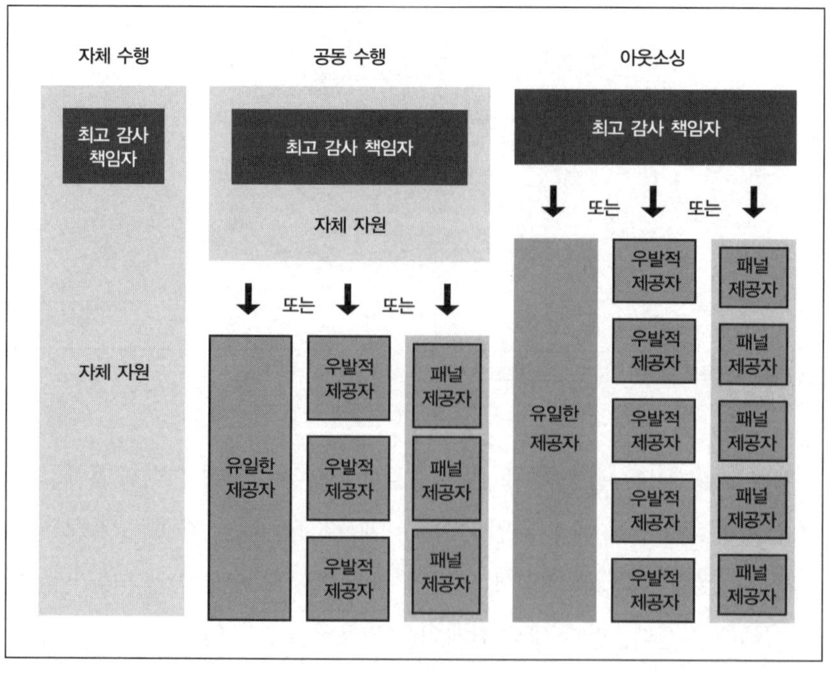

그림 9.4 소싱 모델

이 단계에서 고려해야 할 리스크들에는 개별 조달 활동에 고위 경영진과/또는 감사위원회의 승인을 받지 못할 리스크, 조달 과제를 완료하기 위한 충분한 시간을 배정하지 않는 리스크가 포함된다.

적절한 공동 수행 제공자 수 결정하기

공동 수행은 최고 감사 책임자에게 다양한 유익을 가져다준다. 공동 수행은 일부 기술과 경험을 자체적으로 보유할 수 있게 해주는 한편, 풀 타임(full time)으로 요구되지 않을 수도 있는 특별한 기술의 조달도 가능하게 해준다. 공동 수행은 예기치 않은 직원의 이직을 경험한 내부 감사 기능의 자원 조달을 지원할 수 있으며, 수요가 많은 기간 동안에 추가적인 자원을 제공할 수도 있다. 그럼에도 불구하고, 최고 감사 책임자는 감사위원회와 협의하여 사용될 공동 수행 제공자의 수를 미리 결정해야 한다.

조달과 계약 체결 최고 감사 책임자들은 서비스 제공자의 감사 작업을 위한 투명한 조달 프로세스를 확립하고, 공식적인 계약서를 개발해야 한다. 그들은 완전한 공개경쟁 조달과 선별적 입찰 프로세스의 비용과 효용을 고려해야 한다.

외부 서비스 제공자와의 공식적인 계약서는 일반적으로 중요 이정표와 산출물을 포함하여 감사 작업 또는 서비스의 성격을 정한다. IIA 기준과 같은 전문 직무 기준을 준수할 필요가 있음이 계약 요건으로 포함되어야 하며, 적절한 성과 척도가 계약의 일부로서 합의되어야 한다.

효과적인 계약 성과 척도는 최고 감사 책임자에게 이 계약이 하나의 감사 작업을 위한 것이건 수년간의 서비스에 대한 것이건 계약 기간 전체에 걸쳐 서비스 제공자의 성과를 평가할 수 있게 해줄 것이다. 성과 지표는 사용될 지표와 목표(target)뿐 아니라 측정 분야와 빈도도 정해야 한다. 장기 계약에 대해서는 최고 감사 책임자가 이 척도들을 재검토할 필요가 있을 수도 있다.

영국 재무부(HM Treasury)(2011)는 서비스 제공자와 계약 시 그들이 검토 수행 중 수집하거나 생성하는 모든 정보는 서비스 제공자를 임명한 조직의 재산임을 분명히 하라고 권고한다. 계약은 해당 정보에 충분히 접근할 수 있고, 적절하게 합의된 시점에 인계되며, 정보 관리 정책에 따라 유지되게 해야 한다. 마찬가지로 감사 프로세스에서 생성된 서류는 품질 검토 시 사용할 수 있어야 한다.

표 9.2는 호주 국가 예산 감시국에 의해 권고된 다수의 표준 계약 조항들을 적시한다. 원래 공공 부문 계약을 위해 개발되기는 했지만, 이 요소들은 외부 서비스 제공자들과의 계약에도 유사하게 적용될 수 있을 것이다.

조달과 계약 체결 단계에서 고려해야 될 리스크들에는 다음과 같은 사항들이 포함된다.

- 조달 프로세스에 참여할 적합한 서비스 제공자를 끌어들일 수 없음
- 선정된 모델을 통해 자원을 획득 또는 유지할 수 없음
- 선정된 서비스 제공자에 대한 승인을 받지 못함
- 서비스 산출물이 애매모호한 용어로 묘사됨
- 서비스 기준을 정하지 아니함
- 비용 면에서 효과적인 모니터링을 확립하지 아니함
- 지급을 효과적인 전달에 연계하지 아니함
- 계약 비용의 상한을 두지 아니함

표 9.2 보편적인 계약 조항

접근과 공개	핵심 인력
계약자에 대한 지원 제공	책임과 면책 조항
비밀 정보	지급
이해 상충	벌칙과 인센티브
계약과의 차이	담보와 보증
정보 공개(비밀 유지)	하도급
분쟁 해결	계약 해지와 종료일
보험	서비스 제공자 변경 조항
지적 재산권	하자보증과 목적 적합성

출처: 호주 국가 예산 감시국(2012)

감사 조서와 전문 기준

내부 감사 서비스 제공자와의 계약은 내부 감사 기능이 모든 감사 조서의 소유권을 보유한다는 점을 명시해야 한다. 이는 최고 감사 책임자가 품질 평가 목적상 감사 조서에 접근할 수 있게 해줄 것이다.

또한, 계약은 서비스 제공자가 IIA 기준을 준수하도록 명시해야 한다.

서비스 전달 최고 감사 책임자는 사용되는 소싱 모델에 무관하게 효과적인 내부 감사 서비스를 전달할 책임이 있다. 이 책임에는 자체 수행 및 아웃소싱된 내부 감사인들에게 효과적인 입사 연수를 제공하고 품질 평가 프로세스(이에 대해서는 다음 장에서 보다 자세하기 논의한다)를 개발하는 것이 포함된다.

IIA 기준 2201.A1에 따라 최고 감사 책임자는 아웃소싱된 서비스 제공자에게 감사 작업과 그들의 책임에 대해 서면 양해서를 제공해야 한다.

기준 2201.A1

조직 외부의 관계자와 관련을 맺기로 계획할 때, 내부 감사인들은 목표, 범위, 각각의 책임, 그리고 감사 작업의 결과 배포 제한과 감사 작업 기록에 대한 접근 등 기타 기대들에 관한 서면 이해를 확립해야 한다.

서비스 전달 단계에서 고려해야 할 리스크들은 다음과 같다.

- 조직의 절차와 활동들에 대해 적정한 입사 연수를 제공하지 아니함
- 아웃소싱 서비스 제공자와 최고 감사 책임자 각각의 역할에 대한 명확성 결여
- 서비스 기준과 성과 척도를 모니터하지 아니함
- 지급을 효과적인 전달에 연계하지 아니함

계약 종료 일반적으로 감사 작업이 완료되거나, 계약 기간이 만료되면

아웃소싱된 제공자와의 계약이 종료될 것이다. 그러나 때로는 빈약한 성과 또는 기타 예기치 않은 상황으로 인해 계약이 종료될 필요가 있을 수도 있다. 이 경우, 최고 감사 책임자는 조기 종료의 시사점에 관해 적절한 법률 조언을 구해야 한다.

이 단계에서의 리스크는 다음 사항을 포함할 수 있다.

- 지불한 비용에 대한 가치를 판단함이 없이 기존 계약을 연장함
- 신규 아웃소싱 제공자로 효과적으로 옮겨갈 시간이 적정하지 아니함
- 합의된 시간 안에 감사 조서 또는 기타 자료를 제공하지 아니함
- 상시적인 서비스 제공에 대한 장애
- 조기 종료로 인해 서비스 제공자에 의한 소송으로 비화됨

완전히 아웃소싱된 내부 감사 기능의 품질 확보하기 완전히 아웃소싱된 내부 감사 기능의 경우 활동에 대한 책임이 조직과 서비스 제공자 사이에 공유되기 때문에 이 기능의 품질 측정은 버거운 일이다. 그러나 사용되는 소싱 모델에 무관하게 조직 자체가 효과적인 내부 감사 서비스를 전달할 전반적인 책임을 보유한다. 즉, 조직은 최고 감사 책임자의 역할을 외주 줄 수 없다. 내부 감사 기능을 완전히 아웃소싱하는 경우에도 조직은 내부 인사 중에서 최고 감사 책임자 역할을 수행할 사람을 임명해야 한다. 이 책임자에게 내부 감사를 전담시킬지, 아니면 여러 책임을 같이 맡길지는 조직의 규모와 성격에 의존할 것이다.

공동 수행, 아웃소싱의 장점

드사이(Desai)와 그 동료들(2008)의 연구는 내부 감사의 공동 수행과 아웃소싱 제도는 (경영진을 묵인해 줄 리스크와 그 가능성 평가에 의해 측정할 경우) 자체 수행보다 유리하게 더 객관적이고, 유능하고, 기술이 있으며, 독립적이라고 평가된다는 점을 발견했다. 그러나 그들은 또한 아웃소싱에서 공동 수행을 선호하는 방

향으로 상당히 이동했음도 발견했는데, 이는 매니저들이 공동 수행을 아웃소싱보다 더 우수한 것으로 인식함을 시사한다. 그들은 공동 수행의 주요 장점은 다음과 같다고 설명한다. (1) 전문가의 기술, 지식과 경험에 대한 접근, (2) 내부 감사 기능을 개선할 수도 있는 새로운 관점, 그리고 (3) 예기치 않은 직원 보충 필요를 커버할 수 있음.

공동 수행, 아웃소싱과 관련한 도전

공동 수행, 아웃소싱되는 내부 감사 기능과 관련하여 다음과 같은 많은 도전 과제들이 있다.

- 자체 자원 사용 시의 관리 비용 절감과 개별적인 아웃소싱 또는 공동 수행하는 감사 작업 수행과 관련된 (잠재적) 추가 비용의 균형을 유지하기
- 전문성 구매 대비 전문성 자체 개발 비용의 균형 유지와 각각의 감사 작업 종료 후 이러한 전문성을 상실할 가능성
- 각각의 감사 작업 종료 후 암묵적 지식의 상실 가능성 관리하기
- 특수한 조직 문화와 아웃소싱 또는 자체 수행 쪽으로 기우는 성향이 있는지 이해하기
- 다른 부문들에 대한 전문성과 경험을 지니고 있는 서비스 제공자 발견하기
- 격지, 고립된 지역, 또는 세계적으로 다양한 지역에서 운영하고 있는 조직에 서비스를 전달할 수 있는 서비스 제공자 발견하기
- 이 서비스를 팔았던 사람이 아니라 실제로 감사 작업을 수행하는 내부 감사인의 품질 확보하기(즉, 원래 시니어 직원을 제안하고서 실제로는 주니어 직원을 보내는 경우)
- 조직이 내부 감사를 장래의 재능의 원천으로 사용할 수 있는 능력 상실 문제를 관리하기
- 비밀 유지와 정보 관리 이슈를 관리하는 한편 서비스 제공자들이 조직의 시스템과 도구들에 대해 적절하게 접근하도록 하기

- 내부 감사 규정에 특정 책임의 구분 등 명확한 역할을 제공하기
- 아웃소싱 서비스 제공자가 조직에 들어와 일을 하는 시간을 활용하여 다른 서비스를 비싸게 파는 리스크 관리하기

서비스 제공자의 품질 확보하기

호주 빅토리아 주 운송, 계획과 지방 인프라스트럭쳐 부서 최고 감사 책임자 헨 게인스포드(Hen Gainsford) 박사는 "감사위원회에 제출할 양질의 내부 감사 보고서를 산출하도록 도와주기 위해서는 서비스 제공자와 협력하는 것이 매우 중요하다."고 말한다.

게인스포드 박사는 서비스 제공자의 품질을 확보하기 위한 아래와 같은 전략을 권고한다.

- 계약서 또는 외주 계약서에 서비스 제공자의 핵심 성과 지표를 명시한다. 지식 전수와 관련된 KPI를 이에 포함시킨다.
- 감사 후에 수검자들에 대해 조사를 실시한다. 설문에 대한 응답을 정확하게 분석하여 이에 대해 조치를 취해야 한다.
- 내부 감사 실무자, 서비스 제공자, 관련 이해관계자들과의 주간 회의 일정을 수립한다.
- 이해관계자 관계 확립과 유지 책임을 명확히 정한다. 이에는 외부 감사인과의 관계가 포함된다.
- 내부 감사 기능과 서비스 제공자 양측에 접촉처를 정한다. 이는 일반적으로 최고 감사 책임자와 서비스 제공자의 라인 파트너가 된다.
- 수행된 작업의 질에 관한 대화와 직무상의 존중 증진에 도움이 되기 위해 내부 감사 실무자와 서비스 제공자 팀을 물리적으로 같은 곳에 위치시킨다.
- 서비스 제공자가 조직에서 다른 컨설팅 또는 자문 작업을 수행할 경우 이를 위한 기준과 공개 기준을 정한다.

QAIP 힌트

내부 감사 기능은 소싱 제도에 관한 다음과 같은 성과 지표를 균형 스코어카드에 반영할 수 있다.

- 내부 감사 계획 자체 수행 비중과 아웃소싱 비중(목표 포함)
- 조직의 감사 작업에 배정된 서비스 제공자의 직원 이직(목표 포함)
- 조직의 감사 작업에 배정된 서비스 제공자의 경험 연수(목표 포함)
- 외부 서비스 제공자가 내부 직원과의 학습 공유에 보낸 시간(목표 포함)
- 서비스 제공자에 의해 권고된 보다 나은 관행의 수(목표 포함)
- 서비스 제공자에 의해 밝혀진 체계적인 이슈들의 수(목표 포함)
- 서비스 제공자가 경영진과의 회의에 보낸 시간 비율(목표 포함)

최고 감사 책임자의 역할

내부 감사에 사용되는 소싱 모델 여하에 관계없이 최고 감사 책임자의 역할은 언제나 내부적으로 유지되어야 한다. 이 점은 IIA 기준 1300 및 2070을 통해 강조된다.

기준 1300 — 품질 어슈어런스 및 개선 프로그램

최고 감사 책임자는 내부 감사 부서의 모든 측면을 다루는 품질 어슈어런스 및 개선 프로그램을 개발하고 유지해야 한다.

기준 2070 — 외부서비스 제공자와 내부 감사에 대한 조직의 책임

외부 서비스 제공자가 내부 감사 부서의 역할을 할 때, 서비스 제공자는 효과적인 내부 감사 부서를 유지할 책임이 해당 조직 자신에게 있다는 점을 알게 해야 한다.

최고 감사 책임자의 역할을 내부에 유지하면 다음과 같은 3가지의 장점을 제공한다.

① 서비스 제공자가 일련의 전문 직무 기준에 따라 양질의 내부 감사 기능을 전달하고 있다는 확신을 제공한다.
② 내부 감사가 리스크에 기반을 두고 전략적 우선순위와 정렬을 이루며, 조직의 필요와 기대를 충족하게 해준다.
③ 효과적인 계약 관리를 가능하게 해준다.

최고 감사 책임자의 특성

최고 감사 책임자는 내부 감사 기능의 전반적인 성공을 결정함에 있어서 매우 중요한 역할을 한다. CAE는 품질에 관한 기대를 설정하고, 내부 감사가 조직에 전달할 가치를 결정한다.

감사위원회와 CEO들은 비용을 억제하고 성장과 이익을 제고하면서도 조직을 합법적이고, 윤리적이며, 리스크를 인식하면서 이끌어 가라는 압력을 점점 많이 받고 있다. 그들이 CAE에게 유례없는 리더십과 전반적인 전략에 대한 기여를 기대하는 것도 놀랄 일이 아니다. 오로지 내부 감사만을 수행해 왔던 이전의 CAE들은 이제 더 이상 이사회가 찾는 프로필에 적합하지 않을 수도 있다. 지난 몇 년 동안 여러 사람이 속절없이 물러나야 했다. 오늘날에는 포춘 500대 기업 중 거의 절반의 CAE들이 내부 감사를 수행하지 않던 인사들로 임명되고 있는 것으로 추정된다.

챔버스, 엘드리지, 박(Chambers, Eldridge, and Park)(2010)

CAE가 풀타임 전문가이든 다른 책임들도 함께 맡고 있는 시니어 책임자이든, 최고 감사 책임자는 내부 감사의 품질을 감독할 일차적인 책임을 진다. IIA 기준 하에서는 품질은 3장에서 설명한 품질 어슈어런스 및 개선

프로그램의 개발과 시행을 통해 관리된다.

품질 어슈어런스 및 개발 프로그램은 내부 감사 기능의 품질이 적정하며, 감사 계획이 조직의 필요와 리스크를 다룬다는 확신을 제공한다. 조직은 아웃소싱 제공자가 전문가답고 적절하게 운영하고 있는지 평가하는 프로세스를 갖춰야 한다.

앤더슨(Anderson)(2009)은 핵심적인 최고 감사 책임자의 기술이 적응력, 지속적인 학습, 판단, 그리고 다양성 관리임을 인식한다. 챔버스(Chambers)와 그의 동료들(2010)은 최고 감사 책임자의 성공에 필수적인 일곱 가지 핵심 특성들을 다음과 같이 적시했다.

① 뛰어난 비즈니스 수완
② 역동적인 소통 기술
③ 단호한 올곧음(integrity)과 윤리
④ 폭넓은 경험
⑤ 탁월한 비즈니스 리스크 파악 능력
⑥ 인재 개발 재능
⑦ 흔들리지 않는 용기

좋은 최고 감사 책임자를 만드는 요소

(IIA 영국 및 아일랜드) 감사위원회 위원장이자 전직 IIA 협회 사장 사라 블랙번(Sarah Blackburn) 박사는 좋은 최고 감사 책임자들은 조직의 최상층부와 최하층부 사이의 간극을 메울 수 있다고 믿는다. 그들은 조직의 모든 계층의 사람들과 좋은 관계를 맺을 수 있는 전략적이고 확신에 찬 소통자들이다. 효과적인 최고 감사 책임자들은 또한 감사위원회에 보고 하는 많은 정보들을 통합하고, 위원회 위원들에게 왜라는 질문에 초점을 맞추게 할 수 있다.

내부 감사 기능에 대한 효과적인 리더십 내부 감사 기능이 양질의 결과를 전달함에 있어서 효과적인 리더십이 매우 중요하다. 내부 감사 기능이 계속적인 변화라는 도전을 충족하고 점점 복잡해지는 감사 작업을, 그것도 때로는 자원이 점점 더 줄어드는 상황에서 수행하도록 요구하는 것은 종종 최고 감사 책임자가 감사 팀에 영감을 불어넣고 이들을 동기부여할 수 있는 능력에 의존할 것이다. 위대한 리더십은 내부 감사 기능이 개인으로서 성취할 수 있는 것보다 집단으로서 더 많은 것을 성취할 수 있게 할 것이다.

예 9.1 리더십과 동기부여

고도로 효과적인 팀을 가능하게 하는 중요한 측면 중 하나는 팀 리더가 팀원들에게 동기를 부여할 수 있는 능력이다. 간단히 말하자면, 동기는 목표 달성에 시간과 노력을 투자하려는 의사이다. 팀원들이 동기가 부여되고 자발적으로 참여하는 경우, 성과, 생산성, 사기, 그리고 직원 유지율이 상승한다. 효과적인 리더들은 팀원들에게 중요한 사항을 이해하고 이를 다룸으로써 팀에 동기를 부여하고, 참여를 이끌어 내며, 영감을 준다.

사람마다 자신에게 동기를 부여시키는 요소가 다르기 때문에 팀과 팀원들을 효과적으로 동기를 부여하기 위해서는 리더들이 무엇이 개인들을 동기부여시키는지 이해할 필요가 있다. 리더들은 또한 내면적 동기부여와 외부적 동기부여를 이해하고 이를 구분할 필요가 있다.

본질적으로 내면적 동기부여는 외부의 힘(예컨대, 보상)보다는 그 사람 내부에서 나온다. 대개 내면적 동기부여는 개인적인 자기 존중, 일 자체를 즐기기, 그리고 올바른 일을 하고자 하는 마음 등과 같은 요인들 때문에 일을 잘하고자 하는 욕구에 의해 특징지어진다.

외부적 동기부여는 대개 돈, 승진, 인정 또는 수용과 같은 보상 구조를 포함하는 외부적 요인 때문에 일을 잘 하려는 욕구에 의해 특징지어진다.

어떤 삶이 내면적 요인 또는 외부적 요인(또는 양자의 결합)에 의해 동기부여되든, 효과적인 리더는 그 사람의 기본적인 필요가 무엇인지, 그리고 이러한 필요들을 전체적인 팀 목표에 가장 효과적으로 기여하는 방향으로 전달할 수 있도록 업무가 구조화될 수 있는지 이해할 수 있을 것이다.

출처: IIA-호주 내부 감사 모듈 A 수료증에서 발췌함.

내부 감사 직원 배치 실무 관행에 관한 질문

표 9.3은 내부 감사 직원 관리 프로세스에 관한 일련의 질문들을 제공한다. 이 질문들은 공식적으로 품질 어슈어런스 및 개선 프로그램 안에 반영될 수도 있고, 보다 덜 공식적으로 상시 평가 활동 안에 반영될 수도 있다. 질문들은 최고 감사 책임자, 내부 감사인, 또는 감사 이해관계자들에게 다양하게 물어볼 수 있다.

표 9.3 품질 평가 질문

질문	품질의 증거
내부 감사 직원들이 벅차거나 논란이 있는 이슈들을 다룰 수 있는 지식과 경험을 갖추고 있는가?	직원 역량 및 자원 배치에 대한 평가
직무 기술서가 존재하며, 직무 기술서가 최고 감사 책임자와 내부 감사 직원들의 역할과 책임을 명시하는가?	직무 기술서/직위 기술서 내부 감사 직원 인터뷰
내부 감사 직원의 책임 관계가 명확히 정의되어 있는가?	직무 기술서/직위 기술서 책임성 프레임워크 내부 감사 직원 인터뷰
내부 감사 직원들은 자신의 책임을 명확히 진술할 수 있는가?	내부 감사 직원 인터뷰
직무 기술서가 해당 지위의 의무를 수행할 자격과 경험을 반영하는가?	직무 기술서
내부 감사 직원들은 자신이 맡고 있는 지위에 적절한 자격과 경험을 보유하고 있는가?	직원의 자격과 경험 상세 내역
내부 감사 직원들은 집합적으로 내부 감사 기능이 효과적으로 운영되기 위해 필요한 지식, 기술과 역량을 보유하고 있는가?	내부 감사 직원 인터뷰 직원의 자격과 경험 상세 내역
내부 감사 직원들의 기술, 지식과 역량은 내부 감사 계획의 자원 요건과 정렬을 이루고 있는가?	직원의 자격과 경험 상세 내역 내부 감사 계획
내부 감사 직원들은 효과적으로 운영하기 위해 필요한 속성을 보유하고 있는가?	성과 검토 직원 인터뷰 작업 종료 후 서베이

질문	품질의 증거
최고 감사 책임자는 감사위원회에 경험, 평균 감사 근속 연수, 자격과 자격증을 포함한 감사 역량에 대한 정기적인 벤치마킹을 제공하는가?	감사위원회 의사록
최고 감사 책임자가 적절한 수준의 직원 이동을 유지하기 위해 보유 전략을 세우고 이를 문서화했는가?	인사 정책 또는 문서
최고 감사 책임자가 중요한 회사 지식을 유지하기 위해 승계 계획 수립을 시행했는가?	승계 계획 역량 계획
최고 감사 책임자가 직원들을 개발하고 조직의 지식을 팀에 들여오기 위해 파견 및 직무 순환 전략을 구조화하고 문서화했는가?	승계 계획 역량 계획
내부 감사 직원들에게 유연 근무 제도가 제공되는가?	내부 감사 직원 인터뷰 유연 근무 제도를 공식화하는 문서
우수한 직원을 유치 및 유지하기 위해 내부 감사 직원에게 출장의 적절한 균형이 제공되는가?	내부 감사 직원 인터뷰
최고 감사 책임자가 우수한 직원 유치와 유지 잠재력의 관점에서 직원의 위치를 고려했는가?	내부 감사 직원 인터뷰 역량 계획
예산이 소싱 모델을 반영하고 있으며, 필요시 추가 자원 또는 특별한 자원을 구매할 여력을 포함하는가?	직원 배치 계획이 내부 감사 책임 수행에 요구되는 지식, 기술과 기타 역량에 대한 여유를 둠
최고 감사 책임자가 대안적 소싱 모델의 비용/효용을 고려하였는가?	최고 감사 책임자 인터뷰 고위 경영진 인터뷰
최고 감사 책임자가 자원 배치 모델을 고위 경영진과 감사위원회와 의논하였는가?	고위 경영진과 감사위원회 인터뷰
내부 감사 기능이 외주에 대해 조직의 구매 프로세스를 따랐는가?	계약 문서
최고 감사 책임자가 외부 서비스 제공자의 품질 평가 프로세스를 갖추고 있으며, 이 평가를 품질 평가와 개선 프로그램에 반영하고 있는가?	품질 평가와 개선 프로그램 핵심 성과 지표 정책과 절차 외주 제공자로부터의 정책과 절차에 대한 이해를 보여주는 피드백
품질 평가와 개선 프로그램이 외부 서비스 제공자에 관한 품질 평가 활동을 정하고 있는가?	품질 평가와 개선 프로그램
외부 서비스 제공자와의 계약이 성과 기준과 성과 지표를 정하고 있는가?	서비스 제공 계약서
외부 서비스 제공자에 대한 성과 요건은 양 당사자 모두에게 비용 면에서 효과적인가?	서비스 제공자 성과 척도 서비스 제공자 인터뷰
외부 서비스 제공자에 대한 성과 요건이 이 계약의 전 기간 동안에 걸친 성과를 장려하는가?	서비스 제공자 인터뷰
외부 서비스 제공자의 작업의 품질을 확보하기 위한 정책과 절차가 있는가?	정책과 절차 서비스 제공자 인터뷰

질문	품질의 증거
외주 서비스 제공자에게 작업 결과물 배포와 작업 기록에 대한 접근 제한을 포함하여 작업의 목표, 범위, 각각의 책임과 기타 기대 사항에 관한 서면 양해서가 주어지는가?	외주 작업 메모(memorandum) 서비스 제공자 인터뷰

결론

내부 감사 기능의 효과적인 직원 배치는 적절한 소싱 모델, 목표를 정한 모집 또는 조달 실무 관행, 적절한 내부 감사 역량과 능력, 그리고 충분한 재무 자원에 의존한다.

내부 감사 자원 배정 방법은 조직마다 다를 것이다. 때로는 직원 배치에 관한 의사 결정은 모기업의 일반적인 태도 또는 접근법에 의해 결정될 수도 있다. 다른 경우에는 최고 감사 책임자에게 자신의 직원 배치 모델을 결정할 유연성이 부여될 수도 있다. 그럼에도 불구하고 이 모델들은 흔히 조직의 구조와 필요의 변화에 역동적으로 대응한다.

참고 문헌

- Adams, A. (2010). Changing role of HR. Human Resources, 45–48쪽.
- Anderson, R. J. (2009). Critical skills for CAE success. Internal Auditor. http://www.theiia.org/intauditor.
- Auditor General of Alberta. (2005). Examination of Audit Departments. http://www.oag.ab.ca/files/oag/Examination_IAD.pdf.
- Australian National Audit Office. (2012). Developing and Managing Contracts — Better Practice Guide. http://www.anao.gov.au/~/media/Files/Better%20Practice%20Guides/2012%202013/BPG_ContractManagement/31856%20WNAODeveloping%20%20Managing%20ContractsBPGTextWeb.pdf.
- Bailey, J. A. (2010). Core Competencies for Today's Internal Auditor — CBOK Report III. Altamonte Springs, FL: The Institute of Internal Auditors Research Foundation.
- Burch, S. (2011). Building an internal audit function. Internal Auditor. http://www.theiia.org/intauditor.
- Chambers, A. D., G. M. Selim, and G. Vinten. (1994). Internal Auditing, 2판, London: Pitman Publishing.
- Cole, K. (2010). Management Theory and Practice, 4판. Australia: Pearson.
- Desai, N. K., G. J. Gerard, and A. Tripathy. (2008). Co-sourcing and External Auditor's Reliance on the Internal Audit Function. Altamonte Springs, FL: The Institute of Internal Auditors Research Foundation.

- F맞oner, T. (2008). Recruitment: Dealing with difference — A diverse workforce. New Zealand Management.
- HM Treasury. (2010, July). Good Practice Guide: Audit Strategy. www.hmtreasury.gov.uk
- Holt, J. E. (2012). A high-performing audit function. Internal Auditor. http://www.theiia.org/intauditor.
- The Institute of Internal Auditors. (2013). International Professional Practices Framework. Altamonte Springs, FL: The Institute of Internal Auditors.
- The Institute of Internal Auditors. (2014). Internal Audit Competency Framework. http://global.theiia.org/about/about-internal-auditing/Pages/Competency-Framework.aspx.
- The Institute of Internal Auditors-Australia. (2013). Graduate Certificate in Internal Audit Module 4 Unit 2. 미발행 자료.
- Louw, G. J. (2013). Exploring recruitment and selection trends in the Eastern Cape in South Africa. Journal of Human Resource Management 11(1): 1–10쪽.
- Mosher, R., and D. Mainquist. (2011). The outsourcing relationship. Internal Auditor. http://www.theiia.org/intauditor.
- Murdock, H. (2011). 10 Key Techniques to Improve Team Productivity. Altamonte Springs, FL: The Institute of Internal Auditors Research Foundation.
- Parliament of Victoria (Australia). (2010). Equal Opportunity Act 2010. http://www.legislation.vic.gov.au/Domino/Web_Notes/LDMS/PubStatbook.nsf/f932b66241ecf1b7ca256e92000e23be/7CAFB8A7EE91429CA25771200123812/$FILE/10-016a.pdf.
- Sangeeha, K. (2010). Effective recruitment: A framework . IUP Journal of Business Strategy 7(1): 93–107쪽.
- Sawyer, L. B., M. A. Dittenhofer, and J. H. Scheiner. (2005). Sawyers Internal Auditing, 5판. Altamonte Springs, FL: The Institute of Internal Auditors Research Foundation.

Chapter 10

직원의 성과 관리와 측정

자신의 직원을 돌보는 회사들이 진정으로 잘하는 회사들이다. 나는 우리가 다른 속성들을 더 선호한다고 확신하지만, 이것이야말로 가장 중요한 속성이다.

–리처드 브랜슨(Richard Branson)

내부 감사 직원의 질이 내부 감사 기능의 전반적인 질을 결정할 것이다. 최고 감사 책임자들은 체계적인 직원 성과 관리와 측정 프로세스들을 개발해야 한다. 이 프로세스들은 내부 감사 기능의 필요 역량에 정렬된 기술을 개발하는 한편, 내부 감사인들의 기존 기술과 경험을 최적화하도록 설계되어야 한다.

내부 감사 직원의 성과 관리제도는 전반적인 품질 어슈어런스 및 개발 프로그램과 밀접하게 정렬되어야 한다. 내부 감사 식원들의 성과를 상시직으로 관리해서 그들에게 개선 기회를 제공함으로써 그들이 감사 작업을 잘 수행할 수 있게 해야 한다. 최고 감사 책임자는 또한 내부 감사인들의 전반적인 성과를 정기적으로 검토하여 그들 개인의 성과가 내부 감사 기능의 필요에 얼마나 잘 정렬되어 있는지 파악해야 한다.

평가 관리 프로세스들은 개발 필요들이 손쉽게 파악될 수 있는 방식으로 짜여야 하며, 팀과 개인의 개발 기회들이 이 프로세스 안에 반영되어야 한다. 내부 감사인 개발에 대한 자원 할당은 내부 감사 기능의 장기적인 성공을 위한 투자이다.

전문가적 속성

내부 감사는 기술적 역량 이상을 요구한다. 우수한 내부 감사인들은 이해관계자들과 효과적으로 협력하고 각각의 감사 작업에서 가치를 부가할 수 있게 해주는 일련의 전문가적 속성과 개인적 속성들을 가지고 있다.

전문가로서의 적절한 주의

전문가로서의 적절한 주의는 합리적으로 신중하고 역량이 있는 내부 감사인이 자신의 의무를 수행할 때 적용할 주의와 기술이다. 이 요건은 IIA 기준 1220에 반영되어 있다.

> **기준 1220 — 전문가로서의 적절한 주의**
>
> 내부 감사인은 합리적으로 신중하고 역량이 있는 내부 감사인에게 요구되는 주의와 기술을 적용하여야 한다. 전문가로서의 적절한 주의 의무는 결함이 전혀 없음을 함축하지는 않는다.

감사 작업을 수행함에 있어서 내부 감사인들은 다음 사항을 통해서 전문가로서의 적절한 주의를 보여준다.

- 전문가로서의 적절한 의심을 보이는 한편, 열린 자세와 편향이 없는 마음 자세를 유지한다.
- 고의적인 비리, 오류와 생략, 비효율성, 낭비, 비효과성, 그리고 이해상충 가능성에 대해 경계한다.
- 사기(fraud) 리스크에 대해 인식한다.
- 통제의 부재 또는 부적정을 파악하고 널리 인정되는 절차와 실무 관행 준수를 증진하기 위한 개선을 권고한다.

전문가로서의 적절한 주의 행사는 오류가 없다기보다는 역량과 철저함을 시사한다. 주의의 수준은 수행되는 감사 작업의 목표, 복잡성, 성격, 중요성에 따라 다르기 때문에, 전문가로서의 적절한 주의는 전문가적 판단을 요구한다. 이는 감사 증거의 충분성과 적절성, 그리고 설득력 정도에 대한 고려를 요구한다.

IIA 기준 1220.A1에 따르면, 특정 감사 작업에서 다음과 같은 사항들에 대해 적절한 전문가적 주의가 요구될 것이다.

- 감사 목표 달성에 필요한 작업의 정도
- 어슈어런스 절차들이 적용되어야 할 사안들의 상대적 복잡성, 중요성, 또는 중대성
- 거버넌스, 리스크 관리와 통제 프로세스의 적정성과 효과성
- 중대한 오류, 사기, 또는 미준수 가능성
- 어슈어런스의 잠재적 효용 대비 비용

윤리적 관행

IIA는 이 책의 앞부분에서 소개되었던 윤리 강령을 가지고 있다. 내부 감사 기능들도 자신의 내부 감사 전략의 일부로서 자체의 윤리 또는 가치들을 개발할 수도 있다.

예 10.1 윤리적 의사 결정

내부 감사인들이 이루어진 결정의 윤리성 또는 자신의 윤리적 의사 결정에 관해 판단할 필요가 있는 상황을 직면할 가능성이 있다. 특정 의사 결정의 윤리성을 결정하기 위해 내부 감사인들이 다음과 같은 질문들을 고려하는 것이 유용할 수 있다.

- 사실 관계는 어떠한가, 나는 어떤 가정을 하고 있는가?
- 이 사실들이 내 개인적 가치에 어떤 영향을 주는가, 그리고 구체적으로 어떤 가치들이 영향을 받고 있는가?

- 이 결정이 신문 머리 면에 나올 경우 어떤 기분이겠는가?
- 내 가족과 친한 친구들이 이 결정에 대해 알게 될 경우 어떤 기분이겠는가?
- 이 결정이 내 개인적 또는 인격적 평판에 부정적인 영향을 주겠는가?
- 모든 사람이 똑같은 결정을 하면 무슨 일이 벌어지겠는가?
- 이 결정이 내 가족 또는 친한 친구들에게 직접적으로 영향을 줄 경우에도 나는 동일한 결정을 하겠는가?
- 목적이 수단을 정당화하는가?

객관성

객관성은 내부 감사에 있어서 핵심적인 요소이다. 내부 감사인들은 업무에 있어서 객관성을 보여야 한다. 즉, 편견을 피하고 업무가 투명하고 공정하게 수행되게 해야 한다. 객관성에 관한 요건들은 IIA 기준 1110, 1120, 1130, 1130.A1, 그리고 1130.C2에 명시되어 있다.

기준 1100 — 독립성과 객관성

내부 감사 부서는 독립적이어야 하며, 내부 감사인은 업무수행에 있어서 객관적이어야 한다.

기준 1120 — 개인의 객관성

내부 감사인은 공평무사하고, 편향되지 않는 태도를 가져야 하며 어떠한 이해상충도 피해야 한다.

기준 1130 — 독립성 또는 객관성의 훼손

독립성 또는 객관성이 실제로 또는 외양상 훼손된 경우, 훼손된 구체적 내용을 관련 당사자들에게 공개해야 한다. 공개의 성격은 훼손에 의존한다.

기준 1130.A1

내부 감사인들은 자신이 전에 담당했던 특정 운영에 대한 평가를 삼가야 한다. 내부 감사인이 1년 이내에 책임을 맡았던 업무에 대해 어슈어런스 서비스를 제공할 경우 객관성이 손상된 것으로 간주된다.

기준 1130.C2

내부 감사인들이 제안된 컨설팅 서비스에 관해 잠재적 독립성 또는 객관성 손상 이슈가 있을 경우, 컨설팅 감사 작업을 수용하기 전에 감사 고객에게 이에 대해 공개해야 한다.

성과 관리 프로세스

효과적인 직원 성과 관리는 내부 감사 기능의 역할과 목적 이해, 이 기능으로부터 요구되는 산출물 파악, 이들을 개별 직원들의 배치에 대한 기대와 연결시키는 것으로부터 시작한다. 이상적으로는 내부 감사 전략, 역량 계획, 연간 감사 계획, 그리고 개별 직원들의 책임들이 명확하게 정렬된다. 성과 관리는 직원의 성과에 대한 투명한 계획 수립과 모니터링을 제공한다. 이는 또한 직무에 대한 기대와 목표들이 비즈니스 목표들과 직접적으로 정렬되게 해준다. 성과 관리 프로세스들이 잘 설계되면 직원의 사기와 유지율을 개선시킨다. 그러나 성과 관리를 잘못하면 유능한 직원 상실을 재촉하거나, 바람직하지 않은 가치들과 저조한 성과라는 덫에 빠질 수 있다.

성과 검토/평가

직원들이 성과 피드백을 환영할 수도 있지만, 성과 검토는 여전히 관련된 상사와 직원들에게 벅찬 일이며, 불안도 조성한다. 그럼에도 불구하고 정기적인 성과 평가는 직원의 성과에 영향을 줄 수 있는 효과적인 방법이다. 정기 성과 평가는 합의된 성과 기준을 확립하고, 직원들에게 이 기준에 도달하도록 동기를 부여하며, 상호 피드백을 위한 환경을 조성하고, 개발 필요를 평가하도록 도움을 줄 수 있다. 성과 평가는 또한 객관적이고 법률적으로 방어할 수 있는 인사 관련 결정 토대를 제공한다.

검사 작업 종료 후 검토 일부 최고 감사 책임자들은 각각의 감사 작업 후에 내부 감사인의 성과를 공식적으로 검토한다. 이 평가는 일반적으로 감사 작업의 결과뿐만 아니라, 감사 팀과 개별 감사인들에 의해 취해진 조치들을 커버한다.

감사 작업 종료 후의 검토는 다른 감사들에 영향을 줄 수도 있는 체계적인 이슈가 있을 경우 이 이슈들뿐만 아니라, 감사 방법론과 관련된 이슈들을 찾아낼 수 있는 기회도 제공한다. 이 검토는 감사 고객의 피드백을 반영할 수도 있으며, 내부 감사 기능의 지속적인 개선을 위한 프로세스를 제공한다. 이상적으로는 감사 종료 후의 검토들은 품질 어슈어런스 및 개선 프로그램 내의 상시적 내부 평가 프로세스로서 공식적으로 인식되어야 한다.

연례 직원 평가 많은 조직들은 공식적인 연례 직원 평가를 요구하고 있는 바, 이러한 제도가 있는 조직의 경우 내부 감사 기능은 조직의 직원 평가 모델을 활용해야 한다. 조직 차원의 연례 평가 프로세스가 없는 경우, 최고 감사 책임자들이 내부 감사 역량 계획, 연간 감사 계획, 그리고 개별 직원의 직무 기술에 정렬되도록 연례 직원 평가를 수행해야 한다.

다면 평가 프로세스 다면 평가 프로세스(360-degree process)는 개인들에게 부하, 동료, 매니저, 그리고 때로는 고객들로부터의 피드백이 제공되는 공식 평가 시스템이다. 일반적으로 질문지가 이용되며, 익명으로 피드백이 제공된다. 이 프로세스는 상사가 부하 직원에 의해 수행된 업무에 대해 완전한 감독을 할 수 없을 것이라는 가정 하에, 보다 폭넓은 이해관계자들로부터의 의견을 듣기 위해 고안되었다.

다면 평가는 많은 업무가 혼자서 또는 소규모 팀으로 직접 고객들에 대한 감사를 수행하는 내부 감사인들에 의해 수행되는 내부 감사 기능에 적용될 수 있다.

동료 검토 동료 검토는 다면 평가 프로세스의 응축된 버전으로서, 동료들에 의해 피드백이 제공된다. 동료 검토는 품질 관리팀 접근법을 사용하여, 최고 감사 책임자가 일군의 직원들을 사용하여 표준적인 기준을 개발하고 이를 내부 감사 기능 전체에 걸쳐 시행할 수도 있다.

직원 만족도 서베이 직원 만족도 서베이는 대규모 내부 감사 기능의 풍토 또는 문화에 관한 유용한 정보를 제공할 수 있다. 이 서베이들은 매년 수행될 수도 있고, 정기적인 내부 품질 평가의 일부로 수행될 수도 있다.

QAIP 힌트

내부 감사 기능은 성과 관리 프로세스에 관한 다음과 같은 성과 지표를 균형 스코어카드에 반영할 수 있다.

- 연례 내부 감사 직원 평가 완료 비율(목표 포함)
- 연례 역량 계획 개발과 검토
- 전문성 개발에 할애된 예산 비율(목표 포함)

호주 정부의 공정 직업 옴부즈맨(Fair Work Ombudsman)(2103)은 미흡한 성과를 관리함에 있어서 아래의 핵심 단계들을 적시하는 성과 관리 모범 실무 관행 가이드를 개발했다.

① 문제 파악 — 성과 또는 미흡한 성과의 핵심 동인들을 밝히고 성과 문제가 명확히 밝혀지게 한다.

② 문제 평가와 분석 — 문제의 성격, 심각성, 이 문제가 얼마나 오래되었는지, 기대의 간극이 얼마나 넓은지에 관한 정보를 수집한다.

③ 직원과 만나 문제에 대해 논의 — 문제가 무엇인지, 그것이 왜 문제가 되는지, 그 문제가 직장에 어떤 영향을 주는지 설명한다. 열린(양 방향) 대화를 하고, 해당 직원에게 이 상황에 영향을 주는 모든 사안들을 적시하도록 격려한다.

④ 공동으로 해법 모색 — 직원과 협력하여 이 문제에 대한 해법을 찾아내고(이를 통해 해법에 대한 직원의 수용을 높인다), 명확한 (그리고 합의한) 조치 계획을 개발한다.

⑤ 성과 모니터 — 수시로 (공식, 비공식적) 피드백을 제공하고, 후속 회의를 통해 상황을 검토한다.

팀 개발

야모아(Yamoah)와 마이요(Maiyo)(2013)는 어느 조직이든 효율적인 서비스 제공은 조직의 직원들의 질에 의존한다고 주장한다. 그들은 이렇게 말한다. "직원 연수와 개발은 바람직할 뿐만 아니라, 재능과 지식이 있는 직원을 유지하기 위해서는 경영진이 이에 인적 자원과 재무 자원을 투입해야만 하는 활동이다. 인적 자원 연수와 개발은 직원들이 조직의 목표를 달성하는 방향으로 태도를 변화시키게 하는 프로세스이다."

효과적인 팀

효과적인 팀워크는 양질의 내부 감사의 중요한 요소이다. IIA는 이를 매우 효과적인 내부 감사인들의 7가지 속성(7 Attributes of Highly Effective Internal Auditors)(2013)이라는 문서에서 이렇게 표현한다. "내부 감사가 조사하는 비즈니스 프로세스가 고도로 통합되어 있기 때문에, 다양한 분야의 전문성을 지닌 내부 감사인들의 강도 높은 협력이 요구된다."

팀워크는 잘 수행되면 내부 감사 직원들 사이에 시너지 효과를 내서 각각의 팀원이 따로따로 성취할 수 있는 것보다 더 많은 결과를 낼 수 있게 해준다. 반대로 팀워크가 형편없을 경우 결과의 질 저하, 비효율성, 사기 저하, 성과 관리 이슈, 직원 이직률 증가를 초래할 수 있다.

효과적인 내부 감사 팀은 오랜 시간에 걸쳐 최고 감사 책임자에 의해 세워진다. 터커먼(Tuckman)(1965)은 최초로 전형적인 팀 건설 프로세스를 밝히고 팀 라이프 사이클의 5단계를 묘사했다. 그는 이 단계들을 형성(forming), 갈등(storming), 규범화(norming), 성과 산출(performing), 폐지(adjourning)로 묘사했다. 각각의 단계마다 특징이 다르고 최고 감사 책임자에게 다른 임무를 부여하는바, 그의 일차적인 과제는 팀을 현재 상태에서 보다 높은 단계로 옮기는 것이다. 이때 폐지는 일반적으로 특정 프로젝트를 위해 창설된 일시적인 팀에 국한됨을 감안해야 한다.

팀들은 다양한 단계들에 속해 있으며, 때로는 더 낮은 단계로 후퇴하기도 할 것이다. 그럼에도 불구하고 최고 감사 책임자는 팀 내에서 작동하고 있는 역학에 주의를 기울이고, 필요시 실제로 이들 역할을 강화하기 위해 필요한 조치를 취해 보는 방법을 채택해야 한다.

동기부여와 사기

포르투갈 텔레콤의 최고 감사 책임자 아나 피게이레두(Ana Figueiredo)는 "동기부여와 사기는 효과적인 내부 감사 팀 건설에 매우 중요하다."고 말한다. 피게이레두는 내부 감사인이 된다는 것은 때로는 어려운 일이라고 믿는다. "일반적으로 감사인들은 인기가 없으며, 나쁜 소식을 전해야 하는데, 이로 인해 사기가 저해될 수 있다."

최고 감사 책임자들은 팀의 사기를 유지하기 위해 열심히 노력할 필요가 있다. 피게이레두가 채택한 전략에는 최고 감사 책임자가 칭찬을 받을 경우, 이를 전체 감사 팀 및 관련 팀과 공유하는 것이 포함된다.

피게이레두는 감사 팀과 긴밀한 관계를 맺어야 한다고 믿는다. 그녀는 팀원들에게 그들이 존중받고 있으며 가치가 있다고 여겨지고 있음을 알게 하고, 개인 또는 팀이 주의를 필요로 할 때 이를 인식하라고 권고한다. "때로는 우리가 매우 바쁘고 시간을 내지 못할 수도 있다. 그러나 사람들과 대화하고 그들이 무슨 일을 겪고 있는지 이해하고 있음을 알게 해주는 노력을 기울일 필요가 있다." 직무상 또는 개인적인 도전에 직면해 있는 사람들에게 지원을 제공하면 신뢰를 형성하고 효과적인 리더십을 가능하게 해줄 것이다.

모든 조직들이 고성과에 대해 재무적 보상을 제공할 여유가 있는 것은 아니다. 이 경우 비재무적인 보상 기회를 찾아내는 것이 필요하다. 각 직원이 팀에서 수행하는 역할을 강화하는 것이 이러한 비금전적 보상의 일부가 될 수 있을 것이다. 이에 대해 피게이레두는 이렇게 말한다. "팀을 스타들로 가득 채울 필요는 없다. 떠오르는 스타를 위한 자리가 있을 것이다. 그러나 각광을 받지 않는 것에 만족하고 덜 재미있는 업무를 할 용의가 있는 직원들도 필요하다."

최고 감사 책임자는 팀원 각자의 장단점을 파악하고 이를 활용할 필요가 있다. 매우 분석적인 사람이 과제를 가장 빨리 끝내지 않을 수도 있고, 대인 관계가 뛰어난 사람이 1급의 서면 소통 능력을 보유하지 않을 수도 있다. 궁극적으로 팀에서 올바른 사람을 올바른 곳에 배치하는(적재적소) 균형이 필요하다.

팀 연수

역량 계획은 개인과 팀 개발을 지원하기 위한 귀중한 자원이다. 내부 감사 기능 전체에 필요한 역량을 결정하고 나면, 최고 감사 책임자는 이 계획에 명시된 요건에 비추어 개별 직원들의 기술과 경험을 평가할 수 있다. 그러고 나면 최고 감사 책임자는 감사팀과 이 간극들이 어떻게 다루어질지, 또는 개별 내부 감사인들이 조직에 떠오르고 있는 필요에 적합한 인물인지 결정할 수 있다.

팀 차원의 역량 계획 수립과 평가

내부 감사 기능은 고품질의 내부 감사 작업을 수행하기 위한 기술, 전문성과 경험을 집합적으로 보유해야 한다. 콜(Cole)(2010)에 의하면, 팀 기반 계획 수립은 개인의 필요, 과제의 필요, 팀의 필요를 고려할 필요가 있다.

연수를 역량 프레임워크에 정렬시키기

최고 감사 책임자들은 연수를 내부 감사 역량 계획 또는 능력 개발 계획에 정렬시킴으로써 직원이 직무 연수 활동으로부터 얻을 수 있는 가치를 극대화할 수 있다. 이상적으로는 이 계획은 최고 감사 책임자에 의해 내부 감사 자원 배정을 결정하기 위한 프로세스의 일부로 개발되어야 한다.

최고 감사 책임자가 역량 계획을 개발하지 않았을 경우, 직원 연수 요건을 IIA에 의해 개발된 것과 같은 확립된 (공개적으로 입수 가능한) 역량 프레임워크에 정렬시킬 수도 있다.

전직 싱가포르 중앙 보급 기금 위원회(Central Provident Fund Board)의 내부 감사 수장 아일린 타이(Eileen Tay)는 최고 감사 책임자들에게 직원 연수와 역량 계획을 수립해서 그들이 자신의 직무를 수행할 역량을 키워주라고 권한다. 그녀는 종종 신규 채용 직원의 역량을 개발할 필요가 있는 바, 이는 체계적인 접근법을 통해 가장 잘 수행될 수 있다고 믿는다.

팀 연수는 전체 내부 감사 기능에 직무 능력 개발을 제공하는 효율적인 방법이다. 팀 연수는 직원들이 일관성 있는 메시지를 받게 하고, 직원들에게 일상 업무의 요구에서 벗어나 교류할 수 있는 기회를 가질 수 있게 한다.

팀 연수를 위해서는 사무실 밖에서의 특정 주제 중점 연수, 집단적인 컨퍼런스 참가 또는 관련 분야 전문가 초청 강의 등의 방법을 사용할 수 있다.

팀 연수에 대한 참신한 접근법

팀 연수는 전통적인 실내 연수 방법을 따를 필요가 없다. 다음과 같은 몇 가지 새로운 방법들을 사용할 수 있다.

- 신문 기자를 초청하여 그들이 어떻게 작은 정보 조각들을 분석하여 점들을 연결하고, 매우 제한된 시간 안에 기사를 쓸 수 있는지 직원들에게 강의하게 한다.
- 과학자들을 초청하여 실패한 실험이 어떻게 실제로 완전히 새로운 신상품 개발로 이어질 수 있는지 말하게 한다. 이를 통해 내부 감사인들에 예기치 않은 발견 사항을 이용해 예기치 않은 이슈들을 파악하도록 격려한다.
- 다른 조직들이 직면한 주요 이슈들에 기반한 사례 연구를 개발하여 불리한 사건들의 원인을 찾아내고, 내부 감사인들은 이 조직들이 적절히 대응하도록 어떻게 지원할 수 있을지 고려하게 한다.
- 의료계의 인턴 프로그램을 본떠 대학을 졸업한 내부 감사인 인턴 프로그램 모델을 개발하여 사용한다.

멘토링

멘토링은 보다 경험이 많은 사람이 자신의 지식과 경험을 경험이 적은 사람에게 나누어줄 수 있는 기회를 제공한다. 내부 감사 기능에서는 이는 최고 감사 책임자 또는 다른 시니어 내부 감사 매니저가 한 명 또는 그 이상의 직원들을 개인적으로 조언하는 형태로 수행될 수 있다. 이는 또한 최고 감사 책임자를 포함한 내부 감사 직원이 보다 큰 조직 출신의 시니어 매니저로부터 배우는 방식을 취할 수도 있다.

사로스(Sarros)와 부차스키(Butchatsky)(1996)는 다수의 저명 지도자들과 인터뷰를 실시하고 이로부터 효과적인 멘토링에 관한 아래와 같은 원칙들을 밝혀냈다.

- 멘토들은 그들의 피후견인들을 개발하고 양육한다.
- 멘토들은 약점을 드러내 교정해 주고 장점은 강화해 준다.
- 멘토링은 정직성과 돌보는 태도를 요구하는 어려운 일이다.
- 멘토들은 명확한 사고와 복잡한 프로젝트 관리 기술을 가르친다.
- 멘토들은 특정 직무의 많은 요소들에 대한 인식을 풍부하게 해준다.
- 멘토들은 항상 큰 그림을 보면서 다면적인 접근법을 취한다.
- 멘토들은 야망(개인적)과 자아실현(개인적, 조직적 초점) 사이의 균형을 제공한다.
- 인내와 불굴은 멘토들에 의해 적시되고 강화되는 핵심적인 속성들이다.
- 멘토들은 멘티들에게 새로운 시각으로 도전적인 상황을 보도록 도전할 수 있다.

팀 회의

팀 회의들은 정보와 보다 나은 실무 관행 공유를 촉진함에 있어서 중요한 역할을 한다. 팀 회의는 협동을 지원하며 팀 연수를 위한 기회를 제공한다.

키호에(Keyhoe)와 벤틀리(Bentley)(1989)는 효과적인 팀 회의의 중요성에 대해 논의한다. 다음은 보다 생산적인 회의를 위해 그들이 제공하는 몇 가지 요령이다.

- 회의의 목표를 달성 가능한 범위 내로 제한하고, 이를 미리 회람시킨다.
- 회의 시작 시간과 종료 시간을 정하고 이를 지킨다.
- 돌아가며 사회자 역할을 하고 회의록을 작성할 사람을 지정한다.

- 참여를 격려하되 토의를 통제한다.
- 발언하지 않은 사람에게 질문한다.
- 모든 논의가 목표와 관련이 있게 한다.
- 장황하게 얘기하는 팀원에게 요점을 명확히 하도록 요청한다.

QAIP 힌트

내부 감사 기능은 팀 회의와 관련하여 정규적인 직원회의와 같은 성과 지표를 균형 스코어카드에 반영할 수 있다.

개인의 직무 능력 개발

개인의 직무 능력 개발은 궁극적으로 자신의 경력에 도움이 되기 때문에, 이는 어느 정도 개인의 책임이다. 그러나 개인의 직무 능력 개발을 지원하면 내부 감사 기능과 조직 전체에도 도움이 된다. 직무 능력 개발을 지원하면 내부 감사 기능에 대한 직원의 기여를 극대화하도록 도움을 줄 수 있으며, 또한 잘 개발된 기술과 지식이 조직 전체에 전파될 수도 있다.

IIA를 포함한 많은 전문가 협회들이 지속적인 직무 능력 개발 요건을 두고 있다.

기준 1230—지속적인 직무 능력 개발

내부 감사인은 지속적인 직무 교육을 통해 자신의 지식, 기술과 기타 역량을 향상시켜야 한다.

직무 능력 개발 일수

각각의 직원들에게 매년 최소한의 직무 능력 개발 일수(예컨대, 10일)를 허용하라. 여기에는 공식 연수, 컨퍼런스 또는 워크숍 및 직무상의 네트워킹에 보낸 시간을 포함할 수 있다.

개인 연수

개별 직원의 연수는 보다 넓은 내부 감사 역량 계획과 각각의 포지션의 구체적인 요건들과 정렬을 이루어야 한다. 연수의 필요는 성과 관리 프로세스를 통해 인식되어야 하며, 연수 요건이 충족되도록 적절한 지원이 제공되어야 한다.

내부 감사인 연수는 기술적 이슈, 대인 관계 기술, 또는 관리 영역을 포함할 수 있다. 연수 필요를 (IIA 및 IIA 호주에 의해 개발된 것과 같은) 특정 역량 계획 또는 역량 프레임워크에 연결시키면 내부 감사 기능 내에서 다양한 직급에 대해 보편적으로 인정되는 역량을 결정하는 데 도움이 될 수 있다. 예를 들어, IIA-호주(2010)는 내부 감사인들에 요구되는 네 가지 역량 그룹으로 대인 관계 기술, 기술적 영역, 기준, 그리고 지식 영역을 적시한다.

기술적 영역(technical skills) IIA-호주는 기술적 영역 그룹에서 6가지의 핵심 역량을 적시한다.

① 리서치와 조사
② 비즈니스 프로세스와 프로젝트 관리
③ 리스크와 통제
④ 데이터 수집과 분석
⑤ 문제 해결 도구와 기법
⑥ 컴퓨터 활용 감사 기법(CAATs)

이들 각각의 핵심 역량들에 대해 IIA-호주 역량 프레임워크는 다양한 직위와 경험 수준별로 내부 감사인들에게 기대되는 핵심 속성 또는 기술들을 적시한다.

인간관계 기술 소통과 영향은 효과적인 내부 감사의 중요한 요소들이다. 이들은 뛰어난 인간관계 기술에 의존하며, 직원들은 적절한 인간관계 기술 수준을 습득하기 위해 특별한 훈련을 필요로 할 수도 있다.

IIA-호주는 자신의 역량 프레임워크에서 다음과 같은 4가지 핵심 인간관계 기술들을 적시한다.

① 영향과 소통

② 리더십과 팀워크

③ 변화 관리

④ 갈등 해소

최고 감사 책임자들은 직원들이 필요한 수준의 인간관계 기술을 습득하고 이를 유지하도록 지원하기 위해 적절한 개발 기회를 제공해야 한다.

관리 기술 연수

조직들은 감사 작업을 잘 관리하는 내부 감사인들이 사람과 운영도 잘 관리할 것으로 가정해서는 안 된다. 이 기술들은 그림 10.1에서 볼 수 있는 바와 같이 겹치는 부분도 있지만, 매우 다른 요소들도 지니고 있다.

관리 기술은 직무 수행 중 연수(OJT), 멘토링, 코칭뿐만 아니라 MBA 및 기타 석사 이상 학위와 같은 공식적인 자격, 단기 코스를 통해서도 습득할 수 있다.

전문가 단체 회원 가입과 활동

전문가 단체 회원 가입과 활동의 가치가 과소평가되지 않아야 한다. IIA와 같은 전문가 단체는 동료들과 교류하고, 전문가적 통찰력을 획득하며, 새로 떠오르는 실무 관행들을 발견할 수 있는 기회를 제공한다.

전문가 단체는 또한 내부 감사 기능을 홍보하고 선도적인 내부 감사 실무자를 식별할 수 있는 기회도 제공한다. 이는 내부 감사 기능에 신규 채용할 수 있는 후보자를 파악하여 유치할 수 있는 통로를 제공한다.

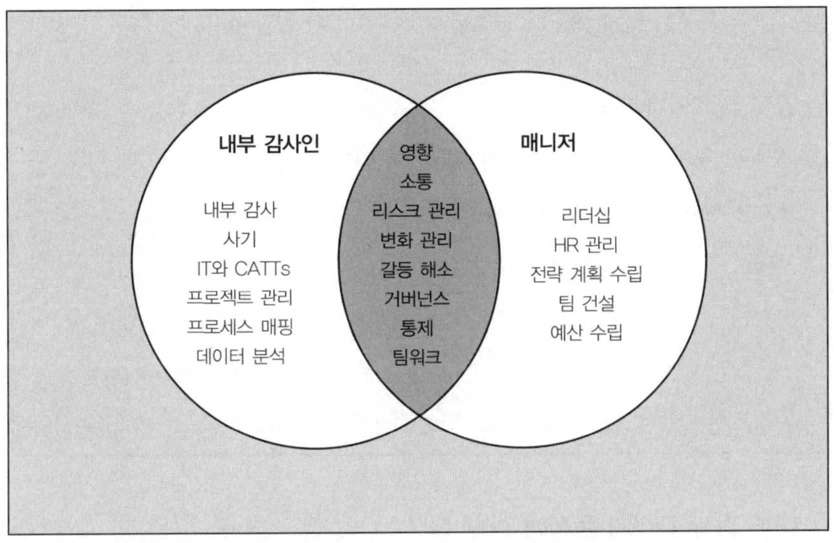

그림 10.1 내부 감사 역량과 관리 역량 세트

QAIP 힌트

내부 감사 기능은 직무 능력 개발을 내부 감사 성숙 모델 또는 균형 스코어 카드에 반영할 수 있다.

성숙 모델

내부 감사 기능들은 직무 능력 개발을 성숙 모델에 핵심 프로세스 영역의 하나로 포함할 수 있다. 예를 들어,

- 5단계 성숙 모델의 2단계는 직무 능력 개발이 제공되지 않거나 일관성 없이 제공된다고 적시할 수 있다.
- 3단계는 직무 능력 개발이 개인의 요건에 기초하여 제공된다고 적시할

수 있다.

- 4단계는 직무 능력 개발이 활동별 연수 계획에 기초하여 제공된다고 적시할 수 있다.
- 5단계는 직무 능력 개발이 널리 인정되는 역량 프레임워크로부터 개발된 공식적인 역량 계획에 기초하여 제공된다고 적시할 수 있다.

균형 스코어카드/KPI

내부 감사 기능들은 다음과 같은 성과 지표들을 개발할 수 있다.

- 개인 연수/개발 계획 이행 비율(목표 포함)
- 내부 감사인당 평균 연수 시간(목표 포함)
- 전문가 협회 회의 참석
- 전문가 단체에 자원자로 참여하고 있는 내부 감사 직원의 수(목표 포함)
- 멘토링 활동에 관여하고 있는 내부 감사인의 수(목표 포함)

내부 감사 규정의 품질에 관한 질문

표 10.1은 내부 감사 직원 개발 프로세스의 품질에 관한 일련의 질문들을 제공한다. 이 질문들은 공식적으로 품질 어슈어런스 및 개선 프로그램 안에 반영될 수도 있고, 보다 덜 공식적으로 상시 평가 활동 안에 반영될 수도 있다. 질문들은 최고 감사 책임자, 내부 감사인, 또는 감사 이해관계자들에게 다양하게 물어볼 수 있다.

표 10.1 품질 평가 질문

질문	품질의 증거
직원 관리 관행은 감사 작업이 숙달과 전문가로서의 적절한 주의로써 수행되리라는 확신을 제공하는가?	감사 작업 감독 작업 종료 후 서베이
내부 감사 직원들은 자신의 내부 감사 작업에 대해 숙달되어 있음을 보여 주는가?	감사 작업 감독 감사 조서 검토

질문	품질의 증거
내부 감사 직원들은 다음 사항들을 고려함으로써 내부 감사 작업(어슈어런스와 컨설팅을 모두 포함)에 대한 전문가적 주의를 보여 주는가? • 고객의 필요와 기대(감사 결과의 성격, 시기와 소통을 포함) • 감사 목표 달성에 필요한 작업의 상대적 복잡성과 정도 • 잠재적 효용 대비 컨설팅 작업의 비용	감사 조서 검토 감사 작업 감독 종료 후 서베이
내부 감사 직원들은 작업을 전문가답게 수행하며 조직 활동에 대한 지장을 최소화하는가?	고위 경영진과 감사위원회 인터뷰
내부 감사 직원들이 감사 목표 달성에 필요한 작업의 정도를 고려했는가?	감사 조서 검토 개별 감사 작업 계획
내부 감사 직원들이 발견 사항의 상대적 중요성을 고려했는가?	감사 조서 검토 종료 후 서베이
고위 경영진은 내부 감사 기능이 통제 붕괴의 근본 원인을 파악할 것으로 확신하는가?	고위 경영진 인터뷰
내부 감사 직원들이 어슈어런스의 비용 대비 잠재적 효용에 대해 고려함을 보여주는가?	감사 조서 검토
최고 감사 책임자와 감사 매니저들이 전략적인 마음자세를 가지고 있는가?	최고 감사 책임자 인터뷰 내부 감사 직원 인터뷰 고위 경영진과 감사위원회 인터뷰 종료 후 서베이
내부 감사 직원들이 행동 강령 또는 윤리 강령에 서명하는가?	내부 감사 직원 행동 강령/윤리 강령
(내부 감사 직원용) 행동 강령 또는 윤리 강령이 IIA의 윤리 강령을 참조하는가?	내부 감사 직원용 행동 강령/윤리 강령
내부 감사 직원들은 감사 작업 수행 시 객관적이고 편향되지 않은 마음 자세를 유지하는가?	감사 조서 검토 고위 경영진 인터뷰 종료 후 서베이
내부 감사 직원들은 감사 작업 수행에 있어서 어떤 종류의 이해 상충도 회피하는가?	최고 감사 책임자 인터뷰
어슈어런스 작업에 대한 객관성 손상이 있는 경우 이에 대해 적절히 문서화한다는 증거가 있는가?	감사 조서 검토
내부 감사 직원들은 자신이 과거 12개월 이내에 관여했던 분야에 대한 어슈어런스 제공을 회피하는가?	최고 감사 책임자 인터뷰
컨설팅 요청을 수용하기 전에 컨설팅 고객에게 독립성 또는 객관성 훼손에 대해 통지한다는 증거가 있는가?	컨설팅 고객의 피드백
내부 감사 직원들에게 정규적이고 공식적인 성과 평가가 제공되는가?	최고 감사 책임자 인터뷰 내부 감사 직원 인터뷰
내부 감사 기능은 내부 성과 평가 프로세스의 일환으로 360도 피드백을 활용하는가?	최고 감사 책임자 인터뷰 직원 인터뷰

질문	품질의 증거
내부 감사 기능은 특히 완료된 감사 작업과 관련하여 동료 검토 프로세스를 채택하는가?	최고 감사 책임자 인터뷰 내부 감사 직원 인터뷰 동료 검토 보고서
내부 감사 기능은 자체 인사 관리와 내부 품질 프로세스의 일환으로 직원 만족도 서베이를 활용하는가?	내부 감사 직원 만족도 서베이
내부 감사 직원들은 전문 자격증 취득을 통해 숙련도를 입증하는가?	내부 감사 직원 연수 대장 직원 자격증 리스트
최고 감사 책임자가 전략적 인적 자원 관리를 할 수 있도록 전략적 역량 계획을 마련했는가?	역량 계획
최고 감사 책임자가 역량 계획 수립의 일부로서 외부 서비스 제공자 활용 가능성을 고려했는가?	최고 감사 책임자 인터뷰 내부 감사 직원 인터뷰
내부 감사 직원들에게 직무 능력 개발 기회가 제공되는가?	연수 대장 최고 감사 책임자 인터뷰 내부 감사 직원 인터뷰
내부 감사 직원들에게 내부 감사 기능 내의 다른 수준들에 예상되는 기술, 지식과 기술, 지식과 속성을 설명하는 명확한 직무 연속성이 있는가?	내부 감사 직원 인터뷰 역량 계획
직무 능력 개발은 내부 감사 직원들이 감사 작업 수행에 필요한 숙련도를 제공하도록 적절히 겨냥되었는가?	내부 감사 직원 연수 계획과 기록
내부 감사 작업을 통해 파악된 개발 필요가 개인의 연수 계획에 피드백되는가?	최고 감사 책임자 인터뷰
최고 감사 책임자가 개별 직원들의 연수 대장을 유지하는가?	연수 대장
필요한 경우 그리고 체계적인 직무 능력 개발 계획에 따라 내부 감사 직원들에게 외부 과정에 참석할 기회가 주어지는가?	내부 감사 직원 연수 계획과 기록 내부 감사 직원 인터뷰
외부 과정이 직무 능력 개발 요건을 충족하고 수강료를 지불할 가치가 있는지 평가되는가?	최고 감사 책임자 인터뷰
내부 감사 직원들이 전문가 또는 업계 컨퍼런스에 참석하는가?	내부 감사 직원 연수 계획과 기록 내부 감사 직원 인터뷰
내부 감사 직원들이 사내 연수에 참석하는가?	내부 감사 직원 연수 계획과 기록 내부 감사 직원 인터뷰
내부 감사 직원들이 온라인 연수를 활용하는가?	내부 감사 직원 연수 계획과 기록 내부 감사 직원 인터뷰
팀 차원의 역량 계획 수립이 사기(fraud)에 대한 인식 고려를 포함하는가?	내부 감사 직원 연수 계획과 기록
팀 차원의 역량 계획 수립이 테놀로지 기반 감사 기법에 대한 고려를 포함하는가?	내부 감사 직원 연수 계획과 기록
직무 능력 개발과 지식 공유를 위해 정규적인 팀 회의가 개최되는가?	최고 감사 책임자 인터뷰 내부 감사 직원 인터뷰 회의록

질문	품질의 증거
최고 감사 책임자가 내부 감사 직원들 사이에 정보를 공유하기 위한 공식 소통 전략을 마련했는가?	내부 감사 소통 전략
내부 감사 직원들에게 팀 건설을 지원하는 연수에 참여할 기회가 제공되는가?	내부 감사 직원 연수 계획과 기록
최고 감사 책임자가 직원들을 위한 공식, 비공식 멘토링 전략을 채택했는가?	최고 감사 책임자 인터뷰 내부 감사 직원 인터뷰
내부 감사 직원들이 전문 단체 회원권을 획득 또는 유지하도록 지원되는가?	전문 단체 회원권 기록 내부 감사 직원 인터뷰
내부 감사 직원들이 전문가 회의에 참석하는가?	내부 감사 직원 인터뷰
최고 감사 책임자가 IIA 또는 기타 관련 전문가 협회를 적극적으로 지원하는가?	최고 감사 책임자 인터뷰
최고 감사 책임자와/또는 시니어 내부 감사 직원이 IIA 또는 관련 전문가 협회 회원인가?	최고 감사 책임자 인터뷰 내부 감사 직원 인터뷰
내부 감사 예산은 직무 능력 개발을 허용하는가?	내부 감사 예산
내부 감사 직원들은 지속적인 학습에 몰입하는가?	내부 감사 직원 인터뷰 직무 능력 개발 기록

결론

내부 감사 기능이 조직에 계속적으로 가치를 부가하기 위해서는 부상하고 있는 동향과 실무 관행들을 따라잡아야 한다. 내부 감사인들이 자신들이 그 안에서 운영하고 있는 비즈니스를 이해해야 한다. 그들은 또한 거버넌스, 리스크 관리와 통제 분야의 전문가가 될 필요가 있다. 모든 내부 감사인들은 경험의 많고 적음에 관계없이 계속적인 직무 능력 개발을 수행해야 한다. 이는 각각의 내부 감사인들의 구체적인 기술과 경험에 맞춰져야 하며, 내부 감사 기능의 전반적인 역량 필요에 관련되어야 한다.

참고 문헌

- 호주 정부 공정 직업 옴부즈맨. (2013). Best Practice Guide — Managing Underperformance. http://www.fairwork.gov.au/BestPracticeGuides/09-Managing-underperformance.pdf.
- Birkett, W. P., M. R.. Barbera, B. S. Leithead, M. Lower, and P. J. Roebuck. (1999). Assessing Competency in Internal Auditing, Structures and Methodology. Altamonte Springs, FL: The

Institute of Internal Auditors Research Foundation.
- Cole, K. (2010). Management Theory and Practice, 4판. Australia: Pearson.
- Godbehere, S. (2005). Measuring staff performance. Business Credit 107(10): 49–50쪽.
- The Institute of Internal Auditors. (2013). International Professional Practices Framework. Altamonte Springs, FL: The Institute of Internal Auditors.
- The Institute of Internal Auditors. (2013). 7 Attributes of Highly Effective Internal Auditors. http://na.theiia.org/news/Documents/7%20Attributes%20of%20Highly%20Effective%20Internal%20Auditors.pdf.
- The Institute of Internal Auditors – Australia. (2010). Internal Audit Competency Framework. 미발행 자료.
- Keyhoe, D., and M. Bentley. (1999). Tips for Managers. Perth, Australia: Bentley Keyhoe Consulting Group.
- Saros, J. C., and O. Butchatsky. (1996). Leadership: Australia's Top CEOs — Finding Out What Makes Them the Best: Sydney: HaperCollins.
- St. James Ethics Centre. (2013). Ethical Decision Making. http://www.ethics.org.au/content/ethical-decision-making.
- Tuckman, B. (1965). Developmental sequence in small groups. Psychological Bulletin (63): 383-399쪽.
- Verschoor, C. C. (2007). Ethics and Compliance — Challenges for internal Auditors. Altamonte Springs, FL: The Institute of Internal Auditors Research Foundation.
- Yamoah, E. E., and P. Maiyo. (2013) Capacity building and employee performance. Canadian Social Science 9(3): 42–45쪽.

PART 5
내부 감사 실무 관행
Internal Audit Professional Practices

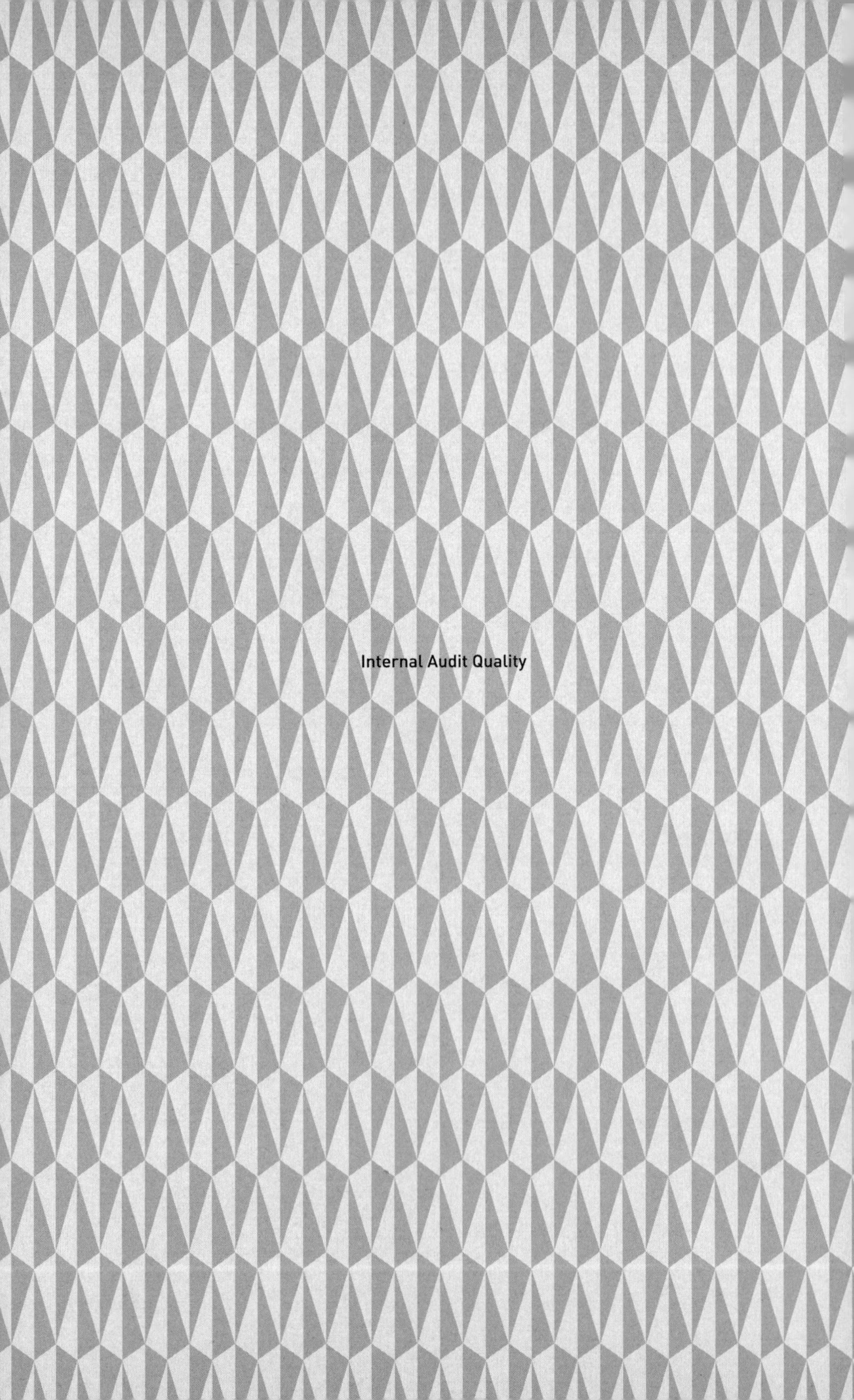

Internal Audit Quality

Chapter 11

내부 감사 실무 관행

조직화는 무엇인가를 할 때 모든 것이 엉망이 되지 않도록 미리 준비하는 것이다.

–밀른(A. A. Milne)

고품질의 내부 감사에서의 열쇠 중 하나는 직관, 지능, 통찰력, 계획 수립, 유연성, 창의성의 올바른 조합을 발견하는 것이다. 훌륭한 내부 감사인들은 전략적으로 영향을 주는 사람들인 동시에 공감하는 경청자가 되어야 하며, 최고 감사 책임자들은 상황 발생 후 대응과 선제적 조치 사이의 균형을 유지할 필요가 있다.

내부 감사인들은 독립성과 객관성을 확보하기 위해 체계적이고 훈련된 접근법을 채택할 필요가 있다. 내부 감사 기능이 공식화된 절차를 채택하고, 모든 내부 감사 직원들이 이를 이해하고 준수할 때 이렇게 될 가능성이 높아진다.

내부 감사 실무 관행의 요소들

실무 관행은 고품질의 내부 감사에 대한 세 종류의 투입물 중 세 번째 요소이다. 다른 두 개의 투입 요소들은 이 책의 앞에서 설명된 전략과 직원 배치이다. 실무 관행들을 구성하는 개별 요소들이 그림 11.1에 묘사되어 있다.

그림 11.1 내부 감사 실무 관행의 요소들

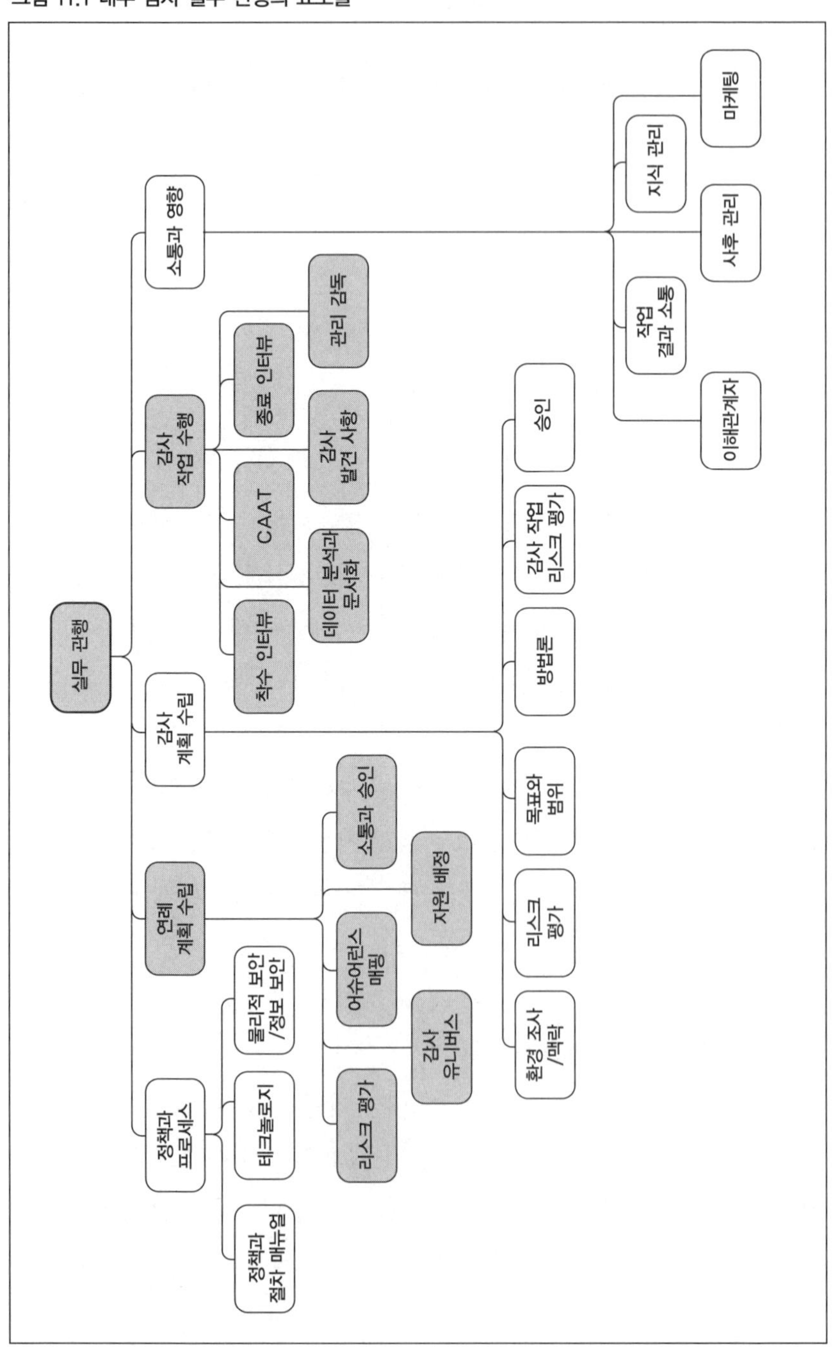

새로운 실무 관행 만들기

최고 감사 책임자들에게는 이해관계자들의 기대, 전략적 우선순위와 일치하는 방식으로 프로세스들을 개발할 수 있는 여지가 부여되므로 새로운 내부 감사 실무 관행 만들기는 최고 감사 책임자들에게 흥미진진한 기회를 제공한다. 그림 11.2는 최고 감사 책임자들이 내부 감사 기능을 확립하기 위해 거칠 수 있는 전형적인 단계들을 보여준다.

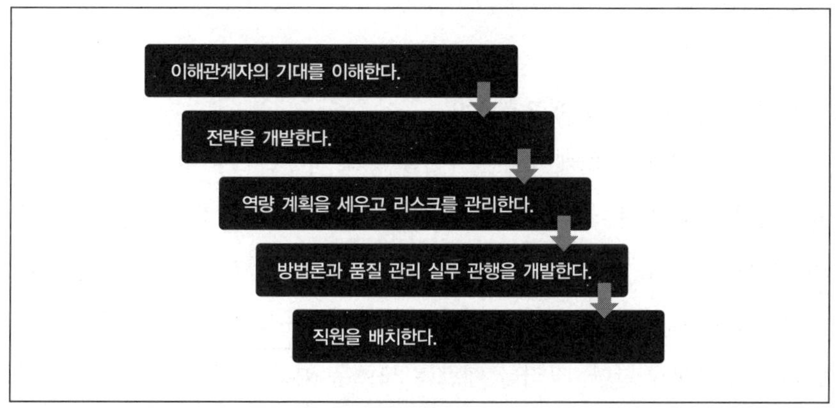

그림 11.2 새로운 내부 감사 실무 관행 확립의 단계들

최고 감사 책임자들은 이해관계자들의 필요에 대한 이해에서부터 시작해야 한다. 그렇게 할 때 내부 감사 기능이 조직에 품질과 가치를 전달할 가능성이 극대화된다. 이는 효과적인 내부 감사 전략 개발에 선행하는 요소인 바, 이 두 개의 요소들에 대해서는 6장에서 자세히 설명하였다. 전략은 내부 감사 기능의 방향을 정해주며, 우선순위가 높은 영역에 초점을 맞출 수 있게 해준다.

전략이 개발되고 나면 최고 감사 책임자는 내부 감사 기능에 계획된 감사 작업의 유형 수행에 요구되는 기술과 경험을 밝히는 역량 계획을 개발하는 한편, 전략 실행과 관련된 리스크들을 고려할 수 있다. 6장은 이러한 리스크 평가에 관한 보다 구체적인 정보를 제공하며, 9장은 역량 계획 수립에 대해 논의한다.

그 다음 단계에서는 내부 감사가 수행하게 될 특정 활동에 지침을 제공하는 정책과 절차들을 개발하고, 이 정책과 절차들이 효과적이고, 실제로 실행되며, 요구되는 산출물과 결과를 내기 위한 품질 관리 프로그램을 갖춰야 한다. 마지막으로 내부 감사 기능이 충분히 확립되고 나면, 최고 감사 책임자는 조직의 요구를 충족시키는 내부 감사 작업을 수행하기 위한 내부 감사인 배치를 모색할 수 있다.

내부 감사 실무 관행 재구축하기

품질 어슈어런스 및 개선 프로그램을 통해 지속적으로 향상시키고 있는 효과적인 내부 감사 기능은 조직 자체가 중대한 변화를 겪지 않는 한 극적인 변화를 필요로 하지 않을 것이다. 이 경우 최고 감사 책임자는 운영 환경이 변화하고 있는 가운데에서 어떻게 어슈어런스를 가장 잘 제공할 수 있는지 고려해야 한다. 그러나 때로는 새로운 최고 감사 책임자는 방치되었거나 이해관계자들의 필요를 충족하지 못하는 내부 감사 기능을 재구축하는 도전에 직면할 수도 있다.

내부 감사 실무 관행 현대화를 위한 팁

포르투갈 텔레콤의 최고 감사 책임자 아나 피게이레두(Ana Figueiredo)는 내부 감사 기능 현대화를 위한 여러 팁을 제공한다.

- 내부 감사 부서의 조직 구조가 적절하며, 회사의 구조와 정렬을 이루게 하라.
- 물리적인 사무실 구조를 살펴보고, 필요시 소통과 정보 공유를 증진하기 위해 사람들을 개인 사무실에서 열린 환경으로 옮기라.
- 표준화된 양식들을 지닌 감사 매뉴얼을 개발하고 직원들이 이 실무 관행들을 내면화하게 하라.

- 직원의 역량을 평가하고 직원이 보유하고 있는 기술들이 현대 내부 감사 부서의 필요와 기대를 충족하는지 결정하라.
- 직원들이 새로운 운영 방법과 정렬을 이루는지, 직원들이 자신의 스타일을 바꿀 용의가 있는지, 궁극적으로 그들이 내부 감사 부서에 존속해야 하는지 결정하라.
- 필요시, 바뀐 문화와 운영에 적합하고 기존 직원을 보완하는 새로운 직원을 모집하라.
- 데이터 분석을 지원하기 위한 IT 도구들을 도입하라.
- 보고서들을 조직의 운영 스타일에 정렬시키라. 필요시 형식을 바꾸고(보고서 분량 단축 포함), 발표 도구로서 파워포인트 사용을 고려하라.
- 품질 어슈어런스 및 개선 프로그램을 시행하라. 내부 평가를 도입하고, 외부 평가를 수행하라.
- 해마다 전략을 재검토하라.
- 마지막으로, 소통하고, 소통하고, 또 소통하라.

내부 감사 프로세스에서의 단계들

내부 감사 프로세스에는 전형적인 단계들이 있다. 이 단계들은 IIA-호주의 내부 감사 수료증 과정(2013)에 요약되어 있으며, 그림 11.3에 묘사되어 있다.

내부 감사 실무 관행들은 각각의 감사 단계들을 커버해야 하며, 이 단계들이 결합하여 내부 감사 전략에 묘사된 산출물과 결과를 전달해야 한다.

내부 감사 정책과 절차

공식적인 정책과 절차 개발은 내부 감사 기능이 일관성과 전문성을 확보하도록 도움을 준다. 공식화 수준은 내부 감사 부서의 규모에 따라 다르겠지만, 단 한 명의 감사인을 두고 있는 내부 감사 기능도 감사인이 각각의 감사 작업에 구조화되고 체계적인 방식으로 접근하게 할 필요가 있다.

IIA 기준 2040은 공식적인 정책과 절차의 필요를 인식한다.

> **기준 2040 — 정책과 절차**
>
> 최고 감사 책임자는 내부 감사 부서를 인도할 정책과 절차를 제정해야 한다.

정책과 절차들은 내부 감사인들에게 기대되는 기준과 내부 감사 기능에 의해 채택될 방법론을 정해야 한다.

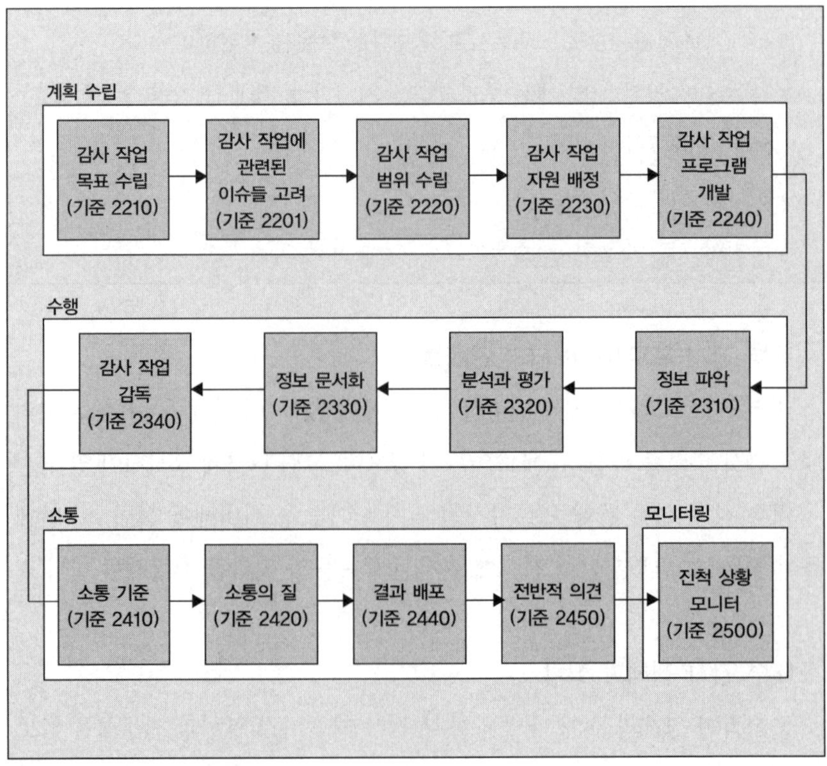

그림 11.3 내부 감사 단계들

출처: IIA – 호주(2013)

이 그림은 IPPF 성과 기준을 모두 포함하고 있지는 않다.

감독(기준 2340)은 감사 작업 내내 수행된다.

직원 배치와 같은 보다 넓은 관리 영역뿐만 아니라, 연간 계획 수립과 감사 작업 계획 수립과 같은 특정 내부 감사 실무 관행에 적용되는 감독 및 정책들이 개발되어야 한다. 잠재적인 정책과 절차의 범위가 그림 11.4에 묘사되어 있다.

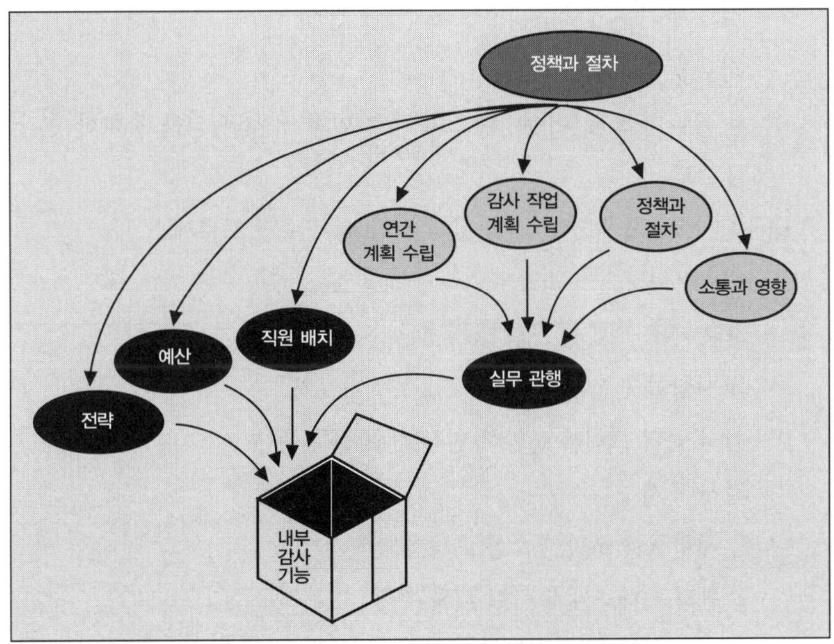

그림 11.4 정책과 절차의 유형과 내부 감사 투입물에 대한 이들의 연결 관계

내부 감사 기능의 규모에 좌우되기는 하지만, 보편적인 정책과 절차들은 아래와 같은 사항들을 커버한다.

- 감독 규정과 정책의 요구 준수
- 전문 직무 기준
- 내부 감사 전략과 규정 개발과 유지 관리
- 감독 프로세스와 성과 척도를 포함한 품질 어슈어런스 및 개선 프로그램 개발과 유지 관리
- 내부 감사 리스크 관리 계획 개발과 유지 관리

- 내부 감사 비즈니스 연속성 계획 개발과 유지 관리
- 내부 감사 역량과 자원 계획. 다음 사항들을 포함
  - 조직 구조
  - 내부 감사 위임과 책임
  - 성과 관리
  - 직무 능력 개발
- 감사 유니버스 및 어슈어런스 매핑 개발과 유지 관리를 포함한 연간 계획 수립
- 다음 사항들을 포함한 개별 감사 작업 계획 수립 프로세스
  - 리스크 평가
  - 표본 추출 기준을 포함한 방법론
- 다음 사항들을 포함한 감사 작업 수행 프로세스
  - 감사 증거 요건을 포함한 현장 작업 실무 관행
  - 감사 조서
- 다음 사항들을 포함한 소통 프로세스
  - 소통과 이해관계자 관여 계획 수립
  - 보고 형식과 등급 척도를 포함한 감사 결과 보고
  - 팀 회의를 포함한 직원 소통
  - 마케팅
- 권고 사항 모니터링과 사후 관리 감사를 포함한 사후 관리 프로세스
- 정보 관리와 보안
- 물리적 보안
- 감사위원회 지원 프로세스

신입 직원/인턴을 활용한 프로세스 매핑
감사 수행 시 신입 직원/인턴들에게 감사 작업 프로세스들을 체계적으로

거치게 함으로써 그들에게 OJT 교육을 제공할 수 있다. 동시에 신입 직원/인턴에게 감사 작업 프로세스를 매핑하게 할 수 있다. 이렇게 하면 감사 작업이 프로세스를 개선할 수 있는 기회를 찾아내는 데 도움이 될 수 있으며, 이후에 내부 감사 정책과 절차의 일부를 구성할 수 있고, 객원 감사인에 대한 기초 연수에 사용될 수 있다.

정책과 절차는 품질 어슈어런스 및 개선 프로그램을 통해 배운 교훈들에 근거하여 정규적으로 업데이트되어야 한다. 최고 감사 책임자는 시간을 내서 정책과 절차들이 고품질의 산출물을 낼 수 있도록 지원하는지에 관해 직원들과 논의해야 하며, 필요시 내부 감사 기능과 조직의 필요를 보다 더 잘 충족시키기 위해 접근방법을 수정해야 한다.

보편적인 품질 이슈

정책과 절차에 관련된 보편적인 품질 이슈들에는 아래의 사항들이 포함된다.

- 정책과 절차가 공식적으로 문서화되지 아니함.
- 정책과 절차가 내부 감사 기능의 규모와 성격에 제대로 정렬되지 아니함 (예컨대, 최고 감사 책임자가 소규모 감사 조직에 대규모 내부 감사 기능의 정책과 절차를 도입함).
- 정책과 절차가 불완전해서 필요한 요소들을 모두 다루지 아니함.
- 정책과 절차가 의도한 업무 실무 관행을 반영하지 아니함.
- 정책과 절차가 시행되지 아니함.
- 정책과 절차가 모든 내부 감사 직원들에 의해 준수되지는 아니함.
- 정책과 절차가 검토되지 아니함.

내부 감사 매뉴얼

항상 필요한 것은 아니지만, 일부 내부 감사 기능들은 그들의 정책과 절차들을 내부 감사 매뉴얼에 문서화할 것이다. 소규모 내부 감사 기능들에게는 상세하고 구조화된 매뉴얼보다는 표준 양식과 체크리스트들이 보다 더 적정할 수도 있다. 최고 감사 책임자들은 어떤 문서들이 자신의 조직에 지출 비용 대비 가장 큰 가치를 제고하는지 결정할 필요가 있을 것이다.

예 11.1은 하나의 방법론(대개 대규모 내부 감사 기능용)을 반영하는 내부 감사 매뉴얼에서 따 온 샘플 목록을 제공한다. 그러나 최고 감사 책임자들은 자신의 상황에 맞는 접근법을 채택해야 할 것이다.

예 11.1 내부 감사 매뉴얼 목차

서문

버전 관리

매뉴얼 유지 관리

내부 감사 거버넌스

내부 감사 전략

- 내부 감사 비전
- 내부 감사 가치들
- 규제 환경

내부 감사 리스크 관리 계획

내부 감사 비즈니스 연속성 계획

내부 감사 규정

- 내부 감사의 구조
- 보고 라인
- 독립성
- 권한
- 책임 영역
- 작업의 성격

감사위원회

- 감사위원회 규정
- 이해상충

다른 어슈어런스 제공자들과의 관계

품질 어슈어런스 및 개선 프로그램

QAIP 구조

핵심 성과 지표

상시적 내부 모니터링

- 품질 체크리스트
- 동료 검토
- 감사 종료 후 서베이

정기 건강검진

- 정기적 기준 평가
- 고객 서베이
- 직원 서베이

외부 품질 평가

QAIP 보고

내부 감사 직원 배치

내부 감사 역량 계획

- 역할과 책임
- 직무 기술서
- 숙달과 전문가로서의 적절한 주의

HR 정책

- 모집
- 입사 연수
- 윤리 강령
- 이해 상충
- 비밀 유지
- 안전과 건강
- 출장
- 시간 기록

성과 관리

- 감사 작업 종료 후 검토
- 연례 직원 평가

연수와 개발

- 역량 프레임워크
- 연수 계획
- 지속적인 직무 능력 개발
- 전문가 단체 회원 가입 지원

소싱 전략

- 외부 서비스 제공자 관리

연간 감사 계획 수립

주요 일자와 이정표

감사 유니버스

어슈어런스 맵

리스크 관리 프로세스와의 정렬

연간 감사 계획

내부 감사 예산

경영진의 요청에 대한 대응

개별 감사 작업 계획 수립

고객 감사 작업

- 감사 작업 메모

환경 조사

리스크와 통제 평가

- 프로세스 매핑
- 사기 리스크 고려하기

감사 작업 목표

- 감사 작업 기준
- 감사 작업 범위

- 방법론
- 표본 추출과 데이터 분석 방법
- CATTs
- 인터뷰 수행

검토 시기

자원 배정과 이정표

감사 작업 리스크 평가

감사 작업 계획 승인

감사 작업 수행

감사 착수 인터뷰

감사 증거

- 정보 요청하기

정보 분석

- 사기 담당 부서 또는 기타 조사 부서에 대한 인계

정보 관리와 비밀유지

- 문서와 기타 증거 사용과 저장
- 파일 관리 방법
- 이동식 장치와 USB 사용

감독

소통

이해관계자 매핑

감사 작업 소통

- 합의된 보고 기간
- 보고서 초안 구조와 승인
- 최종 보고서 구조와 승인

권고 사항과 합의된 경영진의 조치

보고 등급 부여

합의된 경영진의 조치 모니터링

- 리스크 수용 소통

감사위원회 소통

연례 보고

지식 관리 프로세스

- 배운 교훈 파악
- 고객과 감사 작업 정보 인계

마케팅 프로세스

부록

- 부록 A: 감사 작업 프로세스의 프로세스 맵
- 부록 B: 감사 프로세스 양식
- 부록 C: 품질 체크리스트

보다 나은 실무 정책과 절차의 요소들

보다 나은 실무 정책과 절차들의 요소에는 다음 사항들이 포함된다.

- IIA 기준과 정렬된 정책과 절차
- 내부 감사 매뉴얼에 프로세스 맵 포함
- 버전 통제 이슈를 피하고 내부 직원과 아웃소싱된 직원들이 쉽게 접근할 수 있는 웹 기반 내부 감사 매뉴얼

품질 평가 정책

내부 감사 품질을 지원하는 정책과 절차들은 대개 품질 어슈어런스 및 개선 프로그램 안에 포함된다. 이 정책과 절차들은 내부 평가와 외부 평가에 관한 특정 요건들을 개관해야 하며, 내부 감사 사이클 전체를 관통하는 품질 측정에 관한 기준을 포함해야 한다. 품질 어슈어런스 및 개선 프로그램은 3장에서 보다 자세하게 논의된다.

HR 정책

내부 감사 기능의 규모에 따라서는 내부 감사 부서에서 자체의 인사(HR) 정책을 보유하거나, 조직 전체의 정책에 의존할 수 있다. 일반적으로 이런 정책들은 다음과 같은 요소들을 포함할 것이다.

- 채용
- 입사 연수
- 보상
- 휴가와 복지 제도
- 윤리 강령
- 이해 상충
- 작업장 보건과 안전
- 출장
- 성과 관리
- 연수와 개발

정보 보안 정책

비밀 유지는 내부 감사의 중요한 신조 중 하나이며, 적절한 고객 정보 보호는 내부 감사 기능과 조직 전체에 큰 피해를 줄 수도 있는 부적절한 정보 공개를 방지한다. 최고 감사 책임자들은 정보는 보호가 필요한 자산임을 인식해야 한다.

영국 재무부는 2011년의 지침 내부 감사 기록 관리(Internal Audit Records Management)에서 정보 보안의 3가지 요소를 적시한다.

- 승인받지 않은 접근 또는 공개로부터 정보를 보호함(비밀성)
- 시스템과 정보가 완전하며, 승인받지 않은 변경 또는 수정이 발생하지 않게 함(무결성)
- 정보와 관련 서비스가 승인 받은 사용자들에게 필요할 때, 그리고 필요한 곳에서 이용될 수 있게 함(가용성)

정보 보안 필요는 IIA 기준 2330.A1, 2330.A2, 2330.C1, 2440.A2에 반영되어 있다.

> **기준 2330.A1**
>
> 최고 감사 책임자는 감사 작업 기록에 대한 접근을 통제해야 한다. 최고 감사 책임자는 외부 당사자에게 그러한 기록을 전달하기 전에 고위 경영진 또는 법률 고문의 적절한 승인을 받아야 한다.

> **기준 2330.A2**
>
> 최고 감사 책임자는 저장 매체를 막론하고, 감사 작업 기록에 관한 보존 요건을 정해야 한다. 이러한 보존 요건들은 조직의 가이드라인과 감독 규정 또는 기타 요건이 있을 경우 이 요건에 부합해야 한다.

> **기준 2330.C1**
>
> 최고 감사 책임자는 컨설팅 작업 기록의 내부 및 외부 당사자에 대한 공개뿐만 아니라, 이의 보관 및 보존에 관한 정책을 개발해야 한다.

> **기준 2440.A2**
>
> 법령, 또는 감독 규정에 의해 달리 요구되지 않는 한, 최고 감사 책임자는 조직 외부 당사자에 결과를 전달하기 전에 다음 사항을 수행해야 한다.
>
> - 조직에 대한 잠재적 리스크를 평가한다.
> - 고위 경영진 또는 법률 고문과 적절히 상의한다.
> - 결과의 사용을 제한함으로써 배포를 통제한다.

최고 감사 책임자들은 조직의 가이드라인과 관련 법률이 있을 경우 그 요건에 부합하는 정보 보존 정책과 폐기 정책을 개발해야 한다.

영국 재무부(2011)는 내부 감사 정보 관리 정책의 전형적인 목표를 다음과 같이 적시한다.

- 모든 행동과 의사 결정들에 대해 완전하고 투명하게 설명하고 적절한 전문가로서의 주의를 입증하기 위해 적정한 정보 기록이 유지된다.
- 직원 또는 내부 감사 행동에 의해 영향을 받는 사람들의 법적 권리 또는 기타 권리가 보호된다.
- 기록들이 관련이 있고, 완전하며, 정확하고, 담고 있는 정보가 신뢰할 수 있고 사실에 부합한다.
- 감사 의사 결정과 결론을 지지하는 정보가 유지될 필요가 있는 동안 정당한 접근권을 지닌 사람들에게 효율적으로 검색된다.
- 정보가 승인되지 않은 우발적 변경 또는 삭제로부터 보호되고, 접근과 공개가 적절히 통제되며, 감사 종적(audit trail)이 사용 및 변경을 추적한다.
- 정보가 요구되는 한 계속 읽을 수 있도록 견고한 형식으로 유지된다.
- 보관용 자료의 영구 보관 규정을 포함하고 용도가 끝난 정보의 안전한 폐기를 확보하는 일관된 서면 보유 절차와 폐기 절차가 존재한다.
- 직원들이 학습 또는 인식 프로그램과 지침을 통해 정보 처리 책임과 유지 책임을 알게 된다.

최고 감사 책임자들은 전자적 소통(이메일)이 정보 관리 정책에 포함되어야 하는지 결정해야 한다.

직원 안전과 물리적 보안 정책

최고 감사 책임자들은 특히 내부 감사인들이 현장 작업 동안 불안전한 작업 환경에 노출될 수도 있을 경우, 정책과 절차에서 직원 안전을 고려해야 한다.

최고 감사 책임자들은 이동식 장비에 저장된 비밀 정보의 상실 가능성뿐만 아니라, 재무적 손실을 피하기 위해 자산의 물리적 보안도 확보해야 한다.

> **QAIP 힌트**
>
> 내부 감사 기능은 정책과 절차를 내부 감사 성숙 모델 또는 균형 스코어카드에 반영할 수 있다.
>
> **성숙 모델**
>
> 내부 감사 기능들은 정책과 절차를 성숙 모델에 핵심 프로세스 영역의 하나로 포함할 수 있다. 예를 들어,
>
> - 5단계 성숙 모델의 2단계는 실무 관행이 문서화되지 않았고, 상황에 따라 달리 수행된다고 적시할 수 있다.
> - 3단계는 정책과 절차가 공식적으로 문서화된다고 적시할 수 있다.
> - 4단계는 정책과 절차를 상시적으로 준수하게 할 프로세스가 존재한다고 적시할 수 있다.
>
> **균형 스코어카드/KPI**
>
> 내부 감사 기능들은 다음과 같은 성과 지표들을 포함할 수 있다.
>
> - 정책과 절차의 존재
> - 정책과 절차의 연례 검토
> - 정책과 절차가 내부 감사 직원에 의해 적용되는 정도

내부 감사 정책과 절차에 관한 질문

표 11.1은 정책과 절차에 관한 일련의 질문들을 제공한다. 이 질문들은 공식적으로 품질 어슈어런스 및 개선 프로그램 안에 반영될 수도 있고, 보

다 덜 공식적으로 상시 평가 활동 안에 반영될 수도 있다. 질문들은 최고 감사 책임자, 내부 감사인, 또는 감사 이해관계자들에게 다양하게 물어볼 수 있다.

표 11.1 품질 평가 질문

질문	품질의 증거
내부 감사 기능의 규모에 적절한 내부 감사 정책과 절차가 갖춰져 있는가?	정책과 절차
내부 감사 직원들이 정책과 절차를 알고 있는가?	내부 감사 직원 인터뷰
정책과 절차가 주요 감사 단계들(감사 작업 계획 수립, 현장 작업 등)을 포함하는가?	정책과 절차
내부 감사 기능이 연간 감사 계획 수립을 위한 적정한 정책과 절차를 가지고 있는가?	정책과 절차
정책과 절차가 최신 감사 관행을 반영하는가?	정책과 절차
내부 감사 기능이 경영진과 이사회에 의해 승인된 소통 프로토콜(보고서 배포 및 시기 등)을 가지고 있는가?	소통 프로토콜
감사 보고/소통을 위한 표준화된 절차/양식이 있는가?	표준화된 프로세스와 양식
내부 감사 기능이 최신의, 또는 첨단의 감사 프로세스와 도구들을 사용하는가?	CAAT 사용을 포함한 내부 감사 프로세스 평가
정책과 절차가 테크놀로지 기반 감사와 데이터 분석 기법 사용을 커버하는가?	정책과 절차
잠재적 이해 상충 또는 객관성 훼손에 관한 구체적인 정책이 있는가?	정책과 절차
정책과 절차가 감사 작업 기록에 대한 접근을 커버하는가?	정책과 절차
정책과 절차가 조직의 가이드라인과 규제 요건에 부합하는 감사 작업 기록 보유 요건을 포함하는가?	정책과 절차
정책 요건의 내부 감사 인력이 감사 문서와 정보의 보안 확보 방안을 제공하는가?	정책과 절차
외부 당사자에 대한 감사 결과 배포에 관한 정책과 절차가 있는가?	정책과 절차
정책과 절차가 정규적으로 (최소 연 1회) 업데이트되는가?	검토 증거
최고 감사 책임자가 정책과 절차 변경 필요를 직원들과 논의하는가?	내부 감사 직원 인터뷰

결론

운영 영역을 검토할 때, 내부 감사인들은 흔히 정책과 절차가 존재하는지 알아보고, 이들이 어느 정도로 적용되는지 결정할 것이다. 내부 감사인들은 정책과 절차가 조직의 핵심적인 지시적 통제(directive control)를 구성함을 인식한다.

내부 감사 정책도 유사하게 작동한다. 이 정책들은 내부 감사인들이 일관성 있고 전문가답게 운영하도록 안내해 준다. 정책과 절차는 감사 고객들에게 그들이 공정하고 편견이 없이 대우되고 있다는 확신을 제공하고, 내부 감사인들이 이에 비추어 운영할 수 있는 벤치마크를 정한다.

정책과 절차들은 내부 감사 기능의 효율성과 효과성을 극대화하도록 개발되어야 하며, 정책과 절차의 복잡성과 형식은 내부 감사 기능의 규모에 적합해야 한다.

참고 문헌

- HM Treasury. (2013. April). Good Practice Guide: Audit and Risk Assurance Committee Handbook. http://www.gov.uk/government/uploads/system/uploads/attachment_data/file/206978/audit_and_risk_assurance_committee_handbook.pdf.
- HM Treasury. (2011. June). Internal Audit Records Management. http://www.gov.uk/government/uploads/system/uploads/attachment_data/file/207215/Internal_Audit_Records_Management.pdf.
- The Institute of Internal Auditors. (2013). International Professional Practices Framework. Altamonte Springs, FL: The Institute of Internal Auditors.
- The Institute of Internal Auditors–Australia. (2013). Graduate Certificate in Internal Audit Module 1 Unit 1. 미발행 자료.
- New South Wales Treasury. (2012). Internal Audit Manual. 미발행 자료.
- Reding, K. F., et al. (2009). Internal Auditing: Assurance and Consulting Services. Altamonte Springs, FL: The Institute of Internal Auditors Research Foundation.
- Sawyer, L. B., M. A. Dittenhofer, and J. H. Scheiner. (2005). Sawyers Internal Auditing, 5판. Altamonte Springs, FL: The Institute of Internal Auditors Research Foundation.

Chapter 12

연간 감사 계획 수립

사업을 시작했을 때 나는 많은 시간을 할애해서 관심을 가지고 있는 거래에 관련된 모든 세부 사항들을 조사했다. 사람들은 흔히 내가 매우 빠르게 대응한다고 말하는데, 내가 신속하게 움직일 수 있는 이유는 아무도 보지 않는 배경 작업을 먼저 했기 때문이다. 나는 앞으로 나아갈 때가 되면 전력 질주할 수 있도록 철저히 준비한다.

–도널드 트럼프(Donald Trump)

효과적인 연간 계획 수립은 내부 감사 기능이 고품질의, 가치를 부가하는 서비스를 전달할 잠재력을 극대화한다. 이 계획은 내부 감사 작업이 조직의 핵심적인 우선순위들과 전략적 리스크들에 정렬시킬 기회를 제공하며, 조직의 이해관계자들을 참여시킬 기회를 만들어준다.

최고 감사 책임자들은 연간 감사 계획 수립 프로세스에서 조직의 전략적 우선순위와 핵심 리스크들을 고려해야 한다. 성숙하고 기반이 잡힌 조직들에서는 연간 감사 계획 수립 시 전사 리스크 관리 계획을 포함한 조직의 전략적 문서를 이용할 수 있다. 그러나 이러한 문서가 없는 조직에서는 최고 감사 책임자가 연간 감사 계획 수립 프로세스에 착수하기 전에 예비적 계획 수립 작업의 일부를 수행해야 한다.

가치를 부가하는 계획 수립

최고 감사 책임자들은 내부 감사 기능이 조직에 대한 가치를 극대화하기 위해 감사 계획을 수립하도록 요구한다. 이 요구는 IIA 기준 2000에 반영되어 있다.

기준 2000 — 내부 감사 기능 관리

최고 감사 책임자는 내부 감사 부서가 조직에 가치를 부가하도록 내부 감사 부서를 효과적으로 관리해야 한다.

연간 감사 계획은 조직의 주요 우선순위와 전략적 리스크들을 고려하고, 감사 유니버스에 대한 명확한 평가를 포함하는 감사 작업 스케줄이다. 연간 계획은 내부 감사 전략과 규정에 묘사된 작업의 성격을 반영하고, 예산 제약과 자원 제약을 조정해야 한다. 양질의 계획은 균형 잡힌 감사 작업 포트폴리오를 포함하며, 내부 감사의 초점, 프로세스, 또는 전략뿐만 아니라 조직의 상황 변화에도 대응한다. 이러한 계획은 잠재적 감사 대상 영역과 조직 내의 다른 어슈어런스 제공자들의 작업 요소들을 적절히 고려한다.

효과적인 감사 계획 수립은 상당한 시간과 자원을 요한다. 최고 감사 책임자들은 연간 감사 계획 수립에 필요한 시간을 명확히 이해하고 승인 또는 인가를 받기 위해 계획 초안을 감사위원회에 제출하기 전에 충분한 시간 여유를 두고 계획 수립에 착수하게 해야 한다.

목표 기반 감사 계획 수립

내부 감사인들은 흔히 리스크 기반 감사 실무가 보다 나은 실무 관행이라고 묘사한다. 이 말이 사실이기는 하지만 리스크에 과도하게 초점을 맞추면 내부 감사 기능이 전략을 적절히 고려하지 못하게 될 수도 있으며, 내부 감사 기능을 부정적으로 보이게 할 가능성도 있다.

내부 감사는 전략적 리스크와 전략 목표 달성 모두에 초점을 맞춰야 한다. 이렇게 할 때 내부 감사가 고위 경영진과 파트너십을 이루어 운영될 수 있는 기회를 제공하고, 대화가 "무엇이 잘못될 수 있는가?"에서 "우리는 무엇을 올바로 할 필요가 있는가?"로 옮겨가게 된다.

조직 목표에 초점 맞추기

노르웨이 옌시디아(Gjensidige)의 전 최고 감사 책임자이자 현 IIA 기준 위원회 위원인 트리그베 쇠를리에(Trygve Sørlie)는 "궁극적으로 내부 감사는 조직이 목표를 달성하리라는 어슈어런스를 제공할 수 있어야 하는 바, 이는 리스크 기반만은 아니다."라고 말한다. 쇠를리에는 내부 감사 기능은 리스크와 성공 요인을 모두 보아야 한다고 믿는다.

"목표 달성에 대한 성공 요인을 바라보는 것은 부정적인 리스크 기반 접근법이 아니라 긍정적이기 때문에 경영진에 의해 더 잘 받아들여질 수 있다." 쇠를리에에 의하면, 내부 감사는 비즈니스를 약간 앞설 필요가 있다. 즉, 비즈니스가 어디로 향하는지를 알고, 비즈니스의 접근법이 좋은 관행을 반영하게 할 필요가 있다.

조직의 비즈니스 이해하기

연간 감사 계획을 통해 가치를 부가할 수 있으려면 조직의 비즈니스를 충분히 이해할 필요가 있다. 노련한 내부 감사인들에게는 이 말이 자명할 수도 있겠지만, 운영 환경을 오해하면 내부 감사 기능이 전통적이고, 종종 일반적인 내부 감사 작업으로 복귀할 위험이 있다. 이러한 감사들에도 어느 정도의 가치가 있기는 하지만, 이들은 중대한 영역에 초점을 맞추지 않을 수도 있다.

베이커(Baker)(2010)는 최고 감사 책임자들이 조직의 지식 수준을 파악하기 위해 물을 수 있는 다섯 가지 질문들을 적시한다.

① 해당 비즈니스의 목적이 무엇인지 아는가?
② 해당 비즈니스가 그 부문에서 어떤 위치에 있는지 아는가?
③ 해당 비즈니스의 모델이 무엇인지 아는가?
④ 각각의 비즈니스 라인과 지원 부문이 보다 큰 그림에 어떻게 기여하는지 아는가?

⑤ 해당 라인 또는 부문 내의 각각의 프로세스들이 이러한 기여에 어떻게 도움이 되는지 아는가?

최고 감사 책임자가 이 질문들에 쉽게 대답할 수 있으면, 그(녀)는 감사 계획 수립 프로세스를 시작할 수 있는 좋은 위치에 있게 될 것이다.

보편적인 품질 이슈

일부 내부 감사 기능들은 조직의 목표, 전략, 리스크와 정렬을 이루지 않은 내부 감사 계획을 수립한다. 대신 그들은 전통적인 감사에 크게 의존하거나, 보다 낮은 차원의 운영 통제 또는 재무 통제에 중점을 둘 수 있다. 전략적인 영역에 초점을 맞출 수 있도록 비즈니스를 충분히 이해하기는 벅찬 과제인데, 아웃소싱 서비스 제공자가 고위 경영진과 적극적으로 대화하지 않을 경우에는 특히 더 그렇다.

리스크 기반 감사 계획 수립

내부 감사 기능이 조직의 목표 달성을 지원하는 것이 매우 중요하기는 하지만, 고품질의 내부 감사의 한 가지 핵심적인 가정은 감사 작업들이 조직에 영향을 주는 주요 리스크들에 초점을 맞춘다는 것이다. 리스크 기반 감사 계획 수립은 감사 대상 영역 선정에 엄정함과 투명성을 제공한다.

리스크 수준에 대한 고려는 다음 연도 이후의 연간 감사 계획에 포함시킬 감사 주제 우선순위 부여와 선정의 토대가 된다. 리스크 기반 계획을 수립할 필요는 IIA 기준 2010과 2010.A1에 반영되어 있다.

기준 2010 — 계획 수립

최고 감사 책임자는 조직의 목표와 일치하는 내부 감사 부서의 우선순위를 결정하기 위해 리스크 기반 계획을 세워야 한다.

기준 2010.A1

내부 감사 부서의 감사 작업 계획은 최소 연 1회 수행되는 서면 리스크 평가에 기반을 두어야 한다. 계획 수립 프로세스에 고위 경영진과 감사위원회의 의견이 고려되어야 한다.

다양한 리스크 식별 방법

리스크 평가는 제안된 내부 감사 작업을 조직의 운영상 리스크와 전략적 리스크에 연결해 준다. 리스크 평가는 운영 매니저, 고위 경영진, 그리고 이사회로부터의 피드백을 감안해야 한다.

이상적으로는 내부 감사 기능은 조직 전체에 걸쳐 확립된 리스크 관리 계획에 의존하여 리스크를 파악할 것이다. 이는 내부 감사의 자체 리스크 평가에 의해 한층 더 지원될 수 있다. 최고 감사 책임자는 리스크 평가 질문지, 촉진 워크숍에서의 리스크 평가, 이해관계자 인터뷰 또는 감사위원회의 의견을 통해 리스크 식별을 결정할 수 있다. 또한 최고 감사 책임자는 조직의 전략 계획과 비즈니스 계획, 그리고 종전의 내부 감사 보고서와 외부 감사 보고서 같은 주요 회사 서류를 검토할 수도 있다.

보편적인 품질 이슈

모든 조직들이 최고 감사 책임자가 연간 감사 계획 수립 시 이용할 수 있는 공식적이고 확립된 리스크 관리 프로세스를 갖추고 있지는 않을 것이다. IIA 기준은 기준 2010의 해설에서 이 같은 상황을 예상한다. "(리스크 관리) 프레임워크가 없을 경우, 최고 감사 책임자는 고위 경영진과 이사회(감사위원회)의 의견을 고려한 후 리스크에 대한 자신의 판단을 사용하여야 한다."

방법 1: 활동, 조직과 외부 차원에서 리스크 식별

조직 차원의 리스크 관리 프로세스가 없을 경우, 최고 감사 책임자는 리스크를 조직 구조와 관련하여 고려할 수 있다. 이는 리스크를 활동 리스크, 조직상의 리스크, 그리고 외부 리스크라는 3개의 차원에서 살펴봄으로써 촉진된다.

활동 리스크 활동 리스크는 특정 활동, 프로젝트 또는 프로그램과 관련된다. 이 리스크들은 특정 프로젝트 또는 프로그램 영역에 존재하며, 개별 매니저에게 책임이 있는 전략, 직원 배치와 운영상의 리스크들을 포함한다. 이러한 활동, 프로젝트 또는 프로그램 리스크에는 다음 사항들이 포함된다.

- 효과적인 프로젝트 또는 프로그램 거버넌스를 확립하지 아니함
- 프로젝트 또는 프로그램이 그 목표를 달성하지 못함
- 법률 또는 정책의 요건을 준수하지 아니함
- 운영상의 요건을 충족할 기술과 경험을 갖춘 직원의 모집 유지가 적정하지 아니함
- 예산과 재무 관리 제도가 합의된 산출물과 결과를 낳기에 적정하지 아니함

조직상의 리스크 조직상의 리스크는 조직 전체에 관련되며, 고위 경영진의 책임이 있는 전략, 직원 배치, 그리고 운영상의 리스크들을 포함한다. 조직상의 리스크들의 예는 다음과 같다.

- 조직 전체의 전략적 목표를 달성하지 못함
- 조직 전체에 효과적인 거버넌스 제도를 수립하지 못함
- 법률 또는 정책의 요건을 준수하지 아니함
- 효율적이고 효과적이며, 경제적인 산출물 또는 결과를 달성하기 위한 재무 관리 제도가 적정하지 아니함

외부적 리스크 외부 리스크들은 조직과 외부 당사자들과의 상호작용과

관련이 있다. 이 리스크들은 민간 부문의 합작 회사 또는 공공 부문의 정부 기구들(whole-of-government)과 같은 다른 조직들과의 협동에서 비롯된다. 외부적 리스크들은 일반적으로 감독 또는 조정(steering) 그룹을 통한 상호 조직 차원에서 관리된다. 외부적 리스크의 예는 다음과 같다.

- 실체들 사이에 효과적인 감독 장치를 확립하지 아니함
- 책임성과 리스크 관리에 확실을 기하기 위한 적절한 계약 장치 또는 준거 기준을 확립하지 아니함
- 조직 전체에 일관성 있는 업무 관행을 확립하지 아니함
- 재무 또는 예상 제도를 효과적으로 관리하지 아니함

방법 2: 환경 리스크, 인적 리스크와 조직상의 리스크 식별

최고 감사 책임자들은 리스크들을 환경 리스크, 인적(人的) 리스크와 조직상의 리스크로 나누어 고려할 수도 있다. 환경 리스크는 대개 조직이 그 안에서 운영되고 있는 맥락에 영향을 주는 리스크로서 조직의 외부에서 발생한다. 인적 리스크는 조직의 직원들에게 영향을 주는 리스크들과 관련이 있으며, 조직상의 리스크들은 직원들 이외에 조직의 모든 요소들과 관련된다.

이 요소들 각자에서 일반적으로 고려될 리스크 영역들의 유형이 표 12.1에 제시되어 있다.

최고 감사 책임자들은 이 범주들 각자와 관련된 구체적인 리스크들을 정의해야 한다.

표 12.1 리스크 영역들

환경 리스크 영역	인적 리스크 영역	조직상의 리스크 영역
규제 준수	인력 계획 수립	내부 통제 시스템을 포함한 거버넌스 구조와 프로세스
글로벌 재무 안정성과 국가 부채	책임성과 책임	성장과 다운사이징을 포함한 조직 구조

환경 리스크 영역	인적 리스크 영역	조직상의 리스크 영역
보존과 유산	아웃소싱과 모집을 포함한 소싱 프로세스	전략 계획과 비즈니스 계획 수립
환경상의 지속가능성과 오염	승계 계획 수립과 유지	재무 시스템을 포함한 예산 관리와 재무 관리
자연적 위험과 재해	직원의 역량과 능력	회사 정보와 정보 관리
지리적 고립과 규모의 경제	리더십의 올곧음을 포함한 리더십 기술	최근의 변화와 종전 시스템의 존재를 포함한 정보 기술
정부의 안정성과 정치 상황	경영진의 관리 기술과 역량	프로젝트 관리
세계화와 신흥 시장	사교와 대인 관계 기술	자산 관리와 자산의 유동성
고객과 고객 기반	업무상 책임(liability)	비즈니스 연속성과 비즈니스 복구
마케팅	성과 관리	법규 준수와 법률
대중과의 관계	직무 능력 개발	직업상의 보건과 안전
이해관계자 관계와 외부 지식 공유	상부의 기조와 직원 사기를 포함한 조직 문화	보안
제3자인 서비스 제공자	노사 관계와 근무 제도	계약과 조달

리스크 등급 부여

조직의 리스크 관리 프레임워크가 존재하는 경우, 내부 감사인들은 이를 이용하여 리스크를 분류하고 등급을 부여해야 한다. 이때 이상적으로는 조직의 리스크 성향을 고려할 것이다. 그러한 프레임워크가 없을 경우 내부 감사 기능은 내부 감사 정책과 절차 안에 명시되어야 하는 자체 프로세스를 사용할 필요가 있을 것이다.

대개 리스크들은 발생 가능성과 발생 시 결과에 따라 등급이 매겨질 것이다. 발생 가능성과 발생 시 결과가 결합되어 전체적인 리스크 등급이 결정된다. 전형적인 발생 가능성과 발생 시 결과들이 표 12.2와 12.3에 제공되어 있다.

각각의 리스크의 중대성 결정은 중요성, 즉 해당 활동 또는 프로그램이 조직 전체에 미치는 영향 또는 중대성에 대한 고려도 포함해야 한다. 이는 재무적 고려 이외의 부문으로 확장되어야 하며, 조직과 조직 외부의 고객과 이해관계자들에 대한 사회적, 문화적, 환경적, 복지상의 영향도 포함해야 한다.

중요성과 영향에 대한 고려는 다음 사항들에 대한 평가를 요구한다.

- 해당 활동 또는 프로그램이 조직 전체에 미치는 경제적 또는 재무적 영향. 이는 해당 활동 또는 프로그램의 비용 또는 이로부터 발생하는 이익을 고려해야 한다.
- 해당 활동 또는 프로그램에 의해 영향을 받을 수 있는 외부 이해관계자의 수, 고객 기반, 또는 일반 대중을 포함한 사회적 중요성과 문화적 중요성
- 대중의 보건과 복지에 대한 영향뿐만 아니라 환경에 대한 잠재적 효용 또는 피해를 포함하여 해당 활동 또는 프로그램이 환경과 복지에 미치는 영향
- 조직의 목표 달성에 있어서 해당 활동 또는 프로그램의 중요성
- 조직 전체 대비 해당 활동 또는 프로그램의 성격, 규모와 복잡성

표 12.2 리스크 발생 가능성 등급

등급	발생 가능성	예시적 발생 빈도
거의 확실	회사/전략 계획 대상 기간 중 여러 번 발생할 것으로 예상됨. 정규적인 사건	5회 이상(회사/전략 계획 대상 기간 동안)기간
높음	회사/전략 계획 대상 기간 중 때때로 발생할 것으로 예상됨	1~5회
발생 가능	리스크가 통제되지 않을 경우, 회사/전략 계획 대상 기간 중 때때로 발생할 가능성이 있음. 과거에 조직에서 이 리스크가 발생했거나, 유사한 다른 조직에서 발생한 것으로 알려져 있음	1회
낮음	특정 상황에서는, 특히 리스크가 통제되지 않고 방치될 경우 발생할 수도 있음. 리스크가 발생하려면 일련의 특정 환경이 필요함	1회 이내
희박	발생할 가능성이 매우 낮으며, 발생하더라도 일회성에 그침	0.5회 이내

표 12.3 리스크 영향 등급

등급	예산상의 영향	서비스 전달에 대한 영향	평판상의 영향	전략상의 영향
심각	경감 조치를 위해 상당한 추가 자금조달/예산이 요구됨; 다른 서비스 또는 상품에 영향을 줌	얼마나 지속될 지 결정할 수 없는 기간 동안의 핵심적이거나 필수적인 서비스 또는 생산 장애	부정적인 여론이 전국적인 매체에서 발생하거나 또는 소셜 미디어에서 광범위하게 확산됨	조직의 사명 또는 전략이 달성되지 아니함
중대	경감 조치를 위해 상당한 추가 자금 조달/예산이 요구됨	일정 기간(3일~10일) 동안의 서비스 또는 생산 장애	부정적인 여론이 지방 매체에서 발생하거나 또는 소셜 미디어에서 어느 정도 확산됨	조직이 모든 목표들을 달성했음을 입증하지 못함
보통	경감 조치를 위해 추가 자금조달/예산이 요구됨	특정 부문 내의 단기에서 중기(1일~3일)의 서비스 또는 생산 장애	조직의 효과성에 관한 우려가 이사회에 제기됨	운영상의 목표들이 달성되지 아니함
경미	경감 조치를 위해 조직의 해당 분야의 자금조달/예산이 재배정될 필요가 있음	필수적이지 않은 서비스 또는 생산의 단기(1일 이내), 일시적 장애	부문의 효과성에 대한 우려가 CEO에게 제기됨	한 개 이상의 운영상의 목표들이 수정될 필요가 있음
사소함	추가 자금 조달이 요구되지 아니함	기존 서비스와 생산 전달 시간에만 영향을 줌. 중대한 시한에는 영향을 주지 아니함	조직이 어떻게 인식되는가에 대한 영향이 없음	하나 이상의 핵심 성과 지표(KPI)들이 달성되지 아니함

고위 경영진과의 대화

호주 연방 인사 서비스부 감사 부문 매니저인 매트 톨리(Matt Tolley)는 조직의 리스크 관리 프레임워크가 아직 초기 단계에 있는 경우에는, 최고 감사 책임자들이 리스크에 관해 조직의 임원들과 전략적 대화를 나누는 방안을 고려해 보라고 권고한다. 최고 감사 책임자들은 아래와 같은 사항들을 고려해야 한다.

- 언제 누구와 이러한 대화를 할 것인가
- 각각의 대화의 성격 – 이해관계자마다 다른 대화를 요구할 수도 있음을 인식함
- 이러한 대화들로부터 조직 전체에 걸친 리스크에 관해 자신의 결론을 내릴 방법
- 결론을 제시할 방법

톨리는 단순히 임원들에게 접근하여 리스크에 관해 일반적인 용어로 토의하자고 요청하는 것은 효과적이지 않을 것이라고 경고한다. 먼저 그는, 그러한 토의는 조직의 전략적 리스크들에 대한 임원의 현재의 이해가 반드시 정확하지는 않을지라도, 그러한 이해에 입각해서 이루어질 가능성이 있다고 믿는다. 둘째, 일관성이 있는 대화 프레임워크가 없을 경우 대화는 전략적 리스크와 운영상의 리스크에 모두 걸치게 되고 임원들마다 다루는 주제가 달라서 일관적이지 않은 많은 정보들을 만들어낼 가능성이 있다.

그는 또한 전략적 감사 계획 수립 시 분석적 도구를 사용할 경우, 내부 감사 기능에 IIA 기준 하에서의 다른 계획 수립과 보고 의무들을 충족하도록 도움을 주는 한편, 이러한 대화를 수집된 정보의 양은 줄이되 질을 높일 수 있는 방식으로 초점을 맞추게 해줄 수 있다고 권고한다.

내부 감사는 조직 내의 통제의 적정성과 효과성에 대한 어슈어런스를 제공한다. 그러나 내부 감사 기능 자체는 오류, 남용, 비효과성을 파악하는

탐지적 통제로서 운영된다. 또한 발견될 수도 있다는 위협을 통해 고의적인 그릇된 처리와 남용을 단념시키는 억제제로 작용한다. 내부 감사 계획 수립에서 억제와 발각이라는 이 두 가지 속성들이 균형을 이루어야 한다.

감사 가능 영역과 감사 유니버스

IIA의 기준을 지원하는 실무 자문들, 특히 PA 2010-1은 감사 계획 수립에 앞서 최고 감사 책임자가 감사 유니버스를 개발하는 것의 가치를 인식한다.

> **실무 자문 2010-1: 감사 계획과 리스크, 익스포저의 연결**
>
> 내부 감사 부서의 계획을 수립할 때, 많은 CAE들은 먼저 감사 유니버스를 개발하거나 업데이트하는 것이 유용함을 알게 된다. 감사 유니버스는 수행될 수 있는 모든 감사의 리스트이다. CAE는 고위 경영진과 이사회로부터 감사 유니버스에 관한 의견을 구할 수도 있다.
>
> 감사 유니버스는 조직의 전략적 계획으로부터 도출된 구성 요소들을 포함할 수도 있다. 그렇게 함으로써, 감사 유니버스는 전반적인 비즈니스 목표들을 고려하고 이를 반영하게 될 것이다.

감사 유니버스 개발 시, 최고 감사 책임자들은 조직 내의 모든 주요 프로세스들과 운영들을 고려해야 (그리고 매핑해야) 한다. 이는 복잡하고 시간이 많이 소요되는 프로세스일 수 있는 바, 최고 감사 책임자들은 감사 유니버스 매핑에 (시간과 경험 면에서) 적절한 자원을 할애해야 한다. 그럼에도 불구하고 최고 감사 책임자들이 이 과제를 수행하면 자신의 조직 활동들과 프로세스들에 대해 종합적으로 이해하게 되는 보상을 받게 될 것이다. 반대로 감사 유니버스 또는 리스크 기반 감사 계획이 없으면, 내부 감사 자원이 충분하며 적절히 배정되었는지 판단하기 어려울 것이다.

보편적인 품질 이슈

내부 감사 기능들이 자신의 감사 가능 영역들을 완전히 문서화하지 않을 수도 있다. 이는 감사 팀의 조직 환경에 대한 이해 부족, 향후 감사 계획 수립의 토대로서 과거의 감사에 과도하게 의존함, 또는 감사 유니버스 매핑을 위한 자원 제한에 기인할 수 있다. 이 경우, 내부 감사 자원이 조직에 대한 중요성이 낮은 영역에 대한 어슈어런스 제공에 허비될 수 있다.

최고 감사 책임자들은 또한 파악된 전략적 리스크들에 초점을 맞추느라 완전한 감사 유니버스 개발에 반대할 수도 있다. 이러한 방침이 합리적이기는 하지만, 이 또한 조직의 주요 영역이나 활동들, 또는 전략적 목표들에 적정한 어슈어런스가 제공되지 않을 나름의 리스크를 제기한다. 이 경우 최고 감사 책임자는 파악된 전략적 리스크들과 조직의 주요 활동, 프로세스들 사이의 균형을 유지할 필요가 있다.

매트릭스 접근법을 이용한 감사 유니버스 매핑

대규모 조직들에게는 유사한 프로그램 또는 상품들이 여러 곳에서 전달될 수 있고, 회사의 지원 서비스들이 여러 지역에 걸쳐 공유될 수 있기 때문에 감사 유니버스 매핑은 여러 차례 반복될 수 있다. 이런 경우에는 최고 감사 책임자들은 감사 유니버스를 일차원의 활동 리스트로 보기보다는 조직 전체에 걸쳐 일련의 다양한 활동들 사이의 상호작용을 인식하는 3차원 유니버스를 개발할 수 있다. 3차원 모델의 한 예가 그림 12.1에 제공되어 있다.

최고 감사 책임자는 3차원 감사 유니버스 접근법을 사용하여 회사 서비스(예컨대, 재무 또는 인사)나 전략과 거버넌스(예컨대, 리스크 관리, 계획 수립 또는 전략적 위원회들)에 대한 특정한 감사를 수행할 수 있다. 이 부분이 결정되고 나면 최고 감사 책임자는 다양한 부문 또는 지역에서 이들이 시행되는 방식 또는 프로그램 시행이나 생산에 영향을 주는 방식을 살펴볼 수 있다. 즉, 부문, 장소, 상품과 프로그램 선택은 감사의 목표가 아니라 범위를 결정한다.

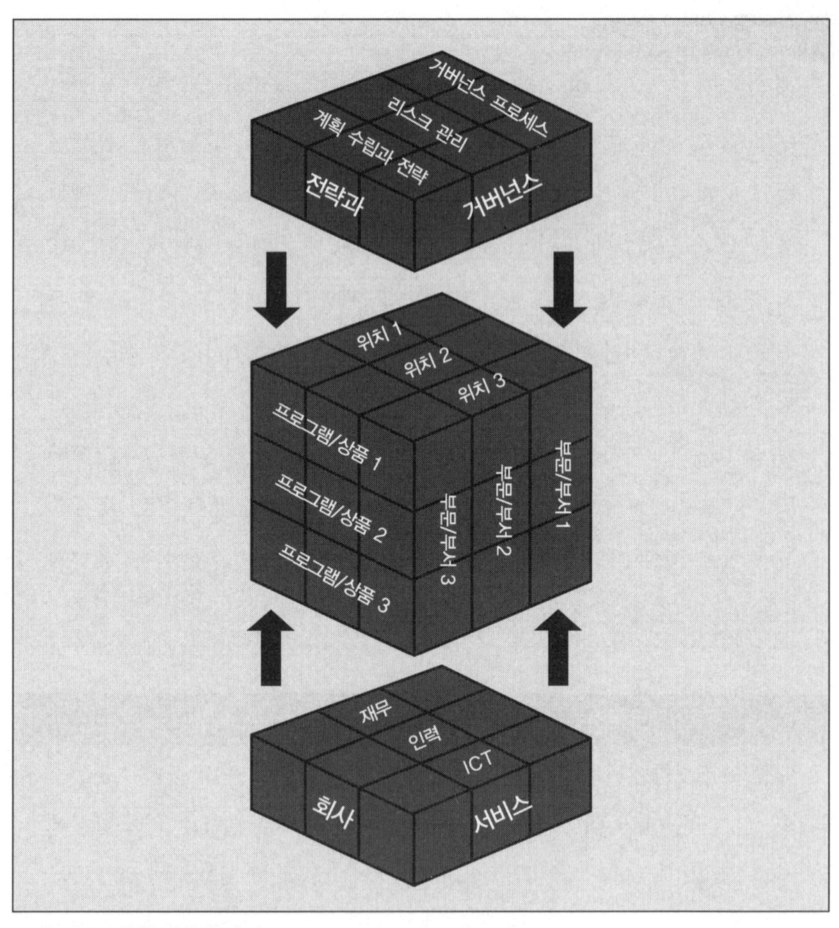

그림 12.1 3차원 감사 유니버스

어슈어런스 매핑

내부 감사 기능은 조직에서 거버넌스, 리스크 관리와 통제 프로세스의 개선을 지원하기 위해 일한다. 이에 대해 성공하려면 내부 감사와 다른 내부 및 외부의 어슈어런스 제공자들뿐만 아니라 경영진과의 협력도 요구된다. 내부 감사 기능이 조직 전체에 대한 어슈어런스를 제공하기에 충분한 자원을 보유할 가능성은 높지 않다. 그럼에도 불구하고 어슈어런스를 조정함으로써 효율성을 달성할 수 있다.

최고 감사 책임자들은 다른 어슈어런스 제공자들이 조직에 가치를 전달하도록 만전을 기하기 위해 그들에 의해 제공되는 어슈어런스에 대해 명확히 이해할 필요가 있다. 이는 IIA 기준 2050 준수를 지원하는 어슈어런스 매핑을 통해 가장 잘 달성될 수 있다.

> **기준 2050 — 조정**
>
> CAE는 적절한 범위를 커버하고 노력의 중복을 최소화하기 위해 내부 및 외부 어슈어런스 제공자, 컨설팅 서비스 제공자와 정보를 공유하고 활동을 조정해야 한다.

어슈어런스 매핑은 다양한 어슈어런스 제공자들 각각의 활동들 사이에 점들을 이어 주며, 중복을 피하고 조직의 자원 사용을 극대화하도록 도움을 줄 수 있다.

어슈어런스 제공자들은 다음과 같다.

- 경영진
- 리스크 관리
- 컴플라이언스 팀
- 품질 어슈어런스
- 평가 팀
- 내부 감사
- 외부 감사
- 다음과 같은 기타 외부 원천
  - 정부 검토자들
  - 인가 제공자들
  - 작업장 보건과 안전 조사관들
  - 환경 보호/모니터링 당국

호주 국가 예산 감시국(2012)은 어슈어런스 매핑은 어슈어런스 지형(landscape)에 대한 조직 차원의 넓은 관점을 제시함으로써 감사위원회가 조직의 거버넌스, 리스크 관리와 통제 프로세스에 대해 확신을 얻도록 도움을 준다고 믿는다. 호주 국가 예산 감사국은 내부 감사를 조직의 보다 광범한 어슈어런스 프레임워크의 맥락에서 고려할 때 내부 감사의 효과성이 극대화될 수 있다고 믿는다.

어슈어런스 맵(map)은 대개 조직에 영향을 주는 주요 리스크들에 대한 어슈어런스를 문서화한다. 이 맵은 관련 통제 또는 리스크 경감 전략을 통해 고위 경영진과 감사위원회에 주요 리스크들에 대한 관리를 가시적으로 보여 주며, 이들 통제 또는 경감에 관한 어슈어런스를 제공한다. 이 프로세스가 그림 12.2에 예시되어 있다.

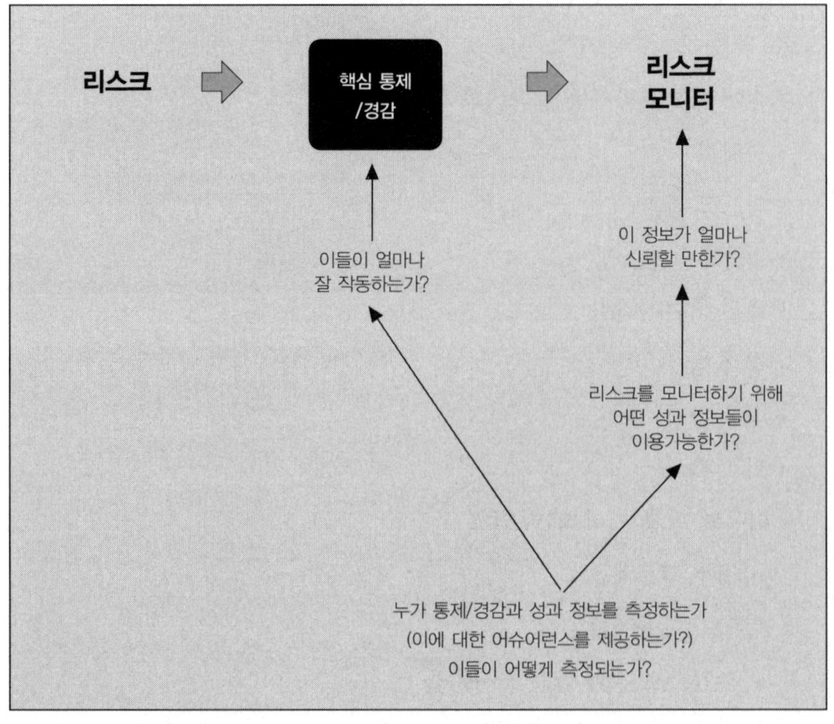

그림 12.2 어슈어런스 맵

어슈어런스 맵의 요소들

어슈어런스 맵을 작성하는 데에는 여러 방법이 있다. 호주에 기반을 둔 내부 감사 서비스 제공자인 피트 그룹(Pitt Group)은 각각의 핵심 리스크마다 별도의 스프레드시트를 사용하는 엑셀 기반의 맵을 성공적으로 사용하고 있다. 맵에서 (각각의 시트 상에서) 각각의 리스크에 대해 식별된 주요 요소들은 다음 사항들을 포함한다.

- 주요 리스크의 이름
- 리스크 오너
- 해당 리스크에 대한 핵심 통제 또는 처리
- 각각의 통제 또는 처리에 대한 프로세스 오너
- 운영 경영진과 이들 활동의 오너들에 의해 취해진 1차 방어선의 어슈어런스 활동
- 컴플라이언스 또는 품질 어슈어런스와 같은 조직이 다른 어슈어런스 제공자들에 의해 수행된 2차 방어선의 어슈어런스 활동들과 책임 영역
- 통제 또는 처리와 관련된 각각의 어슈어런스 활동들의 초점(즉, 해당 활동이 주로 통제에 대한 어슈어런스에 초점을 맞추는가, 아니면 어슈어런스가 2차적 초점으로 제공되는가?)
- 1차, 2차 어슈어런스의 품질. 이는 일반적으로 어슈어런스 활동 자체에 대한 테스트를 통해 내부 감사 또는 외부 감사에 의해 결정된다. 이를 포함시키면 경영진과 감사위원회에 이러한 1, 2차 어슈어런스를 신뢰할 수 있는지에 대한 감을 제공한다.

모델 맵에서 발췌한 내용이 그림 12.3에 제공되어 있다.

핵심리스크 1						리스크 오너			
핵심 통제/처리	통제 오너	1차 방어선 어슈어런스 활동	어슈어런스 오너	수준과 초점	2차 방어선 어슈어런스 활동	어슈어런스 오너	수준과 초점	3차 방어선 어슈어런스 활동	외부 감사
핵심 통제 1									
핵심 통제 2									
핵심 통제 3									

그림 12.3 어슈어런스 맵 발췌

결합된 어슈어런스

결합된 어슈어런스는 여러 어슈어런스 제공자들 사이의 어슈어런스에 대한 조정이다. 이 어슈어런스는 종종 3중 방어선의 경계를 넘어서 경영진, 컴플라이언스, 품질 어슈어런스와 같은 2차 방어선, 내부 감사, 그리고 외부 감사를 포함한다.

사렌스(Sarens)와 동료들(2012)은 결합된 어슈어런스에 다음과 같은 효용이 있다고 적시한다.

- 더 나은 결정을 내리도록 도움을 준다.
- 행동들에 우선순위를 부여하도록 도움을 준다.
- 고위 경영진과 감사위원회에 안도감을 준다.
- 비즈니스의 지식과 매니저들 사이에 리스크에 대한 인식을 증가시킨다.
- 칸막이를 제거한다.
- 익스포져를 늘리고 더 많은 부하(負荷)를 질 수 있게 한다.
- 책임성을 증가시킨다
- 투명성을 증가시킨다.
- 어슈어런스 자원을 더 잘 사용할 수 있도록 증진한다.
- 내부 감사 기능의 품질을 향상시킨다.
- 어슈어런스 작업을 표준화한다.

외부 감사와의 조정

이상적으로는 내부 감사인 및 외부 감사인들이 독특하지만 보완적인 역할을 하는 협력자로 일해야 한다. 내부 감사 기능이 외부 감사에 미루어져서는 안 되며, 내부 감사가 단순히 외부 감사인들에 의해 수행될 필요가 있는 작업 수준을 줄이기 위해 존재해서도 안 된다.

스펜스 피켓(Spencer Pickett, 2011)은 내부 감사와 외부 감사의 이상적인 상호작용을 "상호 교류하는 감사 계획 수립(interfaced audit planning)"이라고 묘사한다.

그는 그림 12.4에서 보여주는 바와 같이 내부 감사인들과 외부 감사인들이 3단계의 협력적 계획 수립을 거칠 수 있다고 제안한다.

1단계
계획 사본이 교환된다.

2단계
공동으로 회의를 개최하여 계획을 논의하고 조정하지만
각각의 계획이 수립된다.

3단계
정규적인 회의가 개최되고 하나의 종합적인 문서로서
통합 계획이 수립된다.
피켓은 3단계 달성의 어려움을 인정하며, 이는 민간 부문보다는
공공부문에서 발생할 가능성이 더 높을 수 있다고 시사한다.
그러나 그는 어느 정도의 조화가 필수적이며, 장려되어야 한다고 믿는다.

그림 12.4 상호 교류하는 감사 계획 수립
출처: 스펜스 피켓(2011)

자원 배정

최고 감사 책임자들은 일반적으로 자원 제약으로 전체 감사 유니버스를 검토하지 못한다. 그래서 그들은 한정된 자원 범위 내에서 어떤 내부 감사 작업이 수행되어야 할지 결정해야 하는 도전에 직면한다.

연간 내부 감사 계획과 함께 연간 내부 감사 예산 책정도 지속적으로 이루어져야 한다. 이렇게 함으로써 감사 계획이 활용 가능한 자원을 반영하고, 예산이 완료할 필요가 있는 감사 작업을 반영하게 된다. 예산을 수립함에 있어서 최고 감사 책임자는 내부 직원의 급여, 외부 컨설팅 수수료, 그리고 출장 비용을 고려해야 한다.

내부 감사 예산

내부 감사 기능의 직원을 위한 예산은 소싱 모델에 관한 결정을 주도하기도 하고, 이에 의해 주도되기도 한다. 내부 감사 기능에 배정된 자원은 대개 내부 감사의 가치에 대한 고위 경영진의 인식에 의해 견인될 것이다. 내부 감사가 중대한 가치를 부가할 수 있음을 입증하면 예산이 증가하는 경우가 흔하다.

> **기준 2030 — 자원 관리**
>
> CAE는 승인된 계획을 달성하기 위해 내부 감사자원이 적절하고, 충분하며, 효과적으로 배치되게 하여야 한다.

예 12.1은 호주 국가 예산 감사국(2012)에서 따온 단순화한 내부 감사 예산을 보여준다.

예 12.1 내부 감사 예산

예산	전년도 금액	1차년도 금액	2차년도 금액	3차년도 금액
직원(간접비 포함)				
교통비와 숙박비				
외부 서비스 제공자				
합계				
인적 자원	**전년도 일수**	**1차년도 일수**	**2차년도 일수**	**3차년도 일수**
활용 가능 일수: 내부 직원				
외부 서비스 제공자				
총 활용 가능 일수				
비 감사 업무 수행 일수 차감				
활용 가능 내부 감사 일수 합계				
내부 감사 지원 활동				
내부 감사 전략적 비즈니스 계획과 연간 작업 계획 수립				
감사 보고서와 기타 보고서 권고 사항 모니터링				

인적 자원	전년도 일수	1차년도 일수	2차년도 일수	3차년도 일수
연례 평가 보고서 준비				
감사위원회 보좌				
감사 프로그램 관리				
직원 모집/연수				
외부 감사인과의 접촉				
기타 내부 감사 지원 활동				
내부 감사 지원 활동 일수 합계				
연간 감사 작업 활용 가능 일수 합계				

출처: 호주 국가 예산 감시국(2012)

보편적인 품질 이슈

내부 감사 예산과 관련된 보편적인 품질 이슈 세 가지는 예산 불충분, 감사 계획 수립과의 연계 부적정, 그리고 예산 모니터링 부적정이다.

내부 감사 예산 부적정과 내부 감사 기능이 고위 경영진과 감사위원회에 가치를 입증하지 못하는 것 사이에는 강한 상관관계가 있다. 조직들이 가치를 입증하지 못하는 부서에 자원을 늘려 줄 가능성은 그다지 높지 않다.

조직 또는 최고 감사 책임자는 유사한 조직과의 벤치마킹을 통해 내부 감사 자원의 적절한 수준을 결정할 수 있다. 이는 직무상의 네트워킹을 통해 비공식적으로 수행할 수도 있고, 전문 서비스 회사, 인력 채용 회사, 그리고 IIA와 같은 전문가 단체와 같은 기관들에 의해 제공된 인정된 벤치마킹 서비스를 통해 수행할 수도 있다. 벤치마킹을 수행할 때에는 아래와 같은 사항을 고려해야 한다.

- 비교 대상 조직이 더 나은 실무 관행을 보이지 않을 수도 있다.
- 자원 요건은 고위 경영진과 이사회에 의해 기대되는 가치와 연결될 필요가 있는 바, 이는 유사한 조직에서도 크게 다를 수 있다.
- 수행되는 감사 유형과 감사 작업의 성격에 따라 요구되는 기술과 경험 수준이 다르다.
- 국가와 부문에 따라 기대 수준이 다를 수 있다.

기술과 자원을 짝짓기

최고 감사 책임자들은 각각의 감사 작업에 어떤 직원을 배정해서 감사의 복잡성과 성격과, 적절한 기술과 경험을 지닌 직원을 짝지을지 고려할 필요가 있다. 내부 감사 부서 내부에서 적절한 자체 직원을 활용할 수 없을 경우, 최고 감사 책임자는 조직 내부에서 이러한 기술을 지닌 직원을 찾아볼 필요가 있다.

내부 감사 부서의 자원 배정에 관련된 이슈들은 9장에서 보다 자세히 논의된다.

유연한 계획 수립

내부 감사 계획에 유연성을 심어 두면 내부 감사 기능이 조직의 우선순위 변화, 시급한 신규 사업, 그리고 비규칙적인 감사 작업 요청을 감안할 수 있게 해준다.

감사 계획에 유연성 심기

감사 계획에 유연성을 심기 위한 방법은 아래와 같다.

- 경영진이 지적한 검토, 사후 관리 감사에 대한 여지를 둔다.
- 제안된 감사의 일부를 연도 간에 옮길 수 있도록 회전 감사 계획(rolling plan of audits)을 세운다.
- 감사 계획에 이전의 감사 커버리지를 포함하여 감사 사이의 경과 기간을 볼 수 있게 한다.
- 비 감사 활동(관리와 감독, 품질 어슈어런스, 직무 능력 개발, 규정과 절차 검토, 경영진 회의 참석, 감사위원회 보좌 등)을 위한 시간을 포함한다.
- 신규 프로젝트와 사업에 전향적으로 관여해서 이러한 새로운 영역을 수용하기 위한 감사 계획 변경을 촉진시킨다.
- 감사 계획에 내부 감사 기능이 조사 책임을 지고 있는 영역에 대한 조사를 포함시킨다.

내부 감사 계획 형식

연간 감사 계획에 사용될 수 있는 여러 형식들이 있는데, 최고 감사 책임자는 조직의 필요를 가장 잘 충족하는 방법론을 설계해야 한다. 그럼에도 불구하고 전형적인 연간 감사 계획은 다음 사항들을 포함하고 있다.

- 검토가 제안된 프로그램 또는 활동의 이름
- 가능할 경우 감사 유니버스, 어슈어런스 맵과의 연결
- 프로그램 또는 활동에 책임이 있는 사람(감사 고객)
- 감사 작업의 중점 분야 또는 상위 차원의 목표
- 전략적/운영상 리스크, 리스크 등급과의 연결
- 전략적/운영상 목표와의 연결(관련이 있을 경우)
- 감사 작업의 유형(성과/운영 감사, 재무 감사, IT 감사 등)
- 감사 작업 추정 일수 또는 시간
- 감사 작업 제안 일정

회전 감사 계획

최고 감사 책임자가 효과적인 감사 계획 수립과 관련된 모든 요소들(즉, 리스크 평가, 감사 유니버스 매핑, 제공된 다른 어슈어런스 고려, 그리고 각각의 감사에 요구되는 시간 추정)을 마치고 나면, 연간 감사 계획을 개발할 수 있는 좋은 위치에 서게 된다.

일부 최고 감사 책임자들은 회전 감사 계획을 수립하기로 결정할 것이다. 회전 감사 계획은 감사 대상 영역의 리스크와 중요성에 따라 우선순위가 부여된 잠재적 감사 작업의 완전한 리스트이다. 일반적으로 이 계획은 종전 감사로부터 제안된 감사 사이의 경과 기간을 밝힌다.

회전 감사 계획은 최고 감사 책임자들이 전체 감사 유니버스를 감사하지 못하는 상황을 조정하도록 도움을 준다. 최고 감사 책임자는 이 계획을 사용해서 잠재적 감사 대상에 우선순위를 정하고, 가장 우선순위가 높은 감사들을 이 계획의 맨 위에 놓을 수 있다. 그러고 나서 자원이 허용되는 지

점에 선을 그을 수 있다. 이 선 아래에 위치하는 감사들은 계획된 감사를 수행할 수 없게 되거나, 이후의 연도에 고려될 수 있을 경우 보충적으로 감사할 수 있다.

활용 가능한 자원 범위 내에서 완료할 수 있는 범위를 넘어서는 감사 리스트들을 계획에 포함시키면, 고위 경영진과 감사위원회가 할당된 내부 감사 자원으로부터 받고 있는 가치에 대해 볼 수 있게 해준다. 중요한 점은 이렇게 함으로써 이해관계자들이 보다 높은 수준의 어슈어런스를 받기 위해 추가 자원을 배정할 때의 효용에 관해 보다 더 정보에 입각한 결정을 할 수 있다는 것이다.

소통과 승인

감사 계획 수립이 엄격하고 투명해지면 최고 감사 책임자가 고위 경영진, 감사위원회와 긍정적인 관계를 형성하는 데 도움이 된다. 감사 계획은 궁극적으로 감사위원회에 제공될 어슈어런스 유형의 수준을 결정할 것이므로, 감사위원회가 최종 승인을 통해 감사 계획의 오너십을 가지는 것이 중요하다. 효과적인 계획 수립은 내부 감사 기능이 공정한 관찰자라는 이미지를 고착화시키기보다는 매우 중요한 친구로 자리매김하는 데 도움이 될 것이다.

IIA 기준 2020은 최고 감사 책임자에게 감사 계획을 상위경영진과 감사위원회에 소통하고, 최초 작성 시, 그리고 이후 변경이 있을 경우 그에 대해 그들의 승인을 받도록 요구한다.

기준 2020 — 소통과 승인

최고 감사 책임자는 중간에 변경된 주요 사항을 포함한 내부 감사 부서의 감사계획과 자원 요건을 고위 경영진과 이사회에 소통하여 그들의 검토와 승인을 받아야 한다. 최고 감사 책임자는 또한 감사 자원의 한계에 따른 영향에 대해서도 소통해야 한다.

QAIP 힌트

내부 감사 기능은 연간 감사 계획 수립을 내부 감사 성숙 모델 또는 균형 스코어카드에 반영할 수 있다.

성숙 모델

내부 감사 기능들은 연간 감사 계획 수립을 성숙 모델에 핵심 프로세스 영역의 하나로 포함할 수 있다. 예를 들어,

- 5단계 성숙 모델의 2단계는 공식화된 연간 계획 수립이 수행되지 않고, 감사가 상황에 따라 선택된다고 적시할 수 있다.
- 3단계는 연간 감사 계획 수립이 수행되고, 계획 수립 프로세스에서 리스크가 고려된다고 적시할 수 있다.
- 4단계는 연간 감사 계획 수립이 전략적 리스크와 운영상 리스크들, 그리고 전략적 우선순위와 정렬을 이루며, 경영진이 계획 수립에 적극적으로 관여한다고 적시할 수 있다.
- 5단계는 연간 감사 계획 수립이 감사 유니버스, 어슈어런스 맵과 정렬을 이루며, 전략적 리스크와 목표들이 이 계획을 통해 일상적으로 다루어진다고 적시할 수 있다.

균형 스코어카드/KPI

내부 감사 기능들은 다음과 같은 성과 지표들을 포함할 수 있다.

- 계획 수립 프로세스에서 상의된 고위 경영진의 비율(목표 포함)
- 감사 계획에 대한 고위 경영진의 만족 수준(목표 포함)
- 감사 계획에서 다루어지는 조직의 우선순위들의 비율(목표 포함)
- 최소 연 1회의 정기적인 종합적 리스크 평가 수행
- 1년 동안 감사된 핵심 리스크들의 비율(목표 포함)
- 감사 계획에서 다루어진 감사 유니버스의 비율
- 전략적 우선순위 커버리지 정도(목표 포함)
- 핵심 비즈니스 활동 커버리지 정도(목표 포함)

- 감사 계획에서 다루어진 지역적 영역과 기능적 영역의 비율(목표 포함)
- 1년 동안 감사된 "개발 중인 시스템" 비율(목표 포함)
- 다루어지지 않은 리스크에 관한 감사위원회의 우려
- 감사 계획 완료
- 경영진이 요청한 검토의 수(목표 포함)

연간 감사 계획 수립에 관한 질문

표 12.4는 연간 감사 계획 수립에 관한 일련의 질문들을 제공한다. 이 질문들은 공식적으로 품질 어슈어런스 및 개선 프로그램 안에 반영될 수도 있고, 보다 덜 공식적으로 상시 평가 활동 안에 반영될 수도 있다. 질문들은 최고 감사 책임자, 내부 감사인, 또는 감사 이해관계자들에게 다양하게 물어볼 수 있다.

표 12.4 품질 평가 질문

질문	품질의 증거
최고 감사 책임자와 내부 감사 직원들이 핵심 이슈들에 대한 이해를 발전시키기 위해 해당 비즈니스에서 시간을 보내는가?	고위 경영진과 감사위원회 인터뷰
연간 감사 계획에 포함된 감사 작업의 범위가 내부 감사 규정 하의 내부 감사의 역할을 충족하는가?	연간 감사 계획
내부 감사 계획이 법률 준수 요건, 산업 리스크, 경제 요인 등과 같은 조직의 보다 넓은 외부적 맥락이라는 환경을 고려하는가?	연간 감사 계획
연간 감사 계획이 조직의 전략적 리스크와 운영상의 리스크들과 정렬을 이루는가?	연간 감사 계획
연간 감사 계획이 조직의 리스크에 대한 서면 리스크 평가에 기반하는가?	연간 감사 계획 서면 리스크 평가
이 리스크 평가는 최소 연 1회 수행되는가?	연간 감사 계획 서면 리스크 평가
연간 감사 계획이 경영진에 의해 설정된 리스크 성향을 포함한 조직의 리스크 관리 프레임워크를 고려하는가?	연간 감사 계획 고위 경영진 인터뷰
연간 감사 계획이 새로 출현하는 리스크 영역을 적절히 고려하는가?	연간 감사 계획 고위 경영진 인터뷰

질문	품질의 증거
연간 감사 계획이 역동적이고 유연하며, 조직의 리스크 프로필이 변함에 따라 이에 적응하는가(예컨대, 리스크 프로필이 변할 경우 연도 중 연간 감사 계획에 변화가 일어나는가)?	연간 감사 계획 고위 경영진 인터뷰
내부 감사 기능이 조직 전체에서 감사 대상으로 삼을 수 있는 영역을 파악했는가?	감사 유니버스(audit universe)
내부 감사 기능이 감사 프로젝트에 우선순위 부여 등과 같은 최적의 예산 배분과 연간 감사 계획 준수를 위한 프로세스를 가지고 있는가?	연간 감사 계획 최고 감사 책임자
고위 경영진과 감사위원회로부터 연간 감사 계획 수립을 위한 의견을 구하는가?	의견에 대한 서면 증거 고위 경영진과 감사위원회 인터뷰
내부 감사 기능이 리스크와 감사 가능 영역 평가에 일관적인 방법론을 적용했는가?	감사 계획 수립 방법론 고위 경영진 인터뷰
연간 감사 계획이 조직의 다양한 기능들을 적절히 커버하는 개별 감사 작업을 포함하고 있는가?	연간 감사 계획
고위 경영진과 감사위원회가 연간 감사 계획을 통해 제시된 어슈어런스 커버리지에 대해 만족하는가?	고위 경영진과 감사위원회 인터뷰
연간 감사 계획과 이에 대한 중대한 변경이 고위 경영진과 감사위원회에 제출되어 그들의 승인을 받는가?	의견에 관한 서면 증거 고위 경영진과 감사위원회 인터뷰
내부 감사 기능과 다른 어슈어런스 제공자 사이에 정렬이 이루어져 있는가?	최고 감사 책임자 인터뷰 고위 경영진과 감사위원회 인터뷰
내부 감사 기능이 다른 어슈어런스 제공자들의 작업에 대해 불필요하게 중복 작업을 한 사례가 있는가?	고위 경영진과 감사위원회 인터뷰
연간 감사 계획 수립 중 다른 어슈어런스 제공자와 상의하였는가?	고위 경영진과 감사위원회 인터뷰 최고 감사 책임자 인터뷰
연간 감사 계획이 다른 어슈어런스 제공자들과 공유되는가?	의견에 대한 서면 증거 어슈어런스 제공자 인터뷰

결론

보다 나은 관행인 리스크 기반 감사 계획 수립 수행은 최고 감사 책임자가 조직에 가치를 부가할 가능성이 가장 큰 영역에 자원을 향하게 해준다. 최고 감사 책임자는 적정한 계획 수립이 없이는 이해관계자의 기대를 충족하지 못할 수도 있다.

그러나 계획 수립은 오늘날의 역동적인 조직에서는 상당한 도전을 제기한다. 끊임없는 구조와 운영상의 변화는 최고 감사 책임자가 제안된 감사 또한 조정될 필요가 있는지 결정하기 위해 감사 계획의 적절성을 정규적으로 재평가하도록 요구한다. 줄어든 자원 또는 추가적인 활동으로 인해 조직의 리스크가 영향을 받을 수도 있고, 인수 합병으로 조직의 성격이 변할 수도 있다. 향후의 감사 계획 수립에 있어서 이러한 상황 각자에 대해 고려할 필요가 있다.

참고 문헌

- Abdolmohammadi, M. J., and A. Sharbatouglie. (2005). Continuous Auditing: An Operational Model for Internal Auditors. Altamonte Springs, FL: The Institute of Internal Auditors Research Foundation.
- Australian National Audit Office. (2012). Public Sector Internal Audit: An Investment in Assurance and Business Improvement — Better Practice Guide. http://www.anao.gov.au/~/media/Files/Better%20Practice%20Guides/2012%202013/ANAO%20%20Public%20Sector%20Internal%20Audit.pdf.
- Baker, N.(2010, June). Know your business. Internal Auditor.
- The Institute of Internal Auditors. (2013). International Professional Practices Framework. Altamonte Springs, FL: The Institute of Internal Auditors.
- Reding, K. F., et al. (2009). Internal Auditing: Assurance and Consulting Services. Altamonte Springs, FL: The Institute of Internal Auditors Research Foundation.
- Sarens, G., L. Decuax, and R. Lenz. (2012). Combined Assurance: Case Studies on a Holistic Approach to Organizational Governance. Altamonte Springs, FL: The Institute of Internal Auditors Research Foundation.
- Sawyer, L. B., M. A. Dittenhofer, and J. H. Scheiner. (2005). Sawyers Internal Auditing, 5판. Altamonte Springs, FL: The Institute of Internal Auditors Research Foundation.
- Spencer Pickett, K. H. (2012). The Essential Guide to Internal Auditing, 2판. West Sussex, England: John Wiley & Sons.

Chapter 13

개별 감사 작업 계획 수립

계획하지 않는 것은 실패하기로 작정하는 것이다.

–윈스턴 처칠(Winston Churchill)

효과적인 감사 계획 수립은 고품질의 감사 작업을 위한 토대를 닦는다. 계획 수립은 내부 감사 기능이 어느 영역에 초점을 맞출지 정할 수 있게 해 주고, 감사 작업이 효율적이고 효과적으로 완료되도록 도움을 준다.

계획 수립은 내부 감사인들에게 검토 대상 영역의 운영과 활동에 익숙해질 기회를 제공하며, 내부 감사 작업 수행에 대한 체계적이고 전략적인 접근을 증진한다. 감사 작업의 성공은 계획 수립이 얼마나 잘 되었는지에 의존하는 경우가 흔하다.

개별 감사 작업 계획 수립의 목적

내부 감사 작업들이 수행되는 이유는 다양하다. 이들의 전반적인 목적은 조직의 거버넌스, 리스크 관리와 통제 프로세스 개선에 기여하는 것이지만, 개별적인 감사 작업은 특수한 영역에 중점을 두게 될 것이다. 이 초점은 경영진의 기대, 수행될 감사 작업의 유형, 그리고 검토될 영역 또는 활동에 의해 영향을 받을 것이다. 최고 감사 책임자는 개별 감사 작업을 개시하기 전에 그 목적을 명확히 해야 한다.

감사 작업 계획 수립은 내부 감사인들에게 아래와 같은 사항들을 가능하게 해준다.

- 중대한 리스크에 초점을 맞추기 위해 검토 대상 영역의 운영과 활동들에 대해 충분히 이해한다.
- 내부 감사 작업들, 연간 감사 계획, 그리고 내부 감사 규정들 사이에 정렬이 이루어지게 한다.
- 내부 감사 기능과 다른 어슈어런스 제공자들 사이에 정렬이 이루어지게 한다.
- 감사 현장 작업이 내부 감사 기능의 정책과 절차에 부합하게 한다.
- 감사 작업의 목표들을 효율적으로 다룰 수 있는 잠재력을 극대화할 방법론을 개발한다.

계획 수립에 시간을 할애하면 초점이 잡히고 가치를 부가하는 감사 작업이라는 보상을 가져다줄 것이다. 이런 이유로 IIA기준 2200, 2240은 계획 수립과 관련한 구체적인 요건을 명시한다.

기준 2200 — 감사 계획 수립

내부 감사인은 각각의 감사에 대해 감사, 범위, 시기, 자원배분 등의 계획을 수립하고 이를 문서화해야 한다.

기준 2240 — 감사 작업 프로그램

내부 감사인은 감사 작업의 목표를 달성하는 작업 프로그램을 개발하고 문서화해야 한다.

각각의 내부 감사 기능은 감사 작업 계획 수립에 대한 자체의 접근법을 개발해야 하며, 일관성을 지원하기 위해 이를 정책과 절차에 문서화하거나 표준화된 양식들을 개발해야 한다. 감사 작업 계획은 대개 아래의 요소들을 포함할 것이다.

- 배경(예산과 직원 배치뿐 아니라, 운영과 활동에 대한 개요, 조직 전체에서 어떤 부분을 차지하는지 포함)
- 리스크 평가/핵심 리스크들
- 감사 목표(하위 목표들이 사용될 경우 하위 목표들)
- 기준
- 감사 범위
- 방법론

감사 작업 계획은 다음 사항들도 포함할 수 있다.

- 지난 번 감사 수행 내용
- 예산과 직원 배정을 포함한 자원
- 이정표
- 계획 승인

대규모 감사 작업, 특정 운영 감사와 성과 감사에서는 감사 계획 수립이 때로는 감사 수행 또는 현장 작업 안으로 통합될 수도 있다. 궁극적으로 발견 사항과 감사 결론을 지지하는 정보들이 계획 수립 단계에서 입수될 수도 있다. 전반적인 감사 작업의 제안된 기간에 따라 계획 수립에 소요되는 시간은 수일에서 수주가 될 수도 있다.

훌륭한 감사 작업 계획 수립하기

노르웨이 노르디아 은행 AB(Nordea Bank AB)의 시니어 감사 매니저이자 역량 개발 부서 수장이고, IIA의 직무 이슈 위원회 위원인 루네 요하네센(Rune Johannessen)은 "훌륭한 내부 감사 작업은 흔히 계획 수립의 질에 의해 정의된다."고 말한다. 그는 아래와 같은 요소들이 함께 결합되어 효과적인 계획 수립을 낳는다고 생각한다.

① 계획은 일리가 있고, 따르기 쉬울 필요가 있다. 계획은 비즈니스의 우선순위들을 반영하고, 내부 감사가 비즈니스 목표를 이해하고 있음을 보여줄 필요가 있다.
② 계획은 비즈니스 리스크들을 명확히 적시하고, 이 리스크들이 비즈니스의 어떤 프로세스 또는 활동에 관련이 있는지 외부 당사자들조차도 이해할 수 있는 방식으로 이들을 반영할 필요가 있다.
③ 계획은 위에서와 유사하게 핵심적인 통제들, 이 통제들과 리스크들의 관계를 명확히 적시할 필요가 있다.
④ 감사 작업 계획들은 지능적인 감사를 보여주어야 한다. 즉, 자원 집약적인 감사 표본 추출에만 의존하지 않는 어슈어런스를 제공하는 똑똑한 방법을 구현해야 한다.

요하네센은 좋은 감사는 사람들이 계획 수립을 대충 해서 프로세스 디자인의 희생 하에 끝 부분의 거래들에만 초점을 맞추는 결과를 초래하지 않는다고 믿는다. 요하네센은 "훌륭한 감사 계획 수립은 조직의 결과를 극대화하는 한편, 감사 비용과 시간을 최소화할 것이다."라고 말한다.

고객의 관여

계획 수립을 시작할 때 최고 감사 책임자는 (해당 감사 작업의 감사반장을 통해) 감사 대상 부문의 상위 책임자(감사 작업 스폰서)에게 해당 부문의 감사 계획을 수립하기 시작한다는 사실을 통지해야 한다. 최고 감사 책임자는 검토될 영역으로부터 적절한 접촉자(감사 고객)를 요청해야 한다.

검토 시기

연간 감사 계획은 종종 특정 감사 작업이 수행되기로 제안된 시기(월, 분기 등)를 정할 것이다. 내부 감사 기능이 제안된 시기가 감사될 영역에 적합한지 여부를 감사 작업 스폰서에게 확인하는 것이 좋은 실무 관행이다.

회계연도 말 또는 중대한 변화 관리 작업 수행 시기와 같이 특정 영역 또는 활동들이 매우 바쁠 경우, 내부 감사가 이런 시기를 피하는 것이 좋을 수 있다. 이렇게 함으로써 내부 감사가 감사 고객이 이미 극심한 압박을 받고 있음을 존중하고 있다는 사실을 보여주고, 내부 감사가 감사 고객으로부터 적절한 수준의 지원과 신뢰를 받을 수 있는 잠재력도 향상시킬 수 있다.

감사 고객과의 감사 개시 회의

감사반장은 감사 고객과 감사 개시 회의를 주선하고, 감사 작업 팀과 가능하면 최고 감사 책임자가 이 회의에 참석하게 해야 한다. 이 회의는 다음과 같은 목적으로 사용된다.

- 상위 차원의 감사 작업 목표들, 이 목표들이 선정된 이유, 그리고 이 감사 작업과 연간 감사 작업과의 관계에 대한 대략적인 개요를 제공한다.
- 목표, 범위, 적용될 기준을 정하고, 이를 통해 감사 작업 계획을 수립할 목적으로 검토될 영역에 대한 배경 조사를 하려는 계획 수립 단계의 목적을 설명한다.
- 내부 감사 기능이 감사 작업의 계획을 수립하기 위해 사용할 프로세스와 방법론, 감사 고객으로부터 수집되거나 필요하게 될 정보의 성격을 설명한다.
- 감사 고객에게 도움이 될 잠재적 중점 영역이 있는지에 대해 피드백을 구한다(이 경우 만족스러운 것으로 알고 있는 영역으로 주의를 돌리게 되는 리스크를 인식해야 한다).
- 계획 수립 단계에서 질문에 도움을 줄 수도 있는 주요 인물에 관한 상세한 연락처를 입수한다.
- 전반적인 감사 작업 프로세스에 관해 감사 고객의 우려가 있을 경우 이를 파악한다.
- 감사 고객이 감사 작업 계획에 대해 의견을 표명할 기회를 포함하여, 계획 수립 단계의 결과에 대해 감사 고객과 상의하게 하는 프로세스를 개략적으로 알려준다.

감사 개시 회의는 내부 감사 기능의 역할과 책임, 그리고 내부 감사 기능이 감사 작업 수행에 적용하는 표준 프로세스에 관한 개요를 제공할 수 있는 좋은 기회가 될 수도 있다. 이 회의는 감사 작업의 기조를 정하게 되기 때문에, 이 회의가 전문가답고, 잘 조직되고, 체계적으로 수행되도록 주의를 기울여야 한다.

경영진의 불안을 증가시키지 마라

IIA 직무 이슈 위원회 위원 시저 마티네즈(Cesar Martinez)는 "운영 경영진은 날마다 많은 압력들을 처리하고 있음을 인식하라."고 말한다.

이미 요구들과 시한들에 직면해 있는 영역에 감사를 시작하면 경영진의 스트레스 수준을 높일 수 있는 가능성이 있다. 마티네즈는 내부 감사인들은 이러한 잠재적 긴장들을 잘 알고, 내부 감사가 경영진에게 어떻게 진정으로 가치를 부가할 수 있는지 이해하라고 주의를 준다. 가능하면 내부 감사인들은 경영진의 우려를 늘리지 말고, 줄이기 위해 노력해야 한다.

내부 감사 기능은 감사 작업 계획 수립에 대한 의견이 환영되며, 감사 작업은 개방적이고, 공정하며, 상담 식으로 수행된다는 점을 강조해야 한다.

감사 반장은 개시 회의를 감사 고객으로부터 해당 고객의 내부 감사와의 이전 경험에 대한 피드백을 구하고, 제안된 감사 작업에 관한 긍정적 기대를 형성하는 기회로 사용할 수 있을 것이다.

감사 통보 메모

내부 감사 기능은 감사 고객에게 감사 통보 메모(또는 유사한 서신)를 보내 전반적인 감사 목표, 제안된 시기, 착수 인터뷰를 준비할 필요 등에 대해 통보할 수도 있다.

QAIP 힌트

내부 감사 기능은 감사 작업 계획 수립을 내부 감사 성숙 모델 또는 균형 스코어카드에 반영할 수 있다.

성숙 모델

내부 감사 기능들은 감사 작업 계획 수립을 성숙 모델에 핵심 프로세스 영역의 하나로 포함할 수 있다. 예를 들어,

- 5단계 성숙 모델의 3단계는 감사 고객이 연간 감사 계획을 통해 해당 감사 작업에 대해 알고 있다고 적시할 수 있다.
- 4단계는 감사 개시 전에 감사 고객이 감사 목표, 범위, 기준에 관해 적극적으로 상의된다고 적시할 수 있다.
- 4단계는 감사 작업 계획 최종 승인 전에 감사 고객이 감사 목표, 범위, 기준에 관해 적극적으로 상의된다고 적시할 수 있다.

균형 스코어카드/KPI

내부 감사 기능들은 "감사 고객이 감사 개시 전에 항상 상의된다."와 같은 성과 지표들을 포함할 수 있다.

목표, 기준과 범위

명확하고 간결한 목표들이 감사 작업의 성공에 필수적이다. 해당 감사 작업의 상위 차원의 목적은 연간 감사 계획 수립 시 결정되었겠지만, 개별 감사 작업의 계획 수립 단계는 해당 감사 작업의 구체적인 목표들과 범위를 정의하고, 성공 여부 결정에 사용될 기준들을 정의할 수 있는 기회를 제공한다.

목표

목표들은 감사 작업의 토대를 형성한다. 즉, 감사를 통해 답변될 핵심 질문들을 결정하고, 이 감사가 무엇을 달성할지를 정의한다. 목표들은 내부

감사 기능과 감사 스폰서와 고객에게 해당 감사 작업의 명확한 근거와 로드맵을 제공한다.

감사 작업 목표들을 커버하는 IIA 기준으로는 기준 2210, 2201.A2, 2210.C1이 있다.

기준 2210 — 감사 작업 목표

각각의 감사 작업에 대해 목표가 수립되어야 한다.

기준 2210.A2

내부 감사인들은 감사 작업 목표 수립 시 중대한 오류, 사기, 법규 미준수와 기타 익스포져의 가능성을 고려해야 한다.

기준 2210.C1

컨설팅 작업의 목표들은 고객과 합의된 범위 내에서 거버넌스, 리스크 관리와 통제 프로세스를 다루어야 한다.

내부 감사 기능들은 자체 형식으로 감사 작업 목표들을 진술할 수 있다.

예 13.1 서술문으로 진술된 감사 목표

초과 근무 제도 관리를 지원하는 통제의 적정성과 효과성을 결정한다.

예 13.2 질문에 기반을 둔 감사 목표

통제들이 적정하고 효과적인 초과 근무 관리를 지원하는가?

감사 목표에 관한 주요 고려사항들은 다음과 같다.

• 목표들이 거버넌스, 리스크 관리와 통제 요소들을 어느 정도로 커버하

는가, 그리고 주요 영역들 중 제외된 곳이 있는가
- 목표들이 감사 계획을 수립하는 과정에서 파악된 고위험 영역을 어느 정도로 커버하는가
- 각 목표들의 감사 가능성과 감사 작업 중 이 목표를 달성할 수 있는 잠재력

어슈어런스 수준 각각의 감사가 제공할 어슈어런스의 수준은 내부 감사보다는 외부 감사에 더 관련이 있다. 일반적으로 제한적이고 합리적인 어슈어런스는 외부 감사 기준들에 정의된 회계 용어들이다. 일부 내부 감사인들에 의해 사용되기도 하지만, 이들의 사용은 내부 감사에서 인정된 실무 관행이라기보다는 내부 감사인의 배경(즉, 재무 또는 회계)을 반영한다.

IIA는 합리적인 또는 제한적인 어슈어런스를 정의하지 않는 대신, 어슈어런스 서비스를 "조직의 거버넌스, 리스크 관리와 통제 프로세스에 대한 독립적인 평가 제공을 목적으로 하는, 증거에 대한 객관적 조사"라고 정의한다(IIA 2013).

내부 감사인들은 어슈어런스가 합리적인가 또는 제한적인가를 특정할 필요 없이 어슈어런스를 제공해야 한다. 최고 감사 책임자가 어슈어런스의 여러 수준들을 정의하고자 할 경우, 이 정의들을 감사위원회와 고위 경영진에게 제출하여 재가를 받아야 한다. 또한 이 정의들을 감사 작업 계획과 보고서에 포함시켜서 감사 작업의 범위 또는 의도를 명확히 해야 한다.

어슈어런스 수준 결정하기
IIA 영국 및 아일랜드 감사위원회 위원장이자 전 사장 사라 블랙번(Sarah Blackburn) 박사는 어슈어런스 수준은 감사 작업마다 다르다고 믿는다. 그러나 그녀는 어슈어런스 성향을 정함에 있어서 감사위원회가 최고 감사 책임자의 조언에 기초하여 일익을 담당해야 한다고 생각한다.

하위 목표들 하위 목표들을 사용하여 감사 작업 목표를 한층 더 정교하게 할 수 있다. 하위 목표들은 감사 작업이 무엇을 달성하고자 하는지를 명확하고 간결하게 묘사해야 하며, 측정 프로그램 또는 활동에 적합하게 정해져야 한다.

기준

내부 감사 기능은 목표가 어느 정도 충족되었는지 결정하기 위한 적절한 기준(criteria)을 포함해야 한다. 이 기준은 이에 비추어 목표들이 평가될 평가 기준들(standards)이다(즉, 기준은 성공 또는 달성이 어떤 모습인지를 정의한다).

> **기준 2210.A3**
>
> 거버넌스, 리스크 관리와 통제를 평가하기 위해서는 적정한 기준이 필요하다. 내부 감사인들은 경영진 또는 이사회가 목표 달성 여부를 결정할 적정한 기준을 어느 정도로 수립했는지 확인해야 한다. 이 기준이 적정하면 내부 감사인들은 평가 시 이 기준을 사용해야 한다. 이 기준이 적정하지 않을 경우, 내부 감사인들은 경영진 또는 이사회와 협력하여 적절한 평가 기준을 개발해야 한다.

IIA 기준 2210.A3의 요건들에서 다루어진 적절한 기준을 개발하기 위해 고려할 사항들은 다음과 같다.

- 해당 조직 또는 활동에 최소 운영 기준 또는 법적 요건과 같은 기준이 이미 존재하는가?
- 해당 기준의 신뢰도 — 이 기준들이 신뢰할 만한 출처로부터 나온 것인가 또는 일반적으로 인정된 좋은 관행인가?
- 이 기준이 해당 조직 또는 활동에 적절한가?
- 하나의 기준이 목표를 완전히 커버하는가, 아니면 복수의 기준들이 요

구되는가?

- 해당 기준이 목표들과 관련된 발견 사항과 의견을 지지하는가?

기준의 출처에 따라 그 적절성 또는 수용 결정에 요구되는 노력이 달라질 것이다. 법률, 감독 규정 또는 인정된 전문 직무 기준에 근거한 기준은 가장 논란이 없다. 전문가 협회, 인정된 전문가 단체, 연구 문헌과 같은 출처들로부터도 일반적으로 인정된 기준들을 구할 수 있다. 감사 작업 기준에 대한 다른 중요한 원천으로는 감사 고객에 의해 채택된 기준과 척도들이 포함된다.

기준이 없는 경우 내부 감사 기준은 비교 대상 조직들에서 달성된 성과, 벤치마킹이나 협의를 통해 결정된 모범 실무 관행, 또는 활동 분석을 통해 내부 감사에 의해 개발된 기준에 초점을 맞출 수 있다.

출처 여하를 막론하고 기준은 객관적이고, 목표와 관련이 있으며, 합리적이고, 달성 가능해야 한다. 기준은 인정된 출처로부터 만들어져야 하며, 가능한 한 감사 고객과 합의되어야 한다.

보편적인 품질 이슈

내부 감사인들이 제안된 기준에 대해 경영진의 합의를 얻지 않는 경우가 있다. 이런 경우에는 감사 고객 또는 스폰서가 활동들이 부적절한 기준에 비추어 평가되었다고 믿기 때문에 발견 사항 또는 결론에 동의하지 않을 수도 있다.

범위

범위의 목적은 감사 작업 수행에 요구되는 감사 절차의 성격, 시기와 정도를 정하는 것이다. 범위는 작업의 파라미터들에 대한 명확한 이해를 제공할 수 있도록 충분히 상세해야 하며, 리스크들이 적절히 경감된다는 확신을 제공할 수 있도록 정의되어야 한다.

IIA 기준 2220 및 2220.A1은 감사 작업 범위를 다룬다.

기준 2220 — 감사 작업 범위

수립된 범위는 감사 작업 목표를 달성하기에 충분해야 한다.

기준 2220.A1

감사 작업의 범위는 제3자의 통제 하에 있는 것들을 포함한 관련 시스템, 기록, 인력을 포함해야 한다.

종종 범위는 집합적으로 감사 작업에 의해 커버되게 될 사항들을 묘사하는 일련의 진술들을 포함한다. 범위는 또한 감사 작업으로부터 제외될 사항들(흔히 범위 대상 외로 묘사된다)에 관한 진술도 포함한다. 범위를 정확히 정하면 감사 작업이 초점을 유지하되 부주의하게 중요한 요소들을 제외시키지 않게 해준다.

감사 작업이 무엇을 커버하는지에 대해 여러 당사자들이 동일한 결론에 이르도록 범위는 가급적 명확해야 한다. 감사 작업 범위 진술문의 예가 예 13.3, 13.4, 그리고 13.5에 제공되어 있다.

예 13.3 범위 진술문 예 1

감사 작업의 범위는 20XX 년 1월 1일에서 20XX 년 12월 31일까지 운영 직원들에게 제공된 연수를 커버하는 것이다.

예 13.4 범위 진술문 예 2

감사 작업의 범위는 이사회의 각각의 공식 하위 위원회의 성과를 포함한다. 범위는 운영상 또는 전술상의 위원회들을 포함하지 아니한다.

예 13.5 범위 진술문 예 3

감사 작업은 사이트 A, B, C에서의 운영을 포함한다. 범위에 활동 1, 2, 3에 대한 커버리지는 포함하지 않을 것이다.

보편적인 품질 이슈

목표, 기준과 범위에 관한 보편적인 품질 이슈에는 다음 사항들이 포함된다.

- 감사 작업 목표에 관해 감사 고객으로부터의 의견 불충분
- 감사 작업 계획 수립 단계에서 사용될 기준에 대해 경영진의 합의를 얻지 아니함
- 범위에 감사 대상 조직의 책임 영역 밖의 활동들을 포함함

환경 조사

내부 감사 기능이 운영 또는 활동에 대한 이해는 감사를 수행하는 동안 더 심화된다는 점을 명심하면서, 이에 대한 광범위한 이해를 갖추는 것이 중요하다.

중요한 감사 작업에 대해서는 잠재적 위협과 기회를 파악하기 위해 조직의 내부 환경과 외부 환경을 검토하는 프로세스인 환경 조사를 통해 운영에 대한 통찰력을 얻을 수 있다.

환경 조사는 내부 감사 기능에 감사 작업의 목적과 근거를 이해할 수 있는 배경 자료를 제공해 줄 것이다. 이는 운영 또는 활동의 목표와 핵심 프로세스에 관한 정보 수집과 관련된다. 그러나 이에는 감독 환경, 경쟁(민간 부문의 경우), 그리고 기타 관련 정부 기구들(공공 부문의 경우)과 같이 감사 대상 조직 또는 활동이 운영되는 방식에 영향을 주게 될 외부 요소들도 포함될 것이다.

감사 작업을 주요 리스크에 정렬시키기

내부 감사 작업은 운영 또는 활동이 전달하기 원하는 목표 또는 산출물

뿐만 아니라, 운영 또는 활동에 영향을 주는 특정 리스크들과도 정렬을 이루어야 한다. 이렇게 함으로써 전반적인 조직의 산출물과 결과에 영향을 줄 가능성이 가장 큰 영역들에 초점을 맞출 수 있다.

이 요건은 IIA 기준 1220.A3, 2201, 그리고 2201.A1을 통하여 강조된다.

기준 1220.A3

내부 감사인들은 목표, 운영, 또는 자원에 영향을 줄 수도 있는 중대한 리스크들에 주의해야 한다. 그러나 어슈어런스 절차만으로는 이 절차가 전문가로서의 적절한 주의로써 수행된다 할지라도, 모든 중대한 리스크들이 파악되리라고 보장하지 않는다.

기준 2201 — 계획 수립 시 고려사항

감사 작업 계획 수립 시에 내부 감사인은 다음과 같은 사항을 고려해야 한다.

- 검토 대상 활동의 목표와 그 활동이 업무 수행을 통제하는 수단
- 해당 활동, 목표, 자원, 운영에 대한 중대한 리스크와 그 리스크의 잠재적 영향력을 수용 가능한 수준으로 유지하기 위한 수단
- 적절한 프레임워크나 모델 대비 해당 활동의 거버넌스, 리스크 관리와 통제 프로세스의 적정성과 효과성
- 해당 활동의 거버넌스, 리스크 관리와 통제 프로세스에 상당한 개선을 가져올 수 있는 기회

기준 2210.A1

내부 감사인들은 검토 대상 활동과 관련된 리스크들에 대한 예비 평가를 수행해야 한다. 감사 작업 목표들은 이 평가의 결과를 반영해야 한다.

핵심 리스크 파악

핵심 리스크와 목표 파악에 있어서 내부 감사인들은 다음과 같은 사항들을 고려해야 한다.

- 해당 운영 또는 활동이 무엇을 달성하고자 하는가? — 해당 운영 또는 활동의 존재 이유
- 해당 운영 또는 활동의 목표를 달성하지 못하게 할 수 있는 요소는 무엇인가?
- 해당 운영 또는 활동이 목표를 달성하기 위해서는 무엇이 올바로 되어야 하는가?
- 어떤 외부 사건들이 해당 운영 또는 활동에 영향을 줄 수 있는가?
- 이들 요소들(리스크들)이 해당 운영 또는 활동에 미치는 상대적 영향
- 이들 리스크들이 발생할 가능성

내부 감사인들이 아래의 사항들에 대한 이해를 갖추고 있을 경우 이러한 고려사항들이 강화될 것이다.

- 해당 운영 또는 활동의 비용 또는 가치
- 해당 운영 또는 활동의 생애 주기(life cycle)
- 해당 운영 또는 활동에 대한 정치적 또는 대중의 관심
- 실패의 영향
- 해당 운영 또는 활동에 대한 집행 경영진의 관심
- 운영 프로세스 또는 직원에 대한 최근의 중요한 변화를 포함한 해당 운영 또는 활동의 안정성
- 해당 운영 또는 활동의 복잡성
- 해당 운영 또는 활동이 존재해 온 기간, 노후화, 이전 시스템에 대한 고려

리스크와 중요성에 관한 고려는 12장의 연간 감사 계획 수립에서 보다 자세히 논의되었다.

주요 리스크들 및 기회들이 파악되고 나면, 감사 작업 팀은 리스크를 경감하고 기회를 달성을 극대화하기 위해 존재하는 주요 통제들을 파악하고, 이들 통제들의 효과성과 적정성을 결정해야 한다.

이전의 커버리지를 통해 잠재적 중점 영역을 파악할 수도 있기 때문에 내부 감사 기능은 다른 관련 감사 또는 어슈어런스 활동들의 발견 사항을 고려해야 한다. 감사 작업 팀은 이전 감사의 발견 사항들이 다루어지게 하는 것과 어슈어런스 커버리지 중복 리스크 사이의 균형을 유지해야 한다.

사기 리스크에 대한 고려

내부 감사인들은 사기 전문가가 되도록 기대하지는 않지만 감사 작업은 사기 발생 가능성을 고려해야 한다.

리스크 중심적 감사 작업 계획 수립

캐드카트(Cathcart)와 카푸어(Kapoor)(2010)는 내부 감사인들이 내부 감사에 리스크 중심적 접근법을 채택할 필요가 있다고 말한다. 그들은 그러한 접근법에 대한 여러 주요 요소들을 다음과 같이 적시한다.

- 사기 예방과 비즈니스 윤리를 컴플라이언스적 시각보다 문화적 마음 자세로 여긴다. 이러한 리스크에 대한 감사는 규칙들이 준수되고 있는지를 점검하는 것 이상을 요구한다. 감사인들은 이러한 규칙들의 정신이 모든 차원의 활동들 안으로 구현되게 해야 한다.
- 발생 가능성이 희박하거나 모호할 수도 있는 많은 리스크들에 넓은 그물을 던지기보다는 핵심적인 비즈니스 리스크와 사기 리스크를 결정한다.
- 규제 환경의 변화와 같은 새로운 리스크 이슈와 동향을 파악하고, 주요 이해관계자들이 이에 관심을 기울이게 한다.

- 데이터에 대한 깊은 이해와 때로는 정교한 통계적 분석에 근거한 각각의 리스크의 중대성 추정과 발생 가능성 평가
- 리스크를 예방 또는 탐지하기 위해 설계된 프로그램, 통제를 파악하고 그들의 효과성을 테스트한다.
- 컴플라이언스, 리스크 관리, 재무 컨트롤러, 그리고 법률 부서와 같은 기타 리스크 및 통제 부서와 협력하여 리스크들이 적절히 통제되고 관리되게 한다.

QAIP 힌트

내부 감사 기능은 감사 작업 리스크 평가를 내부 감사 성숙 모델 또는 균형 스코어카드에 반영할 수 있다.

성숙 모델

내부 감사 기능들은 감사 작업 리스크 평가를 성숙 모델에 핵심 프로세스 영역의 하나로 포함할 수 있다. 예를 들어,

- 5단계 성숙 모델의 2단계는 리스크들이 일상적으로 고려되지 않는다고 적시할 수 있다.
- 3단계는 리스크들이 감사 작업 계획 수립의 일부로 고려된다고 적시할 수 있다.
- 4단계는 감사 작업 계획 수립 프로세스의 일부로서 감사 대상 영역에 대한 공식적인 리스크 평가가 수행된다고 적시할 수 있다.
- 5단계는 감사 작업 계획 수립 프로세스의 일부로서 감사 대상 영역에 대한 공식적인 리스크 평가가 수행되고, 특히 사기 리스크에 대해 고려된다고 적시할 수 있다.

균형 스코어카드/KPI

내부 감사 기능들은 "감사 작업 계획 수립의 일부로 감사 대상 영역에 대한 리스크 평가가 수행된다."와 같은 성과 지표를 포함할 수 있다.

방법론

내부 감사 기능은 각각의 감사 작업을 수행하기 위한 적절한 방법론을 결정한다. 방법론은 내부 감사인들이 발견 사항들이 근거를 둘 충분하고, 관련이 있으며, 신뢰할 수 있는 증거를 수집할 수 있도록 허용해야 한다.

방법론은 대개 감사 작업 프로그램(또는 작업 계획/테스트 계획)에 묘사된다. 이 요건은 IIA 기준 2240.A1에 적시되어 있다.

> **기준 2240.A1**
>
> 작업 프로그램은 감사 작업 중의 정보 파악, 분석, 평가와 문서화 절차를 포함해야 한다. 이 작업 프로그램은 시행 전에 승인받아야 하며, 이에 대한 변경이 있을 경우 신속하게 승인받아야 한다.

작업 프로그램은 각각의 감사 작업 목표들을 커버해야 하며, 각각의 기준 달성 평가 절차를 포함해야 한다. 이는 흔히 결론을 도출하기 위해 수집될 전형적인 증거를 포함할 것이다. 방법론은 현장 작업에서 활용 가능한 시간 안에 이 증거를 수집할 수 있는 가능성과 다른 증거가 필요한가의 여부를 고려해야 한다.

작업 프로그램은 다음과 같은 감사 작업 과제들(수행될 테스트들)을 특정해야 한다.

- 시스템과 프로세스들에 대한 검토
- 프로세스 매핑
- 표본 추출
- 데이터 분석
- 인터뷰
- 질문지/서베이
- 직접 관찰

보편적인 품질 이슈

때로는 내부 감사인들이 감사 작업 중에 정보를 파악, 분석, 평가하고 이를 기록하기 위한 절차를 확립하는 감사 작업 프로그램을 개발하지 않는다.

통합 검토

예컨대 결합된 성과 감사와 IT 감사에서 고객 정보 관리의 효과성을 살펴보는 것과 같이 다양한 감사 방법들을 사용하여 조직의 여러 요소들에 걸친 목표들을 커버하는 통합 검토를 수행하라.

프로세스 매핑

프로세스 매핑은 계획 수립 단계에서 주요 통제들을 파악하고 감사의 초점을 결정하기 위해 사용될 수 있을 뿐만 아니라, 현장 작업 시 잠재적 통제의 갭 또는 통제의 취약점을 파악하는 데에도 사용될 수 있다.

프로세스 맵들은 일반적으로 특정 활동의 투입, 활동, 작업 흐름, 그리고 산출을 포함한다. 이들은 프로세스 흐름에 추가적으로 기록된 정보를 제공하는 프로세스 서술에 의해 지원될 수 있다.

프로세스 매핑은 내부 감사인이 일련의 순차적인 과제들과 관련된 활동을 살펴보도록 요구될 때 특히 유용하다. 프로세스 맵을 이용하여 각각의 과제와 관련된 리스크들과 통제들을 파악하여 기록할 수 있다. 이러한 시각적 표시는 현재 직원들에 의해 사용되고 있는 절차들이 문서화되어 경영진에 의해 승인된 절차들과 부합하는지 여부를 파악하기 위한 효과적인 방법이기도 하다.

프로세스 매핑은 감사 고객이 사용하는 복잡한 절차들을 명확히 하고 내부 감사인이 직원과 경영진에 의해 사용되고 있는 절차들을 정확하게 이해하게 해주는 유용한 도구가 될 수 있다.

프로세스 매핑

각각의 감사 작업 계획 수립 시 프로세스 매핑 또는 서술을 사용하여 핵심적인 통제들을 묘사하라. 보다 나은 실무 관행 프로세스 맵들은 명확하고 간결하되, 지나치게 단순화되지는 않는다. 프로세스 맵들은 필요시 간략한 설명을 포함할 수도 있으며, 일관성이 있는 기호들을 사용하여야 한다.

분석적 절차와 데이터 분석

데이터 수집과 분석은 감사 작업 목표 달성에 매우 중요하다. 이는 IIA 기준 2310을 통해 강조된다.

기준 2310 — 정보 파악

내부 감사인은 감사 작업 목표를 달성하기 위해 충분하고, 신뢰할 수 있으며, 관련이 있고, 유용한 정보를 파악해야 한다.

데이터 수집 기법 내부 감사인들은 다양한 데이터 수집 기법을 사용하도록 요구되는 바, 특정 감사 작업에서 선택되는 기법들은 해당 감사 작업의 목표들에 의존한다. 보편적인 데이터 수집 기법들은 다음과 같다.

- 인터뷰 실시
- 관찰
- 표본 추출
- 질문지와 서베이

이들 데이터 수집 기법의 주요 특징들을 이후의 섹션들에서 설명한다.

인터뷰 실시 인터뷰는 특정 목적 또는 목표를 염두에 두고서 수행하는 전문적 대화이다. 인터뷰는 감사 작업에 유용한 지식과 정보를 얻고자 한다. 전형적인 인터뷰의 특징들은 다음과 같다.

- 위협적이지 않은 방식으로 정보를 이끌어내는 데 도움이 된다.
- 관심 대상 프로세스/절차/분야에 관해 더 많은 정보와 지식을 얻는 것이 목적이다.
- 전문가답고, 비난조가 아닌 어조를 사용한다.
- 인터뷰 대상자에게 자신을 충분히 설명할 수 있는 재량권이 주어져야 한다.
- 인터뷰 시간이 비교적 짧다(흔히 15분에서 1시간이 소요된다).

인터뷰 실시는 14장에서 보다 자세히 묘사된다.

관찰 관찰은 말 그대로 내부 감사인이 직접 사람, 행동 또는 프로세스들을 지켜보는 것이다. 내부 감사인에 의한 직접적인 관찰은 간접적인 인터뷰로부터의 보고서 또는 서면으로 제출한 보고서에 의존하는 것보다 유용하다.

표본 추출 표본 추출은 주어진 모집단의 100%보다 적은 부분을 테스트하는 것과 관련이 있다. 감사 시 표본 추출은 내부 감사인이 선택된 항목들의 특징에 관한 증거를 획득하여 이를 평가하고, 이를 토대로 모집단에 관해 결론을 형성하도록 도움을 준다.

내부 감사 기능은 수행될 적절한 양의 테스트 결정 시 전문가적인 판단을 사용해야 한다. 일부의 경우, 특히 감사 범위에 많은 분량의 거래들이 포함되어 있을 때에는 통계적 표본이 적용될 수 있다. 이런 경우에는 모집단 전체를 조사하는 것은 불가능하거나, 실제적이지 않거나, 비용 면에서 효과적이지 않을 수 있다.

표본 추출 방법은 통제가 수행되는 빈도에 기초하거나 전체 모집단의 크기에 의해 결정되어야 한다. 내부 감사 기능은 검토되고 있는 전체 모집단에 대한 적절한 결론을 도출할 수 있게 해주는 방식으로 표본을 선정해야 한다. 또한 내리게 될 결론의 신뢰 수준과 특정 진술과 관련된 오류의 여지에 대해서도 고려할 필요가 있다.

무작위 표본 본질적으로 무작위 표본은 기술된 활동들의 전체 모집단 각각의 항목들이 표본으로 선택될 확률이 동일하게 하는 방식으로 표본을 선정한다.

타깃을 정한 표본(targeted sample) 타깃을 정한 표본은 전체 모집단에서 특별히 지정된 항목들에 집중함으로써 무작위 요소를 제거한다. 그러한 항목들은 일반적으로 리스크 프로필에 근거하여 선택되며, 종종 규모가 크거나 금액이 거액인 활동들이 포함된다. 종종 최초의 분석에서 예상되는 결과의 범위를 결정하고 난 이후에 표본을 선정하기도 한다.

활용할 수 있는 자원에 대한 실제적 고려도 타깃을 정한 표본 추출에 큰 영향을 줄 수 있다. 예를 들어 내부 감사인들의 시간과 출장 필요를 최소화하기 위해 특정 장소들에서 다수의 물리적 조사를 하는 것이 필요할 수도 있다.

타깃을 정한 특정 항목들에 집중하여 표본을 추출할 경우, 이로부터의 결과들이 전체 모집단에 적용될 수 있다고 추론하지 못할 수도 있다.

무작위 추출과 판단에 의한 추출을 결합할 수도 있다. 예를 들어 거액 거래들의 하위 모집단을 특정하고, 해당 하위 모집단 내에서 무작위로 표본을 선정할 수 있다. 이 경우 표본으로부터의 발견 사항을 전체 하위 모집단에 일반화할 수도 있다.

표본의 크기 표본의 크기는 내부 감사 기능이 받아들이고자 하는 표본 추출 리스크 수준에 의해 영향을 받는다. 감사인이 받아들이고자 하는 리스크가 낮을수록 표본의 크기는 커질 필요가 있다.

표본의 크기 계산에 사용되는 공식은 모집단의 크기, 신뢰 구간, 신뢰 수준이라는 세 가지 핵심 구성요소들을 포함한다. 주어진 표본에 대해 모집단의 크기는 고정되어 있지만, 다른 두 요소들 중 하나 이상을 변화시키면 요구되는 표본의 크기도 변하게 된다.

신뢰 구간 신뢰 구간은 미지의 모집단 파라미터를 포함할 가능성이 있는 추정 범위를 제공한다. 추정된 범위는 관측된 표본 데이터를 이용하여 계산된다. 신뢰 구간은 흔히 +/− 수치로 보고된다.

예 13.6 표본 신뢰 구간

신뢰 구간 +/−4를 이용하여 오류율 결정 시, 표본에서 47%의 오류율이 발견되었다면, 전체 모집단은 43%(47−3)에서 51%(47+4) 사이의 오류율을 보일 것이라고 어느 정도 확신할 수 있다. 이에 대해 자신하는 정도를 신뢰 수준이라고 묘사한다.

신뢰 수준 신뢰 수준은 신뢰 구간과 관련된 확실성 수준을 묘사한다. 신뢰 수준은 백분율로 표시되며, 반복적으로 무작위 표본이 추출되어 분석될 경우 진정한 모집단 파라미터가 얼마나 자주 이 신뢰 구간 안에 놓이게 될 것으로 예상할 수 있는지를 나타낸다. 95%의 신뢰 수준은 95%의 확실성을 가리키며, 99%의 신뢰 수준은 99%의 확실성을 가리킨다. 연구자들은 보편적으로 95%의 신뢰 수준을 사용한다. 요구되는 확실성 수준이 낮을수록 요구되는 표본의 크기는 줄어든다.

예 13.7 신뢰 수준과 신뢰 구간의 결합

신뢰 수준과 신뢰 구간을 결합하면 "진정한 오류율이 43%에서 51% 사이에 놓일 확실성이 95%이다."와 같은 진술을 할 수 있게 해준다.

비통계적 표본 추출 통계적 표본 추출을 사용하는 것이 언제나 적절한 것은 아니다. 성과 감사 또는 운영 감사에서나, 모집단이 동질적이지 않은 경우 또는 소수의 거액 거래 또는 중대한 거래들이 포함되어 있는 경우 특히 그렇다. 이런 상황에서는 다른 데이터 수집 방법이 요구될 것이다.

이런 경우 내부 감사인들은 비통계적 표본 추출을 사용할 수 있다. 그러나 그러한 표본으로부터 도출한 결과를 모집단 전체에 적용하지 못할 수도 있다.

특정한 경우, 예컨대 감사인은 통제에 대한 테스트에 있어서 통계적 표본 추출의 경우보다 표본 선정과 평가에 더 많은 재량을 허용하는 비통계적 표본 추출 방법을 사용할 수도 있다. 비통계적 표본 추출은 무작위적이지 않은 선정 기법에 의존하여 모집단을 대표할 것으로 기대되는 표본을 선정한다. 그러한 표본에 근거하여 전체 모집단에 관해 추론하는 것이 가능할 수도 있다. 그러나 그러한 추론은 항상 감사인의 판단으로 대표성이 있는 표본을 선정하고자 했다는 주의와 함께 표시되어야 한다. 비통계적 표본추출은 판단에 의한 표본 추출이라고도 부른다.

질문지와 서베이 질문지와 서베이는 일관성이 있는 형식으로 대량의 정보를 수집 하는 데 유용하다. 일반적으로 질문지 또는 서베이는 가능한 한 짧아야 하며, 질문들은 모호하지 않고 분석을 촉진할 수 있도록 설계되어야 한다.

질문지와 서베이는 둘 다 개방형과 폐쇄형 질문을 사용할 수 있다. 개방형 질문들은 자유로운 응답을 허용하고 질적인 분석을 지원한다. 그러나 개방형 질문들은 몇 가지 선다형 답안들로 특징지어지는 질문들보다 분석하기 어렵다. 흔히 서베이들은 다수의 폐쇄형 질문들을 포함하고 개방적, 서술형 질문들로 보완된다. 질문지 또는 서베이들은 대면 인터뷰 또는 전화 인터뷰의 일환으로 종이에 작성될 수도 있고 웹 기반 프로그램을 통해 작성될 수도 있다.

질문지와 서베이들은 또한 특정 프로세스, 관련 리스크, 그리고 확립된 통제들에 대한 이해를 얻기 위한 유용한 방법이 될 수도 있다.

내부 통제 질문지는 어떤 통제들이 갖춰져 있으며, 감사 고객이 이 통제들이 얼마나 잘 작동하고 있다고 믿고 있는가에 대한 정보를 얻는 유용한 방법이다. 내부 통제 질문지는 프로세스, 이와 관련된 리스크, 이에 관해 확립된 내부 통제에 관한 질문 리스트이다. 내부 통제 질문지의 복잡성 정도는 크게 다를 수 있다. 매우 길고 복잡한 질문지도 있는 반면, 짧고 간단한 질문지도 있다.

대부분의 내부 통제 질문지들은 종종 특정 통제 또는 특성이 있는지 여부에 대한 예/아니오 답변을 요구하는 폐쇄형 질문들이 압도적인 다수를 차지한다. 내부 통제 질문지들은 대개 통제가 없다는 답변이 나올 경우, 내부 감사인이 왜 특정 통제가 실행되지 않는지에 대해 설명을 요구하도록 구성된다.

웹 기반 서베이 도구들

서베이 수행에 사용할 수 있는 무료 웹 기반 서베이 도구들이 많이 있다. 그러나 내부 감사 기능은 이들을 사용하는 것이 조직의 IT 정책에 부합하는지 확인할 필요가 있다.

데이터 분석 정보를 수집하고 나면 내부 감사인은 감사 작업의 목표 달성에 기여하는 발견 사항과 결론을 형성하기 위해 이를 분석할 필요가 있다. 이 점이 데이터 분석의 요체이다.

분석적 감사 절차 정보의 관계를 연구하여 비교함으로써 특정 조직과 그 환경에 대해 이해하기 위해 분석적 감사 절차가 사용된다. 분석적 절차는 (예상하지 않은 차이의 존재 또는 예상한 차이의 부존재와 같은) 예기치 않은 정보와 이례적이거나 반복되지 않는 거래 또는 사건을 보여준다. 이는 내부 감사인들이 감사 작업 동안에 다루어질 필요가 있을 수도 있는 상황을 파악하도록 도움을 줄 수 있다.

분석적 절차는 재무 데이터와 비재무 데이터 모두에 사용될 수 있으며, 일정 시점에서의 데이터를 분석할 수도 있고, 일정 기간에 걸친 추세를 파악할 수도 있다. 분석적 절차에는 아래와 같은 사항들이 포함된다.

- 금기의 정보와 전기 정보, 예산, 또는 예측치의 비교
- 재무 정보와 적절한 운영, 경제 또는 비재무적 정보의 관계 연구
- 프로그램, 활동, 또는 사람들 사이의 정보 비교

분석적 정보 검토는 내부 감사인이 수집된 정보들 사이의 관계와 이상한 점을 밝히는 데 도움을 준다. 이는 또한 감사인이 감사를 가장 필요로 하는 영역과 보다 나은 실무 관행의 예가 될 수도 있는 영역을 결정하도록 도움을 준다.

다음 섹션들에서는 몇 가지 보편적인 데이터 분석 도구들과 기법들이 설명된다.

추세 분석 내부 감사인들은 추세 분석을 이용하여 일정 기간 동안의 활동들을 분석할 수 있다. 추세 분석은 흔히 성과 지표 파악, 중대한 변화 강조, 과거의 성과가 어떻게 현재의 상황으로 이어졌는지에 대한 평가에 사용된다.

비율 분석 비율 분석은 추세 분석의 부분 집합으로서 주로 특정 시점에서의 정보들 사이의 관계를 비교하기 위해 사용된다. 백분비 분석과 재무비율 분석이라는 두 가지 비율 분석 방법이 내부 감사인들에 의해 보편적으로 사용한다.

벤치마킹 벤치마크는 품질 또는 가치 측정과 판단에 사용되는 기준 또는 준거점이다. 벤치마킹은 특정 조직, 프로그램, 또는 활동을 다른 비교 대상 조직, 프로그램, 또는 활동들에 비추어 계속적으로 비교하는 프로세스이다. 벤치마킹의 목적은 조직이 자신의 성과를 개선하기 위한 조치를 취하도록 도움을 줄 정보를 얻는 것이다.

컴퓨터 활용 감사 기법

감사 작업의 성격에 따라서는 방법론에 컴퓨터 활용 감사 기법(CAATs)이 포함될 수도 있다. IIA 기준, 특히 기준 1220.A2는 내부 감사인에게 계획 수립의 일부로서 CAATs의 적절성을 고려하도록 요구한다.

> **기준 1220.A2**
>
> 전문가로서의 적절한 주의를 행사함에 있어서 내부 감사인들은 테크놀로지 기반 분석 기법과 기타 데이터 분석 기법 사용을 고려해야 한다.

CAATs는 범용 감사 소프트웨어, 테스트 데이터 생성기, 컴퓨터화된 감사 프로그램, 그리고 특수 감사 시스템들을 포함한다.

데이터 분석론은 조직의 데이터베이스로부터 추출한 모집단 데이터 전체에 걸쳐 활용될 수 있다. 분석은 이례적인 추세 또는 중복 거래, 이례적이거나 무승인 거래, 중대한 프로세싱 오류, 시스템 통제의 취약점, 그리고 사기 가능성이 있는 활동들과 같이 추가 조사를 필요로 하는 비정상적인 데이터를 찾아낼 수 있다. 예외적인 데이터 분석 결과는 감사 작업 수행 중에 확인될 수 있다.

테크놀로지 기반 감사를 활용할 수 있을 경우 감사 작업의 효율성과 범위를 개선할 수 있지만, 모든 감사 작업에 이를 활용할 수 있는 것은 아니다.

감사 대안 문서

일부 내부 감사 기능들은 규모가 크고 복잡한 감사 작업을 위해 감사 대안 문서(audit options papers)를 개발한다. 이는 내부 감사인들에게 감사 작업 수행을 위한 대안들을 평가하고 선호되는 접근법을 정할 수 있게 해준다. 대안 문서는 최고 감사 책임자에게 특정 대안 선택에 대한 논거를 제공해서, 추가적인 계획 수립 작업이 승인된 대안과 일관성이 있게 진행되게 해준다.

QAIP 힌트

내부 감사 기능은 감사 작업 방법론을 내부 감사 성숙 모델 또는 균형 스코어카드에 반영할 수 있다.

성숙 모델

내부 감사 기능들은 감사 작업 방법론을 성숙 모델에 핵심 프로세스 영역의 하나로 포함할 수 있다. 예를 들어,

- 5단계 성숙 모델의 2단계는 감사 작업 계획이 사용될 방법론을 정하지 않는다고 적시할 수 있다.
- 3단계는 방법론이 일반적으로 표본 추출과 인터뷰에 국한되기는 하지만, 감사 작업 계획이 사용될 방법론을 특정한다고 적시할 수 있다.
- 4단계는 사용될 방법론을 특정하는 감사 작업 프로그램이 개발된다고 적시할 수 있다. 다양한 감사 방법론 사용이 고려된다.
- 5단계는 감사에 다양한 방법론을 적용하기 위해 내부 감사 기능이 대규

모 성과 감사와 운영 감사에 대해 감사 대안 문서를 개발한다고 적시할 수 있다.

균형 스코어카드/KPI

내부 감사 기능은 "분석적 절차와 CAATS가 최소 몇 개(숫자를 특정한다.) 이상의 감사 작업에 사용된다."와 같은 성과 지표를 포함할 수 있다.

자원 배정과 이정표

감사 작업 계획은 자체 수행과 아웃소싱 모두에 대해 감사 작업 수행에 요구되는 예상 자원을 포함해야 한다. 자원 배정은 제안된 방법론과 이의 실현 가능성을 고려해야 한다. 자원이 한정된 경우, 이를 고려하여 방법론이 수정될 필요가 있을 수도 있다.

기준 2230 — 감사 작업 자원 배정

내부 감사인은 각각의 감사의 성격과 복잡성, 시간 제약, 가용자원에 대한 평가에 근거하여 감사 목표를 달성하기 위해 적절하고 충분한 자원을 결정해야 한다.

감사 작업 프로세스에 대한 자원 배분

다양한 감사 작업 단계에 적용되어야 할 자원 수준에 관해 상당한 논쟁이 있다. 대체로 이는 감사 작업의 유형, 조직의 특성, 각각의 내부 감사 기능의 접근법에 의존한다. 그럼에도 불구하고 감사 계획 수립 단계에 적절한 자원을 배정하면 감사 작업의 가치가 더 높아지고, 영향이 더 커질 것이다.

자원 활용은 검토 대상 활동 또는 프로그램에 대한 명확하고 종합적인 이해, 통찰력을 제공하기 위한 충분하고 적절한 증거 수집, 영향의 극대화를 위한 감사 고객과의 적극적 소통 사이의 균형을 유지해야 한다.

이해관계자들

감사 작업 계획은 감사의 구체적인 이해관계자들을 명시할 수도 있다. 이해관계자들에는 감사 작업 수행과 감독 책임이 있는 내부 감사인들, 감사 작업 스폰서와 감사 고객, 그리고 때로는 감사의 일환으로 인터뷰될 주요 직원들이 포함된다.

이정표

감사 작업 계획에 주요 이정표들을 포함시키면, 감사 스폰서에게는 투명성을 제공하고, 내부 감사인에게는 책임성을 제공한다. 이는 또한 최고 감사 책임자에게 유용한 성과 척도를 제공한다.

감사 작업에 대한 리스크 평가

대규모 내부 감사 작업에 대해서는 최고 감사 책임자가 각각의 감사 작업 리스크 평가가 필요하다고 결정할 수 있다. 이는 감사 목표들이 효율적이고 적시에 달성되리라는 확신을 제공한다.

내부 감사 기능의 관리와 관련된 리스크들은 6장에서 설명되었다. 개별 내부 감사 작업에 영향을 줄 수 있는 리스크들이 표 13.1에 적시된다.

표 13.1

리스크 영역/리스크의 원천	결과
부적정한 계획 수립 — 감사 목표 또는 범위가 명확히 정해지지 아니함	감사 작업이 이해관계자들의 요구를 충족하지 못하거나 기대를 충족하지 못함
부적정한 계획 수립 — 감사 맥락이 파악되지 아니함	감사 작업이 외부의 영향들을 적절히 고려하지 아니함
부적정한 계획 수립 — 계획 수립 단계에서 대안적인 방법론들이 파악되지 아니함	감사 현장 작업에서의 비효율성 또는 효과성 상실

리스크 영역/리스크의 원천	결과
부적정한 계획 수립 — 감사 작업의 범위 및/또는 복잡성이 파악되지 아니함	내부 감사 기능이 계획된 시간 안에 감사 작업을 완료할 수 없음
부적정한 계획 수립 — 다른 감사 작업들과의 겹침 또는 중복이 파악되지 아니함	한정된 자원의 비효율적 사용
부적정한 이해관계자/감사 고객의 수용	감사 작업 발견 사항과 권고 사항의 수용 결여
배정된 감사 팀 내의 역량과 경험 부적정	내부 감사 기능이 핵심적/인과 관계적 이슈들에 초점을 맞추지 못하거나 가치 있는 권고를 제공하지 못함 감사 작업이 계획된 시간 안에 완료되지 못함
부적정한 외부 계약자 관리	감사 작업이 내부 감사 기능의 품질 기준을 충족하지 못함
부적절한 소통/비효과적인 이해관계자 관리	내부 감사 기능과 조직이 이해관계자들 사이의 신뢰 수준이 낮음
감사 작업 발견 사항에서의 오류 또는 누락; 감사 작업 보고서가 품질 기준을 충족하지 못함	내부 감사기능의 평판에 대한 영향 또는 내부 감사 기능에 대한 소송
감사 작업 보고서가 가치를 부가하지 못하거나 허위 차원의 이슈들에 초점을 맞춤	내부 감사기능의 평판에 대한 영향

감사 작업 계획 승인

각각의 내부 감사 기능은 적절한 감사 작업 승인권자를 결정할 것이다. 중소 규모의 내부 감사 기능들에서는 최고 감사 책임자가 승인권자가 될 수도 있지만, 대규모 내부 감사기능들에서는 내부 감사 매니저 또는 팀 리더가 승인권자가 될 수도 있다.

감사 계획 스폰서와 감사 고객은 제안된 계획을 이해하고 감사 기준에 동의할 필요가 있다. 감사 작업 계획 전체를 경영진과 공유하는 데에는 장단점이 있다. 예를 들어, 계획 공유는 투명성과 책임성을 증진할 것이다. 그러나 이는 경영진이 감사 작업이 중요한 감사 대상에서 벗어나게 할 리스크도 제기한다.

QAIP 힌트

내부 감사 기능은 감사 작업 리스크 평가를 내부 감사 성숙 모델 또는 균형 스코어카드에 반영할 수 있다.

성숙 모델

내부 감사 기능들은 감사 작업 리스크 평가를 성숙 모델에 핵심 프로세스 영역의 하나로 포함할 수 있다. 예를 들어,

- 5단계 성숙 모델의 4단계는 모든 대규모 성과 감사와 운영 감사에 대해 감사 작업 리스크 평가가 수행된다고 적시할 수 있다.
- 5단계는 모든 감사에 대해 감사 작업 리스크 평가가 수행된다고 적시할 수 있다.

균형 스코어카드/KPI

내부 감사 기능은 "운영 감사와 성과 감사의 100%에 대해 감사 작업 리스크 평가가 수행된다."와 같은 성과 지표를 포함할 수 있다.

감사 작업 계획 수립에 관한 질문

표 13.2는 감사 작업 계획 수립에 관한 일련의 질문들을 제공한다. 이 질문들은 공식적으로 품질 어슈어런스 및 개선 프로그램 안에 반영될 수도 있고, 보다 덜 공식적으로 상시 평가 활동 안에 반영될 수도 있다. 질문들은 최고 감사 책임자, 내부 감사인, 또는 감사 이해관계자들에게 다양하게 물어볼 수 있다.

표 13.2 품질 평가 질문

질문	품질의 증거
각각의 감사 작업에 대한 계획이 있는가?	(개별) 감사 작업 계획
각각의 감사 작업에 대한 감사 계획을 지원하기 위한 작업 프로그램(work program)이 개발되었는가?	작업 프로그램
모든 작업 프로그램(과 이후의 개정)이 감사 작업 개시 전에 최고 감사 책임자나 최고 감사 책임자가 지정한 사람으로부터 서면 승인을 받았는가?	감사 개시 전에 검토를 받은 전자/종이 문서 작업 프로그램

질문	품질의 증거
감사 작업 후원자가 감사 작업 개시 전에 감사 범위/준거 조건에 대해 승인하였는가?	후원자 승인에 대한 서면 증거
내부 감사 기능이 각각의 감사 작업 계획 수립 시에 외부 요인을 고려하였는가(즉, 다른 조직들로부터 배울 교훈이 있는가, 그리고 외부 요인들에 근거할 때 리스크/통제에 대해 시사점이 있는가?)	최고 감사 책임자 인터뷰 내부 감사 직원 인터뷰 감사 작업 계획
감사 작업 계획과 작업 프로그램이 감사 기능의 목표, 자원과 운영에 대한 중대한 리스크와 이러한 리스크의 잠재적 영향을 수용할 만한 수준으로 유지하기 위한 수단을 고려하는가?	감사 작업 계획 작업 프로그램
감사 작업 계획에 목표가 포함되어 있는가?	감사 작업 계획
내부 감사 기능이 감사 작업 계획 작성 시 중대한 오류, 부정, 법규 미준수와 기타 익스포져의 가능성을 고려했다는 증거가 있는가?	감사 작업 계획
내부 감사 기능이 거버넌스, 리스크 관리와 통제를 평가하기 위한 적절한 기준을 사용하는가?	감사 작업 계획
컨설팅 작업이 고객과 합의한 범위 내에서 거버넌스, 리스크 관리와 통제를 다루는가?	감사 작업 계획
컨설팅 작업의 목표가 조직의 가치, 전략과 목표와 일치하는가?	감사 작업 계획
감사 작업 계획이 감사 작업 목표를 달성하기에 충분한 범위를 포함하는가?	감사 작업 계획
감사 작업 계획 또는 작업 프로그램이 감사 작업 동안에 파악된 정보 식별, 분석, 평가와 문서화에 필요한 자원과 절차를 문서화하는가?	감사 작업 계획 작업 프로그램
내부 감사 기능이 테크놀로지 기반 감사 기법과 기타 데이터 분석 기법 사용을 고려한 증거가 있는가?	감사 작업 계획 작업 프로그램
개별 감사 작업에 배정된 자원이 범위, 복잡성, 시간 제약, 가용 자원에 대한 분석에 근거하는가?	감사 작업 계획 작업 프로그램
필요한 경우 특별한 자원을 입수하는가?	감사 작업 계획 작업 프로그램
감사 작업 계획이 중요한 이정표(milestone)를 포함하는가?	감사 작업 계획

결론

감사 작업 계획 수립 시, 내부 감사 기능은 감사 작업이 어떻게 가치를 부가하고 조직의 운영 개선에 기여하리라고 기대하는가에 초점을 맞춰야 한다. 감사 작업 계획 수립 프로세스를 완료하고 나면, 내부 감사인들은 왜

이 감사 작업이 수행되어야 하는지 명확히 밝힐 수 있어야 한다.

참고 문헌

- Australian National Audit Office. (2012, September). Public Sector Internal Audit: An Investment in Assurance and Business Improvement — Better Practice Guide. http://www.anao.gov.au/~/media/Files/Better%20Practice%20Guides/2012%202013/ANAO%20%20Public%20Sector%20Internal%20Audit.pdf.
- Cathcart, R., and G. Kapor. (2010). An internal audit upgrade. Internal Auditor. http://www.theiia.org/intauditor.
- Gibbs, N., D. Jain, A. Joshi, S. Muddamsetti, and S. Singh. (2010). A New Auditor's Guide to Planning, Performance and Presenting IT Audits. Altamonte Springs, FL: The Institute of Internal Auditors Research Foundation.
- The Institute of Internal Auditors. (2013). International Professional Practices Framework. Altamonte Springs, FL: The Institute of Internal Auditors.
- Murdock, H., and J. ROth. (2009). Using Surveys in Internal Audits. Altamonte Springs, FL: The Institute of Internal Auditors Research Foundation.
- Reding, K. F., et al. (2009). Internal Auditing: Assurance and Consulting Services. Altamonte Springs, FL: The Institute of Internal Auditors Research Foundation.
- Sarens, G., L. Decuax, and R. Lenz. (2012). Combined Assurance: Case Studies on a Holistic Approach to Organizational Governance. Altamonte Springs, FL: The Institute of Internal Auditors Research Foundation.
- Sawyer, L. B., M. A. Dittenhofer, and J. H. Scheiner. (2005). Sawyers Internal Auditing, 5판. Altamonte Springs, FL: The Institute of Internal Auditors Research Foundation.

Chapter 14
감사 작업 수행

왜 일을 올바르게 하지 않았는지 설명하는 것보다 일을 올바르게 하는 것이 더 쉽다.

–마틴 밴 뷰런(Martin Van Buren)

감사 작업의 수행, 또는 현장 작업 단계는 내부 감사 기능이 자신의 전문성과 성숙도를 보여줄 수 있는 많은 기회들을 제공한다. 양질의 내부 감사 기능은 투명하게 확립된 절차들 및 공정성에 대한 헌신으로 특징지어진다. 그럼에도 불구하고 보다 나은 실무 관행을 사용하는 내부 감사는 감사 고객과 효과적으로 협력할 필요와 이러한 협력이 조직에 가치를 향상시켜준다는 점을 인식한다.

감사 증거

내부 감사 기능은 합의된 감사 작업 계획과 작업 프로그램에 따라 현장 작업을 수행해야 한다. 작업 프로그램은 감사 작업 중에 활용될 특정 방법론을 밝혀야 한다.

내부 감사인들은 감사 목표에 대해 정보에 입각한 의견을 내기 위해 충분한 증거를 수집해야 한다. 요구되는 정보는 상황에 따라 다른 바, 필요한 증거의 양과 성격을 결정할 때 판단이 필요하다.

감사 증거의 적정성 평가 시, 내부 감사 기능은 다음과 같은 사항들을 고려해야 한다.

- 감사 작업과 검토될 프로그램 또는 활동의 성격
- 해당 프로그램 또는 활동과 관련된 리스크의 정도, 내부 통제의 적정성
- 해당 프로그램 또는 활동의 사기, 조작, 또는 허위 표시에 대한 취약성
- 수집된 정보과 관련하여 가능한 오류 또는 불규칙성의 중요성

사용되는 증거는 문서, 인터뷰, 그리고 직접 관찰을 포함한 다양한 원천으로부터 수집되어야 한다. 감사 작업 방법론은 이번 장의 뒷부분에서 자세히 설명된다.

좋은 증거

좋은 감사 증거는 흔히 다음과 같은 주요 속성들을 포함한다.

- 증거가 신뢰할 수 있고, 권위가 있으며, 정확하고, 특정 상태에 대해 공정하게 나타낸다.
- 증거의 원천이 감사 고객으로부터 독립적이다.
- 증거가 원본이다.
- 증언에 의한 증거를 지지하는 문서를 구할 수 있다.
- 증거가 직접적인 관찰을 통해 입수되었다.

충분하고 적절한 증거

내부 감사 기능은 IIA 기준 2300에서 언급하는 바와 같이, 감사 작업을 수행하기 위해 충분하고 적절한 증거를 수집해야 한다.

기준 2300 — 감사 작업 수행

내부 감사인은 감사 작업의 목표를 달성하기 위해 충분한 정보를 파악, 분석, 평가하고 문서화해야 한다.

충분한 증거 내부 감사인들은 감사 발견 사항을 지지하기 위한 충분한 증거를 수집해야 한다. 대개 합리적인 사람 테스트를 사용하여 충분성을 결정한다. 합리적인 사람이 감사 발견 사항이 타당하다고 설득될 수 있으면 충분한 증거가 있는 것이다. 증거의 충분성에 영향을 주는 요인들에는 증거의 양과 완전성이 포함될 수 있다. 일반적으로 각각의 감사 목표들을 다루고, 감사 작업의 범위를 커버하는 충분한 양의 증거가 요구된다.

증거의 충분성 결정에는 어느 정도의 전문가적 판단이 요구될 것이다. 증거가 부적정하면 발견 사항을 지지하지 못하게 될 수 있는 반면, 과도한 증거는 감사의 효율성을 저하시킬 수 있다. 증거의 충분성 결정 시 고려할 사항은 다음과 같다.

- 증거로부터 발생하는 발견 사항의 중대성과 부정확한 결론에 도달할 경우의 리스크
- 해당 증거의 신뢰성에 관해 지난 번 감사에서 얻은 경험
- 통계적 표본추출이 활용된 정도
- 성격상 증거가 민감하거나 논쟁의 여지가 있는 정도
- 추가 증거가 감사 발견 사항과 결론을 지지함으로써 추가하는 가치 대비 증거 수집에 소요되는 비용
- 증거의 설득력과 해당 감사 작업이 추가적이고 공식적인 조사로 이어질 잠재력(사기가 의심되는 상황에서와 같은 경우)

설득력의 정도 글라임(Gleim)(2004)은 정보 수집의 궁극적인 목적은 감사인의 관찰, 결론과 권고 사항에 대한 충분한 지지를 제공하는 것이라고 지적한다. 따라서 정보의 개별 항목들에 결점이 있고 따라서 설득력의 정도가 다를지라도, 내부 감사인들의 과제는 일련의 정보들이 전체적으로 필요한 지지를 제공하도록 하는 것이다.

글라임은 내부 감사인은 정보 수집 프로세스에서 특정 정보가 전적 의

존, 부분적 의존, 또는 전혀 의존하지 못함을 정당화한다고 판단할 수 있다고 제안한다.

- 내부 감사인은 어떠한 추가 입증도 필요하지 않을 때 해당 정보를 전적으로 의존할 수 있다. 예컨대 내부 감사인은 자신의 물리적 재고 계수(counting)는 충분하고, 신뢰할 수 있으며, 관련이 있고, 유용한 정보라고 결정할 수 있다.
- 대부분의 정보는 부분적으로만 의존할 자격이 있으며, 따라서 입증되어야 한다. 예를 들어 인터뷰를 통한 증언 정보는 일반적으로 다른 감사 증거에 의해 지지되어야 한다. 또한 감사 고객의 운영을 통해 어느 정도의 시간이 경과한 정보는 일반적으로 내부 통제의 적정성과 효과성에 관한 어슈어런스 획득에 의해 강화되어야 한다.

상황에 따라서는 내부 감사인들이 특정 정보에 거의 의존하지 않거나 전혀 의존하지 않을 수도 있다. 예를 들어 다른 증거에 의해 지지되지 않는 감사 고객의 증언은 자신의 이익에 봉사하는 경향 때문에 액면 그대로 받아 들이기 어려울 것이다. 그럼에도 불구하고 감사 고객에 의해 제공된 정보가 다른 정보의 원천들을 제안할 수도 있다.

적절한 증거 증거의 적절성은 관련성과 신뢰 가능성 면에서 고려될 수 있다. 관련이 있는 증거는 특히 감사 작업의 목표를 다룬다.

신뢰할 수 있는 정보는 내부 감사 기능에 의해 믿을 수 있고, 합리적이며 정확한 것으로 판단된다. 신뢰할 수 있는 정보는 관찰된 현상을 정확하게 나타내며 독립적으로 확인될 수 있다.

예 14.1 완전한 증거와 관련이 있는 증거

기입된 분개장을 확인하는 것으로는 보고된 거래의 완전성에 관한 주장을 지지하지 못한다(기록에서 빠뜨린 거래는 분개장 확인을 통해서는 밝힐 수 없다는 뜻. 역자 주). 대신, 거래를 회계 기록에 추적하는 것은 관련이 있는 증거를 제공할 것이다.

일반적으로 믿을 수 있고, 독립적인 원천에서 확보한 증거는 감사 고객으로부터 직접 나온 증거보다 더 큰 어슈어런스를 제공한다. 그러나 전해 들은 이야기나 간접 증거에 의존할 때에는 주의를 기울여야 한다. 원본 문서는 또한 사본보다 더 신뢰할 수 있는 것으로 간주된다.

기록된 증거와 문서

문서는 내부 감사 작업에서 사용되는 가장 보편적인 형태의 증거이다. 문서는 물리적 기록과 전자적 정보(즉, 데이터베이스, 운영 시스템 소프트웨어, 전자 문서, 전자 우편 파일)를 모두 포함할 수 있다.

물리적 기록은 일반적으로 검토 대상 조직, 프로그램 또는 활동에 의해 만들어지며, 전략적 계획 문서와 운영상의 계획 문서, 정책과 절차, 검토 보고서와 평가 보고서, 민원 기록, 서면 분쟁과 교신 내용을 포함할 수 있다. 물리적 기록에는 수신 문서, 외부 검토, 법률, 규정, 업계 가이드라인, 그리고 더 나은 실무 관행 가이드와 같이 감사 영역의 외부에서 작성된 문서를 포함할 수도 있다.

문서 증거를 사용함에 있어서 내부 감사인들은 증거가 완전하고 정확하며, 가장 최근의 버전이 입수되었는지 결정해야 한다.

직접 관찰과 물리적 증거

직접 관찰을 이용하여 검토 대상 프로그램 또는 활동에 대한 직접적인 인식을 얻을 수 있다. 직접 관찰은 내부 감사인에게 프로세스와 통제의 운영에 대해 관찰하고, 계획 수립 프로세스의 일환으로 이를 매핑할 수 있게 해준다(프로세스 매핑은 13장에서 자세히 논의되었다). 현장 작업 수행 중에는 직접 관찰(또는 상세 검사; walk-through)을 통해 서면 프로세스가 실제 실무 관행을 반영하고 있는지 판단할 수 있다.

직접 관찰은 통제의 붕괴와 그 배후의 이유를 찾아내는 데 도움이 될 수 있다.

예 14.2 직접 관찰을 통한 통제 붕괴 파악

병원은 직원들이 각각의 환자를 다룬 뒤 손을 씻도록 요구함으로써 감염 통제 프로세스를 도입할 수 있다. 그러나 직접 관찰 결과 시간 압박으로 인해 직원들이 환자를 다룬 뒤 손을 씻지 않고 다른 환자로 직접 이동하기 때문에 이 통제가 효과적이지 않음이 관찰될 수도 있다.

직접 관찰은 또한 특정 자산의 존재 또는 특정 활동에 관여하고 있는 직원의 수 확인에 유용할 수 있다. 직접 관찰을 통한 증거는 서면 기록이나 사진 또는 비디오와 같은 미디어를 통해 포착될 수 있다(일반 대중, 회사 고객 또는 감사 고객들이 전자적으로 포착될 경우 프라이버시에 대한 적절한 고려가 필요하다).

인터뷰

인터뷰는 내부 감사의 중요한 요소 중 하나이다. 내부 감사인들은 리스크 파악, 감사 증거 수집과 감사 작업의 결과 소통을 위해 선정된 직원들과 수시로 인터뷰를 실시한다. 따라서 효과적인 인터뷰 실시 기법을 개발하면 개별 내부 감사인들과 내부 감사 기능 전체의 성과를 크게 향상시킬 수 있다.

고품질의 인터뷰 확보하기

감사 현장 작업 수행 시 구조화 인터뷰와 반-구조화 인터뷰가 사용될 수 있다. 구조화 인터뷰는 대개 정확한 목적을 지니며, 내부 감사인이 특정 정보를 얻고자 할 때 사용된다. 이 경우 질문들이 미리 준비되며 때로는 인터뷰 대상자에게 제공되기도 한다. 또한 구조화 인터뷰는 여러 사람들로부터 동일한 질문들에 대한 표준화된 응답을 얻기 위해 사용될 수도 있다.

반-구조화 인터뷰는 대개 (흔히 계획 수립 시 또는 현장 작업의 초기에) 이슈들 또는 추가적인 탐구 영역을 파악하기 위한 탐색 도구로 사용되거나, 사람들로부터 풍부한 질적 정보를 이끌어 내기 위한 장치로 사용된다. 반-구조화 인터뷰는 이슈들에 대한 근저의 원인, 이유, 결과 탐색에 초점을 맞출 수도 있다.

소여(Sawyer)(2005)는 성공적인 인터뷰의 6가지 단계를 준비, 일정 수립, 개시, 수행, 마무리와 기록이라고 적시한다. 크레이그(Craig)(1991)는 감사 인터뷰에 유사한 접근법을 제안하는 바, 사전 계획 수립, 개방적이고 편향이 없는 질문 사용, 효과적 수행, 적절한 방식의 인터뷰 마무리를 강조한다.

준비 매우 짧은 인터뷰를 제외하고 내부 감사인들은 논의할 주제와 관련된 인터뷰 대상자의 역할과 책임을 이해하는 데 시간을 보내야 한다. 내부 감사인은 인터뷰의 목적과 이로부터 달성하고자 하는 바를 명확히 이해해야 하는데 이는 흔히 의제 또는 일련의 인터뷰 질문들에 공식적으로 반영된다. 이상적으로는 내부 감사인은 유도 질문, 편향된 질문, 또는 폐쇄형 질문을 사용하지 않아야 한다.

일정 수립 인터뷰는 효과적인 준비를 가능하게 하고 인터뷰 대상자의 시간을 존중한다는 점을 보여주기 위해 충분한 시간 여유를 두고 일정이 수립되어야 한다. 장소는 프라이버시를 확보하고 위협적이지 않은 환경을 제공할 수 있도록 해야 한다.

개시 인터뷰는 협조적인 관계를 개발하고 적대적 관계를 피할 수 있는 방식으로 시작되어야 한다. 인터뷰 대상자는 인터뷰의 목적과 그 결과가 어떻게 사용될지에 대해 명확히 알아야 한다. 개시는 또한 특정 감사 작업의 목적뿐만 아니라 내부 감사의 역할에 관한 추가적인 배경 정보도 공유할 수 있는 기회를 제공한다.

수행 인터뷰는 개방적이고 투명하게 수행되어야 한다. 인터뷰는 내부 감사인에게 왜 일들이 특정한 방식으로 일어나는지에 관한 설명을 얻을 수 있을 뿐만 아니라, 특정 프로그램 또는 활동에 대해 더 잘 이해할 기회도 제공해야 한다.

인터뷰는 미리 형성된 아이디어를 확인하는 데 초점을 맞추기보다는 인터뷰 대상자로부터 정보를 이끌어 내기 위해 사용되어야 한다.

마무리 인터뷰를 마치기 전에 내부 감사인들은 오해를 피하고 인터뷰 후의 기억을 돕기 위해 커버된 핵심 이슈들을 요약해야 한다. 내부 감사인들은 또한 추가적인 관련 정보를 덧붙이거나 인터뷰 또는 전반적인 감사 작업에 관해 명확히 할 최종적인 기회를 제공해야 한다.

기록 내부 감사인은 인터뷰 도중이든 또는 그 이후이든 인터뷰를 완전히 옮겨 적으려 해서는 안 된다. 내부 감사인은 인터뷰 도중 핵심 이슈들을 적어두고 그 후에 가급적 이에 대해 더 명확히 하거나 자세히 설명해야 한다.

적극적 경청 내부 감사인들은 탁월한 적극적 경청 기술을 보일 필요가 있다. 이는 내부 감사인이 단순히 사람들이 말하는 것을 듣기만 하는 데에서 벗어나, 그들이 말하는 내용의 배후 내용과 의미를 이해하는 것을 뜻한다. 이는 진술에 따라오거나 이의 기초가 되는 감정 또는 분위기에 대한 이해를 필요로 한다.

적극적 경청

적극적 경청은 인터뷰 실시자와 대상자 사이에 강한 연결을 형성하고, 사람들에게 보다 열린 마음으로 솔직하게 말하게 하는데 도움이 된다. 이는 듣는 사람이 말하는 사람에게 집중하고, 듣고 있고 이해하고 있음을 보여줄 것을 요구한다. 이는 종종 들은 내용을 다른 말로 표현하여 확인을 구하고, 적절한 경우 "…했을 때 정말 화가 났겠군요." 또는 "…했을 때 정말 자랑스러웠겠어요."와 같이 보충적인 언급을 통해 말한 내용 배후의 감정을 이해하고 있음을 보여주는 것과 관련될 것이다.

효과적인 인터뷰 실시는 내부 감사인들에게 중요한 기술 중 하나이다. 세이프(Seipp)와 린드버그(Lindberg)(2012)는 "성공적인 감사 인터뷰의 상당한 부분이 인간의 행동과 인간관계를 다룬다."는 점을 인식한다. 그들은 인터뷰는 과학이라기보다는 예술이며 인터뷰의 효과를 극대화하기 위해서는 "채택된 기법들이 인터뷰 실시자의 개인적 스타일과 선호도에 기초해야 한다."고 믿는다. 그럼에도 불구하고 성공적인 인터뷰를 실시할 가능성을 높이도록 도움을 줄 수 있는 핵심적인 고려사항들이 있다.

인터뷰 실시 팁

- 적절한 시간을 들여 인터뷰 계획을 수립한다.
- 인터뷰 대상자의 시간을 존중하고 가급적 미리 인터뷰 일정을 세운다.
- 인터뷰 대상자의 마음을 편안하게 하는 장소를 선택한다.
- 인터뷰 대상자와 좋은 관계를 형성·유지하고, 내부 감사인과 인터뷰 대상자가 적대적 관계에 있다는 인식을 극복하도록 대비한다.
- 개방형 질문으로 대화 스타일을 사용하고, '예' 또는 '아니오' 대답을 요구하는 질문들을 피한다.
- 획득한 정보를 편향시키거나 스스로를 고소하도록 요구할 수 있는 유도

질문을 피한다.

- 인터뷰 대상자가 고의로 시간을 허비하거나 인터뷰를 특정 이슈로부터 벗어나게 할 경우 이를 인식한다.
- 인터뷰 대상자가 대답을 마칠 때까지 대꾸하려 하지 말고, 대응할 때도 그들을 존중한다.
- 말하지 않은 바를 듣는다. 미숙한 청취자는 말하는 사람이 전달하고자 하는 중심 생각을 지지하기 위해 사용하는 많은 사실들에 몰입하려다가 중심 개념을 상실한다.
- 감정이 실린 단어들이 사실을 듣는 데 방해가 되지 않게 한다.
- 인터뷰 대상자의 응답을 요약하여 이슈들을 정확하게 들었는지 확인한다.
- 중요한 사실을 놓치지 않도록 주의를 기울인다.
- 인터뷰 도중 모든 사항들을 기록하려 하지 말고, 중요한 사실들을 놓치지 않도록 인터뷰 직후 상세한 노트를 작성한다.

수집 정보 분석

잘 개발된 분석 기술은 효과적인 내부 감사인들에게 중요한 속성이다. 레딩(Reding)과 그의 동료들(2009)은 내부 감사인들에게 "감사 증거 평가 시 항상 건강한 전문가적 회의(懷疑)를 적용해야 한다. 전문가적 회의란 내부 감사인들이 아무것도 당연하게 받아들이지 않음을 의미한다. 그들은 자신이 보고 듣는 것에 대해 계속 질문하고 감사 증거를 비판적으로 평가한다."고 주의를 준다.

효과적인 분석의 핵심 요소 중 하나는 비판적 사고 프로세스를 적용하는 것이다.

비판적 사고

내부 감사인들은 가치를 부가하는 권고를 제공하기 위해 높은 수준의 비판적 사고 기술을 보일 필요가 있다. 그리너월트(Greenawalt)(1997)는 "비판적 사고의 기술과 성향은 내부 감사인으로서 기능을 수행함에 있어서 필수적인 속성이다."라고 말한다. 그녀는 비판적 사고에는 지식 요소가 있으며, 사색적인 회의가 추가된다고 주장한다.

내부 감사인들이 사색적인 회의를 적용하기 위해서는 검토 대상 영역 또는 활동을 잘 이해해야 한다. 깊이 있는 지식이 없으면 내부 감사인들은 통제의 효과성 또는 적절성에 대해 도전할 수 없을 것이다. 내부 감사인들은 귀납적 추론과 연역적 추론을 적용할 수 있는 능력을 통한 문제 해결자가 될 필요가 있다.

근본 원인 분석

근본 원인 분석은 다루어질 필요가 있는 불리한 사건들의 일차적인 원인에 초점을 맞춘다. 근본 원인에 초점을 맞추면 감사 작업이 알려진 이슈들을 언급하기만 하는 것이 아니라, 경영진과 협력하여 체계적인 해법을 찾는 프로세스로 나아갈 수 있기 때문에 감사 작업에 상당한 가치를 부가하게 된다.

키스(Keith)(2005)는 이렇게 말했다.

> 내부 감사가 가치를 부가할 수 있는 가장 좋은 방법 중 하나는 문제들을 시정할 뿐만 아니라, 이 문제들의 원인을 다루는 권고를 제공하는 것이다. 이는 "거미줄 제거"(단순히 현재의 문제들을 고치기만 하는 것)와 "거미를 죽이는 것"(향후의 발생을 경감하기 위해 근본 원인을 다루는 것) 사이의 차이이다. 감사인들이 단지 거미줄을 치우기만 한다면, 어느 시점엔가 다시 거미줄이 쳐져 있을 것이다.

이시카와(피시본) 다이어그램 이시카와 다이어그램, 또는 피시본 다이어그램은 특정 문제들(또는 효과들)의 원인을 파악하기 위한 모델로 카오루 이시카와(Kaoru Ishikawa)에 의해 개발되었다. 2장에서 소개된 바 있는 이 다이어그램을 그림 14.1에서 볼 수 있다.

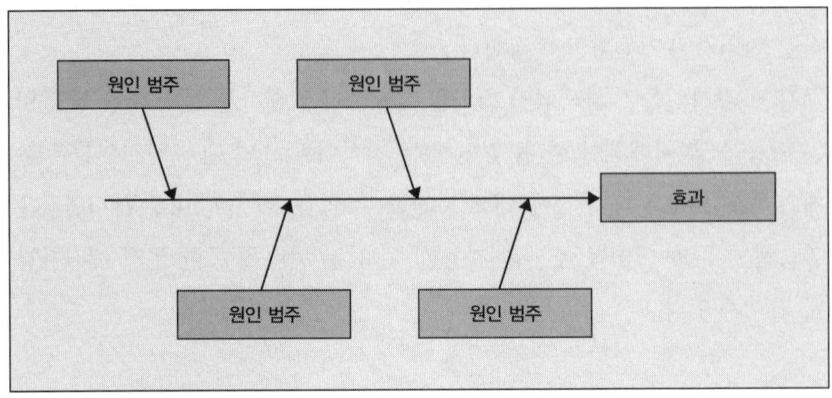

그림 14.1 이시카와 다이어그램

5Whys 5Whys 프로세스는 6시그마(2장에서 소개되었음) 방법론에서 근본 원인을 결정하기 위해 사용된다. 이는 이시카와 다이어그램과 관련이 있으며 인과 요인들을 파고들 목적으로 일련의 왜(why)라는 질문을 묻는 것에 의존한다. 이는 특정 문제를 찾아내고 "왜 이 문제가 일어났는가?"라는 질문을 한다. 이에 대한 답변이 근본 원인이 아닐 경우, 다음 단계로 질문이 반복된다.

예 14.3 5Whys를 이용한 인과 관계 이슈 파악

현장 작업을 통해 어느 내부 감사인이 매니저가 특정 구매를 승인하지 않았음을 발견할 수 있다. 5Whys 프로세스가 아래와 같이 이용될 수 있다.

- 왜 이 매니저가 이 구매를 승인하지 않았는가?
  – 직원이 경영진의 승인을 얻기 위한 구매 지시서를 제공하지 않았기 때문이다.
- 왜 이 직원은 경영진의 승인을 받기 위한 구매 지시서를 제공하지 않았

는가?

– 이 직원은 구매 지시서를 승인받아야 한다는 사실을 몰랐기 때문이다.

- 이 직원은 왜 구매 지시서를 승인받아야 한다는 사실을 몰랐는가?

  – 이 직원은 조직이 서면 재무적 위임에 이 요건이 포함되어 있음을 몰랐기 때문이다.

- 이 직원은 왜 재무적 위임을 몰랐는가?

  – 재무적 위임은 일반적으로 모집 입사 연수 시에 논의되는데, 이 직원은 재무적 위임이 처음 시행될 때 입사 연수를 받지 않았기 때문이다.

- 이 직원은 왜 입사 연수를 받지 않았는가?

  – 조직이 비용을 절감하기 위해 입사 연수를 취소했기 때문이다.

QAIP 힌트

성숙 모델

내부 감사 기능들은 감사 현장 작업 · 증거 분석을 내부 감사 성숙 모델에 핵심 프로세스 영역의 하나로 반영할 수 있다. 예를 들어 5단계 성숙 모델의 4단계는 내부 감사 기능이 감사 현장 작업의 일환으로 근본 원인 분석을 활용한다고 적시할 수 있다.

감사 작업 발견 사항

허버드(Hubbard)(2001)에 의하면, "'발견 사항'이라는 용어는 실제로는 잘못된 명칭이다. 어떤 문제가 있을 경우 이를 발견하거나 찾아내는 사람은 대개 감사인들이 아니다. 대신 해당 분야의 직원 또는 경영진이 이 문제를 이미 알고 있지만, 아직 이를 다루고 있지 않을 가능성이 높다."

감사 방법론을 적용한 뒤에 내부 감사인들은 검토 대상 프로세스가 13장에서 논의되었던 합의된 기준에 비해 얼마나 잘 운영되고 있는지 결정한다. 기대된 성과 수준과 관측된 성과 수준 사이에 간극이 있을 경우 추가 조사를 위해 기록해 두거나, 심각하다고 간주될 경우 이를 감사 고객과 논의해야 한다.

내부 감사인은 발견 사항 또는 관찰 사항을 감사 조서의 일부로 기록해야 한다. IIA 실무 자문 2410-1은 관찰 사항들은 기준, 상태, 원인 그리고 효과라는 속성들에 기초하여 기록되어야 한다고 권고한다.

기준

- 기준은 예상되어야 하는 기준과 '어떤 모습이어야 하는가?' 라는 질문에 대한 답을 제공한다.
- 기준은 조직 내부적일 수도 있고 외부적일 수도 있다.
- 내부 기준은 정책과 절차 매뉴얼, 직원 핸드북, 가이드라인과 기타 유사한 문서에 공식화된다.
- 외부 기준은 정부 규정과 법률, 그리고 외부 기준에 공식화된다. 기준은 또한 회계 기준 또는 좋은 비즈니스 실무 관행과 같은 일반 원칙을 대표할 수도 있다.

상태

- 상태는 현장 작업 수행 중에 발견된 문제 또는 기회를 일컫는 바, "사실 관계가 어떠한가?"라는 질문에 답한다.
- 상태는 문제들을 사실 면에서 진술한다. 상태는 현재 어떤 일이 벌어지고 있는가? 또는 과거에 어떤 일이 벌어졌는가를 말함으로써 실제로 존재하고 있는 바를 파악하며, 외부 당사자가 이해할 수 있는 충분한 정보를 제공해야 한다.
- "매니저가 직원의 지출을 승인하지 않았다."는 상태에 대한 진술의 한 예이다.

원인

- 원인은 상태와 기준 사이의 불일치를 설명하며, "왜?"라는 질문에 답한다.
- 원인들은 문제 이면의 근저의 이유, 즉 근본 원인을 밝혀야 한다.

효과

효과는 원인이 다루어지지 않을 경우 조직이 노출되거나 노출될 수도 있는 리스크의 유형 또는 정도를 밝히며, "그래서 어떻다는 말인가?"라는 질문에 답한다.

감사 조정 워크숍

일부 내부 감사 기능들은 감사 발견 사항과 이들의 중요성을 동의, 도전, 합의하기 위해 감사 작업을 수행하는 감사인들이 감사 조정 워크숍을 개최한다. 그들은 최고 감사 책임자와 내부 감사 기능의 다른 부분의 고위 경영진과 같은 이해관계자들을 이 워크숍에 초대할 수도 있다.

QAIP 힌트

내부 감사 기능들은 감사 현장 작업 — 감사 발견 사항을 내부 감사 성숙 모델 또는 균형 스코어카드에 반영할 수 있다.

성숙 모델

내부 감사 기능들은 감사 현장 작업 — 감사 발견 사항을 성숙 모델에 핵심 프로세스 영역의 하나로 포함할 수 있다. 예를 들어,

- 5단계 성숙 모델의 4단계는 감사 조서가 모든 감사 작업 발견 사항과 관찰 사항에 대해 기준, 상태, 원인, 효과를 적시한다고 적시할 수 있다.
- 5단계는 내부 감사 기능이 모든 감사 작업에 대해 감사 조정 워크숍을 개최한다고 적시할 수 있다.

균형 스코어카드/KPI

내부 감사 기능들은 "모든 발견 사항과 관찰 사항들의 원인과 효과가 감사 조서에 문서화된다."와 같은 성과 지표를 포함할 수 있다.

감사 종료 인터뷰

감사 종료 인터뷰는 감사 작업의 매우 중요한 요소 중 하나이며, 감사 프로세스에 투명성을 불어넣는 데 도움이 된다. 감사 종료 인터뷰는 다음과 같은 기회를 제공한다.

- 검토 대상 분야의 좋은 실무 관행 영역을 파악한다.
- 중요한 발견 사항과 이 사항들이 목표 달성에 미칠 수 있는 영향을 파악하고 명확히 한다.
- 사실 관계에 관한 이슈들이 있을 경우 이를 해소한다.
- 합의된 경영진의 조치 또는 권고 사항이 있을 경우 이에 대한 감사 스폰서의 반응을 구하고, 이러한 조치들이 취해질 기한을 합의한다.
- 감사 작업 보고서 완료 프로세스를 명확히 한다.

이슈 조서

내부 감사 기능들은 때로는 감사 종료 인터뷰에 대비하여 이슈 조서 또는 설명 자료를 작성한다. 이 조서는 임시적인 발견 사항들과 관련 증거를 문서화하고, 내부 감사인들에게 감사 고객으로부터 이에 관한 피드백을 구할 수 있게 해준다. 이슈 조서는 감사 고객에게 제공될 수도 있고 제공되지 않을 수도 있다.

이슈 조서 또는 설명 자료를 사용하면 다음 사항들에 대한 확신을 제공한다.

- 사실 관계들이 정확하다.
- 중요한 통제가 있을 경우 이를 포함한 프로그램 또는 활동이 감사 작업 팀에 의해 잘 이해되고 있다.

- 통제 붕괴의 원인들이 정확하게 파악되었다.
- 발견 사항들의 중대성에 대해 서로 이해하고 있다.
- 경영진이 발견 사항을 다루기 위한 적절한 조치에 동의했다.

최고 감사 책임자들은 감사 고객과 좋은 관계를 유지하기 위한 하나의 방법으로서 뿐만 아니라, 감사 발견 사항과 권고 사항에 대한 고객의 반응을 충분히 이해하기 위한 수단의 하나로서 될 수 있으면 감사 종료 인터뷰에 참석해야 한다.

QAIP 힌트

내부 감사 기능들은 감사 종료 인터뷰를 균형 스코어카드에 아래와 같은 성과 지표로 반영할 수 있다.

- 모든 감사 작업에 대해 감사 종료 인터뷰가 수행된다.
- 최고 감사 책임자가 모든 감사 종료 인터뷰에 참석한다.

효율적인 현장 작업

내부 감사인들은 감사 고객과 합의된 시일 내에 현장 작업을 개시하고 완료하기 위해 노력해야 한다. 이는 조직에 일정 수준의 전문성을 보여주고, 내부 감사가 효율적으로 운영되도록 도움을 준다.

QAIP 힌트

내부 감사 기능들은 효율적인 현장 작업을 균형 스코어카드에 반영하여 다음과 같은 성과 지표를 포함할 수 있다.

- 현장 작업의 적시성
- 감사 작업 완료 비율(목표 포함)
- 완료한 감사의 수(목표 포함)

- 현장 작업 계획일부터 실제 완료일까지 정해진 시한 내에 완료한 비율(목표 포함)
- 정해진 예산 범위 내에서 완료한 감사의 비율(목표 포함)
- 청구 가능/회수 가능 시간 대 청구 불가능/회수 불가능 시간 비율(목표 포함)
- 감사 고객의 만족 수준(목표 포함)
- 실제 소요 시간 대 예산(목표 포함)

관리와 감독

효율적인 내부 감사 기능 관리는 내부 감사의 객관성을 증진하며, IIA 기준 하에서의 요구사항 중 하나이다.

감독은 일반적으로 다음 사항들을 포함한다.

- 감사 작업 계획 승인
- 개시 회의와 종료 회의 감독
- 감사 현장 작업 지위, 감독과 검토
- 합의된 프로세스와 전문 직무 기준에 부합하는지 확인하기 위한 감사 조서 검토
- 중요한 이슈들이 적절히 문서화되고, 적절히 조사되고, 적정하게 보고된다는 어슈어런스
- 감사 작업에 관여하고 있는 직원들 사이의 전문가적 판단 차이 해소
- 적절한 기술과 역량 개발을 지원하기 위한 내부 감사인의 OJT
- 각각의 감사가 전문 직무기준을 충족하도록 하기 위한 감사 작업에 대한 전반적 검토

감사 중간 검토

대규모 감사의 경우, 감사 작업 팀과 최고 감사 책임자 사이에 반-공식적인 감사 중간 검토를 수행하여 최고 감사 책임자에게 발생하고 있는 이슈

들에 대해 알려주는 것이 좋다. 호주 정부의 인사 서비스 부서의 최고 감사 책임자인 앨런 고크로저(Allan Gaukroger)는 여러 이유로 이 감사 중간 검토를 가치 있게 여긴다.

첫째, 중간 검토는 최고 감사 책임자에게 감사 작업의 목표와 범위가 적절성을 유지할 수 있게 하는 기회를 제공한다. 다른 감사들을 통한 발견 사항들뿐만 아니라, 시니어 매니저, 최고경영자, 감사위원회와 지속적인 의견 교환을 통해 최고 감사 책임자는 감사 작업이 급속하게 변하는 조직의 우선순위와 리스크들과 어느 정도로 정렬을 이루고 있는지 평가하고, 필요시 감사 계획의 신속한 변화를 승인할 수 있다. 이는 감사 작업의 목표와 변화하는 조직의 상황이 부합하지 않을 리스크를 최소화한다. 감사 작업 목표와 조직 상황이 부합하지 않으면 최고 감사 책임자에 의해 제공된 어슈어런스의 가치가 제한되고 이해관계자들의 신뢰가 감소할 수 있다. 또한 중간 검토는 최고 감사 책임자에게 떠오르고 있는 이슈들에 대해 알게 되고, 이를 비즈니스 부문의 시니어 경영진에게 소통할 수 있는 기회를 제공하여 뜻밖의 사태가 없도록 하는 접근법(no surprise approach)을 지원한다.

둘째, 중간 검토는 감사 작업 팀을 곤란하게 하고 해결을 위해 보다 상위 직급의 개입이 필요할 수도 있는 신규 또는 고질적인 이슈들을 보고할 수 있는 보다 공식적인 기회를 제공한다. 이슈들에 대한 내부 감사인들과의 토의는 최고 감사 책임자에게 이러한 이슈들의 보다 넓은 조직의 맥락에서의 상대적 중요성에 대한 감각을 제공해 주고, 다른 감사 작업들로부터 배운 교훈을 이용한 해결 방법을 제안하며, 필요시 비즈니스 부문의 상위직 동료들에게 해결을 중재하도록 요청할 수 있게 해준다. 그러한 이슈들의 예로는 거버넌스, 리스크 관리와 통제 제도에서의 단점 인정 거부, 조직의 경계를 넘어서는 감사 결론 소통, 그리고 내부 감사 기능의 권위와 독립성에 대한 도전 다루기 등이 포함된다. 최고 감사 책임자에 의한 이러한 지휘는 감사 작업이 궤도를 벗어나 덜 중요한 이슈들을 추구하지 않게 해주고,

감사 팀과 감사 고객 사이에서 관계의 질을 유지하며, 감사 수행을 지체시킬 수 있는 저항과 무기력을 극복할 수 있게 해준다.
마지막으로, 이러한 검토는 최고 감사 책임자에게 감사 프레임워크 전체를 통해서 전달되는 메시지와 감사 작업 보고서에서 전달되는 주요 메시지를 형성할 기회를 제공한다. 감사 결과의 효과적인 소통은 각각의 발견 사항에 주어진 어조, 뉘앙스와 강조, 그리고 이들이 합쳐져서 설득력이 있고, 신뢰할 만한 결론과 권고 사항을 형성하는 방식에 크게 의존한다. 최고 감사 책임자들에게 감사 작업 소통을 형성할 기회가 보고서 초안 또는 심지어 최종 보고서에서 처음으로 주어진다면, 그들이 독립적이고 보다 전략적인 관점을 보고서에 반영하기에는 너무 늦어져 버릴 것이다. 이렇게 되면 감사 보고서가 보다 기술적인 상세 내용들에 초점을 맞추게 되어 상위 의사 결정자에게 영향을 줄 가능성이 감소할 것이다. 반대로 중간 검토 회의에서의 짧은 제안이나 질문들이라도 내부 감사인들이 특정 이슈의 민감성 또는 중요성을 인식하고 이에 따라 소통을 조정하는 데 충분할 수 있다. 전체적으로 최고 감사 책임자가 감사 수행에 관한 조언을 주고받을 수 있는 이러한 기회는 감사의 품질과 적시성에 관한 많은 리스크들을 경감하는 한편, 동시에 변화하고 있는 전략적 우선순위에 관한 적시의 조언을 활용할 수 있는 기회도 제공한다.

감사 조서

내부 감사인들은 자신이 수행한 감사 작업에 대한 적절한 감사 조서를 유지해야 한다. 양질의 감사 조서는 다음과 같은 기능을 수행한다.

- 내부 감사인들의 감사 작업 계획과 수행을 지원한다.
- 감사 작업 계획 수립과 현장 작업 사이의 정렬을 보여준다.
- 내부 감사인들이 필요로 하는 정보를 빠르고 쉽게 찾을 수 있도록 도와준다.

- 감사 목표가 어느 정도로 달성되었는지 보여준다.
- 완전하고, 정확하며, 적시성이 있는 감사 보고서 작성을 지원한다.
- 감사 작업을 통해 추가 조치 또는 조사가 필요함이 드러날 경우, 이를 지원한다.
- 감사 작업이 질서정연하고, 효율적이며, 책임감 있게 수행되었다는 확신을 제공한다.
- 다른 내부 감사 직원에 대한 지식 전수를 지원한다.
- 감사 작업 검토를 지원한다.
- 감사 발견 사항과 권고 사항에 관해 감사 고객에게 투명성을 제공한다.
- 감사의 품질을 확보하기 위한 토대를 제공한다.
- 감사 작업의 역사적 기록을 제공한다.
- 전문 직무 기준에 부합함을 보여준다.

IIA 기준, 특히 기준 2310과 2330은 적정한 감사 조서의 가치를 인식한다.

기준 2310 — 정보 파악

내부 감사인은 감사 작업 목표를 달성하기 위해 충분하고, 신뢰할 수 있으며, 관련이 있고, 유용한 정보를 파악해야 한다.

기준 2330 — 정보의 문서화

내부 감사인은 결론과 감사 결과를 지지하기 위해 관련 정보를 문서화해야 한다.

웨스트(Wueste)(2008)는 양질의 감사 조서의 다섯 가지 필수적인 특징을 완전성, 정확성, 조직화, 관련성과 간결성이라고 적시한다. 감사 조서는 검토와 지식 공유를 촉진할 수 있도록 논리적으로 배열되어야 한다. 감사 조서는 최소한 다음 사항들을 포함해야 한다.

- 감사 계획과 프로그램
- 관련 정책, 절차와 프로세스 맵을 포함한 계획 수립 자료
- 감사 개시 인터뷰와 종료 인터뷰 기록
- 수행된 인터뷰에 대한 기록을 포함한, 도출된 결론을 정당화하는 충분한 증거
- 경영진과 공유한 보고서 초안, 변경이 있었을 경우 그 내용과 변경 근거
- 최종 보고서 사본
- 감독자의 검토 증거

양질의 감사 조서는 잘 구조화되고 이해하기 쉬울 것이다. 이들은 감사 목표에 관해 결론을 이끌어내기 위한 충분한 정보를 포함하지만, 관련 정보를 찾기 어렵게 할 과도한 정보를 포함하지는 않을 것이다.

자동화된 감사 조서

충분한 규모의 내부 감사 기능들에게는 자동화된 감사 조서가 효율성을 극대화하고 지식 관리를 촉진시킬 수 있다. 그러나 자동화된 감사 조서 프로세스를 구현하기 위해서는 상당한 노력이 요구되며, 최고 감사 책임자는 효과적인 감사 조서 자동화 시행을 기하기 위해 적절한 자원을 제공해야 한다. 이러한 자원을 활용할 수 없을 경우, 최고 감사 책임자는 최소한 단기적으로라도 조직이 수작업 프로세스를 유지하는 것이 더 나은지 고려해야 한다.

프라이버시의 제약 일부 국가들에는 정보가 국경을 넘지 못하도록 하는 법률이 있는 바, 이로 인해 글로벌 감사 기능이 감사 조서를 본부의 서버에 유지하기 어려울 수 있다. 이러한 경우에는 감사 조서들을 본부가 아니라

현지에 유지할 필요가 있을 수도 있다.

보편적인 품질 이슈

감사 조서와 관련된 보편적인 품질 이슈들에는 다음 사항들이 포함된다.

- 개시 인터뷰나 종료 인터뷰와 같은 수행된 작업들에 대한 문서화가 적정하지 아니함
- 감사 조서에서 문서들이 빠져 있음
- 감사에 대한 감독이 문서화되지 아니함
- 파일들이 각각의 감사 목표들이 완료되었으며, 보고서 상의 결론을 지원하기 위한 적정한 작업이 수행되었음을 보여주는 명확한 상호 참조를 지니고 있지 아니함
- 감사 조서 검토가 수행되지 않거나 문서화되지 아니함
- 내부 감사 기능들마다 문서화에 대한 접근법에 일관성이 없음
- 서비스 제공자들이 적정한 감사 작업 문서를 유지하지 아니함
- 과도하거나 관련이 없는 자료들이 파일에 유지됨

QAIP 힌트

내부 감사 기능들은 감사 조서를 내부 감사 성숙 모델 또는 균형 스코어카드에 반영할 수 있다.

성숙 모델

내부 감사 기능들은 감사조서를 성숙 모델에 핵심 프로세스 영역의 하나로 포함할 수 있다. 예를 들어,

- 5단계 성숙 모델의 2단계는 감사 조서가 상황에 따라 작성된다고 적시할 수 있다.
- 3단계는 모든 감사 작업에 대해 감사 조서가 작성되고 적절히 검토된다

고 적시할 수 있다.

- 4단계는 내부 감사 기능이 양식 또는 자동화된 프로세스를 사용하여 감사 조서를 작성하고, 체크리스트를 사용하여 이의 독립적인 검토를 문서화한다고 적시할 수 있다.
- 5단계는 자동화된 감사 조서가 사용되고, 감사 조서들이 다음과 같은 특징을 보인다고 적시할 수 있다.
  - 각각의 내부 감사 요소에 대해 전문 직무 기준에 연결시킨다.
  - 각각의 내부 감사 요소에 대해 정책과 절차에 연결시킨다.
  - 품질 체크리스트와 품질 통제 서명을 포함한다.

균형 스코어카드/KPI

내부 감사 기능들은 "모든 감사 작업에 대해 감사 조서가 작성되고 적절히 검토된다."와 같은 성과 지표를 포함할 수 있다.

감사 작업 수행에 관한 질문

표 14.1은 감사 작업 수행에 관한 일련의 질문들을 제공한다. 이 질문들은 공식적으로 품질 어슈어런스 및 개선 프로그램 안에 반영될 수도 있고, 보다 덜 공식적으로 상시 평가 활동 안에 반영될 수도 있다. 질문들은 최고 감사 책임자, 내부 감사인, 또는 감사 이해관계자들에게 다양하게 물어볼 수 있다.

표 14.1 품질 평가 질문

질문	품질의 증거
감사 개시 인터뷰와 종료 인터뷰가 실시되었는가?	감사 조서 내부 감사 직원 인터뷰
각각의 감사 작업에서 감사 작업 계획과 작업 프로그램을 따랐다는 증거가 있는가?	감사 조서
내부 감사 기능이 각각의 감사 작업에 대해 적정한 감사 조서를 유지하고 있는가?	감사 조서

질문	품질의 증거
감사 조서들은 명확하고, 완전하며, 감사 범위에 대해 언급하고 있는가?	감사 조서
감사 조서들은 감사 발견 사항을 적정하게 뒷받침하기에 충분하고, 신뢰할 수 있고, 관련이 있으며, 유용한 정보를 포함하고 있는가?	감사 조서
모든 감사 작업의 감사 조서들이 감사 매니저와 최고 감사 책임자(또는 그 지명인)에 의해 검토되는가?	감사 조서
감사 조서들은 발견 사항과 결론을 뒷받침하기에 적절하고 적정한 정보를 포함하고 있는가?	감사 조서
내부 감사 기능은 자동화된 감사 조서를 사용하여 효율성을 극대화하고 지식 관리를 용이하게 하고 있는가?	감사 조서
내부 감사 기능은 반복할 수 있는 CATT와 같은 계속적 감사 기법을 활용하는가?	감사 조서 최고 감사 책임자와 내부 감사 직원 인터뷰
내부 감사 기능은 일부 통제의 존재와 적절성에 대한 질문을 포함하여 통제 환경에 대해 적절하게 도전하는가?	감사 조서 최고 감사 책임자와 내부 감사 직원 인터뷰
내부 감사 작업이 인과 관계 상의 리스크와 체계적인 이슈들을 식별하는가?	감사 조서 고위 경영진과 감사위원회 인터뷰
내부 감사 직원들이 발견 사항의 상대적 중요성을 고려했음을 보여 주었는가?	감사 조서
내부 감사 기능이 고객들과 협력하여 상호 동의할 수 있는 결과를 찾아내는가?	고위 경영진과 감사위원회 인터뷰 최고 감사 책임자와 내부 감사 직원 인터뷰 종료 후 서베이
내부 감사 기능이 적정한 감사 작업 감독을 확보하기 위한 서면 프로세스를 가지고 있는가?	정책과 절차

결론

고품질의 내부 감사 기능은 충분한 독립성을 가지고 운영의 공정한 평가를 제공하지만 궁극적인 목적을 조직의 성공 지원에 두는, 경영진의 중요한 친구로서 기능해야 한다. 내부 감사는 양질의 조직의 결과를 달성하기 위해 경영진과 협력함으로써 상당한 가치를 부가할 잠재력을 가지고 있다.

내부 감사 기능들은 감사 현장 작업에 체계적이고 투명한 접근법을 채택해야 하며, 확립된 정책과 절차를 활용하여 현장 작업이 전문가답게 수행될 잠재력을 극대화해야 한다.

참고 문헌

- Craig, T. (1991). Effective interviewing skills for auditors. Journal of Accountancy 172(1):121쪽.
- Dogas, C. (2011). Effective audit supervision. Internal Auditor. http://www.theiia.org/intauditor.
- Gleim, I. N. (2004). CIA Review: Part 2 Conducting the Internal Audit Engagement. Gainesville, FL: Gleim Publications.
- Greenawalt, M. B. (1997). The internal auditor and critical thinking process: A closer look. Managerial Auditing Journal 12(2): 80–86쪽.
- Hubbard, L. D. (2001). What's a good audit finding? Internal Auditor 58(1): 104쪽.
- The Institute of Internal Auditors. (2013). International Professional Practices Framework. Altamonte Springs, FL: The Institute of Internal Auditors.
- Keith, J. T. (2005). Killing the spider. Internal Auditor 62(2): 25–27쪽, 2005.
- Ratliff, R. L., and R. I. Johnson. (1998). Evidence. Internal Auditor 55(4):56–61쪽.
- Reding, K. F., et al. (2009). Internal Auditing: Assurance and Consulting Services. Altamonte Springs, FL: The Institute of Internal Auditors Research Foundation.
- Sawyer, L. B., M. A. Dittenhofer, and J. H. Scheiner. (2005). Sawyers Internal Auditing, 5판. Altamonte Springs, FL: The Institute of Internal Auditors Research Foundation.
- Seipp, E., and D. Lindberg. (2012). A guide to effective audit interviews. CPA Journal 82(4): 26–31쪽.
- Wueste, B. (2008). Producing quality workpapers. Internal Auditor. http://www.theiia.org/intauditor.

Chapter 15

소통과 영향

끝을 염두에 두고 시작하라.

—스티븐 코비(Stephen Covey)

소통을 잘하지 않는 내부 감사인은 진정으로 훌륭한 감사인이 될 수 없다. 분석 능력과 기술적 전문성은 내부 감사인이 조직 안에서 중요한 개선 기회를 찾을 수 있도록 해줄 것이다. 하지만 말과 글로써 소통할 수 있는 능력이 없다면, 내부 감사인들이 경영진에게 필요한 변화를 가하는 데 영향을 주기는 어려울 것이다.

내부 감사의 모든 프로세스에서는 무엇보다 뛰어난 소통이 요구된다. 전략을 계획하고 수립할 때 최고 감사 책임자가 고위 경영진 및 감사위원회와 소통하여 그들의 기대가 현실적이고 내부 감사 전략과 규정에 적절히 반영되게 해야 한다.

연간 감사 작업 수립 시 넓은 범위의 이해관계자들과의 소통은 이 계획이 조직의 전략적 우선순위와 리스크들을 정확히 반영할 잠재력을 극대화한다. 마찬가지로 감사 작업 수립과 현장 작업 시의 효과적인 소통은 감사 목표들이 공정하고, 정확하며, 공평하게 달성되리라는 확신을 제공한다. 최고 감사 책임자들은 내부, 외부 이해관계자들과의 명확한 소통 통로를 개발해야 한다. 그러면 내부 감사 기능을 전문적이고 전략적인 파트너로 자리 잡게 하고, 내부 감사 기능의 전반적인 영향력을 강화하는 데 도움이 될 것이다.

이해관계자의 필요 이해하기

베이커(Baker)(2011)는 "소통을 잘하는 사람들은 자신의 메시지를 청중의 필요에 맞춘다."고 말한다. 최고 감사 책임자들은 각각의 메시지가 의도한 대상을 명확히 이해해야 한다. 감사위원회의 필요는 중간 경영진의 필요와 같지 않을 수도 있기 때문에 최고 감사 책임자들은 각각의 이해관계자들이 무엇을 가치 있게 여기는지 이해하고, 이에 적절한 소통 방법을 개발해야 한다.

이해관계자 매핑

6장에서 언급한 바와 같이, 레지(Rezee)(1996)는 이해관계자가 경영진으로부터 조직 전체로 확대되었다고 설명했다. 최고 감사 책임자들은 전략 계획 수립 프로세스 단계에서부터 주요 이해관계자들에 대한 분명한 그림을 가지고 있어야 한다. 또한 그들은 이해관계자들의 기대를 충족하도록 노력함에 있어서 각각의 이해관계자들에게 가장 중요한 영역도 파악해야 한다.

최고 감사 책임자들은 이해관계자 및 그들의 필요를 공식적이나 비공식적으로 파악할 수 있다. 때로는 이해관계자 매핑(그림 15.1)과 같은 시각적 프로세스가 각각의 이해관계자 파악에 도움이 될 수 있다.

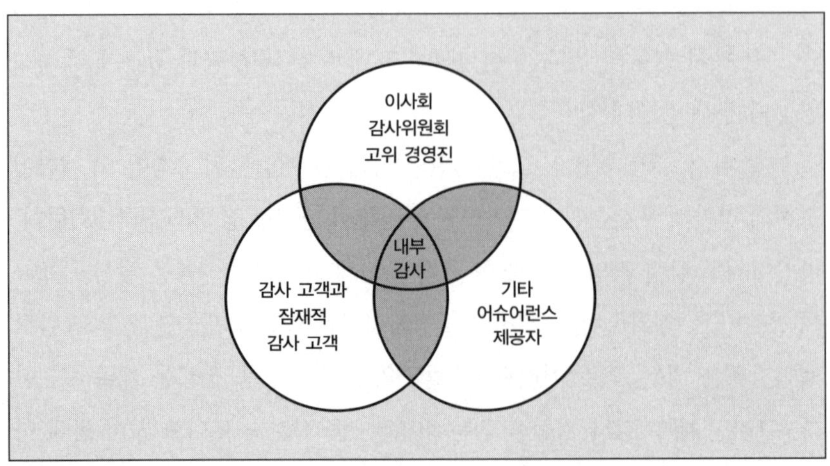

그림 15.1 이해관계자 매핑

내부 이해관계자들

내부 감사 기능에는 여러 내부 이해관계자들이 있는데, 이들은 일반적으로 거버넌스 및 감독 이해관계자, 감사 고객, 기타 어슈어런스 제공자들로 분류할 수 있다. 거버넌스 및 감독 이해관계자들은 이사회와 감사위원회, 최고경영자, 고위 경영진을 포함한다.

IIA 기준 2060, 2440.C2, 2600은 이들 이해관계자들의 일부에 대한 특정 보고 요건을 부과한다.

기준 2060 — 고위 경영진과 이사회에 대한 보고

최고 감사 책임자는 내부 감사 부서의 목적, 권한, 책임 그리고 감사 계획 대비 수행 실적을 고위 경영진과 이사회에 정기적으로 보고해야 한다. 보고서에는 사기 리스크, 거버넌스 이슈, 고위 경영진과 이사회가 필요로 하거나 요청하는 기타 사안 등 중요한 리스크 익스포져와 통제 이슈들을 포함해야 한다.

기준 2440.C2 — 결과 배포

컨설팅 작업 수행 중에 거버넌스, 리스크 관리와 통제의 이슈들이 파악되어야 한다. 이 이슈들이 조직에 중요할 경우, 고위 경영진과 이사회에 소통되어야 한다.

기준 2600—리스크 수용 소통

최고 감사 책임자가 경영진이 조직에 수용될 수 없을 수도 있는 리스크를 수용했다는 결론을 내릴 경우, CAE는 이 사안을 고위 경영진과 상의해야 한다. CAE가 이 사안이 해결되지 않았다고 판단하면, 이 문제를 이사회에 알려야 한다.

최고 감사 책임자들은 자신의 감사 작업 보고서의 일차 수령자가 누구인지 분명히 해야 한다. 그렇게 할 때 보고서가 이해관계자의 필요에 맞게 구성될 수 있다.

우리는 누구에게 어슈어런스를 제공하고 있는가?

호주 국세청의 최고 감사 책임자 그렉 홀리먼(Greg Hollyman)은 내부 감사인들이 누구를 위해 어슈어런스를 제공하고 있는지 잊어버릴 때가 있다고 여긴다. 그는 내부 감사 어슈어런스는 근본적으로 감사위원회와 최고경영자를 향한다고 본다. 따라서 홀리먼은 보고서들이 파악된 통제의 취약점과 이 이슈들을 다루기 위해 합의된 경영진의 조치에 관해 운영 경영진에게 명확하게 하는 한편, 이들 일차 이해관계자들의 필요를 충족시킬 수 있도록 작성되어야 한다고 믿는다.

감사위원회 보고서 내부 감사 기능은 대개 각각의 감사위원회가 개최될 때마다 보편적으로 아래의 요소들을 포함하는 보고서를 준비한다.

- 최고 감사 책임자로부터의 업데이트 또는 개요
- 핵심 성과 지표(KPI)에 비추어 본 성과를 포함한 품질 어슈어런스 및 개선 프로그램에 관한 보고서
- 승인된 계획 진척 상황과 변경을 제안할 경우 변경 안
- 지난번 회의 이후의 내부 감사 작업의 결과와 발행된 보고서 요약
- 감사 권고 사항 해결 상황

감사위원회 보고서는 체계적인 이슈들, 출현 중인 리스크, 그리고 조직 전체적인 어슈어런스 커버리지에 관한 업데이트 등과 같은 다른 요소들을 포함할 수도 있다.

보편적인 품질 이슈

일부 최고 감사 책임자들은 내부 감사 성과 또는 품질 어슈어런스 및 개선 프로그램에 대해 보고하지 않는다. 이는 내부 감사의 성과가 좋든 나쁘든 고위 경영진과 감사위원회가 이를 제대로 보지 못하게 한다.

외부 이해관계자

내부 감사 기능은 외부 감사, 감독 규정 컴플라이언스 기능 등 외부 이해관계자들과 효과적으로 소통하기 위한 프로세스를 갖춰야 한다. 이는 연간 감사 계획에서 제안된 감사 작업의 성격과 범위, 그리고 각각의 당사자가 상대방의 작업에 의존하는 정도에 관한 대화를 포함해야 한다. IIA의 2012–2013 이사회 의장 필 탈링(Phil Tarling)(2012)은 내부 감사인들이 리스크 관리와 통제의 유익을 극대화하기 위해서는 다른 어슈어런스 제공자들과 효과적으로 소통할 필요가 있다고 조언한다.

QAIP 힌트

내부 감사 기능들은 이해관계자의 관여를 내부 감사 성숙 모델 또는 균형 스코어카드에 반영할 수 있다.

성숙 모델

내부 감사 기능들은 이해관계자 관여를 성숙 모델에 핵심 프로세스 영역의 하나로 포함할 수 있다. 예를 들어,

- 5단계 성숙 모델의 2단계는 최고 감사 책임자가 이해관계자와의 상황에 따른 상호작용에 의존한다고 적시할 수 있다.
- 3단계는 이해관계자들이 공식적으로 명시되지는 않을 수 있지만, 최고 감사 책임자가 일상적으로 주요 이해관계자들과 교류한다고 적시할 수 있다.
- 4단계는 최고 감사 책임자가 이해관계자들을 공식적으로 파악했으며,

각각의 이해관계자들과 소통하기 위한 서면 프로세스를 갖추고 있다고 적시할 수 있다.

- 5단계는 최고 감사 책임자와 고위 경영진, 그리고 최고 감사 책임자와 감사위원회 위원장 사이에 정기적으로(예컨대, 매월) 회의가 개최된다고 적시할 수 있다. 이는 또한 발견 사항들이 주제별 및 지역적으로 취합되어 고위 경영진과 감사위원회에 보고된다고 적시할 수 있다.

균형 스코어카드/KPI

내부 감사 기능들은 다음과 같은 성과 지표들을 포함할 수 있다.

- 최고 감사 책임자가 최고경영자, 기타 고위 경영진과 개인적으로 만난 횟수(목표 포함)
- 최고 감사 책임자가 감사위원회와 개인적으로 만난 횟수(목표 포함)
- 이해관계자 관여 맵 작성과 연례 업데이트

소통 대 영향력

영향력이 없는 소통은 가능하지만 소통이 없는 영향력은 불가능한 데서 알 수 있듯이, 소통과 영향력은 상호 관련이 있지만 별개의 개념이다. 소통과 영향력은 서로 다르지만 내부 감사의 품질과 가치에 있어서 중요한 요소들이다. 3장에서 소개했던 내부 감사 논리 모델에서 효과적인 소통과 감사 작업 보고는 내부 감사 기능의 주요 산출물이며, 영향력은 주요 결과이다.

소통은 감사 작업 보고서에 국한되지 않고, 보다 넓은 활동을 포함한다. 소통은 내부 감사 기능이 다른 어슈어런스 제공자들뿐만 아니라, 감사위원회, 상위경영진, 그리고 감사 고객과 어떻게 관련을 맺는지도 포함한다.

스미스(Smith)(2005)는 이렇게 말한다.

> 내부 감사인들이 변화하는 복잡한 국제적 시장에서 성공하고 진보하려면 뛰어난 소통 기술을 갖출 필요가 있다. 감사인들은 그들이 만나는 거의 모

든 상황에서 소통 기술을 활용한다. 감사인들은 단지 조사관이기만 한 것이 아니라 조직에 가치를 부가한다는 이미지를 만들어야 한다. 감사인들은 좋은 경청 기술과 대인 관계 기술을 갖춰야 한다. 감사인들은 조직의 다양한 직급의 다양한 유형의 사람들과 일할 때 특정 언어 사용에 주의해야 한다. 감사인들은 자신의 태도가 감사 수검자(受檢者)에게 어떤 영향을 주는지 알아야 한다.

탈링(Tarling)(2012)은 소통 방식이 소통 내용만큼이나 중요하다고 말한다. 그는 이 메시지에 깊이 몰입해서 "올바른 방식으로 말하자(say it right)"를 그의 IIA 의장 임기 중의 주요 주제로 삼았다.

IIA-호주(2013)는 훌륭한 리더들에게 보편적인 소통 기술을 다음과 같이 적시한다.

- 개방적이고 접근하기 쉬움
- 말하기 전에 준비가 되어 있음/생각함
- 직접적이고 명확함
- 뛰어난 경청 기술을 사용함
- 자신 있게 말함
- 듣는 사람에 맞춰 소통함
- 올곧음을 지니고 있음
- 뛰어난 몸짓 언어와 전달 스타일을 지니고 있음
- 소통의 장애물을 제거함

영향력

맥쿼리(Macquarie) 사전(1991)은 영향력(influence)을 (1) 하나의 사물 또는 사람에 의해 다른 사물 또는 사람에게 행사된 보이지 않거나 지각(知覺)할 수 없는 행동, 또는 (2) 보이지 않거나 지각할 수 없는 수단에 의해 효과를 내는 힘으로 정의한다.

본질적으로 영향력은 행동을 요구할 수 있는 공식적인 힘이 없이도 다른 사람에게 또는 다름 사람을 통하여 일들이 수행되게 하는 능력이다. 영향력의 목표는 흔히 다른 사람들에게 영향(impact)을 줘서 자신의 의제를 지지하게 하는 것이다.

영향력은 힘(power)보다는 인간관계에 기초한다. 힘은 강제로 결과를 낼 수 있지만, 영향력은 자발적으로 결과를 낸다. 이는 개인들이 직접적인 권한이 없을 때에도 영향력을 사용할 수 있게 해준다. 최고의 내부 감사 기능들은 위임된 권한 또는 책임이 없이도 조직에 중요한 긍정적 변화를 만들어 낼 수 있기 때문에, 영향력은 내부 감사인들에게 매우 중요하다.

영향력 지원에 필요한 긍정적 관계를 형성하는 데에는 시간과 노력이 소요된다. 내부 감사인들은 조직 전체에 걸친 관계 형성에 시간을 투자함으로써 자신의 잠재적 영향력을 극대화할 수 있다.

또한 영향력은 조직에서 좋은 평판과 존경심의 형성 및 유지에 의존한다. 내부 감사인들은 영향력을 행사하기 전에, 지식이 풍부하고, 공정하며, 윤리적이고, 존경할 만하며, 공감을 보이는 것으로 알려질 필요가 있다.

영향력: 내부 감사의 산물

주요 글로벌 금융 기관의 IT 감사 이사이자 IIA 직무 이슈 위원회 부위원장인 마이크 린(Mike Lynn)은 훌륭한 감사의 최종 산물은 보고서가 아니라 영향력이라고 믿는다. 린은 "보고서는 종이 위에 기록한 말에 지나지 않는다. 공식적인 보고서가 아니더라도 결과에 영향을 줄 수 있는 경우가 있다."라고 말한다.

내부 감사인과 영향력 내부 감사인들은 목적을 달성하고, 감사 작업의 요건을 충족시키며, 계획과 전략을 실행하기 위해 일상적으로 영향력을 사용한다. 효과적인 최고 감사 책임자들은 감사위원회, 고위 경영진, 감사 고객, 기타 어슈어런스 제공자, 내부 감사 직원들에게 영향력을 행사할 수 있다.

내부 감사인들은 경영진과 감사 고객이 통제의 붕괴를 인식하고, 감사 발견 사항에 동의하거나, 보다 나은 실무 관행을 채택하도록 그들의 사고와 행동에 영향을 줄 필요가 있을 수도 있다.

의식에 영향 주기

텍스 노르웨이(Tax Norway)의 최고 내부 감사인이자 노르웨이의 최고 감사 임원 네트워크의 리더인 테이스 스토카(Teis Stokka)는 특정 영역을 감사한다는 사실 자체가 행동과 의식에 영향을 줄 것이라고 조언한다. 스토카는 이렇게 강조한다. "우리에게는 프로세스가 있다. 감사 수검자와 조직에게는 지식과 책임이 있다."

영향력이 반드시 내부 감사인의 타고난 기술인 것은 아니다. 그러나 이를 내부 감사 역량 계획에서 필수적인 역량 중 하나로 인식함으로써, 필요한 기술들을 배우고 적용할 수 있도록 적절한 교육 훈련이 제공될 수 있다.

갈등 해결

내부 감사의 특성상 항상 갈등의 소지가 있다. 갈등을 잘 관리하면 실제로 조직에 이익이 될 수 있다. 갈등을 잘 관리하면 팀 사이의 이해를 높이고, 팀의 응집력과 생산성을 향상시키며, 자기 인식을 개선할 수 있다. 그러나 갈등을 제대로 관리하지 못하면 사기에 부정적인 영향을 주고, 생산성을 감소시키며, 직원의 이직률을 증가시키는 파괴적인 결과를 가져올 수 있다. 갈등은 조직 전체에 심각한 피해를 주고, 영향력에 대한 잠재력을 감소시킬 수 있다.

갈등 이해하기 존슨과 그 동료들(1998)은 잠재적인 갈등 상황을 이해하기 위한 핵심 질문들을 제안한다.

- 갈등이 실제적인가, 아니면 실제로는 소통 부족 사례인가?
- 갈등의 내용은 무엇인가 — 갈등의 실제 원인 또는 원천은 무엇인가?
- 갈등이 과업 지향적인가, 감정적인가 — 갈등의 토대가 논리적이고 가시적인가, 아니면 가치에 기반을 두고 있는가?

내부 감사인들은 내부 감사 기능의 내부 갈등과 외부 갈등을 모두 경험할 수 있다. 내부 갈등은 내부 감사 기능이 구조화되는 방식, 인사 프로세스, 수행되는 작업의 성격, 감사 도구와 기법, 또는 관리 스타일과 같은 이슈들에 관련될 수 있다. 외부 갈등은 내부 감사인들이 조직의 경영진을 비판할 때 발생할 수 있다. 내부 감사인들은 거버넌스, 리스크 관리와 통제 프로세스의 적정성과 효과성을 평가할 책임이 있는데, 경영진이 이러한 비판적 검토에 민감할 때가 있다.

갈등의 단계 갈등은 일반적으로 인식할 수 있는 여러 단계들을 거친다. 파스토르(Pastor)(2007)는 갈등에 3개의 주요 단계들이 있다고 제안한다.

① 1단계: 경고 신호들
② 2단계: 기대의 차이 분출
③ 3단계: 공개적인 갈등

학자들마다 갈등 단계들을 다른 방식으로 정의하는데, 갈등 단계의 수는 일반적으로 3개에서 6개 사이이다. 여러 접근법들을 결합해서 전형적인 갈등 단계들을 아래와 같이 정의할 수 있다.

1단계: 불편/경고 신호 실제 문제가 아직 표면화하지 않았을 수 있지만, 이 단계의 특징은 불편함, 때로는 뭔가가 옳지 않다는 느낌이다. 경고 신호에는 갑작스런 행동 또는 태도 변화가 포함될 수 있다.

2단계: 기대의 차이 문제가 명백해지기 시작했을 수도 있지만, 갈등 당사자들은 어떤 상황의 사실 관계 또는 상대방의 동기를 이해하지 못할 수 있다. 갈등 상황에서는 부정적인 의견과 태도로 인해 다른 사람과의 관계가 더 어려울 수 있다. 동료 또는 고객에 대한 인식 또는 감정이 예전과는 다를 수도 있다. 해당 동료 또는 고객과의 관계에 관해 끊임없이 염려한다.

3단계: 공개적 갈등 이는 갈등의 극단적 표출이다. 갈등 당사자들은 이제 그들에게 일반적이지 않은 방식으로 행동하고, 상황에 대해 그들답지 않게 반응할 수도 있다. 그들은 매우 감정적으로 되고, 동료 또는 고객과의 관계가 깨어져 회복할 수 없는 상태로 될 수도 있다.

갈등 관리 갈등 관리는 각각의 갈등의 특징에 대한 이해를 필요로 한다. 모든 상황에 통하거나 적절할 수 있는 하나의 갈등 관리 방법은 없다. 갈등은 여러 이유로 여러 상황에서 발생하며, 그 잠재적 결과들도 다양하다. 갈등을 다루기 위한 방법론은 이러한 요소들의 독특한 조합에 의존할 것이다.

가장 자주 인용되는 갈등 해결 모델 중 하나가 1970년대에 토머스(Thomas)와 킬만(Kilmann)에 의해 개발되었다. 이 모델은 다섯 가지의 기본적인 갈등 관리 스타일을 제안하는데, 각각의 스타일은 한쪽의 관심사 해결에 얼마나 많은 노력이 투입되는지와 다른 쪽의 관심사 해결에 얼마나 많은 노력이 투입되는지의 조합에 의해 정의된다. 다섯 가지 스타일은 수용, 회피, 협력, 경쟁, 타협이다. 이들 각각의 특징은 아래와 같다.

수용 이러한 개인들은 자기주장이 강하지 않고 협력적이다. 그들은 일반적으로 자신의 욕망이나 입장의 희생 하에 다른 사람의 욕망이나 입장에 굴복한다. 이 접근법은 한쪽은 패배하고 한쪽은 승리하는(lose-win) 전략이며, 흔히 다른 사람들에 의해 자기를 희생하는 순교자로 여겨진다.

회피 이런 사람들은 자기주장이 강하고 비협력적이며, 본질적으로 갈등을 다루는 것 자체를 거부한다. 마치 갈등이 존재하지 않는 듯이 무시되거나 다른 사람에게 위임된다. 이는 모두 패배하는(lose-lose) 전략이다.

갈등 회피의 위험은 갈등이 다루어지지 않고 방치될 경우 더 악화되고 보다 심각한 문제로 진행되며, 앙심을 품게 하고 관련자가 나약하고 비효과적이라는 인식을 조성한다는 것이다.

협력 이러한 개인들은 자기주장이 강하고 협력적이다. 모든 관련자들의 필요를 충족시키고자 노력한다. 협력은 전통적인 모두 이기는(win-win) 전략이며, 흔히 한 집단을 자극하여 이슈를 함께 해결하게 하는 것과 관련된다.

경쟁 이런 사람들은 자기주장이 강하고 비협력적이며, 수용적인 사람들과 정반대이다. 그들은 일반적으로 힘을 가진 입장에서 해법을 부과한다. 이는 한쪽은 승리하고 다른 한쪽은 지는(win-lose) 전략이며, 흔히 상대방의 희생 하에 자신의 관심사를 추구한다.

이러한 갈등 관리 스타일을 사용할 때의 위험은, 특히 이 방법이 기본적인 접근법으로 규칙적으로 사용되거나 그다지 시급하지 않은 상황에 사용될 때, 앙심과 분노로 이어질 수 있다는 점이다.

타협 이러한 개인들은 자기주장이 강한 사람들과 협력적인 사람들의 중간쯤에 위치한다. 그들은 일반적으로 모든 사람들의 필요를 최소한 부분적으로라도 만족시키는 해법을 추구한다. 이는 모든 사람에게 서로 만족스러운 결과에 도달하기 위해 모두 무언가를 포기하는 것으로 특징지어지는 "중간적" 접근법이다.

타협은 다음과 같은 경우 적절한 전략이 될 수 있다.

• 시간의 압박이 있고 기한이 다가옴

• 협력이 효과를 발휘하지 못했음
• 비슷한 힘을 가진 당사자들이 교착 상태에 빠져 있음

타협 접근법의 문제는 이슈들과 가능한 해법들이 협력적 전략을 사용할 때만큼 깊이 있게 탐구되지 않고, 따라서 최적의 해법에 도달하지 못할 수도 있다는 점이다.

갈등 관리 스타일 선택 내부 감사인들은 다섯 가지 갈등 관리 스타일 중 개인적으로 선호하는 스타일이 있을 수 있지만, 효과적으로 일할 수 있으려면 이슈에 따라 이들 중 어느 스타일(또는 스타일들의 조합)이라도 사용할 수 있어야 한다. 일반적으로 사용되는 스타일은 내부 감사인의 개인적 성향이 아니라 상황에 의해 결정되어야 한다.

문화와 갈등

사드리(Sadri)(2013)는 문화가 갈등과 갈등 해결에 미치는 영향을 연구해서 이 영향이 상당하다는 점을 발견했다. 그녀는 문화마다 갈등에 다르게 접근하며, 미국, 호주, 영국, 캐나다, 그리고 네덜란드 출신 직원들은 대개 개인주의적인 반면, 아시아, 라틴 아메리카, 그리고 중동 국가들은 대개 집단주의적임을 발견했다.
개인주의적 문화는 갈등을 신속하게 마무리하려 하고, 보다 직접적인 소통 형태를 사용하며, 보다 많은 사회적 교류(보다 짧고 덜 친밀한 경향이 있음)를 추구하는 경향이 있다. 집단주의적 문화는 종종 간접적인 소통을 사용함으로써 체면 세우기를 가치 있게 여기며, 소수의 사람과 보다 장기적이고 친밀하게 교류한다.

갈등 해결 단계들 클라크(Clarke)와 립(Lipp)(1998)은 모든 문화에서 효과적으로

통한다고 믿는 7단계 갈등 해결 모델을 개발했다. 이 단계들은 다음과 같다.

① 문제 파악
② 문제의 명확화
③ 문화 조사
④ 조직 조사
⑤ 갈등 해결
⑥ 영향 평가
⑦ 조직 통합

패스터(Pastor)(2007)는 감사의 맥락에서 협력적 협상을 위한 7단계 프로세스를 제안한다.

1단계: 프로세스 준비 갈등에 관한 모든 정보를 모으고, 정보를 객관적으로 고려한다. 바람직한 특정 결과, 차선의 결과, 그리고 가장 수용할 수 없는 결과(최저선)를 결정한다. 논의에 대한 접근법을 결정하고 이 프로세스를 어떻게 촉진할지 계획을 세운다.

2단계: 무대와 기초 설정 윤곽을 정하는 진술로 논의를 시작하고 협력적(상생) 접근법을 바란다고 강조한다. 긍정적인 언어와 비언어적 소통을 사용한다.

3단계: 경청하고 이슈를 끄집어냄 사람들이 뛰어난 질문 기술, 잘 개발된 적극적 경청 기술과 긍정적 몸짓 언어를 통해 모든 이슈들을 끄집어내게 한다.

4단계: 공통점 찾기 차이점에 대해 논의할 여지는 남겨 놓고 대체로 합의하는 영역을 찾는다.

5단계: 협력 모색 브레인스토밍과 같은 문제 해결 기법을 사용하여 모든 당사자들에게 수용될 수 있는 해법을 찾아낸다.

6**단계: 결정을 내리고 이를 문서화함** 브레인스토밍 세션을 통해 나온 모든 가능한 해법들을 평가하고 모든 당사자들에게 가장 수용될 수 있는 해법을 결정한다(1단계에서 도출된 최저선을 명심한다).

7**단계: 종료와 요약** 해결된 내용과 이후의 프로세스에 대해 명확히 요약하고 갈등 해결 논의를 종료한다. 모든 참석자들에게 내려진 결정과 당사자들에 대한 기대 사항을 포함한 요약 문서를 회람시켜 이를 인식하게 한다.

감사 작업 소통

흔히 보고서인 감사 작업 소통은 감사 작업의 산출물이다. 많은 경우에 이는 조직이 내부 감사 작업으로부터 보는 유일한 작업물이다. 따라서 소통이 내부 감사 기능의 전문성을 반영하고 이해관계자들에게 수행된 작업과 도출된 결론에 대해 확신을 제공하는 것이 매우 중요하다. 영국 재무부(2010)는 이렇게 말한다. "좋은 감사 보고서는 경영진이 이슈를 이해하고 결론을 수용하며 적절히 행동할 수 있도록 감사인의 결론을 효과적으로 소통하고 설득력 있게 권고한다. 부적정한 보고서는 최고의 감사 작업과 결론을 무효화할 수 있다. 이는 또한 내부 감사의 평판과 지위를 해칠 수도 있다."

효과적인 소통 산출물은 영향력이라는 내부 감사의 결과를 달성하게 할 수 있다. IIA 기준 2400, 2410, 2440은 감사 작업 발견 사항의 소통에 관한 구체적인 기준을 포함한다.

기준 2400 — 감사 결과 소통

내부 감사인은 감사 결과를 소통해야 한다.

기준 2410 — 소통 기준

소통은 감사 결론, 권고 사항, 조치 계획뿐만 아니라, 감사 작업의 목표와 범위도 포함해야 한다.

기준 2440 — 결과 배포

최고 감사 책임자는 감사 결과를 적절한 당사자들에게 소통해야 한다.

전형적인 감사 작업 보고서는 아래의 요소들을 포함한다.

- 보고서 일자와 감사 작업 기간
- 감사 결과 요약(executive summary)
- 목표와 범위를 포함한 개요
- 발견 사항 또는 관찰 사항
- 권고 사항 또는 합의된 경영진의 조치
- 감사 목표에 관한 전반적인 결론 또는 의견
- 방법론, 기준과 인터뷰 등의 부록

보다 나은 보고 실무 관행

보고는 양질의 감사 결과에 매우 중요하다. 감사 작업 보고에 과한 보다 나은 실무 관행에는 다음 사항들이 포함된다.

- 각각의 이슈들, 이 감사가 가치를 부가하는 이유, 그리고 감사 고객에 대한 고마움을 표하는 한쪽짜리 감사 결과 요약을 사용한다.
- 주요 프로그램, 활동 또는 조직 영역마다 별도의 어슈어런스 보고서를 작성한다.
- 보고 품질 대시보드를 개발하고 감사위원회에 이 대시보드에 비추어 매 분기 보고서를 제출한다.
- 연간 감사 계획에서 감사위원회에 대한 연례 내부 감사 보고까지의 보고 흐름을 문서화한다.
- 직원들에게 보고서 작성 연수를 실시한다.

감사 결과 요약

감사 결과 요약은 전체 감사 보고서에 대한 별도의 간략한 개요이다. 이 요약은 감사위원회와 고위 경영진에게 감사 목표에 관한 전반적인 의견 또는 각각의 주요 감사 질문들에 대한 의견을 제공한다.

감사 결과 요약은 긍정적 발견 사항과 부정적 발견 사항, 합의된 권고 사항 또는 경영진의 조치에 대한 개요를 포함해야 한다. 이 요약서의 독자들은 보고서를 상세하게 읽지 않고서도 보고서 본문에서 제기된 중요한 사안들 전반에 대한 감을 잡을 수 있어야 한다. 즉, 감사 결과 요약은 내부 감사인의 결론에 관해 "그래서 어떻다는 말인가?"라는 질문에 답해야 한다.

감사 결과 요약은 보고서 본문과 일치해야 하며, 보고서의 나머지 부분에 나오지 않는 추가적인 정보를 포함하지 않아야 한다.

발견 사항과 관찰 사항

보고서의 발견 사항(또는 관찰 사항) 섹션은 감사 작업의 결과를 드러낸다. 양질의 보고서는 긍정적 관찰 사항과 부정적 관찰 사항을 모두 포함하겠지만, 일반적으로 보고서에 포함된 결론 또는 등급과 직접적으로 관련이 있는 이슈들로 제한될 것이다. 덜 중요한 발견 사항들은 구두(口頭) 또는 경영진에 대한 메모를 통해 소통될 수 있다. 그러나 내부 감사인은 이러한 비공식적인 소통에 대해서도 기록을 유지해야 한다.

발견 사항들은 논리적 흐름을 따라야 하며, 독자들이 검토된 프로그램 또는 활동과 내부 감사 기능의 관찰 사항의 중요성에 대한 이미지를 형성할 수 있도록 체계적으로 작성되어야 한다.

IIA 실무 자문 2410-1에 따라 발견 사항들은 일반적으로 다음의 속성들을 반영해야 한다.

- **기준** – 발견 사항을 결정하기 위해 사용된 기준, 기대 또는 가치(존재해야 하는 것)
- **상태** – 발견된 증거
- **원인** – 기대되는 상태와 실제 상태 간의 차이의 이유

- **효과** – 해당 상태의 리스크 또는 영향

이에 대해서는 14장에서 자세히 논의되었다. 내부 감사 기능은 이들 속성 각각을 각각의 발견 사항 안에서 별도의 제목 하에 묘사하기도 하지만, 보다 일반적으로는 이 속성들을 각각의 발견 사항에 대한 전반적인 서술의 가이드로 사용한다.

핵심 발견 사항들에 대한 초점

노르웨이의 노르디아 은행 AB(Nordea Bank AB) 시니어 감사 매니저이자 역량 및 개발 수장(首將) 루네 요하네센(Rune Johannessen)은 내부 감사인들에게 보고서에 모든 발견 사항들을 포함시키려고 하는 유혹을 피하라고 경고한다. 그는 내부 감사인들에게 가장 중요한 발견 사항들에 초점을 맞출 때 감사 보고서가 변화에 영향을 줄 가능성이 증가하기 때문에 핵심 발견 사항들에 초점을 맞추라고 권고한다.

권고 사항 및 경영진의 조치

쉴라이퍼(Schleifer)와 그린월트(Greenawalt)(1996)는 "조직에 가치를 부가하는 부분으로 기능하기 위해서는 내부 감사인들이 평가와 판단을 내리는 과제를 넘어서 개선 권고를 해야 한다."는 점을 인식한다.

권고 사항 또는 합의된 경영진의 조치는 "어떻게 해야 하는가?"라는 질문에 답한다. 일부 내부 감사 기능들은 합의된 경영진의 조치가 보다 협력적인 감사 작업의 결과라고 생각하기 때문에 권고 사항보다 이를 더 선호한다. 이에 반해 권고 사항들은 시정 조치에 대한 제안이지만, 경영진의 수용을 필요로 한다. 권고 사항이 경영진과 상의하여 내려진 경우에 이를 수용할 가능성이 높아진다.

권고 사항 또는 합의된 경영진의 조치는 이슈의 원인을 다루어서 관찰된 상태를 시정하기 위해 취할 조치들에 초점을 맞추어야 한다. 이렇게 함으로써 해당 상태가 재발하지 않도록 방지할 수 있다.

슈바르츠(Schwarz)(1999)는 "좋은 권고 사항은 제기된 리스크와 이의 통제 비용 사이의 적절한 균형을 유지한다."고 말한다. 그는 감사인들이 권고 사항을 제시하기 전에 아래의 질문들을 고려하라고 제안한다.

- 이 권고가 문제를 해결하고 리스크를 제거하거나 감소시키는가?
- 이 권고 사항이 현재의 환경 하에서 실행 가능한가?
- 권고 사항이 비용 면에서 효과적인가?
- 권고 사항이 임시 처방인가 영구적인 해법인가?

아래의 질문들을 추가로 고려할 수 있다.

- 권고 사항이 조치를 촉진하는가?
- 권고가 정확하며, 필요한 변화에 영향을 줄 절차를 명확히 묘사하는가?
- 권고 사항이 근본 원인을 다루는가?
- 실행 권한이 있는 적절한 사람에게 권고되는가?
- 권고가 문제를 구체적으로 다루며, 시정 조치가 측정 가능한가?

권고 사항과 합의된 조치는 명확하고, 구체적이고, 간결하며, 발견 사항의 원인을 다루어야 한다. 일반 원칙으로서 권고 사항이 경영진에게 이미 시작한 조치를 계속하도록 요청해서 경영진이 이미 발견된 상태를 다루고 있음을 나타낼 경우, 해당 발견 사항과 권고 사항은 보고서에 포함되지 않아야 한다.

결론, 의견과 등급

감사 목표에 대한 의견과 발견 사항의 중요성 등급을 표명하는 여러 방법이 있다. 이러한 다양성은 IIA 기준 2410.A1에 반영되어 있다.

기준 2410.A1

감사 작업 결과의 최종 소통은 적절한 경우 내부 감사인의 의견 또는 결론을 포함해야 한다. 의견 또는 결론이 발해지는 경우 이들은 고위 경영진, 이사회, 그리고 기타 이해관계자들의 기대를 고려해야 하며, 충분하고, 신뢰할 수 있고, 관련이 있고, 유용한 정보에 의해 지지되어야 한다.

해설:

감사 작업 차원에서의 의견은 등급, 결론, 또는 결과에 대한 기타의 묘사일 수 있다. 그러한 감사 작업은 특정 프로세스, 리스크, 또는 비즈니스 부문의 통제에 관한 것일 수도 있다. 그러한 의견 형성은 감사 작업 결과와 그 중요성에 대한 고려를 필요로 한다.

긍정적 발견 사항과 관찰 사항 일부 내부 감사인들은 부정적인 관찰 사항은 기꺼이 적시하려 하면서도 긍정적인 관찰 사항을 밝히기는 꺼린다. 이를 정당화하는 보편적인 논리는 그들의 긍정적인 발견 사항이 정확하지 않을 리스크가 있다는 것이다. 그러나 부정적인 발견 사항을 적시하는 데에도 동일한 주장을 펼 수 있다.

양질의 내부 감사는 긍정적 성과와 부정적 성과를 적시하기 위해서는 일정 수준의 증거가 필요함을 인식한다. 내부 감사인이 실수를 저지르지 않을 것이라고 기대하는 것은 아니며, 긍정적인 발견 사항에 이르게 한 수집 증거들이 14장에서 논의된 합리적인 사람 테스트를 통과한다면, 내부 감사인들은 부정적인 발견 사항뿐만 아니라 긍정적인 관찰 사항도 안심하고 적시해야 한다. 이러한 접근법이 IIA 기준 2410.A2에서 강조된다.

기준 2410.A2

내부 감사인들은 감사 작업 소통에서 만족스러운 성과를 인정하도록 장려된다.

의견 보다 나은 실무 관행 내부 감사 보고서는 모든 감사마다 감사 목표에 대한 의견을 포함한다. 스펜서 피켓(Spencer Pickett)(2012)은 이렇게 말한다. "내부 감사의 일차적인 역할은 조직이 리스크를 잘 관리하고 있는지, 그렇지 않은지에 대한 독립적인 어슈어런스를 제공하는 것이다. 내부 감사는 통제들이 리스크들을 어느 정도로 다룰 수 있는지에 대한 어슈어런스를 제공할 수 있지만, 절대적인 어슈어런스를 제공할 수는 없다." 의견의 형식은 내부 감사 기능마다 다를 수 있다.

IIA 기준 2450은 감사 의견에 관한 구체적인 요건을 포함한다.

> **기준 2450 — 종합 의견**
>
> 종합 의견을 표명할 때는 고위 경영진, 이사회와 기타 이해관계자의 기대를 고려해야 하며, 충분하고, 신뢰할 수 있고, 관련이 있고, 유용한 정보로 뒷받침되어야 한다.

등급 양질의 감사 작업 보고서는 흔히 공식화된 등급을 포함한다. 이 등급들은 전반적인 목표, 하위 목표, 개별 발견 사항, 또는 권고 사항에 관한 것일 수 있다. 내부 감사 기능은 조직 내의 통제 환경을 범주화하기 위해 사용되는 적절한 수준을 결정해야 한다. 예 15.1, 15.2, 15.3은 각각 다른 접근법들을 보여준다.

예 15.1 전반적 감사 등급의 예

만족스러움 — 내부 통제, 거버넌스, 리스크 관리 프로세스들이 적정하게 확립되었으며, 기능을 잘 발휘하고 있음. 감사된 조직의 목표 달성에 중대한 영향을 줄 만한 이슈들이 파악되지 않았음.

부분적으로 만족스러움 — 내부 통제, 거버넌스, 리스크 관리 프로세스들이 대체로 확립되었고 기능을 발휘하고 있으나, 개선할 필요가 있음. 감사된 조직의 목표 달성에 부정적으로 영향을 줄 수도 있는 하나 이상의 이슈들이 파악되었음.

불만족스러움 — 내부 통제, 거버넌스, 리스크 관리 프로세스들이 적정하게 확립되지 않았거나, 기능을 잘 발휘하고 있지 아니함. 감사된 조직의 목표 달성이 심각하게 훼손될 수 있는 이슈들이 많음.

예 15.2 감사 발견 사항 등급의 예

만족스러움 — 적정한 통제가 존재하며, 의도된 대로 운영되고 있음.

개선 기회 — 일부 추가적인 통제들이 요구될 수도 있음. 또는 통제의 효과성이 향상될 수 있음.

불만족스러움 — 통제가 없거나 낙후되었음. 또는 통제가 있기는 하지만 효과적으로 운영되지 아니함.

예 15.3 감사 권고 사항 등급의 예

심각 — 권고 사항이 제안된 시한 내에 효과적으로 시행되지 않을 경우 조직 또는 활동에 중대한 영향을 줄 사건 발생 가능성이 높음.

중요 — 권고 사항이 제안된 시한 내에 효과적으로 시행되지 않을 경우 조직 또는 활동에 중대한 영향을 줄 사건 발생 가능성이 있음.

경미 — 권고 사항이 제안된 시한 내에 효과적으로 시행되지 않을 경우 조직 또는 활동에 다소 영향을 줄 사건 발생 가능성이 있음.

개선 기회 — 통제의 효과성을 개선할 기회.

양질의 감사 결과 소통

내부 감사 기능은 종종 감사 보고서의 질에 의해 판단된다. 그레이(Gray)(1996)는 양질의 보고의 중요성을 지지하며, 이의 도전을 강조한다. "감사 직무의 가장 어렵고 가장 중요한 측면 중 하나는 감사 보고서를 명확하고, 설득력 있게 제시하는 것이다. 보고서의 독자가 권고된 시정 조치를 시행할 필요를 납득하지 못하면, 모든 감사 작업이 수포로 돌아간다."

IIA 기준 2420에 의하면 양질의 감사 소통은 정확하고, 객관적이며, 명확하고, 간결하며, 건설적이고, 완전하며, 시의적절하다.

기준 2420 — 소통의 품질

소통은 정확하고, 객관적이며, 명확하고, 간결하며, 건설적이고, 완전하며, 시의적절해야 한다.

정확한 소통 정확한 소통은 충분하고, 신뢰할 수 있는 증거와 결론을 지지하는 증거의 적절한 분석에 의존한다. 현장 작업의 전 기간 동안 감사 고객과 지속적인 대화를 유지함으로써 감사 보고서를 작성하기 전에 발견 사항과 결론의 정확성이 결정되어야 한다.

객관적 소통 내부 감사는 성격상 비판적인 활동이다. 내부 감사인의 역할은 조직의 활동들을 객관적으로 평가하고 적절한 경우 개선 기회를 권고하는 것이다. 인간의 본성상 감사 고객들은 비판이 객관적이고 감정적이지 않은 태도로 전달될 때 이를 받아들일 가능성이 높다.

확립된 등급 척도를 사용할 경우 감사들 사이에 발견 사항 또는 권고 사항의 중요성을 비교할 수 있게 되므로, 이는 감사의 객관성을 지원한다.

조직의 평판 관리 지원하기

싱가포르 경제 개발 위원회 감사 수장(首長) 고분화(Goh Boon Hwa)는 내부 감사인의 일차적인 역할은 이슈들을 파악하여 이를 중립적으로 보고함으로써 조직이 평판을 관리하도록 돕는 것이라고 믿는다.

명확한 소통 양질의 감사 보고서는 감사 발견 사항에 관해 "그래서 어떻다는 말인가?"라는 질문에 답해야 한다. 감사 보고서는 기대된 것과 감사에서 실제로 발견한 것에 관해 명확하게 설명해야 하며, 이슈들이 있을 경우 그 중요성과 조직에 미치는 영향을 명확히 이해하게 해야 한다.

각각의 발견 사항 또는 관찰 사항은 상태, 기준, 원인, 그리고 효과를 묘사해야 한다. 권고 사항 또는 합의된 경영진의 조치는 구체적이고, 비용 면에서 효과적이며, 주요 발견 사항과 관찰 사항으로부터 논리적으로 도출되어야 한다.

보고서에 소극적 언어보다는 적극적인 언어를 사용하는 것도 보고서를 읽기 쉽게 해준다. 디디스(Didis)(1997)는 명확한 글쓰기는 무엇보다도 소통될 아이디어와 정보의 적절한 조직화를 요구한다고 제안한다. 그는 이렇게 말했다. "이슈들이 중요성 순서대로 놓여야 할지, 아니면 감사된 프로세스에서 사건들의 순서와 조화를 이루어야 할지에 대해 생각해야 하지만, 주제들이 어떤 순서로 놓일지는 대개 내부 감사인의 판단에 의해 정해져야 한다."

스타일 가이드라인을 활용하면 보고서의 명확성에 도움이 될 수 있다. 일부 대규모 조직들은 자체의 스타일 매뉴얼을 개발하는 반면, 공개적으로 입수할 수 있는 가이드들을 이용하는 조직들도 있다. 예를 들어, 호주 정부의 많은 부서들은 저자, 편집자와 인쇄업자를 위한 스타일 매뉴얼을 사용한다.

보고서에서 적절한 그래픽과 사진을 사용해도 해석과 시각적 관심에 도움이 된다. 최고 감사 책임자들은 자신의 조직에 가장 적합한 보고서 스타일을 결정하고, 이러한 선호를 지원하는 표준화된 보고 방법을 개발해야 한다.

소통을 잘하는 사람을 찾기 어렵다

뉴질랜드 국세청(New Zealand Inland Revenue) 리스크 및 어슈어런스 그룹 매니저인 바네사 존슨(Vanessa Johnson)은 소통을 잘하고 올바른 질문을 할 수 있는 사람을 찾는 것은 어려운 과제라고 믿는다.
내부 감사인들도 조직 내의 다른 사람들과 다르지 않다. 그들은 지출한 돈에 대한 가치를 전달하는 것으로 여겨져야 한다. 그들의 경우에는 반드시 화폐상의 가치로 직접 연결되는 것은 아니다. 내부 감사인들이 소통하는 방식과 내용이 그들의 효과성과 그들의 조직에 변화를 가져오도록 영향을 줄 수 있는 능력에 중대한 영향을 준다. 내부 감사인들은 자신의 고객과 대화할 필요가 있다. 유용한 대화를 하려면 잘 듣는 기술, 뉘앙스를 잡아내는 능력, 고객의 전략적 목표와 도전 과제에 대해 이해할 필요가 있다. 감사인들은 보다 공식적으로 명확하고 간결하게 소통할 필요가 있다. 감사인들은 더 이상 효과를 내라는 조직의 요구에만 의존할 수 없다. 소통이 말로 이루어지건 글로 이루어지건 간에 내부 감사인들은 자신의 고객들과 관련을 맺을 필요가 있으며, 리스크를 줄이거나 보다 효율적인 프로세스를 시행하기 위해 투자하는 것이 왜 타당한지 끊임없이 홍보해야 한다.

간결한 소통 내부 감사인들은 간결하게 소통해서 보고서의 완전성과 명확성의 필요와, 보고서 독자가 직면해 있는 시간 압박에 대한 존중 사이의 균형을 맞추어야 한다.

고위 경영진과 감사위원회를 위한 간략한 감사 결과 요약(executive summary)을 작성하면 간결성이 향상될 수 있다. 먼저 결과 요약을 보고 나서 필요시 완전한 보고서를 볼 수 있다. 간략한 감사 결과 요약은 또한 감사위원회에 대한 정기 내부 감사 보고에 그대로 포함될 수도 있다.

감사 결과 요약에 발견 사항과 권고 사항에 등급을 부여하고 중요성 순서로 나열하면 고위 경영진과 감사위원회가 중요한 영역에 초점을 맞출 수 있게 해준다.

(많은 내부 감사 보고서를 작성하는) 매우 큰 조직에서는 내부 감사 기능이 완전한 보고서와 약식 보고서 양식 모두를 작성할 수도 있다. 완전한 보고서는 감사

고객에게 제공하고, 약식 보고서는 고위 경영진과 감사위원회에게 제공할 수 있다.

보편적인 품질 이슈

내부 감사인들이 직면하는 보편적인 품질 이슈 중 하나는 보고서에 어떤 발견 사항과 관찰 사항을 포함시킬지 결정하는 일이다. 내부 감사인은 현장 작업의 모든 발견 사항을 포함시키지 말고, 목표 달성에 영향을 줄 가능성이 있는 핵심 영역들에 초점을 맞춰야 한다.

보고서 본문에 과도한 세부 사항을 포함시키는 대신 감사 방법론, 기준과 감사의 일환으로 인터뷰된 사람들과 같은 정보를 부록에 포함시킬 수 있다.

건설적 소통 감사 보고서는 유용할 필요가 있다. 보고서는 경영진이 거버넌스, 리스크 관리와 통제 프로세스에 유익한 변화를 가하도록 도와주고, 궁극적으로 조직의 효과성을 지원해야 한다. 내부 감사인들은 보고서들이 건설적인 비판인지 불필요하게 파괴적인지에 대해 항상 유념해야 한다.

보고서를 통해 통찰력을 제공함으로써 더 건설적으로 될 수 있다. 내부 감사인들은 이슈들의 근본 원인에서부터 시작하여, 경영진과 협력해서 장기적이고 체계적인 해결책을 개발해야 한다.

보고서들은 고위 경영진과 감사위원회에게 조직이 리스크를 어느 정도로 효과적으로 관리하고 있는지에 관해 명확히 알려줘야 한다.

근본 원인 파악하기

스프링 싱가포르(SPRING Singapore)의 최고 내부 감사인 고동(Goh Thong)은 내부 감사인들에게 가장 큰 품질 이슈 중 하나는 이슈들의 근본 원인 파악 능력과 소통 능력이라고 믿는다. 그는 보고서들이 종종 경영진이 이슈의 가치를 인식할 수 있도록 작성되지 않는다고 생각한다. 그는 이상적으로는, 보고서가 첫 번째 단락에서 사람들의 주의를 끌 수 있어야 한다고 믿는다.

완전한 소통 내부 감사인들은 끊임없이 간결성과 완전성의 균형을 유지할 필요가 있다. 그들은 발견한 중요한 이슈들을 보고서에 포함하는 한편, 구두 보고와 경영진 서한을 사용하여 추가적인 이슈들을 소통해야 한다.

보고서에 발견 사항과 권고 사항에 대한 감사 고객의 반응을 포함시키는 것도 보고서의 투명성을 향상시키며, 사후 관리 프로세스를 지원한다.

시의 적절한 소통 감사 보고서는 감사 고객에게 적시에 발행되어야 한다. 최고 감사 책임자는 내부 감사인이 현장 작업을 마친 후 충분한 시간 여유를 가지고 보고서 초안을 작성하며, 내부 감사 매니저가 가능한 일찍 보고서를 검토하도록 해야 한다.

현장 작업 종료 후 일정 시간 내에 보고서를 발행하도록 미리 정해 두면 품질을 확보하도록 도움을 주며, 소통 지연으로 조직의 변화가 발견 사항의 효과를 줄이게 될 리스크를 경감시킨다.

최고 감사 책임자들은 경영진과 현장 작업 종료, 보고서 초안 발행, 그리고 최종 보고서 발행 사이에 최장 시한을 정하는 합의를 할 수도 있다. 이 합의에는 감사 고객에 의한 보고서 검토 시한과 경영진의 논평 완료 시한도 포함되어야 한다.

보편적인 품질 이슈

조직의 매니저들은 보편적으로 감사 보고서 지연에 대해 불만을 제기한다. 특히 대규모의 성과 감사와 운영 감사에 대해서는 현장 작업 종료와 보고서 초안 작성 사이에 상당한 시차가 존재한다.

통찰력과 영향력

IIA(2013)는 내부 감사인에 의한 통찰력 제공은 그들이 제공하는 가장 큰 가치 중의 하나임을 인정한다. IIA는 통찰력의 핵심 요소들을 촉매, 분석,

그리고 평가로 정의하며, 내부 감사는 "데이터 및 비즈니스 프로세스들에 대한 분석과 평가에 기초한 통찰력과 권고 사항을 제공함으로써 조직의 효과성과 효율성 개선을 위한 촉매"라고 믿는다.

이해관계자들에게 관련이 있는 이슈 제기

싱가포르의 방위 과학 및 테크놀로지국 내부 감사 수장(首長) 탄펙렝(Tan Peck Leng)은 고위 경영진과 감사위원회는 내부 감사가 가져올 수 있는 독립적인 관점을 매우 가치 있게 생각한다고 믿는다. 그녀는 내부 감사 기능이 이슈들과 이슈들이 조직에 미치는 영향을 찾아냄으로써 이러한 신뢰가 강화된다고 생각한다. 이해관계자들과 관련이 있는 이슈들을 제기하면, 그들이 발견 사항에 보다 긍정적으로 반응할 가능성이 높아진다.

통찰력과 영향력은 서로 관련이 있으며, 양질의 내부 감사 기능은 두 속성 모두를 필요로 한다. 통찰력이 받아들여지기 위해서는 어느 정도의 영향력이 필요하기는 하지만, 통찰력을 제공하면 내부 감사의 영향력이 증가할 것이다.

구두 보고

서면 보고는 내부 감사 작업 종료 후에 제공되는 것이 가장 보편적이지만, 구두 보고로 충분할 수도 있는 경우가 있을 수 있다(특히 소규모 컴플라이언스 또는 사후 관리 감사에서 불리한 이슈들이 발견되지 않은 경우). 그러나 경영진 또는 감사 고객에게 어떤 내용이 제공되든, 감사위원회에 대한 보고에 이 발견 사항들이 기록될 필요가 있다.

구두 소통은 서면 소통을 대체한다기보다는, 대부분의 경우 이를 보완한다. 구두 보고는 특히 다음과 같은 상황에서 효과적으로 사용될 수 있다.

- 내부 감사인이 예비적 발견 사항과 권고 사항에 대해 최고 감사 책임자

와 내부 감사 기능의 다른 직원들에게 업데이트해줄 필요가 있는 경우

- 특히 감사 종료 인터뷰에서 예비적 발견 사항에 관한 경영진의 피드백을 구하고 있는 경우
- 내부 감사인이 감사 고객과 잠재적 권고 사항에 관해 토의하기 원하는 경우
- 복잡한 시각 자료를 통해 단순화할 수 있는 복잡한 이슈들에 대해 소통하는 경우

영국 재무부(2010)는 구두 보고(특히 프레젠테이션)에 관한 최고 감사 책임자의 도전 과제는 이러한 구두 보고는 일반적으로 서면 보고에서와 같은 정도의 품질 통제를 받지 않는 것이라고 주의를 준다. 빈약하게 소통될 경우, 구두 보고는 사실 관계 또는 강조점에 관한 오해를 일으킬 수 있다. 영국 재무부는 성공적인 프레젠테이션의 열쇠는 연수, 준비, 그리고 연습이라고 언급한다.

예 15.4 프레젠테이션을 통한 영향력 행사

효과적인 프레젠테이션은 사람들에게 극적인 영향력을 행사할 수 있다. 프레젠테이션을 사용하여 새로운 아이디어나 개념을 제시하거나 널리 알려져 있는 지혜에 도전할 수 있다. 효과적인 프레젠테이션에는 여러 핵심 요소들이 있다.

준비

효과적인 프레젠테이션은 준비에서부터 시작한다. 케이(Kaye)(2009)는 이렇게 말한다. "프레젠테이션을 하는 단 하나의 이유는 변화를 일으키기 위함이다. 프레젠테이션을 계획함에 있어서 첫 단계는 왜 말하는지 결정하는 것이다. 청중이 어떤 결정을 내리기 원하는가? 그들이 어떤 결과/결론에 도

달하기 원하는가? 그들이 어떤 조치를 취하기 원하는가? 기대했던 결과를 낳는다면 당신의 프레젠테이션은 성공한 것이다."

프레젠테이션은 아이디어를 모으고, 프레젠테이션의 3~5가지 주요 요점을 적시하며, 이 아이디어를 뒷받침하는 데 필요한 증거를 결정할 기회를 제공한다. 시각적 보조 장치들이 프레젠테이션 지원에 유용하기는 하지만, 이러한 장치들이 프레젠테이션의 기본 내용이 되어서는 안 되고, 주된 아이디어들을 강화하기만 해야 한다. 예를 들어, 감사 종료 인터뷰 프레젠테이션은 발견 사항의 성격을 명확하게 보여 주기 위해 그래프나 사진을 포함할 수도 있다.

효과적인 프레젠테이션을 위해서는 연습해야 한다. 발표자는 프레젠테이션에 어느 정도의 시간이 필요한지 잘 알아야 하며, 이를 주어진 시간과 정렬시켜야 한다. 프레젠테이션 사전 연습은 에너지와 몰입을 더해 주며, 사람들 앞에서의 발표와 관련된 불안을 줄여줄 수 있다.

전달

효과적인 프레젠테이션은 1, 2분에 지나지 않을 수도 있는 서두에 프레젠테이션의 목적을 명확히 정의하는 강력한 효과가 있는 진술로 시작한다. 이러한 진술은 프레젠테이션을 소개하고, 프레젠테이션의 목적과 이의 구조를 주요 섹션별로 간략하게 제시한다. 감사 종료 프레젠테이션의 예를 들어 보면 다음과 같다.

> 안녕하십니까? 저는 메리 스미스(Merry Smith)입니다. 저는 이 감사의 반장입니다. 지금부터 이 감사 작업에서 저희가 발견한 주요 발견 사항을 설명드리고, 여러분께 우리의 결론에 대해 의견을 표명할 기회를 드리고자 하며, 또한 여러분과 함께 이러한 발견 사항을 다루기 위한 몇 가지 조치들을 개발하고자 합니다.

웨이즈먼(Weissman)(2003)은 효과적인 프레젠테이션은 청중들을 명확한 목표에 도달하게 한다고 믿는다. "이 여행은 발표자를 편안하게 할뿐만 아니라, 청중들도 심리적으로 편안하게 만들어서 발표자의 조치 요청에 긍정적으로 반응할 용의가 생기게 한다."

사람들이 대중 앞에서 하는 발표에 대해 불안해하는 것은 보편적인 현상이다. 발표자들은 자신의 아드레날린을 열정으로 전환시켜야 하며, 긍정적인 자기 대화와 호흡 조절을 통해 불안을 관리해야 한다.

청중과의 연결을 증가시키기 위해 발표자는 청중과 눈을 맞추고, 프레젠테이션에 대해 청중이 어떤 반응을 보이는지 이해해야 한다. 발표자는 청중의 몸짓 언어를 관찰해야 한다. 브로디(Brody)(2000)는 "감정의 단추를 누르면 순수하게 데이터만 전달하는 것보다 더 많은 영향과 행동을 만들어 낼 것이다. 핵심 요점을 강조하기 위해 스토리, 비유와 은유를 포함시키라."고 제안한다.

마무리

마무리 섹션은 청중과 상호 대화할 기회를 제공한다. 청중에게 질문하도록 요청하고 질문에 대해 명확히 설명하라. 마무리 섹션에서는 새로운 자료를 소개하기보다는 행동을 촉구하고 프레젠테이션의 주요 요점을 강조해야 한다.

QAIP 힌트

내부 감사 기능들은 감사 보고를 내부 감사 성숙 모델 또는 균형 스코어카드에 반영할 수 있다.

성숙 모델

내부 감사 기능들은 감사 보고를 성숙 모델에 핵심 프로세스 영역의 하나로 포함할 수 있다. 예를 들어,

- 5단계 성숙 모델의 2단계는 감사 작업으로부터의 발견 사항 또는 권고 사항들이 일관성이 없는 방법으로, 또는 상황에 따라 보고된다고 적시할 수 있다.
- 3단계는 모든 내부 감사 기능이 체계적인 감사 결과 보고 방법을 사용하며, 보고서가 정확하고, 객관적이며, 명확하고, 간결하며, 건설적이고, 완전하며, 시의적절하다고 적시할 수 있다.
- 4단계는 감사 보고서가 긍정적인 의견과 관찰 사항을 포함하고/또는 권고 사항들이 등급이 부여된다고 적시할 수 있다.
- 5단계는 감사 보고서가 통찰력을 제공하며, 내부 감사 기능이 각각의 감사 종료 회의에서 공식적인 프레젠테이션을 실시한다고 적시할 수 있다.

균형 스코어카드/KPI

내부 감사 기능들은 다음과 같은 성과 지표를 포함할 수 있다.

- 보고서 발행 소요 시간 — 현장 감사 작업 종료부터 보고서 초안 발행까지 소요 시간(목표 포함)
- 보고서 마무리 소요 시간 — 보고서 초안 발행부터 최종 보고서 발행까지 소요 시간(목표 포함)

사후 관리

사후 관리, 또는 모니터링은 감사 작업 프로세스에서 중요한 최종 단계이다. 사후 관리가 없으면, 경영진의 무사인일 또는 경합하는 요구들로 인해 권고 사항이나 합의된 경영진의 조치가 완전하게 또는 적시에 시행되지 않을 수 있다. IIA 기준 2500은 모니터링에 관한 요건을 포함하고 있다.

기준 2500 — 진행 상황 모니터링

최고 감사 책임자는 경영진에게 소통된 감사 결과가 어떻게 처리되는지 모니터하는 시스템을 설치하고 유지해야 한다.

내부 감사 기능은 감사 작업 모니터링을 위해 다양한 프로세스들을 채택할 수 있는 바, 각각의 적절성은 조직 전체의 필요와 성숙도뿐만 아니라, 내부 감사 기능의 규모와 소싱 모델에 의존할 것이다. 내부 감사 기능이 어떤 사후 관리 방법을 사용하든, 이 프로세스는 아래의 주요 요소들을 포함해야 한다.

- 권고 사항 또는 합의된 조치 현황에 관한 경영진의 조언
- 경영진의 지원 제공 증거
- 내부 감사 기능에 의한 지원 증거 검토
- 조치 모니터링을 위한 데이터베이스 또는 시스템 업데이트
- 사후 관리 결과 보고

키팅(Keating)(1995)은 경영진에 의해 실행된 시정 조치의 질을 결정하기 위해 아래와 같은 기준을 제시한다.

- 조치가 결함에 적절히 반응하였는가?
- 조치가 결함의 모든 중요한 측면들을 완전하게 시정하였는가?
- 시정 조치가 계속 이루어지고 있는가?
- 효과성을 확보하고 재발을 방지하기 위해 시정 조치가 모니터되는가?

최고 감사 책임자는 권고 사항 또는 합의된 경영진의 조치 현황에 대해 감사위원회에 정기적으로 보고해야 한다. 이 보고에는 미결된 이슈의 존속 기간, 이슈의 등급, 담당 비즈니스 영역, 그리고 이슈의 성격이 포함되어야 한다.

보편적인 품질 이슈

부적정한 사후 관리는 내부 감사 기능들에 비교적 보편적이다. 이는 최고 감사 책임자의 동기 결여, 사후 관리의 중요성에 대한 이해 부족, 또는 내부 감사 계획에 사후 관리 활동을 위한 시간을 배정하지 않은 데 기인할 수 있다.

QAIP 힌트

내부 감사 기능들은 사후 관리를 내부 감사 성숙 모델 또는 균형 스코어카드에 반영할 수 있다.

성숙 모델

내부 감사 기능들은 사후 관리를 성숙 모델에 핵심 프로세스 영역의 하나로 포함할 수 있다. 예를 들어,

- 5단계 성숙 모델의 2단계는 내부 감사 기능이 감사 작업의 결과에 대해 일상적인 사후 관리를 하지 않는다고 적시할 수 있다.
- 3단계는 모든 내부 감사 기능이 공식적인 사후 관리 프로세스를 갖추고 있다고 적시할 수 있다.
- 4단계는 내부 감사 기능이 경영진에 의해 직접 업데이트될 수 있는 자동화된 사후 관리 프로세스를 갖추고 있다고 적시할 수 있다. 또한, 내부 감사 기능이 각각의 감사위원회마다 미결된 권고 사항, 담당 책임자 이름, 취해질 조치의 성격, 그리고 예상 완료일을 적시하는 사후 관리 현황 보고서를 제공한다.
- 5단계는 내부 감사 기능이 분석 절차를 사용하여 특정 비즈니스 프로세스의 추세를 파악하며, 감사 이슈들을 범주화하고, 근본 원인들을 파악한다고 적시할 수 있다. 조치 시한이 장기간(예컨대 6~12개월) 경과한 이슈들에 대해서는 담당 책임자가 감사위원회에 직접 보고한다.

균형 스코어카드/KPI

내부 감사 기능들은 다음과 같은 성과 지표를 포함할 수 있다.

- 권고 사항 수용 비율(목표 포함)
- 감사 발견 사항과 권고 사항에 대해 인식된 중요성(목표 포함)
- 감사 권고 사항 시행 비율(목표 포함)

리스크 수용 소통

경영진은 담당 영역의 리스크를 경감해야 할 궁극적인 책임이 있다. 내부 감사 기능은 통제의 효과성과 적정성에 관해 경영진에게 조언할 수 있지만, 조언 수용 여부는 경영진에게 달려 있다. 그러나 경영진이 내부 감사 기능이 부적절하다고 생각하는 리스크를 수용하기로 결정할 경우, 최고 감사 책임자는 이를 고위 경영진과 논의해야 한다.

IIA 기준 2600은 이 이슈를 다룬다.

> **기준 2600 — 리스크 수용 소통**
>
> 최고 감사 책임자가 경영진이 조직에 수용될 수 없는 리스크를 수용했다는 결론을 내릴 경우, CAE는 이 사안을 고위 경영진과 상의해야 한다. CAE가 이 사안이 해결되지 않았다고 판단하면, 이 문제를 이사회와 소통해야 한다.

소통과 영향력에 관한 질문

표 15.1은 소통과 영향력에 관한 일련의 질문들을 제공한다. 이 질문들은 공식적으로 품질 어슈어런스 및 개선 프로그램 안에 반영될 수도 있고, 보다 덜 공식적으로 상시 평가 활동 안에 반영될 수도 있다. 질문들은 최고 감사 책임자, 내부 감사인, 또는 감사 이해관계자들에게 다양하게 물어볼 수 있다.

표 15.1 품질 평가 질문

질문	품질의 증거
내부 감사 기능이 고품질의 보고서 생산을 지원하는 프로세스 또는 기준을 가지고 있는가?	프로세스 또는 기준의 증거
감사 보고서가 배포되기 전에 최고 감사 책임자 또는 그 지명인으로부터 승인받는가?	승인 증거
감사 결과가 적절한 당사자에게 소통되었는가?	감사 작업 소통 감사 보고서 배포 증거
내부 감사 기능이 이슈 파악에 있어서 정직하고, 공정하며, 일관성이 있는가?	고위 경영진과 감사위원회 인터뷰

질문	품질의 증거
감사 보고서가 감사 목표와 범위, 결론, 권고 사항과 조치 계획을 포함하고 있는가?	감사 보고서
감사 보고서가 (수검 분야) 경영진의 논평과 합의된 조치(시한과 책임 병기)를 포함하는가?	감사 보고서
외부 당사자에게 배포된 보고서에는 결과 배포의 제한 내용이 포함되어 있는가?	감사 보고서상 제한 문구의 증거
감사 보고서 또는 소통에 "국제 내부 감사 수행 기준 준수" 문구가 사용되었는가?	감사 보고서
그럴 경우, 외부 평가가 이 문구를 지지하는가?	감사 품질과 개선 프로그램 보고서
최고 감사 책임자가 감사위원회에 감사 계획 대비 진척 상황을 정기적으로 보고하는가?	소통 기록 최고 감사 책임자 인터뷰 고위 경영진과 감사위원회 인터뷰
중대한 리스크 익스포져와 통제 이슈들이 감사위원회에 보고되는가?	소통 기록 최고 감사 책임자 인터뷰 고위 경영진과 감사위원회 인터뷰
최고 감사 책임자와 내부 감사 직원들이 소통 기술을 잘 익히고 있는가?	고위 경영진과 감사위원회 인터뷰
내부 감사 기능이 자신의 감사 작업과 외부 감사로부터 배운 교훈들을 조직의 관련 분야에 배포하여 조직의 학습에 기여하는가?	최고 감사 책임자 인터뷰 고위 경영진과 감사위원회 인터뷰
최고 감사 책임자가 감사위원회에 합의된 내부 감사, 외부 감사와 기타 관련 보고서상 권고 사항의 진척 상황에 대해 정규적으로 보고하는가?	최고 감사 책임자 인터뷰 감사위원회 인터뷰 감사위원회 의사록
최고 감사 책임자가 외부 감사와 경영진 사이의 소통을 촉진하는가?	최고 감사 책임자 인터뷰 고위 경영진과 감사위원회 인터뷰 외부 감사 인터뷰 감사위원회 의사록
최고 감사 책임자가 (수검 분야의) 경영진이 조직에 수용할 수 없는 수준의 리스크를 수용했다고 믿은 경우가 있는가?	최고 감사 책임자 인터뷰
그럴 경우, 최고 감사 책임자는 이 이슈를 고위 경영진과 상의했는가?	최고 감사 책임자 인터뷰 고위 경영진 인터뷰
그럴 경우, 최고 감사 책임자가 이 사안이 해결되지 않았다고 생각하는 경우, 최고 감사 책임자는 이 사안을 감사위원회에 보고했는가?	최고 감사 책임자 인터뷰 감사위원회 인터뷰 감사위원회 의사록
외부 감사 및 다른 어슈어런스 제공자들과 정기적으로 회의를 개최하는가?	회의 기록 최고 감사 책임자 인터뷰 고위 경영진과 감사위원회 인터뷰 외부 감사 인터뷰
감사 결과 공유가 적절하고 유익할 경우 어슈어런스 제공자들 사이에 감사 작업 결과가 공유되는가?	회의 기록 최고 감사 책임자 인터뷰 고위 경영진 인터뷰

질문	품질의 증거
내부 감사 기능이 거버넌스, 리스크 관리와 통제에 관한 전반적인 어슈어런스를 제공하는가?	어슈어런스 문구
내부 감사 기능이 변화의 대리인(agent of change)으로 인식되는가?	고위 경영진과 감사위원회 인터뷰
내부 감사가 사후의 통찰력(hindsight)뿐만 아니라 사전적 통찰력(예컨대, 떠오르고 있거나 잠재적인 이슈/리스크에 대한 언급)도 제공하는가?	감사 보고서 고위 경영진과 감사위원회 인터뷰 감사 종료 후 서베이
감사 보고서가 내부 감사의 의견 또는 결론을 포함하는가?	감사 보고서
감사 보고서가 적절한 경우 만족스러운 성과를 언급하는가?	감사 보고서 고위 경영진과 감사위원회 인터뷰 감사 종료 후 서베이
전반적인 의견이 충분하고, 신뢰할 수 있으며, 관련이 있고, 유용한 정보에 의해 지지되는가?	감사 보고서 고위 경영진과 감사위원회 인터뷰 감사 종료 후 인터뷰
불리한 전반적 의견을 표명할 경우, 이에 대한 이유가 설명되는가?	감사 보고서
내부 감사 기능이 사후 관리 프로세스를 수립했는가?	정책과 절차
보고된 권고 사항 현황이 정기적으로 파악되어 감사위원회에 보고되는가?	감사위원회 보고서 감사위원회 인터뷰
최고 감사 책임자 또는 감사 감독자가 감사 발견 사항과 보고서에 관해 내부 감사 직원과 논의했는가?	감사 감독의 증거 내부 감사 직원 인터뷰
최고 감사 책임자가 감사 종료 시 고객의 만족도를 측정하기 위한 서베이(또는 기타 프로세스)를 실시하는가?	고객 만족도 서베이(또는 유사한 절차)

결론

소통은 내부 감사 기능의 가장 중요한 요소들 중 하나이다. 효과적인 소통은 최고 감사 책임자와 내부 감사인들이 조직에 긍정적인 영향력을 행사할 수 있도록 한다.

참고 문헌

- Baker, N. (2011). A stronger partnership. Internal Auditor. http://www.theiia.org/intauditor.
- Brody, M. (2000). Marketing: 10 little-known, rarely discussed, highly effective presentation techniques. Commercial Law Bulletin 15(6): 2.
- Clarke, C. C., and G. D. Lipp. (1998). Conflict resolution for contrasting cultures. Training & Development 52(2): 20-33쪽.

- Cutler, S. (2001). Audit Committee Reporting: A Guide for Internal Audit. Altamonte Springs, FL: The Institute of Internal Auditors Research Foundation.
- Cutler, S. (2001). Designing and Writing Message-Based Audit Reports. Altamonte Springs, FL: The Institute of Internal Auditors
- Didis, S. K. (1997). Communicating audit results. Internal Auditor 54(5): 36–38쪽.
- Gray, R. E. (1996) The everyday guide to effective report writing. Government Accountants Journal 45(2): 20–22쪽.
- HM Treasury. (2010). Good Practice Guide: Reporting. http://www.hm-treasury.gov.uk.
- Hubbard, L. D. (2001). What's a good audit finding? Internal Auditor 58(1): 104쪽.
- The Institute of Internal Auditors. (2013). International Professional Practices Framework. Altamonte Springs, FL: The Institute of Internal Auditors.
- The Institute of Internal Auditors. The Value of Internal Auditing for Stakeholders. http://na.theiia.org/about-ia/PublicDocuments/10405_GOV-Global_Value_Proposition_Flyer_Update-FNL-Hi.pdf.
- The Institute of Internal Auditors — Australia. (2013). Graduate Certificate in Internal Audit Module 1 Unit 1. 미발행 자료.
- Johnson, G. H., T. Means, and J. Pullis. (1998). Managing Conflict. Internal Auditor 55(6): 54–59쪽.
- Kaye, S. (2009). It's showtime! How to give effective presentations. SuperVision 70(9): 13–15쪽.
- Keating, G. (1995). The art of the follow-up. Internal Auditor 52(2): 59쪽.
- Macquarie University. (1991). Macquarie Dictionary. New South Wales: Macquarie Library, Macquarie University.
- Pastor, J. (2007). Conflict Management & Negotiation Skills for Internal Auditors. Altamonte Springs, FL: The Institute of Internal Auditors Research Foundation.
- Reding, K. F., P. J. Sobel, U. L. Anderson, M. J. Head, S. Ramamoori, M. Salamasick, and C. Riddle. (2009). Internal Auditing: Assurance and Consulting Services. Altamonte Springs, FL: The Institute of Internal Auditors Research Foundation.
- Rezaee, Z. (1996). Improving the quality of internal audit functions through total quality management. Managerial Auditing Journal 11(1): 30–34쪽.
- Rezaee, Z. (2010). The importance of audit opinions. Internal Auditor. http://www.theiia.org/intauditor.
- Sadri, G. (2013). Choosing conflict resolution by culture. Industrial Management 55(5): 10–15쪽.
- Sawyer, L. B., M. A. Dittenhofer, and J. H. Scheiner. (2005). Sawyers Internal Auditing, 5판. Altamonte Springs, FL: The Institute of Internal Auditors Research Foundation.
- Schleifer, L. L. F., and M. B. Greenawalt. (2013). The internal auditor and the critical thinking process. Managerial Auditing Journal 11(5): 5–13쪽.
- Schwarz, Brian M. (1999). Documenting audit findings. Internal Auditor 56(2): 48–49쪽.
- Seipp, E., and D. Lindberg. (2012). A guide to effective audit interviews. CPA Journal 82(4):26–31쪽.
- Smith, G. (205). Communication skills are critical for internal auditors. Managerial Auditing Journal 20(5): 513–519쪽.
- Spencer Pickett, K. H. (2012). The Essential Guide to Internal Auditing, 2판. West Sussex, England: John Wiley & Sons.
- Tarling, P. (2012, August). Say it right. Internal Auditor. http://www.theiia.org/intauditor.
- United Nations Office for Project Services. (2013). (sample) Internal Audit Report. http://www.unops.org/SiteCollectionDocuments/Accountability%20documents/Internal_audits/2013-11-25%20IAIG3211-Project%2077260-GFATM%20-%20PR%20-%20Internal%20Audit%20Report.pdf.
- Weissman, J. (2003). Inspiring presentations. Executive Exellence 20(7): 14–15쪽.

Chapter 16

지식 관리와 마케팅

마케팅의 목적은 소비자를 잘 이해하여 상품 또는 서비스가 그들의 욕구를 적절히 충족시킴으로써 자발적인 구매가 이루어지도록 하는 것이다.

–피터 드러커(Peter Drucker)

내부 감사는 지식 기반 활동이다. 내부 감사는 프로세스와 활동에 관한 깊이 있는 지식을 얻기 위한 데이터 파악과 분석에 대한 내부 감사인들의 숙련도에 의존한다. 내부 감사의 품질은 이 지식이 공유되고 재사용될 수 있는 정도와 직접적으로 비례한다. 지식은 적절히 관리될 때에만 가치가 있다.

지식 관리와 마케팅 사이에는 직접적인 관계가 있다. 마케팅은 주요 이해관계자들의 필요와 기대에 관한 지식과 이러한 기대들을 충족시키기 위한 잠재적 해법을 증진시킬 수 있는 능력을 필요로 한다. 내부 감사 기능에 대한 마케팅은 내부 감사의 지식과 내부 감사가 제공할 수 있는 서비스를 향상시키도록 도움을 준다.

지식 관리

지식은 경제생활에서 가장 중요한 요소가 되었다. 지식은 우리가 사고파는 주요 요소이다. 지식은 우리가 이를 가지고 일을 하는 원재료이다. 천연자원, 기계, 또는 심지어 재무 자본도 아닌 지적 자본이 회사의 필수불가결한 자산이 되었다.

– 톰 스튜어트(Tom Stewart), 포춘 편집자

내부 감사와 같이 지식에 중점을 두는 환경에서 효과적인 지식 관리는 조직에 상당한 가치를 부가할 수 있다. 내부 감사 기능은 방대한 양의 조직의 정보에 관여하며, 새로 출현하는 기술과 운영 영역에 뒤지지 않도록 요구된다. 무커지(Mukherjee)(2011)는 지식 공유를 내부 감사인들이 빠르게 변화하는 비즈니스 세계에서 뒤처지지 않도록 하기 위해 필수라고 여기며, 지식 공유 문화 확립이 내부 감사의 성공에 매우 중요하다고 믿는다.

내부 감사인들은 지식 관리 기법을 활용하여 내부 감사 기능의 효율성을 증진해야 한다. 또한 그들은 회사의 지식을 효과적으로 흡수하여 조직 전체에 전파하고, 보다 나은 실무 관행을 조직 전체에 확산시키며, 조직 차원의 리스크 경감에 도움을 줄 수 있는 위치에 있어야 한다.

예 16.1 지식 관리 핵심 질문

지식 관리 접근법을 개발할 때, 내부 감사인들이 고려해야 할 핵심 질문들은 다음과 같다.

- **누가** 아는가? 조직에서 누가 특정 전문성과 기술을 보유하고 있는가?
- **무엇을** 알 필요가 있는가? 목표와 과업 달성에 도움이 될 사실에 관한 지식
- **어디에** 해당 지식이 있는가? 자료가 전자적으로 또는 문서 형태로 위치하고 있는 장소
- **언제**까지 이를 알 필요가 있는가? 시간 일정과 시한
- **왜** 이를 알 필요가 있는가? 회사의 비전, 목표와 가치에 관한 지식
- **어떻게** 아는가? 절차 차원과 프로세스 차원의 지식

지식 관리 기회

최고 감사 책임자들은 지식 관리 전략을 내부 감사 전략과 계획 수립의 명시적인 요소의 하나로 포함할 수 있다. 그러나 앤더슨(Anderson)과 린드리

(Leandri)(2006)는 이상적으로는 다음과 같아야 한다고 믿는다.

> 지식 관리 활동들은 내부 감사 운영 안으로 통합되고, 내부 감사인들과 이해관계자들에게 효과적인 지식 공유의 유익에 대한 인식을 제고하도록 도움을 준다. 핵심적인 감사 프로세스로서의 지식 관리에 관한 감사 직원 연수는 새로운 감사인이 고용되거나 내부 감사 부서로 전입해 올 때 시작되어야 한다.

앤더슨과 린드리는 내부 감사 기능이 지식 관리에 대해 다음과 같은 조치들을 포함하는 체계적인 접근법을 채택하도록 권고한다.

① 지식 관리 전략을 정의한다.
② 감사 프로세스에 지식 관리를 포함시킨다.
③ 유용한 테크놀로지를 습득한다.
④ 리스크 프로필의 변화와 추세를 살펴본다.
⑤ 리스크 데이터와 통제 데이터를 본부에 저장한다.
⑥ 모범 실무 관행 데이터베이스를 만든다.
⑦ 교육의 중심 축(hub)이 된다.
⑧ 결과에 대해 모니터, 측정과 보상을 실시한다.

내부 감사 직원과 아웃소싱 서비스 제공자 사이에 감사 정보와 고객 정보를 인계한다. 내부 감사 기능은 비밀 유지 요건을 고려하면서 내부 감사 직원들 사이에, 그리고 아웃소싱 서비스 제공자에게 및 그들로부터의 감사 고객 정보 인계 프로세스를 공식화해야 한다. 이에는 설명회의 뿐만 아니라, 전자 파일과 물리적 파일의 공유도 포함된다.

이전의 내부 감사 또는 경영진과의 논의를 통해 획득한 지식의 사용은 내부 감사 작업의 품질을 향상시키고, 내부 감사가 통찰력을 제공할 기회를 증가시킨다. 공동 수행 또는 아웃소싱 모델을 사용하는 내부 감사 기능들에게는, 이 정보가 공유되고 분실되지 않는 것이 특히 중요하다.

내부 감사 프로세스 개선을 파악하여 포함시킨다. 양질의 내부 감사기능은 계속적으로 자신의 성과를 평가하고 지속적인 프로세스 개선을 도모한다. 내부 감사 작업 이후에 내부 감사 프로세스에 관해 배운 교훈을 공유하면 계속적인 개선 지원에 도움이 될 것이다. 이는 내부 감사인들의 대화를 통해 비공식적으로 일어날 수도 있고, 또는 개선 기회를 적시하는 체크리스트 작성과 같이 공식적으로 일어날 수도 있다.

체계적인 이슈, 새로 떠오르는 리스크, 더 나은 실무 관행을 파악하고 이를 조직에 보급한다. 내부 감사인들은 많은 양의 회사 정보를 접할 수 있다. 비밀유지에 대한 필요를 고려하면서, 내부 감사인은 체계적인 이슈들과 새로 떠오르는 리스크들을 범주화하고 공유하여 지식이 조직 전체에 이용되게 할 수 있다.

내부 감사인들은 또한 감사 작업을 통해 획득한 지식을 활용하여, 조직 전체의 어슈어런스 맵 작성과 조직의 리스크 관리 프로세스 정교화에 도움을 줄 수 있다.

테크놀로지에 관한 지식을 공유하라. 내부 감사인들은 공식, 비공식적으로 테크놀로지에 관한 지식을 조직 내외의 동료들과 공유할 수 있다. IIA와 같은 전문가 협회는 직업상의 네트워킹과 새로운 실무 관행들에 관한 지식 공유를 위한 좋은 기회를 제공한다.

예 16.2 실무 동아리

실무 동아리(community of practice)들은 일군(一群)의 사람들이 자발적으로 모여서 경험과 업무 관련 이슈들을 공유하는 일종의 직업상의 네트워킹이다. 일반적으로 실무 동아리는 한 조직 내에서 운영되며, 종종 2장에서 논의되었던 이시카와의 품질 관리 서클의 몇 가지 특성을 공유한다. 레트나(Retna)와 잉(Ng)(2011)은 실무 공동체들은 "조직에서 지식의 창조, 공유와 활용을 촉진하고, 조직의 전략, 운영과 순이익에 긍정적으로 영향을 줄 수 있음"을 발견했다.
내부 감사인들은 다른 어슈어런스 제공자들과 실무 동아리를 형성할 수 있다. 이는 체계적 이슈, 새로 떠오르는 리스크, 더 나은 실무 관행을 조직 전체에 걸쳐 논의할 수 있는 기회를 제공할 것이다. 이는 또한 어슈어런스 제공에 대한 협력적인 접근법을 개발할 수 있게 해줄 것이다.

QAIP 힌트

내부 감사 기능들은 지식 관리를 내부 감사 성숙 모델 또는 균형 스코어카드에 반영할 수 있다.

성숙 모델

내부 감사 기능들은 지식 관리를 성숙 모델에 핵심 프로세스 영역의 하나로 포함할 수 있다. 예를 들어,

- 5단계 성숙 모델의 2단계는 정보가 내부 감사 기능 안에서 비공식적으로 공유된다고 적시할 수 있다.
- 3단계는 내부 감사 기능이 정기적으로 만나 정보를 공유하며, 최고 감사 책임자가 각각의 감사위원회 회의를 위해 보고서를 준비한다고 적시할 수 있다.
- 4단계는 내부 감사 기능이 내부 감사 기능과 조직 전체에 지식을 공유하기 위한 지식 관리 프로세스를 반영한다고 표시할 수 있다.
- 5단계는 내부 감사 기능이 공식적인 지식 관리 전략을 가지고 있으며, 다음과 같은 프로세스를 활용한다고 적시할 수 있다.
- 떠오르는 이슈들을 논의하고 아이디어를 공유하기 위한 실무 동아리
- 최신의 내부 감사 실무 관행을 공유하기 위한 소셜 네트워킹과 블로그

• 전화 회의, 화상 회의, 소셜 네트워킹을 사용하여 격지의 직원과 연결됨

균형 스코어카드/KPI

내부 감사 기능들은 다음과 같은 성과 지표를 포함할 수 있다.

• 지식 관리 전략이 실행됨(목표 포함)
• 전문가 네트워킹 행사에 참여함(목표 포함)
• 체계적인 감사 이슈들이 파악되어 조직에 공유됨(목표 포함)
• 실무 동아리가 만들어지고 회의가 개최됨(목표 포함)

마케팅

투명성이 증가하는 시대에 내부 감사 기능에 대한 마케팅은 내부 감사에 의해 사용되는 프로세스의 투명성뿐만 아니라, 내부 감사의 역할에 관해 이해관계자들에게 명확성도 제공할 수 있다. 마케팅은 또한 내부 감사 기능이 조직에 제공하는 가치를 증진할 수 있는 기회도 제공하는 바, 그래서 리처드(Richard)(1994)는 내부 감사인들에게 자신의 서비스가 마케팅될 필요가 없다고 생각하면 현명하지 않다고 주의를 준다.

마케팅 전략과 계획

마케팅에 대한 전략적 접근은 내부 감사 기능이 명확하고, 일관성이 있고, 긍정적인 메시지를 전달할 잠재력을 극대화하도록 도움을 줄 수 있다. 마케팅 전략은 내부 감사 기능의 성격을 정의할 수 있는 바, 이는 내부 감사 전략과 밀접하게 정렬을 이루어야 한다.

평판 보호하기

IIA 직무 이슈 위원회 위원 시저 마티네즈(Cesar Martinez)는 신임 최고 감사 책임자가 시간을 내서 전문 서비스 제공 회사들이 그들의 평판을 쌓고 보호

하는 방식을 알아보라고 권고한다. 그는 무사안일해지고, 자신이 어떤 성과를 내는지에 관계없이 계속 감사 작업을 수행할 수 있으리라는 태도를 취하는 내부 감사인들이 있다고 믿는다.

마티네즈는 내부 감사인들에게 마음 자세를 바꿔서 조직을 재량권이 있는 고객으로 보고, 각각의 감사 작업에 대해 감사 고객들이 다른 어슈어런스 제공자를 선택할 수도 있다는 시각으로 접근하라고 권고한다. 그는 이렇게 경고한다. "내부 감사를 완전히 자체적으로 수행하는 조직이라 할지라도 내부 감사 소싱 모델을 바꿀 수 있다."

마케팅 전략 개발에 있어서 리처드(Richard)(1994)는 최고 감사 책임자들이 아래의 질문들을 고려하라고 권고한다.

- 내부 감사 기능이 현재 경영진에게 어떤 서비스를 제공하고 있는가?
- 이 서비스들이 어느 면에서 개선 또는 확대될 수 있는가?
- 내부 감사 기능은 조직의 어떤 새로운 동향(운영상 측면과 전략적 측면 모두)에 대해 고려할 필요가 있는가?
- 내부 감사 기능은 업계의 어떤 새로운 동향에 대해 고려할 필요가 있는가?
- 내부 감사 기능이 가치를 부가하는 활동을 개선하도록 도와줄 수 있는 전문가 단체의 새로운 동향은 무엇인가?

마케팅 전략은 내부 감사의 전략 계획과 결합될 수도 있고, 별도의 문서로 작성될 수도 있다.

체스키스(Cheskis)(2012)는 강력하고 매력적인 내부 감사 브랜드는 내부 감사 기능의 효과성과 영향력 견인에 도움이 될 수 있다고 믿는다. 그는 표 16.1에 나오는 바와 같이, 특수한 브랜드에 대해 많은 유익이 있다고 적시한다.

표 16.1 브랜드와 부서의 효과성

브랜드 요소 (즉, 내부 감사에 대한 인식)	그로 인한 조직의 행동	증가되는 감사 부서 효과성
공정하고 균형 잡힘, 개방적이고 투명함	경영진이 내부 감사 기능에 대해 보다 개방적임; 경영진이 내부 감사 기능에 더 많은 우려를 상의해 옴	내부 감사 기능이 더 많은 문제가 발생하기 전에 이를 예방함
비즈니스에 대해 잘 알고 재능 있는 팀임	이해관계자의 지지로 핵심 프로젝트와 위원회에 접하게 됨, 보다 광범위한 감사를 지지함	내부 감사 기능이 보다 더 영향력이 있음
허세부리지 않고, 실제적이고, 공정하고 균형이 잡힘	경영진이 내부 감사 자체 평가 도구와 통제 교육에 대해 보다 더 수용적임; 문제 제기에 대한 두려움이 감소함	내부 감사 기능이 조직 내에서 리스크에 대해 인식하는 문화를 보다 더 효과적으로 증진함
영향력이 큼; 비즈니스 목표를 달성하도록 도움을 줌, 지식이 풍부함	내부 감사 기능이 조직의 미래의 리더들을 훈련시키는 장으로 여겨짐	내부 감사가 보다 재능이 있는 팀원을 맞이함

체스키스(Cheskis)(2012)는 내부 감사 기능의 역할과 브랜드는 조직과 조직의 필요에 맞춰질 필요가 있다고 경고한다. 전통적이고 리스크를 회피하는 조직이나 보다 보수적인 감사위원회가 있는 조직의 내부 감사 기능은 보다 보수적이고 방어적인 이미지로 알려지는 것이 편안할 수 있다. 보다 모험적이고 리스크를 용인하는 조직에서는 현대적이고 모범 실무 관행을 구현하는 내부 감사 기능을 추구할 수도 있다. 또한 내부 감사의 이미지는 문화에 따라 다를 것이다.

내부 감사 웹사이트

인터넷은 내부 감사인들에게 귀중한 도구를 제공해 주는 바, 내부 감사 웹사이트를 만들어서 인터넷의 마케팅 잠재력을 활용할 수 있다. 웹 사이트의 잠재적 사용자로는 내부 감사 직원, 경영진과 직원, 다른 어슈어런스 제공자, 그리고 감사위원회가 포함될 수 있다.

내부 감사 웹사이트의 요소에는 다음 사항들이 포함될 수 있다.

- 내부 감사 기능의 구성과 구조
- 내부 감사 규정
- 감사 계획
- 완료된 감사(이름 및 일자)
- 내부 감사 연례 보고서
- 관찰된 체계적인 이슈들과 보다 나은 실무 관행
- 어슈어런스 맵
- 사후 관리 데이터베이스 연결
- 내부 감사 정책과 절차
- 거버넌스, 리스크 관리와 통제에 관한 일반 정보
- 감사위원회의 구성과 역할
- 감사위원회 규정
- 연락처 상세 정보와 이메일 링크
- 자주 묻는 질문과 응답

워크숍과 세미나

카메론(Cameron)과 립(Reeb)(2008)은 워크숍과 세미나가 내부 감사와 같은 전문 영역을 위해 귀중한 마케팅 도구가 될 수 있는 잠재력이 있다고 본다. 그러나 그들은 워크숍이나 세미나의 목적은 ('감사 고객을 교육시키고 그들과 교류한다'와 같이) 명확해야 하며, 발표자는 특화된 영역에 대한 깊이 있는 지식을 전달할 수 있어야 한다고 주의를 준다.

워크숍과 세미나는 또한 내부 감사 팀에게 비공식적으로 네트워킹을 맺고, 새로운 내부 감사 직원들이 이해관계자들에게 소개될 수 있는 기회도 제공한다.

예 16.3 자주 묻는 질문

내부 감사 웹사이트는 사람들이 내부 감사 부서에 자주 묻는 질문들에 대해 답할 기회를 제공한다. 스펜서 피켓(Spencer Pickett)(2011)은 자주 묻는 질문들을 다음과 같이 적시한다.

- 내부 감사는 무엇이며, 왜 필요한가?
- 감사의 목표가 무엇인가?
- 내부 감사인들은 어떤 사람들인가?
- 내부 감사와 경영진의 역할에는 어떤 차이가 있는가?
- 외부 감사와 내부 감사의 차이는 무엇인가?
- 내부 감사는 어떻게 독립성을 유지하는가?
- 감사위원회의 역할은 무엇인가?
- 감사 영역은 어떻게 선정되는가?
- 내부 감사는 리스크 관리에서 어떤 역할을 하는가?
- 누구에게 보고하는가?
- 내부 감사가 경영진의 요청을 받아들이는가?
- 내부 감사가 불시 감사를 실시하는가?
- 내부 감사가 하지 않는 일은 무엇인가?
- 누가 감사인을 감사하는가?

마케팅 도구

내부 감사 기능은 서한과 전단지부터 온라인 블로그, 비디오까지 다양한 마케팅 도구들을 사용할 수 있다. 최고 감사 책임자는 조직의 문화와 기조에 부합하는 마케팅 도구들을 개발해야 한다. 전단지들은 보다 소규모, 보수적 조직에 적합한 반면 온라인 비디오들은 보다 대규모의 테크놀로지에 대해 정통한 조직에 적절할 수 있다.

소셜 미디어

소셜 미디어는 양면성이 있는 마케팅 도구이다. 소셜 미디어를 사용하여 내부 감사인들이 온라인 토의에 참여하고 잘 정리된 생각을 포스팅해서 내부 감사인의 이미지와 평판을 쌓을 수 있다. 그러나 소셜 미디어에 비밀 정보가 부주의하게 또는 고의적으로 공유되거나, 내부 감사인들이 전문성이 없거나 고지식한 것으로 비춰지거나, 온라인 비판의 대상이 될 경우 소셜 미디어는 내부 감사인들에게 재앙이 될 수 있다. 그럼에도 불구하고 소셜 미디어는 점점 더 주요 마케팅 도구의 하나로 부각되고 있으며, 최고 감사 책임자들은 소셜 미디어를 효과적으로 사용할 수 있는 방법을 고려해야 한다.

내부 감사 연례 보고

내부 감사 연례 보고는 당해 연도 중 내부 감사 활동을 요약해 주며, 내부 감사 전략과 연간 계획 대비 성과에 관한 투명성을 제공한다. 연례 보고는 내부 감사 기능의 품질 어슈어런스 및 개선 프로그램과 내부 감사 기능 내 주요 절차 또는 인원 변경에 대한 언급을 포함해야 한다.

연례 보고는 전년도 중에 수행된 작업에 근거하여 조직 내의 체계적인 통제상의 이슈 또는 결함과 감사 작업으로부터의 중요한 발견 사항 또는 반복적인 발견 사항에 대한 평가를 제공해야 한다.

연례 보고는 조직의 내부 통제 상태와 조직의 거버넌스, 리스크 관리 프로세스의 적정성과 효과성에 관한 전반적인 의견을 포함할 수도 있다. 최고 감사 책임자가 다른 어슈어런스 제공자의 작업에 의존하여 이 의견을 형성하는 경우, 의존 내용이 적절히 진술되어야 한다.

QAIP 힌트

내부 감사 기능들은 마케팅을 내부 감사 성숙 모델 또는 균형 스코어카드에 반영할 수 있다.

성숙 모델

내부 감사 기능들은 마케팅을 성숙 모델에 핵심 프로세스 영역의 하나로 포함할 수 있다. 예를 들어,

- 5단계 성숙 모델의 4단계는 내부 감사 기능이 아래의 활동들을 수행한다고 적시할 수 있다.
  - 웹 사이트가 있고, 이를 보수하고 있다.
  - 다양한 마케팅 도구들을 사용한다.
  - 연례 감사 보고서를 작성한다.
- 5단계는 내부 감사 기능이 다음 사항들을 수행한다고 적시할 수 있다.
  - 공식적인 마케팅 전략을 가지고 있다.
  - 고위 경영진과 감사위원회에 통찰력을 제공하기 위해 감사 활동의 동향에 관해 반기 분석과 보고를 제공한다.
  - 조직에 정규적인 정보 공유 교육을 실시한다.

균형 스코어카드/KPI

내부 감사 기능들은 다음과 같은 성과 지표를 포함할 수 있다.

- 내부 감사에 대한 조직 전체의 인식 수준(목표 포함)
- 마케팅 활동에 할애된 내부 감사 시간(목표 포함)
- 내부 감사 기능에 의해 조직에 제공된 일반 정보 교육 횟수(목표 포함)
- 내부 감사 웹사이트 개발과 유지 보수
- 내부 감사 기능에 의해 만들어진 마케팅 도구의 양(목표 포함)

지식 관리와 마케팅에 관한 질문

표 16.2는 지식 관리와 마케팅에 관한 일련의 질문들을 제공한다. 이 질문들은 공식적으로 품질 어슈어런스 및 개선 프로그램 안에 반영될 수도 있고, 보다 덜 공식적으로 상시 평가 활동 안에 반영될 수도 있다. 질문들

은 최고 감사 책임자, 내부 감사인, 또는 감사 이해관계자들에게 다양하게 물어볼 수 있다.

표 16.2 품질 평가 질문

질문	품질의 증거
최고 감사 책임자가 지식 관리에 대한 공식적인 접근법을 개발했는가?	지식 관리 전략
내부 감사 기능은 자신의 운영의 일환으로 지식 관리 프로세스를 활용하는가?	지식 관리 프로세스의 예
내부 감사 기능이 전문가 네트워킹을 증진하기 위한 프로세스를 가지고 있는가?	최고 감사 책임자 인터뷰 내부 감사 직원 인터뷰
내부 감사가 감사로부터 배운 교훈들을 적극적으로 공유하고 지속적인 개선을 위해 협력하는가?	내부 감사 연례 보고서 고위 경영진과 감사위원회 인터뷰
내부 감사 기능이 감사 작업을 통해 식별된 체계적인 이슈들을 포착하기 위한 프로세스를 가지고 있는가?	프로세스의 증거
내부 감사 기능이 체계적인 이슈들을 운영 매니저, 상위 매니저와 감사위원회에 소통하는 프로세스를 가지고 있는가?	프로세스의 증거
내부 감사 기능이 컨설팅 작업으로부터 획득한 리스크에 대한 지식을 조직의 프로세스에 반영하는 프로세스를 가지고 있는가?	프로세스의 증거
내부 감사 기능이 조직에 새로 발생하고 있는 리스크에 대해 알려주는 프로세스를 가지고 있는가?	프로세스의 증거
내부 감사 기능이 더 나은 관행을 조직에 배포하는 프로세스를 가지고 있는가?	프로세스의 증거
내부 감사 기능이 지식 공유 및/또는 직무 능력 개발을 위해 소셜 미디어 감사를 적절히 사용하는가?	최고 감사 책임자 인터뷰 내부 감사 직원 인터뷰
최고 감사 책임자가 공식적인 마케팅 전략을 개발했는가?	마케팅 전략
최고 감사 책임자가 마케팅 기법을 사용하여 내부 감사의 역할을 증진하는가?	마케팅 기법의 예
내부 감사 기능이 관련 정보를 조직에 공유하기 위한 인트라넷 사이트를 유지하는가?	인트라넷
내부 감사 기능이 내부 감사의 역할과 구조를 조직에 홍보하기 위한 마케팅 자료를 가지고 있는가?	마케팅 자료
최고 감사 책임자와 기타 내부 감사 직원들이 경영진 회의에 정기적으로 참석하여 내부 감사의 역할을 증진하는가?	회의 참석 증거 최고 감사 책임자 인터뷰 내부 감사 직원 인터뷰
최고 감사 책임자가 고위 경영진과 이사회에 연례 보고서를 작성하는가?	내부 감사 연례 보고서

질문	품질의 증거
최고 감사 책임자가 고위 경영진 및 감사위원회와 보고 양식에 대해 합의했는가?	최고 감사 책임자 인터뷰 고위 경영진과 감사위원회 인터뷰 감사위원회 의사록
최고 감사 책임자가 내부 감사 작업으로부터 발생하는 패턴, 추세 또는 체계적인 이슈들을 감사위원회와 고위 경영진에게 통보하는가?	최고 감사 책임자 인터뷰 고위 경영진과 감사위원회 인터뷰 감사위원회 의사록
내부 감사 연례 보고서, 또는 기타 보고서가 조직의 운영에 대한 통찰력을 포함하는가?(즉, 최고 감사 책임자의 논평은 단지 반응적이기보다는 전향적이고 선제적인가?)	내부 감사 연례 보고서
내부 감사 연례 보고서, 또는 기타 보고서는 품질 어슈어런스 및 개선 프로그램의 성과에 대한 연례 평가를 포함하고 있는가?	내부 감사 연례 보고서

결론

지식 관리와 마케팅은 내부 감사 기능이 조직에 제공하는 가치를 증가시키도록 지원한다. 최고 감사 책임자들은 공식적인 지식 관리와 마케팅 전략을 개발하거나, 이들을 일상의 활동에 반영할 수 있다.

참고 문헌

- Anderson, R. J., and S. Leandri. (2006). Unearth the power of Knowledge. Internal Auditor 63(5): 58–68쪽.
- Cameron, M., and W. Reeb. (2008). The fortress and the empire: A Marketing strategy for the professional services firm. Southern Business Review 33(2): 1–12쪽.
- Cheskis, A. L. (2012). What' s your brand? Internal Auditor. http://theiia.org/intauditor.
- Greenawalt, M. B. (1997). The internal auditor and critical thinking process: A closer look. Managerial Auditing Journal 12(2): 80–86쪽.
- Mukherjee, U. (2011). Knowledge sharing. Internal Auditor. http://theiia.org/intauditor.
- Retna, K. S., and Pak Tee Ng. (2011). Communities of practice: Dynamics and success factors. Leadership & Organization Development Journal. 21(1): 41–59쪽.
- Rickard, P. (1994). Marketing internal audit. Australian Accountant 64(8): 21쪽.
- Scott, P. R., and J. M. Jacka. (2012). The Marketing Strategy ? a Risk and Governance Guide to Building a Brand, Altamonte Springs, FL: The Institute of Internal Auditors Research Foundation.

Chapter 17

품질과 소규모 감사 조직

자신의 사명에 대하여 막을 수 없는 신념에 불타는 영혼들로 구성된 소규모 조직이 역사 전체를 바꿀 수 있다.

–마하트마 간디(Mahatma Gandhi)

소규모 내부 감사 조직들은 규모와 내부 감사인들에게 여러 업무를 수행하라는 보편적인 요구로 인해 다수의 독특한 도전 과제에 직면한다. 흔히 소규모 감사 조직은 직원과 자원이 제한된 조직에 존재한다.

그럼에도 불구하고 소규모 감사 조직은 내부 감사인들에게 많은 기회를 제공하며, 이러한 환경에서 일하는 많은 사람들이 보다 규모가 크거나 자원이 풍부한 내부 감사 기능에서 일하는 것보다 이러한 도전을 선호한다. 소규모 감사 조직에서 성공하기 위한 열쇠는 효과적인 계획 수립, 유연성과 뛰어난 소통이다.

무엇이 소규모 감사 조직인가?

IIA 실무 가이드: 소규모 감사 부서의 국제 내부 감사 직무 수행 기준 시행 지원(2011)에서 흔히 소규모 감사 숍이라고 불리는 소규모 내부 감사 기능을 다음의 특성 중 하나 이상을 지니는 것으로 정의한다.

- 1인에서 5인의 감사인
- 생산적인 내부 감사 시간 연간 7,500시간 이내
- 제한된 수준의 공동 수행 또는 아웃소싱

소규모 감사 조직의 특징은 국가와 부문마다 다를 것이다. 5명의 내부 감사인을 보유하고 있는 감사 조직을 중규모로 보는 부분도 있을 것이고, 10인의 내부 감사인을 둔 감사 기능을 소규모로 보는 곳도 있을 것이다. IIA의 정의와는 달리, 일부 완전히 아웃소싱하는 내부 감사 기능들 중 여전히 자신을 소규모로 여기는 곳도 있을 것이다. 아무튼 대부분의 최고 감사 책임자들은 자신의 내부 감사 기능이 소규모, 중규모 또는 대규모인지에 대해 나름대로 이해하고 있을 것이다.

소규모 감사 조직에서의 가치 전달

규모에도 불구하고 소규모 감사 조직으로부터 가치를 전달할 수 있는 잠재력이 있다. 이러한 감사 기능들이 소규모 조직에 존재하며, 최고 감사 책임자가 조직 전체에 상당한 영향력을 행사할 수 있는 진정한 잠재력이 있는 경우도 있다.

소규모 감사 조직은 보다 큰 내부 감사 기능에 비해 많은 장점을 제공한다. 쿠제또(Cuzzetto)(1994)는 최고 감사 책임자가 조직 활동에 가까이 할 수 있고, 조직 전체에 대해 보다 많이 노출되며, 직원 관리 활동이 줄어든다는 점 등의 장점을 열거한다.

리들리(Ridley)와 챔버스(Chambers)(2012)는 소규모 감사 조직의 최고 감사 책임자들에게 그들의 가치 제공을 증가시키기 위해 아래와 같은 12가지 행동을 장려한다.

① 거버넌스 전문가가 되라.

② 경영진에게 통제 방법을 가르치라.

③ 자체 평가 기법 사용을 증진하라.

④ 감사 계획을 수립할 때 조직의 목표를 사용하라.

⑤ 각각의 감사 테스트 목표를 조직의 목표와 관련시키라.

⑥ 거버넌스의 모든 요소들에 경영진의 의지(commitment)를 확립하라.

⑦ 변화의 영향력과 효과를 인식하라.

⑧ 감사가 미래에 초점을 맞추게 하라.

⑨ 내부 감사 실무에 변혁과 발전을 고려하라.

⑩ 모든 감사 작업에 팀워크를 사용하라.

⑪ 측정하고, 측정하고, 또 측정하라.

⑫ 내부 감사 팀에 유능한 직원, 역량이 있는 리더십과 같은 특징들을 내면화하라.

품질 어슈어런스 및 개선 프로그램

최고 감사 책임자들은 내부 감사 기능의 규모에 관계없이 품질 어슈어런스 및 개선 프로그램을 개발해야 한다. 3장에서 설명한 바와 같이, 이 프로그램은 지속적인 내부 평가, 정기 내부 평가, 그리고 외부 평가로 구성되어야 한다.

1명의 감사인으로 구성된 아주 작은 감사 조직도 있다. 그들에게는 품질 어슈어런스 및 개선 프로그램 개발에 자원을 확대하는 것이 하찮게 보일 수도 있다. 그들은 자신의 작업을 점검하기 위한 프로세스를 공식화하는 것에 즉각적인 유익이 없다고 생각할 수도 있다.

그러나 매우 작은 감사 조직에서도 품질 어슈어런스 및 개선 프로그램으로부터 상당한 가치를 얻을 수 있다. 감사 조직이 작을수록, 이에 대한 압력과 요구가 더 커지는 경우가 흔하다. 이러한 상황에서는 최고 감사 책임자들이 독립성 요건을 충족하지 못할 리스크가 커진다. 또한 내부 감사 기능이 거버넌스, 리스크 관리와 통제 프로세스에 대한 효과적인 어슈어런스를 제공하지 못할 가능성도 있다.

소규모 감사 조직이 효과적인 정기적 내부 평가 프로그램을 내장하는 한 가지 방법은 한 번에 몇 가지 기준들의 준수 여부에 대한 검토를 수행하는 것이다. 예를 들어, 소규모 감사 조직은 매주 또는 2주에 한 번씩 한 가지 기준 준수 여부를 검토할 수 있다. 이렇게 해서 IIA의 모든 기준들의 준수 여부를 연 1회 평가할 수 있을 것이다.

예산이 한정된 소규모 감사 조직은 5장에 설명된 동료 검토 프로세스를 사용하여 외부 품질 평가를 수행할 수 있을 것이다. 이렇게 하면 직원의 시간에 대한 투자를 요구하기는 하지만, 외부 평가에 수반되는 직접 비용은 피할 수 있다. 그럼에도 불구하고 이 방법을 사용할 경우 어슈어런스 및 컨설팅을 수행할 수 있는 시간을 감소시키기 때문에 이 방법에도 문제가 있다. 이는 또한 보다 나은 실무 관행과 새로 등장하고 있는 내부 감사 기법을 접할 기회가 제한되어 있는 소규모 감사 조직에 특별히 귀중할 수도 있는 전문 외부 평가자의 의견을 구해 볼 기회를 상실하게 한다.

소규모 감사 조직에서 가치 전달하기

도요타 파이낸셜 서비스(Toyota Financial Services)의 내부 감사 수장 친 우이(Chin Ooi)는 소규모 감사 조직에서 가치를 전달하는 도전 과제를 직접 체험했다. 우이는 이렇게 말한다. "경제 상황, 경쟁과 규제의 변화 등과 같은 외부 요인들로부터 조직에 가해지는 압력이 계속 존재한다. 모든 사람들이 더 작은 노력으로, 또는 최소한 동일한 노력으로 더 많은 것을 하려고 노력한다. 내부 감사가 회사와 고위 경영진에게 중요한 영역에 계속 초점을 맞추는 것이 중요하다." 우이는 소규모 감사 조직이 가치를 부가하고 이해관계자들의 기대를 충족하기 위한 아래의 전략들을 제안한다.

- 중요하지 않거나, 고위 경영진에게 중요하지 않다고 인식되는 이슈들에 계속 초점을 맞추거나 이들을 제기하지 않는다.
- 고위 경영진이 가장 가치 있다고 생각하는 영역을 찾고, 내부 감사의 가치 명제를 명확히 하며, 이에 비추어 감사 업무를 수행할 방안을 시행한다.
- 내부 감사인들이 회사의 중심에 설 수 있는 활동에 투자한다. 경영진의 필요와 그들의 진정한 관심 영역을 이해한다.

- (규제와 경쟁과 같은) 외부 요인과 변화, (비용 압력, 조직 개편, 프로세스의 성숙 및 역량과 같은) 내부 변화로 인해 이러한 관심과 우선순위가 때때로 변한다는 사실을 인식한다.
- 내부 감사인들이 비즈니스의 핵심 동인, 조직의 초점, 그리고 한계를 이해하는 것이 중요하다. 우이는 "나는 내부 감사인들이 좀 더 CEO처럼 생각해야 한다고 믿는다."고 말한다.

거버넌스 구조와 관련한 내부 감사 조직의 품질상의 도전 과제

소규모 감사 조직의 최고 감사 책임자들은 자신들이 직면하는 특별한 도전 과제를 인식할 것이다. 그럼에도 불구하고 그들은 자신만 이러한 도전에 직면해 있는 것이 아니며, 이러한 도전 중 많은 사항들을 충족할 수 있는 잠재적인 전략들이 많다는 사실을 충분히 알지 못할 수도 있다.

내부 감사 전략

소규모 감사 조직의 최고 감사 책임자들 중에는 전략적 계획 수립에 할애하는 시간을 우선순위라기보다는 사치로 보는 사람이 있다. 소규모 감사 조직이 매일매일의 감사 작업 수행에 매달릴 수 있다는 것은 사실이지만, 전략적으로 계획을 수립하지 못하면 최고 감사 책임자가 우선순위가 낮은 영역에 초점을 맞추게 될 수도 있다. 이는 또한 최고 감사 책임자의 기대와 이해관계자들의 기대가 어긋나게 할 수도 있다.

소규모 감사 조직이 전략적 계획 수립을 수행하는 한 가지 효과적인 방법은 감사위원회, 최고 감사 책임자로부터 보고를 받는 사람과 협력해서 이를 수행하는 것이다. 감사위원회를 전략적 계획 수립 프로세스의 가장 초기 단계에 관여시키면 중요한 이해관계자가 이를 즉각적으로 받아들이게 해주며, 최고 감사 책임자가 내부 감사 전략에서 이들 이해관계자의 기대를 다루도록 도움을 준다.

독립성

IIA 기준 1110은 최고 감사 책임자들이 조직 안에서 그들이 책임을 수행할 수 있게 해줄 수 있는 계층에 보고하도록 요구한다.

> **기준 1110 — 조직상의 독립성**
>
> 최고 감사 책임자는 조직 내에서 내부 감사 부서가 책임을 완수하게 해줄 수 있는 계층에 보고해야 한다. 최고 감사 책임자는 최소 연 1회 이사회에 내부 감사 부서의 조직상의 독립성을 확인해야 한다.

> **기준 1110.A1**
>
> 내부 감사 부서는 내부 감사 범위 결정, 작업 수행과 결과 소통에 있어서 간섭을 받지 않아야 한다.

> **기준 1130.A2**
>
> 최고 감사 책임자가 책임을 맡는 기능에 대한 어슈어런스 작업은 내부 감사 부서 외부의 당사자에 의해 감독되어야 한다.

이 기준은 경영진이 연간 계획에 선정되는 감사 작업 또는 개별 감사 작업의 결과에 부당하게 영향을 주는 것을 방지할 의도로 규정되었다. 이는 최고 감사 책임자에게 직접 보고할 경험을 갖춘 시니어 내부 감사인을 모집할 자원이 없는 조직에게는 벅찬 과제일 수도 있다.

내부 감사인이 내부 감사 과제와 더불어 다른 관리 책임도 수행하도록 기대될 경우에는 문제가 될 수 있다. 그러한 경우 내부 감사인은 감사위원회와 적극적으로 협의하여 내부 감사의 독립성이 훼손되는 리스크를 줄여야 한다. 감사위원회는 내부 감사의 독립성 유지를 지원할 수 있으며, 내부 감사인이 운영상 책임을 지는 영역을 정기적으로 검토할 외부 자원을 고용하도록 지원할 수도 있다.

어슈어런스 및 컨설팅 활동

소규모 감사 조직은 연간 감사 계획에서 어슈어런스와 컨설팅이라는 경합하는 가치 사이의 균형을 유지할 필요가 있다. 대부분의 소규모 감사 조직은 한정된 가용 자원으로 인해 몇 개의 어슈어런스 활동에 집중할 필요가 있을 수도 있지만, 소규모 감사 조직에 경험이 있는 감사를 두면 그러지 않으면 할 수 없는 컨설팅 서비스를 제공할 수 있다.

어슈어런스와 컨설팅 서비스의 올바른 조합을 결정하는 열쇠는 최고경영자, 감사위원회와 같은 핵심 이해관계자들과의 효과적인 대화에 놓여 있을 것이다.

감사 작업의 성격

내부 감사는 조직의 거버넌스, 리스크 관리와 통제 프로세스에 도움을 준다. 내부 감사 기능이 이 영역들에 어느 정도로 집중할 것인지는 연간 감사 계획 수립 프로세스를 통해 결정된다.

거버넌스 감사 바르맘(Bahrmam)(2011)은 최고 감사 책임자가 소규모 감사 조직에서 거버넌스 감사 수행을 고려할 때 다음과 같은 전략을 채택하라고 권고한다.

- 거버넌스 감사를 실시할 수 있는 역량을 지닌 직원을 선택하라.
- 내부적(객원 검사역으로서), 또는 외부적(공동 수행을 통해서)으로 거버넌스 주제에 관한 전문성을 지닌 직원을 보완하라.
- 거버넌스에 책임이 있는 경영진과의 네트워크를 형성, 확대, 유지하라.
- 이사회와의 관계를 배양하라.
- 외부 네트워크를 확대하라(이를 통해 조언을 구하라).

- 자국 또는 국제 IIA와 관계를 맺으라.
- 동료 네트워크를 개발하라.

내부 감사 규정

내부 감사 규정은 소규모 감사 조직에게 매우 중요한 문서이지만, 종종 간과되고 있다. 감사 규정 제정은 희소한 내부 감사 자원 할애를 요구하기는 하지만, 소규모 감사 부서들은 흔히 복수의 요구가 경합하는 것을 경험하는 바, 감사 규정을 잘 만들어두면 이러한 요구들을 어떻게 가장 잘 충족할 수 있는지 결정 하는데 도움이 될 수 있다. 내부 감사 규정은 또한 내부 감사 기능들에 대한 독립성 요건도 명확히 할 수 있다.

소규모 감사 조직의 직원 배치와 관련된 품질 도전 과제

내부 감사는 지식 기반 활동이다. 소규모 감사 조직은 적절한 기술과 경험을 갖춘 직원을 보유함으로써 자신의 가치를 극대화할 것이다.

소규모 감사 조직의 직원 배치

직원 수가 한정되어 있기 때문에 소규모 감사 조직의 최고 감사 책임자는 각각의 직원들에게 더 많이 의존하게 된다. 소규모 감사 조직에서는 성과 이슈가 확대된다. 즉, 높은 성과는 쉽게 발견되고, 낮은 성과는 내부 감사 기능의 전체적인 효과성에 큰 영향을 준다.

경험이 있는 직원 유치하기 종종 소규모 감사 조직은 고위 경영진의 수와 운영 예산이 평균보다 적은 조직에 존재한다. 이는 조직이 최고경영자에게 보고할 경험이 있는 시니어 최고 감사 책임자를 유치할 수 있는 능력에 영향을 줄 수 있다. 이런 조직들은 좋은 직원을 유치하기 위한 창의적인 방법을 활용할 필요가 있다.

예 17.1 유연한 제도를 통한 좋은 직원 유치

보다 소규모의 친밀한 환경에서 일한다는 약속과 이러한 환경이 제공하는 자율성을 통해 소규모 감사 조직에 경험이 있는 직원을 유치할 수 있다. 유연 근무 제도를 통해 유치할 수 있는 사람들도 있는데, 은퇴 시기가 가까워지는 경험이 있는 전문가들과 직장에 복귀하는 부모들은 파트-타임 고용이나 유연한 근무 조건의 기회를 환영할 수도 있다.

내부 감사인의 숙련도

내부 감사 기능은 규모 여하를 막론하고 요구되는 작업을 수행할 지식, 기술과 역량을 집합적으로 보유해야 한다. 소규모 감사 조직이 연간 감사 계획의 요구를 충족할 수 있는 수준의 숙련도를 항상 자체적으로 갖추는 것이 불가능할 수도 있다. 소규모 감사 조직은 때로는 내부 감사 기술과 역량을 아웃소싱할 필요가 있을 수도 있다. 소규모 감사 조직들은 공동 수행 모델을 채택하여 집합적인 기술과 경험 풀(pool)을 극대화할 수도 있다.

들을 때와 질문할 때에 대해 알기

소규모 감사 조직에서 직원을 고용할 때 성격이 원만하고 성숙한 사람, 그리고 가장 중요한 사항으로서 듣고 질문할 수 있는 사람을 찾는 것이 중요하다. 새로운 직원이 모든 대답을 가지고 있을 것으로 기대해서는 안 되며, 그들이 모르는 부분을 인식하고, 틈을 메우기 위해 질문을 해야 한다.

개인의 직무 능력 개발

소규모 감사 조직을 둔 조직들은 직무 능력 개발을 직무상의 요건이라기보다는 사치라고 생각할 수도 있다. 그러나 이러한 내부 감사 기능들은 직무 능력 개발 필요가 가장 큰데, 이는 이들의 직원이 다른 조직의 직원들에 비해 역량이 뒤지기 때문이 아니라, 더 넓은 범위의 내부 감사와 컨설팅 활동을 수행하도록 기대되기 때문이다.

예 17.2 창의적인 직무 능력 개발 접근법

소규모 감사 조직은 한정된 자원으로 인해 직무 능력 개발 방법에 있어서 보다 더 창의적이도록 요구될 수도 있다. 다음과 같은 방법이 이에 포함될 수 있다.

- 유사한 조직의 내부 감사인들과 실무 동아리 또는 동료 네트워크를 조직하여 정규적으로 만난다.
- 보다 대규모 조직에 의해 제공되는 내부 연수에 참석한다.
- 무료로 들을 수 있는 웹 세미나에 참석한다.
- 컨퍼런스에서 강의하는 대가로 나머지 세션에 참석할 수 있게 해 달라고 제의한다.

전문가 네트워크

전문가 네트워크는 소규모 감사 조직의 최고 감사 책임자에게 전문적인 지원을 받고, 아이디어를 공유하며, 새로운 제도에 관한 피드백을 구할 수 있는 귀중한 기회를 제공한다. 이 네트워크는 조직 내부에서, 적절한 조직 간에, 또는 IIA와 같은 전문가 단체 출신으로 구성될 수 있다.

소규모 감사 조직의 실무 관행과 관련된 품질 도전 과제

소규모 감사 조직의 최고 감사 책임자들은 대규모 내부 감사 기능에게 기대되는 것과 동일한 많은 활동들을 수행할 것이다. 이들이 수행하는 과제의 규모와 범위만 다를 수도 있다. 예를 들어, 대규모 감사 조직에서는 연간 50에서 100건의 감사 작업을 수행하는 데 비해, 소규모 감사 조직의 연간 감사 계획은 6에서 10건의 감사 작업만을 실시할 수도 있다. 그러나 소규모 감사 조직의 최고 감사 책임자는 전문 직무 기준을 준수하는 다른 방법을 찾을 필요가 있을 수도 있다.

정책과 절차

내부 감사 기능들은 일관성이 있고 투명하게 운영하기 위해 표준화된 프로세스들을 개발해야 한다. 이는 IIA 기준 2040에 반영되어 있다.

기준 2040 — 정책과 절차

최고 감사 책임자는 내부 감사 부서를 인도할 정책과 절차를 제정해야 한다.

소규모 감사 조직, 특히 직원이 3명 이내인 감사 조직들은 종종 공식적이고 상세한 매뉴얼이 요구된다는 그릇된 가정 하에 내부 감사 프로세스를 적정하게 문서화하지 않는다. 그러나 IIA 기준은 정책과 절차는 내부 감사 기능의 규모에 적절해야 한다고 요구한다. 최고 감사 책임자는 관련 비용에 대한 균형을 유지하면서도 표준화로부터 얻는 잠재적 유익을 극대화해야 한다.

예 17.3 표준 양식을 사용한 문서화 프로세스

아주 소규모 감사 조직들은 내부 감사 기능의 프로세스가 변할 때마다 쉽게 업데이트될 수 있는 일련의 표준 양식(template)들을 통해 그들의 프로세스를 문서화할 수 있다.

연간 감사 계획 수립

일부 소규모 내부 감사 조직들은 자신들이 효과적인 감사 커버리지를 제공할 수 있을지에 대해 우려할 수도 있다. 그러나 내부 감사 기능에 제공될 자원의 수준을 결정하는 것은 궁극적으로 감사위원회와 최고경영자이다. 최고 감사 책임자는 IIA 기준 2010에 따라 리스크에 기반한 감사 계획을 수립할 책임이 있다.

기준 2010 — 계획 수립

최고 감사 책임자는 조직의 목표와 일치하는 내부 감사 부서의 우선순위를 결정하기 위한 리스크 기반 계획을 세워야 한다.

살리에노(Salierno)(2003)는 소규모 감사 조직들에게 조직에 대한 리스크를 정의하는 데 집중하라고 권고한다. "자원이 희소할 때에는, 우선순위화가 생존은 아니더라도 효율성 확보에 필수적이다. 소규모 감사 조직에 경험이 있는 많은 사람들이 리스크 평가는 감사 유니버스의 적정한 커버리지 확보뿐만 아니라 노력의 우선순위 책정에 있어서도 핵심적인 역할을 한다는 사실을 알게 된다."

최고 감사 책임자는 감사위원회와 최고경영자와 협의하여 내부 감사 자원에 근거하여 회전 감사 계획(rolling audit plan)으로부터 연간 감사를 위한 "마감(cut-off)" 선을 정할 수 있다. 최고 감사 책임자는 감사위원회와 고위 경영진에게 감사의 일부만 완료될 수 있음을 명확히 밝혀서, 이들 이해관계자들이 감사 계획의 더 많은 부분을 수행하는 데 필요한 자원을 투입할지 여부를 결정할 수 있게 해야 한다. 회전 감사 계획에 관한 보다 자세한 내용은 12장에서 논의했다.

연간 감사 계획 달성하기

소규모 감사 조직의 최고 감사 책임자들은 흔히 경영진에 대한 지원과 도움을 제공해 달라는 요청을 받는다. 이는 최고 감사 책임자에 대한 존중을 보여주기는 하지만, 이로 인해 소규모 감사 조직이 자신의 연간 감사 계획을 달성하지 못하게 될 수도 있다.

이런 상황이 일어날 리스크를 줄이기 위해 최고 감사 책임자는 경영진의 요청을 수용하기 위한 일정 비율의 시간과 간헐적인 작업을 배정해 두어야 하지만, 이 수준이 넘는 요청에 대해서는 단호해야 한다. 이 지점에서 최고 감사 책임자는 요청의 가치와 계획된 감사 작업의 가치를 비교할 필요가 있다. 요청된 작업이 훨씬 더 중요한 우선순위를 가지는 것으로 보일 경우에는 최고 감사 책임자는 연간 감사 계획 변경 제안에 관해 감사위원회와 고위 경영진으로부터 의견을 구해야 한다.

예 17.4 경영진의 요청에 대한 시간 할애

최고 감사 책임자는 활용 가능한 감사 작업 시간의 10%까지 경영진의 요청에 할애할 수 있다. 그러나 최고 감사 책임자는 그렇게 함으로써 자신의 독립성에 불리한 영향을 주지 않도록 해야 한다.

감사 작업 감독

소규모 감사 조직에서는 IIA 기준 2340 하에서의 감독 요건 준수가 벅찬 도전 과제일 수 있다.

기준 2340 — 감사 작업 감독

감사 목표가 달성되고, 감사의 품질이 확보되며, 직원이 개발될 수 있도록 감사 작업이 적절히 감독되어야 한다.

최고 감사 책임자는 직원들에 의해 요구되는 감독 수준에 관해 정보에 입각한 결정을 내릴 필요가 있다. 시니어 내부 감사인들을 고용하면 자연스럽게 필요한 감독 수준을 줄일 수 있을 것이다. 그러나 경험이 있는 감사인을 고용하기에는 내부 감사 예산이 충분하지 않을 수 있는 바, 이런 상황에서는 최고 감사 책임자가 경험이 적은 감사인들이 그들의 활동에 지원을 받을 수 있게 하는 실무 관행을 갖춰야 한다.

예 17.5 상시 자체 평가

최고 감사 책임자들은 직원들이 감사 작업 시에 사용할 수 있는 체크 리스트와 자체 감사 프로세스를 개발할 수도 있다. 그럴 경우 최고 감사 책임자는 감사 작업 중에 인정된 실무 관행들이 준수되었는지 정규적으로 검토할 수 있을 것이다. 최고 감사 책임자들은 또한 체크 리스트들을 소규모 감사 조직의 건강검진 또는 정기 내부 평가의 일부로 사용할 수도 있을 것이다.

상시 품질 평가는 궁극적으로 모든 형태의 외부 평가 활동의 비용을 줄여준다.

한정된 자원 (시간 포함) **관리하기**

소규모 감사 조직과 한정된 자원은 병행한다. 한정된 자원에 직면할 경우 최고 감사 책임자들은 직원과 예산을 창의적으로 활용할 필요가 있다.

문서화 소규모 감사 조직의 최고 감사 책임자들은 계속적으로 우선순위의 균형을 잡을 필요가 있다. 감사 조서들이 감사 작업에 중요하기는 하지만, 지나친 문서화는 노력의 낭비일 수도 있다. 더미세빅(Durmisevic)과 패즐릭 프르약(Fazlik-Frjak)(2012)은 소규모 감사 조직의 최고 감사 책임자들에게 과도하게 문서화하지 말라고 조언한다. 그들은 잘 작성된 서면 발견 사항들이 귀중하다는 점을 인정하지만, 감사인들에게 어느 정도의 감사 증거가 합리적인지 판단하라고 권고한다.

예 17.6 감사 조서 간소화

내부 감사인들은 다음과 같은 방법을 통해 문서화에 보내는 시간을 최소화할 수 있다.

- 손으로 기록한 노트를 다시 타이핑하기보다는 테블릿 컴퓨터나 이동식 장치를 사용하여 인터뷰 중에 핵심 이슈들을 기록한다.
- 긴 서술을 사용하기보다는 이슈들의 글머리표를 사용한 리스트(bulleted list)를 사용하여 문서화한다.
- 서술적 기록보다는 사진과 비디오를 사용하여 상태를 보여준다.
- 휴대용 장치를 사용하여 현장에서 증거를 스캔하거나 사진을 찍는다.
- 관찰 사항 또는 발견 사항을 직접적으로 뒷받침하지 않는 자료를 포함시키지 않는다.

결과 소통과 감사 고객과의 회의 더미세빅(Durmisevic)과 패즐릭 프르약(Fazlik-Frjak)(2012)은 소규모 감사 조직의 최고 감사 책임자들에게 한꺼번에 여러 매니저들과의 감사 종료 회의를 개최할 수 있는 기회를 만들라고 권고한다. 그들은 감사 종료 회의에 초대되는 사람들을 각각의 특정한 이슈들을 논의하는 데 필요한 사람들, 즉 운영상의 이슈에 대해서는 운영 경영진, 그리고 전략적인 이슈에 대해서는 집행 경영진들로 제한하라고 권고한다.

간결한 보고 소규모 감사 조직의 최고 감사 책임자들은 핵심 이해관계자들과 협력하여 짧고 간결한 보고 형식을 개발해야 한다. 가능하면 이 형식은 정보의 중복을 피하고 글머리표를 사용한 리스트와 같은 문서 형식 기법을 사용해야 한다.

팀 회의 소규모 감사 조직에서는 과도한 회의와 따로 떨어져 일하는 것 사이의 균형을 맞출 필요가 있다.

2~3명으로 구성된 매우 작은 감사 조직이라 할지라도 정규적인 팀 회의의 가치는 지속적인 개선을 증진한다. 회의는 여러 감사 작업에 영향을 줄 수도 있는 정보를 공유할 기회를 제공한다. 팀 회의는 또한 특정 감사와 관련한 이슈들이 떠오를 때 이를 논의할 수 있게 해서 보고 프로세스를 촉진할 수도 있다.

팀 회의의 단점은 회의로 인해 고객을 접하는 작업 시간을 빼앗긴다는 점이다. 이를 피하기 위해 최고 감사 책임자는 각각의 회의를 잘 준비할 필요가 있다.

결론

소규모 감사 조직은 여러 도전 과제들을 제기한다. 그들은 특성상, 직원과 예산이 제한되어 있어서 최고 감사 책임자 또는 조직에게 사용할 직원 배치 모델에 대해 진지하게 고려하도록 요구한다.

소규모 감사 조직은 적절한 기술, 경험, 그리고 태도를 지닌 직원을 배치할 필요가 있다. 3명으로 구성된 팀에서 1명이 성과를 내지 못할 경우, 성과를 내지 못하는 직원이 있어도 그다지 눈에 띄지 않을 수 있는 대규모 내부 감사 기능과는 달리 직원의 사기와 생산성에 중대한 부정적 영향을 줄 수 있다.

소규모 감사 조직에 복잡성이 증가함에도 불구하고, 많은 내부 감사인들은 이러한 조직을 내부 감사인들에게 창의성과 혁신을 보여 줄 수 있는 방대하고 계속적인 기회를 제공하는, 역동적이고 자극을 주는 일터로 생각한다.

참고 문헌

- Bahrmam, P. D. (2011). Advancing Organizational Governance: Internal Audit's Role. Altamonte Springs, FL: The Institute of Internal Auditors Research Foundation.
- Cuzzetto, C. E. (1994). Lean, mean, auditing machines. Internal Auditor 51(6): 26쪽.
- Durmisevic, A., and Fazlic-Frjak, B. (2012). The dos and don'ts of small audit shops. Internal Auditor. http://theiia.org/intauditor.
- Hubbard, L. D. (2001). What's a good audit finding? Internal Auditor 58(1): 104쪽.
- The Institute of Internal Auditors. (2011). Practice Guide: Assisting Small Internal Audit Activities in Implementing the International Standards for the Professional Practice of Internal Auditing. Altamonte Springs, FL: The Institute of Internal Auditors.
- The Institute of Internal Auditors. (2013). International Professional Practices Framework. Altamonte Springs, FL: The Institute of Internal Auditors.
- Reding, K. F., et al. (2009). Internal Auditing: Assurance and Consulting Services. Altamonte Springs, FL: The Institute of Internal Auditors Research Foundation.
- Ridley, J., and A. Chambers. (1998). Leading Edge Internal Auditing. Hertfordshire, England: ICSA Publishing Limited.
- Salierno, D. (2003). Savvy solutions for small audit shops. Internal Auditor 60(5): 33-39쪽.
- Sawyer, L. B., M. A. Dittenhofer, and J. H. Scheiner. (2005). Sawyers Internal Auditing, 5판. Altamonte Springs, FL: The Institute of Internal Auditors Research Foundation.
- Seipp, E., and D. Lindberg. (2012). A guide to effective audit interviews. CPA Journal 82(4): 26-31쪽.
- Zeigenfuss, D. E. (1994). Challenges and Opportunities of Small Internal Audit Organizations. Altamonte Springs, FL: The Institute of Internal Auditors Research Foundation.

부록

국제 내부 감사 직무 수행 기준

일반 기준(Attribute Standards)

1000 – 목적, 권한과 책임

내부 감사 부서의 목적, 권한과 책임은 내부 감사의 정의, 윤리강령, 기준과 부합하는 내부 감사 규정에서 공식적으로 정의되어야 한다. 최고 감사 책임자(CAE)는 주기적으로 내부 감사규정을 검토하고 최고경영자와 이사회에 제출하여 승인받아야 한다.

1010 – **내부 감사 규정에서 내부 감사의 정의, 윤리강령, 국제 내부 감사 직무 수행 기준의 인정** 내부 감사 헌장에 내부 감사의 정의, 윤리강령, 국제 내부 감사 직무 수행 기준의 필수적 성격이 인정되어야 한다. 최고 감사 책임자는 내부 감사의 정의, 윤리강령, 국제 내부 감사 직무 수행 기준을 최고경영자 및 이사회와 논의해야 한다.

1100 – 독립성과 객관성

내부 감사 부서는 독립적이어야 하며, 내부 감사인은 업무수행에 있어서 객관적이어야 한다.

1110 – **조직상의 독립성** 최고 감사 책임자는 조직 내에서 내부 감사 부서가 책임을 완수하게 해줄 수 있는 계층에 보고해야 한다. 최고 감사 책임자는 최소 연 1회 이사회에 내부 감사 부서의 조직상의 독립성을 확인해야 한다.

1111 **이사회와의 직접적인 상호작용** 최고 감사 책임자는 이사회와 직접 소통하고 상호작용해야 한다.

1120 – **개인의 객관성** 내부 감사인은 공평무사하고, 편향되지 않는 태도를 가져야 하며 어떠한 이해상충도 피해야 한다.

1130 – **독립성 또는 객관성의 훼손** 독립성 또는 객관성이 실제로 훼손되었거나 외양상 훼손되었다고 보일 경우, 훼손된 구체적 내용을 관련 당사자들에게 공개해야 한다. 공개의 성격은 훼손에 의존한다.

1200 – 숙달과 전문가로서의 적절한 주의

감사 작업(engagement)은 숙달과 전문가로서의 적절한 주의로써 수행해야 한다.

1210 – **숙달** 내부 감사인은 그들 각자의 책임 수행에 필요한 지식, 기술과 기타 역량을 보유해야 한다. 내부 감사 부서는 전체적으로 부서의 책임 수행에 필요한 지식, 기술과 기타 역량을 보유 또는 취득해야 한다.

1220 – **전문가로서의 적절한 주의** 내부 감사인은 합리적으로 신중하고 역량이 있는 내부 감사인에게 요구되는 주의와 기술을 적용하여야 한다. 전문가로서의 적절한 주의 의무는 결함이 전혀 없음을 함축하지는 않는다.

1230 – **지속적인 직무 능력 개발** 내부 감사인은 지속적인 직무 교육을 통해 자신의 지식, 기술과 기타 역량을 향상시켜야 한다.

1300 – 품질 어슈어런스 및 개선 프로그램

최고 감사 책임자는 내부 감사 부서의 모든 측면을 다루는 품질 어슈어런스 및 개선 프로그램을 개발하고 유지해야 한다.

1310 – **품질 어슈어런스 및 개선 프로그램의 요건** 품질 어슈어런스 및 개선 프로그램은 내부 평가와 외부 평가를 모두 포함하여야 한다.

1311 – **내부 평가** 내부 평가는 다음 사항을 포함해야 한다.

- 내부 감사 부서의 성과에 대한 상시 모니터링
- 정기적인 자체 평가 또는 내부 감사 실무에 충분한 지식을 지니고 있는 내부 감사 부서 이외의 인원에 의한 평가

1312 – **외부 평가** 외부 평가는 최소 5년에 1회는 자격을 갖춘 독립적인 조직 외부의 평가자 또는 평가 팀에 의해 수행되어야 한다. 최고 감사 책임자는 이사회와 다음 사항에 대해 논의해야 한다.

- 외부평가의 형식과 빈도
- 외부 평가자 또는 평가 팀의 자격과 독립성. 잠재적 이해상충을 포함.

1320 – **품질보증 및 개선 프로그램에 대한 보고** 최고 감사 책임자는 품질보증 및 개선 프로그램의 결과에 대해 최고경영자와 이사회에 보고해야 한다.

1321 – **"국제 내부 감사 직무 수행 기준 부합" 문구의 사용** 최고 감사 책임자는 품질보증 및 개선 프로그램의 결과가 뒷받침할 경우에만 내부 감사 활동이 국제 내부 감사 직무수행 기준에 부합한다고 진술할 수 있다.

1322 – **미준수의 공개** 내부 감사의 정의, 윤리강령 또는 국제 내부 감사 기준 미준수가 내부 감사 부서의 전반적인 감사 범위 또는 운영에 영향을 줄 경우, 최고 감사 책임자는 미준수와 그로 인한 영향을 고위 경영진과 이사회에 공개해야 한다.

수행 기준

2000 – 내부 감사 기능 관리

최고 감사 책임자는 내부 감사 부서가 조직에 가치를 부가하도록 내부 감사 부서를 효과적으로 관리해야 한다.

2010 – **계획 수립** 최고 감사 책임자는 조직의 목표와 일치하는 내부 감사 부서의 우선순위를 결정하기 위한 리스크 기반 계획을 세워야 한다.

2020 – **소통과 승인** 최고 감사 책임자는 중간에 변경된 주요 사항을 포함한 내부 감사 부서의 감사 계획과 자원 요건을 고위 경영진과 이사회에 소통하여 그들의 검토와 승인을 받아야 한다. 최고 감사 책임자는 또한 감사 자원의 한계에 따른 영향에 대해서도 소통해야 한다.

2030 – **자원 관리** CAE는 승인된 계획을 달성하기 위해 내부 감사 자원이 적절하고, 충분하며, 효과적으로 배치되게 하여야 한다.

2040 – **정책과 절차** 최고 감사 책임자는 내부 감사 부서를 인도할 정책과 절차를 제정해야 한다.

2050 – **조정** CAE는 적절한 범위를 커버하고 노력의 중복을 최소화하기 위해, 내부/외부의 어슈어런스 서비스 제공자, 컨설팅 서비스 제공자와 정보를 공유하고 활동을 조정해야 한다.

2060 – **고위 경영진과 이사회에 대한 보고** 최고 감사 책임자는 내부 감사 부서의 목적, 권한, 책임 그리고 감사 계획 대비 수행 실적을 고위 경영진과 이사회에 정기적으로 보고해야 한다. 보고서에는 사기 리스크, 거버넌스 이슈, 그리고 고위 경영진과 이사회가 필요로 하거나 요청하는 기타 사안 등 중요한 리스크 익스포져와 통제 이슈들을 포함해야 한다.

2070 – **외부서비스 제공자와 내부 감사에 대한 조직의 책임** 외부서비스 제공자가 내부 감사 부서의 역할을 할 때, 서비스 제공자는 효과적인 내부 감사 부서를 유지할 책임이 해당 조직 자신에게 있다는 점을 알게 해야 한다.

2100 – 감사 업무의 성격

내부 감사 부서는 조직적이고 훈련된 접근 방법을 통하여 거버넌스, 리스크 관리와 통제 프로세스를 평가하고, 이의 개선에 기여해야 한다.

2110 – **거버넌스** 내부 감사 부서는 다음 목표들의 달성에 있어서 거버넌스 프로세스를 평가하고 이의 개선을 위해 적절한 권고를 해야 한다.

- 조직 내에서 적절한 윤리와 가치의 증진
- 효과적인 조직 성과관리와 책임성이 확보되게 함
- 리스크 정보와 통제 정보를 조직 내 적절한 영역에 소통
- 이사회, 내부 감사인과 외부 감사인, 경영진 간의 활동 조정과 정보 소통

2120 – **리스크 관리** 내부 감사 부서는 리스크 관리 프로세스의 효과성을 평가하고, 이의 개선에 기여해야 한다.

2130 – **통제** 내부 감사 부서는 내부 통제의 효과성과 효율성 평가, 지속적인 개선 증진에 의해 조직이 효과적인 통제를 유지하도록 도움을 주어야 한다.

2200 – 감사 계획 수립

내부 감사인은 각각의 감사에 대해 감사, 범위, 시기, 자원배분 등의 계획을 수립하고 이를 문서화해야 한다.

2201 – **계획 수립 시 고려사항** 감사 작업 계획 수립 시에 내부 감사인

은 다음과 같은 사항을 고려해야 한다.

- 검토 대상 활동의 목표와 그 활동이 업무 수행을 통제하는 수단
- 해당 활동, 목표, 자원, 운영에 대한 중대한 리스크와 그 리스크의 잠재적인 영향력을 수용 가능한 수준으로 유지하기 위한 수단
- 적절한 프레임워크나 모델 대비 해당 활동의 거버넌스, 리스크 관리와 통제 프로세스의 적정성과 효과성
- 해당 활동의 거버넌스, 리스크 관리와 통제 프로세스에 상당한 개선을 가져올 수 있는 기회

2210 – **감사 작업 목표** 각각의 감사 작업에 대해 목표가 수립되어야 한다.

2220 – **감사 작업 범위** 수립된 범위는 감사 작업 목표를 달성하기에 충분해야 한다.

2230 – **감사 작업 자원 배정** 내부 감사인은 각각의 감사의 성격과 복잡성, 시간 제약 그리고 가용자원에 대한 평가에 근거하여 감사 목표를 달성하기 위해 적절하고 충분한 자원을 결정해야 한다.

2240 – **감사 작업 프로그램** 내부 감사인은 감사 작업의 목표를 달성하는 작업 프로그램을 개발하고 문서화해야 한다.

2300 – 감사 작업 수행

내부 감사인은 감사 작업의 목표를 달성하기 위해 충분한 정보를 파악, 분석, 평가하고 문서화해야 한다.

2310 – **정보 파악** 내부 감사인은 감사 작업 목표를 달성하기 위해 충분하고, 신뢰할 수 있으며, 관련이 있고, 유용한 정보를 파악해야 한다.

2320 – **분석과 평가** 내부 감사인은 결론과 감사 결과를 적절한 분석과 평가에 근거해야 한다.

2330 – **정보의 문서화** 내부 감사인은 결론과 감사 결과를 지지하기 위해 관련 정보를 문서화해야 한다.

2340 – **감사 작업 감독** 감사 목표가 달성되고, 감사의 품질이 확보되며, 직원이 개발될 수 있도록 감사 작업이 적절히 감독되어야 한다.

2400 – 감사 결과 소통

내부 감사인은 감사 결과를 소통해야 한다.

2410 – **소통 기준** 소통은 감사 결론, 권고 사항, 조치 계획뿐만 아니라 감사 작업의 목표와 범위도 포함해야 한다.

2420 – **소통의 품질** 소통은 정확하고, 객관적이며, 명확하고, 간결하며, 건설적이고, 완전하며, 시의적절해야 한다.

2421 – **오류와 누락** 최종 소통에 중대한 오류 또는 누락이 있을 경우, 최고 감사 책임자는 원래의 소통을 수령한 모든 당사자에게 수정된 정보를 소통해야 한다.

2430 – **'국제 내부 감사 직무 수행 기준에 부합하게 수행' 문구의 사용** 내부 감사인은 품질보증 및 개선 프로그램의 결과가 이러한 진술을 뒷받침할 경우에만 그들의 감사 작업이 "국제 내부 감사 직무 수행 기준에 부합하게 수행되었다"고 보고할 수 있다.

2431 – **미준수의 공개** 내부 감사 직무의 정의, 윤리강령 또는 국제 내부 감사 직무 수행 기준 미준수가 특정 감사 수행에 영향을 줄 경우, 감사 결과 소통은 다음과 같은 내용을 공개해야 한다.

- 완전하게 준수되지 못한 윤리강령 또는 기준의 원칙 또는 행동규범
- 준수하지 못한 사유
- 미준수가 감사 작업과 감사 결과 소통에 미치는 영향.

2440 – **결과 배포** 최고 감사 책임자는 감사 결과를 적절한 당사자들에게 소통해야 한다.

2450 – **종합의견** 종합의견을 표명할 때는 고위 경영진, 이사회와 기타 이해관계자의 기대를 고려해야 하며, 충분하고, 신뢰할 수 있고, 관련이 있고, 유용한 정보로 뒷받침되어야 한다.

2500 – 진행 상황 모니터링

최고 감사 책임자는 경영진에게 소통된 감사 결과가 어떻게 처리되는지 모니터하는 시스템을 설치하고 유지해야 한다.

2600 – 리스크 수용 소통

최고 감사 책임자가 경영진이 조직에 수용될 수 없는 리스크를 수용했다는 결론을 내릴 경우, CAE는 이 사안을 고위 경영진과 상의해야 한다. CAE가 이 사안이 해결되지 않았다고 판단하면, 이 문제를 이사회와 소통해야 한다.

찾아보기

ㄴ

ㅇ

ㅈ